国家出版基金项目
NATIONAL PUBLICATION FOUNDATION

中国社会科学院近代史研究所中华民国史研究室

总编 李 新

中华民国史

第二卷

(1912—1916)

下

李 新 李宗一 主编

李宗一 曾业英 朱宗震 徐辉琪 等著

中 华 书 局

第六章 北洋政府封建专制
统治制度的确立

第一节 熊希龄内阁和正式大总统的选举

一 熊内阁及其大政方针

宋案发生后,在全国舆论的压力下,赵秉钧自 5 月间就被迫"请假",国务总理的职务一直由段祺瑞代理(7 月中旬由朱启钤暂代过两天)。各部总长也七零八落,除陆军、海军、外交、司法、农林、交通有总长之外,其余各部都以次长代行总长之权,内务为王治馨,教育为董鸿祎,工商为向瑞琨,财政为梁士诒。当时,袁世凯正在全力准备反革命的统一战争,暂时无暇顾及内阁人员的补充问题。7 月底至 8 月初,对南方用兵节节胜利,使调整政府机构成为不可避免的事。对于总理这一重要职位,袁世凯不想让与北洋毫无关系的人担任。他曾想请徐世昌出山,表示"舍徐菊人殆无第二人足以相属"①,但由于遭到国民党和进步党国会议员的激烈反对,徐不肯从命,只得作罢。最后,他不得已选择了进步党人熊希龄。他表面上说除国民党"捣乱分子"以外,他都愿意"容纳","示天下以大公",骨子里却只着眼于暂时利用。因为对南方的战争尚未结束,正式大总统选举也没有进行,此时取得进步党人的支持,对战胜国民党是非常重要的。

熊希龄(1870—1937),字秉三,原籍江西丰城县,祖辈在湖南世代

---

① 《民立报》,1913 年 7 月 5 日。

为官,遂入凤凰籍,故人称熊凤凰。他是进士出身,怀抱经国济世大志,戊戌维新运动时,曾协助湖南巡抚陈宝箴改革封建弊政,参与创办学堂、报纸及学会等维新事业,并担任长沙时务学堂总理,聘请梁启超为学堂中文总教习。戊戌政变发生后,他被革职,"永不叙用,并交地方官严加管束"。至 1903 年,由湖南巡抚赵尔巽奏准起用,任湘西路师范学堂监督。1905 年,他随钦差大臣户部侍郎戴鸿慈和湖南巡抚端方出洋考察政治,游历日、美、英、法、德、俄各国。回国后至辛亥革命前,历任奉天农工商局总办、盐运使、东三省清理财政监理官、兼奉天造币厂总办等官差,有理财能手之称。在此期间,他还多次赴日本考察教育和实业,与梁启超、杨度和徐佛苏等立宪派名流过从甚密,并暗中疏通袁世凯、端方、赵尔巽等大吏为立宪派捐款,还参与创办政闻社等立宪活动。民国成立后,他加入中华民国联合会,后改名统一党,与章太炎、程德全、张謇等皆为理事。1912 年 4 月就任唐绍仪内阁财政总长,7 月 14 日解职。同年 12 月 12 日,袁世凯任命他为热河都统,次年 2 月赴承德上任,曾筹划热河建省及整修前清避暑山庄等事务,同年 5 月被推为进步党名誉理事。他支持袁世凯,反对国民党。7 月初,当江西准备起兵抵抗北洋军时,他曾以热河都统名义通电全国说:"尚望参众两院破除党见,电责叛军首领迅速解兵,听候裁判",否则"愿与副总统及各都督共击之"①。至 7 月 31 日,袁世凯正式任命他为国务总理。

　　与前几届内阁一样,熊内阁组阁过程中也遇到了一些困难,但这次困难不是来自国会,而是来自袁世凯。熊希龄在 7 月初得到组阁的消息后,感到非常意外,7 月 18 日上辞呈说:"自揣能力,与现在之暴烈分子(指以孙中山为首的革命派)、腐败官僚两派绝不相容",所以总理一职"万难从命"②。袁复电不允,并命他速来北京"计议大局"。7 月 20 日熊希龄入京,与袁面谈,并与进步党领导人筹商进退。进步党领袖梁

---

①　《时报》,1913 年 7 月 27 日。

②　林增平、周秋光编:《熊希龄集》上,湖南人民出版社 1985 年版,第 449 页。

启超认为组阁是扩张党势的大好时机,并极力怂恿熊希龄就任,而且表示自己愿意入阁担任财政总长,给以实际支持。进步党人的愿望自然与袁世凯的本意不相符合。熊希龄一到北京,袁就把一张总长的名单交给他:外交孙宝琦,财政周自齐,交通杨士琦,内务朱启钤,陆军段祺瑞,海军刘冠雄,重要的部都由北洋派占据,剩下农商、司法和教育三个部让熊希龄物色人选。一年前,袁用这三个闲曹牢笼占据南方数省的同盟会,而今用来给势力远逊于同盟会的进步党,在他看来,代价已经相当高了。所以,他对熊希龄以梁启超为财政总长的要求始终不肯答应。8 月 26 日熊就职,28 日赴参众两院发表施政演说,但内阁人选仍未完全确定。一直拖到 9 月初,袁才同意采取折衷的办法,由熊希龄自兼财政总长,而将周自齐调交通总长,梁启超改任司法总长,汪大燮为教育总长,张謇为农商总长。9 月 11 日,各国务员经国会通过,并由袁世凯任命。至此,民国以来的第三届内阁才正式组成。阁员九人中,进步党四人,其余五人都是北洋派。熊内阁是北洋派和进步党的联合内阁。由于梁启超、汪大燮和熊希龄都是社会名流,张謇是全国闻名的实业家兼教育家,于是这个内阁就被人称为"第一流人才内阁"。

"第一流人才内阁"的成立,是进步党人的黄金时代。鉴于赵秉钧内阁应办之事都由总统包揽,"国务院不过盖章、副署之机械而已"①,熊希龄一上台就表示要实行责任内阁制,"与总统府划清权限",并"勉成责任内阁人员,当不顾利害,积极负责任"②。梁启超也想一显身手,为内阁起草了《政府大政方针宣言》,经国务会议通过。熊率领全体国务员出席国会,郑重宣布大政方针,此后并在全国各大报纸刊布。这是以往历届内阁所应该做而没有做的,所以熊内阁给不少人以政象一新的观感。

内阁宣言书,洋洋万言,对外交、军政、财政、实业、交通、司法、教育

---

① 《熊希龄集》,第 502 页。
② 《熊希龄集》,第 502 页。

各项大政都有论及。叙论一段说,民国"破坏之时告终,建设之时方始","然希龄等今日不敢语于建设,但有竭其绵薄,以立建设之基础,为愿已足"。试图把国家引向建设,这是宣言书的根本点。在外交方面,宣言书表示抱"开诚布公以敦睦谊"和"审时相机以结悬案"两大方针,"求外交上不复有重大问题发生,乃得集全力以整顿内治"。他们认为,内治根本在于财政。民国两年来"中央既一无所入,惟仰给外债以度岁,地方则又思分中央所借外债之余沥以自活,循此不变,债债相引,其势将举全国所入尽充外债利息。如此,则破产之祸岂俟数年后哉"? 因此,必须大力整顿财政,而整顿之道,则从治标治本两方面着手。治标之策为政府严格控制预算,量入为出,以便达到"实际上收支适合"和"勿以外债充经常费"。治本之策有三点:一为改正税制。"就现行诸税择其中最繁苛厉民者裁汰之",余则加以改良整顿,同时"略参以国家社会主义,添设新税,求国家增加收入,而民亦间接受其利"。计划采用的税目有田赋、盐课、契税、宅地税、印花税、出产及销场税、烟税、酒税、矿业税、一部分营业税、一部分所得税、遗产税、通行税、银行兑换券发行税;此外还有验契税、官发证婚书费等。二为整理金融,统一货币,暂照旧习惯用银本位,将来实行金本位。三为改良国库。关于军政,他们计划练兵五十万,"其性质大别分为两种:甲种用陆军编制法,以军长、师长统之,分驻要塞边防,纯由中央节制调遣者;乙种用警备队编制法,归各地方行政长官节制调遣,分配各州县从事捕盗,诘奸,以补行政警察、司法警察所不及者"。他们还认为:"中国产业幼稚,故宜采保护主义",又由于"资本缺乏,故又宜采开放主义","斟酌两者之间,则须就各种产业之性质以为衡,若棉若铁若丝若茶若糖,其最宜保护者也;若普通之矿业,其最宜开放者也。外商投资于我境内所生之利,彼得其三四,而我恒得其六七,故政府愿与国民共欢迎之"。

对于私人工商业,他们也拟加以提倡奖励。宣言说:"官办事业择其性质最宜者乃行开办,其他皆委诸民,不垄断以与争利,但尽其指导奖劝之责而已。"不仅要重视工商业,还要"辟垦荒地,改良农业","一面设法普及农业银行,一面以国力兴修水利"。

除以上所谓"谋自立以渐进于富强"的政策外,在宣言书里还大讲改革弊政,如励行军政民政分治,取消行省制,改为道、县两级制,实行减政主义,推行官吏考试制度。此外还准备整饬纲纪,齐肃民俗,提倡教育,奖励工商诸学,增进国民智能,等等①。

熊希龄一再强调法制建设的重要性。他上任伊始,在国会发表演说时就表示:"鄙人之政见,可以简单言之者,则使中华民国为法制国是也。""谓中国人无共和国程度,鄙人绝不敢言。欲使中华民国巩固,非造成法制国不可。"②在大政方针宣言书里,他又说:"今之稍知治体者,咸以养成法治国家为要图。"而养成法治国家的办法,非守法之观念普及于社会不可。使人人知法律之可恃,油然生信仰之心,"则自懔然而莫之犯也,故立宪国必以司法独立为第一要件"。针对以往"法规之不适"和"法官之乏才"的弊端,他提出"宜参酌法理与习惯,制定最适合于我国之法律,使法庭有所遵据",同时"严定法官考试、甄别、惩戒诸法,以杜滥竽,而肃官纪"。法官的选择任命,比其他官吏要更加严格③。

应该说,熊内阁宣布的大政方针,从主观上讲,并不完全是徒托空言,借以愚弄人民。虽然这个方针有明显的半殖民地半封建的色彩,如军队"皆以维持国内秩序为职志","以收锄暴遏乱之效";在教育方面,以"孔教为风化之本";对外未敢涉及不平等条约的问题,等等。但从总体来看,宣言在经济上提出了一整套发展资本主义的政策,在政治上,主旨在于贯彻法治精神,不失为是一个建设资产阶级共和国的纲领。熊希龄、梁启超、张謇等人的确也想循此方针,有一番作为。但是,这与袁世凯北洋集团的真实意图相抵触。袁的政策是扩张官僚资本主义经济势力和建立封建独裁统治。所以,大政方针作为"抽象的计划",袁世

---

①　《熊希龄集》,第560页。

②　《熊希龄集》,第503页。

③　《熊希龄集》,第559页。

凯甚为"嘉许",对于责任内阁也表示"绝不掣肘"①,但一旦见诸实行,则阻力横生,以致流弊百出,面目全非。所谓"第一流人才""心力虽坚,而能力不足",他们想做的事既不能做,他们能做的事,就只有助纣为虐了。

二　袁世凯攫取正式大总统的职位

国会成立以后,即着手制定宪法和选举正式大总统。但这两项工作谁先谁后,却发生争执。袁世凯深知总统非他莫属,所以极力主张先选总统。他说没有正式大总统,列强不承认,民国随时有被瓜分或清帝复辟的危险。北洋派和一部分进步党国会议员都附和他的主张。持先制定宪法说者,多为国民党议员。他们说:总统的地位和权力都根据宪法产生,只有依宪法选举总统,才能使民国走上法制的轨道,否则本末倒置,必为舆论所不容。进步党本来意见不一致,于1913年6月15日开会讨论时局时,梁启超发表政见说:"对于总统问题,主张仍推袁世凯";"对于宪法问题则主张先定宪法,后选总统"②。经会议表决,大都赞成以梁氏意见作为该党的主张。由于进步党人和国民党人的看法趋于一致,国会于6月底议决先制定宪法,并按《国会组织法》第二十条的规定,由参众两院分别互选出三十人,组成宪法起草委员会,立即赶制宪法。

7月初,参众两院分别选举宪法起草委员,各党派竞争颇为激烈,都希望多得名额,以便对宪法起草有较多的发言权。选举结果,参议院在国民党籍的有:汤漪、蒋举清、杨永泰、高家骥、段世垣、金永昌、向乃祺、张我华、王鑫润、宋渊源、吕志伊、金兆棪、蒋曾燠、朱兆莘、王用宾、赵世钰、石德纯、金鼎勋;在进步党籍的有:丁世峄、蓝公武、解树强、陈

---

① 《熊希龄集》,第502、560页。
② 《梁启超年谱长编》,第671页。

铭鉴、陈善、王赓、陆宗舆、曹汝霖、王家襄；在共和党籍有：钱应铭、车林桑都布、阿穆尔灵圭。众议院在国民党籍有：张耀曾、杨铭源、谷钟秀、孙润宇、刘恩格、褚辅成、孙钟、李芳、伍朝枢、史泽咸、易宗夔、陈景南、彭允彝、李肇甫、徐秀钧；在进步党籍有：刘崇佑、李国珍、汪荣宝、汪彭年、王印川、张国溶、王敬芳、孟森、李庆芳（后来加入公民党）；在共和党籍有：黄云鹏、何雯、黄璋、王绍鏊、吴宗慈；超然派有夏同龢。此外，参众两院又各选出候补委员十五人。

当时有一些议员同时参加两党，又不时变动，因此对议员的党籍进行精确统计颇不容易。从上述正式委员来看，国民党员三十三人，占多数；其次为进步党员十八人；共和党员八人，居第三位。国民党和共和党的大多数都主张监督袁政府，是政府的反对派，所以宪法起草委员会的组成，使袁政府北洋派深感不安。

7 月 12 日，宪法起草委员会在众议院会堂举行成立会。在 15 日召开的第二次会议上，通过了《宪法起草委员会规则》，规定"非有委员三分之二出席不得开议"，"决议以委员总额半数之一致通过之"，"非国会议员禁止旁听"等。19 日，会议决定组织理事会，并选举汤漪①为委员长，蒋举清、杨铭源、王家襄②、黄云鹏、夏同龢、杨永泰等六人为理事，并选定天坛祈年殿为会所，从第四次会议起即在天坛召开，所以他们制定的宪法就称为"天坛宪法草案"。

正当宪法起草委员会赶制宪法时，二次革命爆发，政局突变。国民党籍议员素有激烈派与稳健派之分。以参议院议长张继为首的一些激烈派，敏锐地感到在袁世凯的暴力面前，国会、宪法不足恃，在北京难以容身，遂相率南下，参与举兵讨袁。但仍有一些激烈派议员和稳健派一

---

①　汤漪，字斐予，江西人，美国墨西哥大学政治经济学学士，出任宪法起草委员长时，年三十三。

②　9 月初，王家襄当选为参议院院长，辞起草委员会理事，李国珍被补选为理事。

起留在北京,准备在国会弹劾袁世凯,幻想"以法律倒袁"。袁世凯视激烈派为附乱分子,为配合对南方用兵,他下令在北京实行戒严,借此对国会施加压力。"北京军警联合会"到处散发传单,诬称国会"结党逞凶","阴谋倾覆政府",并威胁道:"倘仍怙恶不悛,甘为民贼,当与全国共弃之。"①同时,袁世凯对国民党籍议员公然实行镇压。7月23日下令逮捕冯自由等人。8月1日,伍持汉在天津被捕,罪名是"勾结乱党,谋叛民国",于19日惨遭杀害②,为民国以来议员为国流血的第一人。8月4日,居正、胡秉柯、杨士杰、田桐、白逾桓、刘英等以所谓"犯内乱罪"被通缉。宪法起草委员徐秀钧在北京突然被捕,被解往江西九江,9月1日遇难③。8月27日,褚辅成、张我华、刘恩格、赵世钰、朱念祖、常恒芳、丁象谦、高荫藻等八人同时被捕,其中前四人为宪法起草委员④。

当时,国民党本部由留在北京的稳健派议员吴景濂、王正廷、张耀曾、谷钟秀、李肇甫、汤漪等人负责维持。由于袁世凯的血腥手段,国民党人大起恐慌,其议员纷纷逃出北京,国会有瓦解的趋势。梁启超忙上书袁氏,要求发布"尊重国会"令,并速发议员薪俸,以安国民党籍议员之心,勿使离散,以便乘时"使内阁通过,宪法制定,总统选出"。他同时派人劝说国民党籍议员:"苟非有附逆实据,政府必不妄逮捕,脱有误

---

① 《时报》,1913年9月14日。

② 伍持汉,广东台山人,精医术,早年参加同盟会,在广东创办医学堂,从事革命活动。民国成立后任广东都督府医务部长,急公好义,建树颇多,后被选为国会议员。宋案发生,他主张依法弹劾袁世凯,并上书袁氏,促其退位。有人劝其勿鼓动民气,他说:"此乃议员天职,苟利国,死生以之。"被害时四十二岁。

③ 徐秀钧,字子鸿,江西九江人,日本早稻田大学毕业。清末在江西办教育,组织江西教育会,鼓吹革命。后入东三省总督徐世昌幕。民国建立,加入国民党,先后为江西都督公署顾问,众议院议员。宋案发生后,主张南方五省结盟,抵抗袁政府。被害时三十五岁。

④ 褚辅成、朱念祖、常恒芳三人在袁世凯死后出狱。其他五人被关押在天津,国会解散后获释。

捕,本党任为保结。"①袁世凯使用恐怖手段对付议员,本来是想迫使他们屈服,以便利用他们选自己做大总统,因此对于梁氏的建议表示赞赏。他不仅公开发布保护国会和议员的命令,而且对稳健派的国民党人故示"宽大",将二次革命的责任完全推到孙中山、黄兴及起义各省国民党领导人的身上。7月31日,袁命令军警传询国民党本部负责人吴景濂等,勒令表明态度:"如果不预逆谋,应限于三日之内自行宣布",并将黄兴、陈其美、李烈钧、陈炯明、柏文蔚等一律除名,"政府自当照常保护";如"以政党名义为内乱机关",必按法惩办②。吴景濂、王正廷等即召集国民党人商议,决定"遵政府命令办理",以保全国民党③。因此,当南方国民党人浴血奋战之时,北京的国民党人仍然照常活动,议员照常出席国会。

为了攫取正式大总统的职位,8月间袁世凯指使一些议员,接连向国会提出先选举总统案,同时策动黎元洪领衔,联合直、鲁、豫、黑、陕、甘、浙、川、黔、滇、桂、闽及新疆等十四省都督致电国会,要求速选总统。8月30日,黎元洪又电催梁启超和汤化龙,说只有先选总统,"方足以定人心,固国本"④。在内外压力之下,进步党人首先变了腔调,赞同先选总统,并派刘崇佑、黄群等为代表,与国民党人张耀曾、谷钟秀等一再协商,终于取得一致意见。国会于9月5日顺利地通过了选举总统案。

国民党之所以同意先选总统,主要是因为二次革命迅速失败,党员为避祸苟全,纷纷脱党。有的还特别声明虽曾入党,"足也未至党门一步"⑤,以示清白。有的转入以前从国民党分化出来的小派别,如景耀月和孙毓筠的政友会,刘揆一的相友会,夏同龢的超然社等。有的则投入进步党。因此,国民党一蹶不振,留在国民党内的人,也不敢倡言"法

①　《梁启超年谱长编》,第 674、675 页。
②　《政府公报》,1913 年 8 月 1 日。
③　《爱国白话报》,1913 年 7 月 31 日。
④　《黎副总统政书》,第 329 页。
⑤　《许世英亦脱国民党》,《时报》,1913 年 9 月 18 日。

律倒袁"了。许多人还误认袁世凯的最大野心只是在于取得正式大总统。既然无人能和他竞争，不如趁早称他的心愿；否则他如解散国会，则政治上失去一个活动场地，制宪工作也会中断。他们没有料到，对野心家的迁就，很快便带来严重的灾难。

袁世凯对国会活动的干预和压迫，引起许多议员的不满，原来进步党和国民党势不两立的形势，反而日趋和缓。两党议员遇事经常协商，国民党人支持熊希龄组阁，两党一致反对徐世昌出任阁揆，所以熊希龄内阁在国会能以绝对多数票顺利通过。袁世凯恐两党接近不利于己，便指使梁士诒出面另组御用党。梁士诒收买一些平素与他接近的小派别，其中包括山西李庆芳为首的同志会，广东司徒颖组织的潜社及集益社的一部分人等，于9月7日凑成公民党。该党以梁士诒为党魁，以叶恭绰为副，主要骨干有李庆芳、梅光远、权量、陆梦熊。由于交通系官僚纷纷加入，财力雄厚，一时气势颇盛。他们发表宣言说："本党以国家权力实行统一，增进人民福利"，关键是要"选举正式大总统"，否则不仅"无论何种政策皆难设法"，而且国家将有"至大危险"①。他们又通电各省都督，请一致拥护袁世凯为正式大总统，黎元洪为副总统。由此可见，公民党完全是袁氏为攫取正式大总统的桂冠而纠集起来的一帮打手，无任何政党精神可言。

有公民党鼓噪，国会果然加快了步伐。9月12日，国会决议由宪法起草委员会于五天之内制定出总统选举法，循各国通例，以宪法会议名义公布。19日，宪法起草委员会将总统选举法起草完毕，10月4日国会讨论通过，咨送袁世凯，并于政府公报上发表。

国会于10月6日召开总统选举会，王家襄为主席。这一天，袁世凯仍放心不下，命令京师警察厅和拱卫军联合派出军警"保卫"国会。此外，拱卫军司令李进才和后路统领刘金标改穿便服，率便衣军警千余人，自称"公民团"，将国会团团围住，除参观的外国人外，所有入场的人

---

① 《时报》，1913年9月11日。

只准进，不准出。王家襄也宣布，议员不得自由离去。此前，在进步党的一次集会上，已一致通过以袁世凯为总统候选人。唯一有可能与袁竞争的黎元洪，又多次表示他绝对无意担任总统之职。因此，进步党人大都不怀疑袁世凯将顺利当选，但袁氏这套包围国会的把戏，实在使他们感到难堪。国民党人更是满面愁容。会场气氛一开始就十分沉闷、紧张。

根据《总统选举法》规定：大总统应由国会议员组成选举会选举。选举会的法定人数由议员总人数的三分之二构成，通过无记名投票选举。候选人必须获得总票数的四分之三的绝对多数，才能当选。如投票两轮尚无人当选，则进行第三轮投票。第三轮投票时候选人只限于第二轮投票中领先的两人，并以过半数即可当选。当天到会议员共七百五十九人。第一轮投票，袁世凯得四百七十一票，黎元洪得一百五十四票，其余的选票中伍廷芳得三十三票，段祺瑞得十六票，孙中山得十三票，康有为得十一票，还有几个名人各得数票。因为没有人达到法定的当选票数，袁世凯尚缺九十九票，只好进行第二轮投票。第二轮投票的议员共七百四十五人，结果袁世凯得四百九十七票，离当选仍差六十三票。时已过午，有些议员要求回家吃饭，"公民团"把住前后门，并大声叫喊："今天不选出我们中意的大总统，就休想出院！"议员见公民团虽外穿便衣，但军裤、皮靴和短枪赫然可见，知形势严重，叫苦不迭，便放弃了消极抵制的意图。在第三轮就袁世凯和黎元洪二人决选时，袁世凯以五百零七票当选。"公民团"完成任务，"始高呼大总统万岁，振旅而返"。这时已是晚上9点。议员们饥肠辘辘，仓皇归去。

第二天，国会选举副总统。七百一十九名议员出席，黎元洪以六百一十票的多数当选。但黎元洪不愿到北京就职，仍留在湖北继续当都督。至当年12月袁世凯派段祺瑞到武昌促黎北上，黎才不得不离鄂进京。

对袁世凯唆使军警强迫国会选他做正式大总统，全国人民普遍不满。上海、天津等地报纸揭露了选举的情况和军警的不法行为。为了压制人民的不满情绪,国务院通电各省说:"此次选举并无军警干涉情事,倘敢捏造蜚言,严惩不贷。"①

　　10月10日,北京庆祝中华民国开国两周年和正式大总统就职典礼。袁世凯本应赴国会宣誓就职,为防不测,改在清宫太和殿举行。这里原是皇帝举行登极大典的地方,殿内划为东西南北四片,北面正中设就职台(即前清皇帝登极的宝座)。文武官员立于东侧,西侧为各国公使、前清皇室代表、蒙古地区代表及记者,南面居中为国会议员。议员所以得此位置,是参议院议长王家襄争来的。先是,大典预演之际,本定议员立于两侧。王家襄说:"民国以民为主,总统就职原系向全国国民代表议长和议员宣誓,议长、议员的席位应设在北面向南居中处,听取总统矢誓,万不可侧居客席,贻讥世界,此事必须持重审慎。"袁世凯则坚持他非坐北朝南不可。经过一番争论,才折衷决定将议员侧立改为中立。上午10时,赞礼官宣布总统将至,全殿鸦雀无声,这时戴金线军盔、着蓝制服、佩带军刀的武士三百二十人雄赳赳地整队进入大殿,分两排站在东西两席前,形成警戒甬道。接着,侍从文官梁士诒、夏寿田和侍从武官荫昌、唐在礼,分别乘四人抬彩轿四座进殿。最后袁世凯乘八人抬大彩轿进殿。他身穿钴蓝色大元帅服,金线装饰甚多。下彩轿后,由四侍从官簇拥登就职台。少顷,赞礼官赞礼。袁世凯按《总统选举法》规定宣读誓词:"余誓以至诚,谨守宪法,执行中华民国大总统之职务。"紧接着宣读宣言书,略称:"余不才,忝居政界数十年,向持稳健主义","而不取急进","但知救国救民,成败利钝不敢知,劳逸毁誉不敢计,是以勉就兹职"。对于国家建设,他强调以道德为体,法律为用;道德范围广大,"约言之,则忠信笃敬而已"。他要求"全国人民注意实业,以期利用厚生,根本自固"。他认为中国实业不发达的原因,一在教育幼稚,一在资本缺少,因此要"输入文明教育","输入外国资本,以振兴本国实业"。最后他表示:"中华民国者,四万万人之中华民国也。兄

――――――――――

①　《大公报》,1913年10月10日。

弟睦，则家之福，全国之人同心同德，则国必兴。余以此祝我中华民国焉。"[1]

当天下午 3 时，由一群文武官吏前呼后拥，袁世凯乘二人肩舆登天安门，举行阅兵式。段祺瑞、王士珍、荫昌、段芝贵、唐在礼等五人陪同检阅。接受检阅的队伍包括拱卫军、京卫队等共两万余人。袁世凯还颁发各种勋章，给"有功民国"的人物授勋。功劳簿上名列首位的是前清内务府总管世续和太保徐世昌，两人都获勋一位，以此表明民国总统的地位，不是从革命党手中夺取的，而是由清室禅让的。京官总长、次长以上和各省都督、民政长多得勋二位或三位。当晚，袁世凯在总统府大张宴席，款待驻近畿北洋军官，营长以上均出席，以段祺瑞、段芝贵为首共数百人。同时，由外交总长孙宝琦邀请达官贵人和外国公使及夫人，在石大人胡同外交部迎宾楼举办盛大晚会。人人穿晚礼服，男女翩翩起舞，至夜半尽兴始散。

对于北洋派和进步党人来说，1913 年 10 月 10 日确实是"双喜日"[2]。当时参加庆祝典礼的记者黄远庸亦无限感慨地写道："中华民国已由筚路蓝缕之时期，入于重熙累洽之时期，此后庄严民国之现象亦当若此耳。"[3]

三　列强承认北洋政府

民国元年，南京临时政府曾多次要求帝国主义列强承认，列强均置之不理。袁世凯担任临时大总统后，临时政府北迁。东交民巷外交使团虽然和北京临时政府频繁往来，"暗示承认"，但始终不肯呈递国书，给予公开承认。北京政府得不到列强承认，在袁世凯看来是了不得的

①　《袁大总统书牍汇编》，第 5—11 页。
②　《远生遗著》卷 3，第 207 页。
③　《远生遗著》卷 3，第 211 页。

事情。为了取得"明示承认",他派人与列强驻京公使屡次谈判,不仅表示承认前清所签订的一切不平等条约继续有效,对于日、俄、英三国还不惜让予新的权益作为交换条件。

列强暂不承认北京政府的原因很复杂,各个国家的想法也不一样,但绝不像它们所标榜的所谓"不干涉中国内政",更不意味拒绝支持袁世凯,善后大借款就是最有力的说明。一般来说,它们拒绝承认的共同原因,是要袁世凯对列强在华的权益不仅要作出口头保障,而且还要表明他具有履行"各项国际义务的意志和能力"①。早在1912年2月21日袁世凯刚刚当选临时大总统时,日本政府就照会欧美列强,建议对承认民国问题采取一致行动,并应以保障前清各项条约、外人在华享有一切权力、特权及豁免权等,作为承认的先决条件②。英、俄、法、德、美各国对日本建议的原则都表示赞成。英文《京津泰晤士报》还发表题为《承认民国与中央权力》的社论,露骨地表示:"对于正式承认问题,应视其权力能否强迫各省继续奉行前清所订条约,然后再行提议。"③

至1913年春,由于中国国会即将正式组成,列强之间再次磋商承认问题。此前,美国在同意日本提出的列强行动一致原则时,曾附有声明:"此种行动不致对于承认中国新政府引起不必须之延缓为限。"民国建立后,美国国内舆论主张立即承认,国会在1913年1月2日就通过了承认中华民国的决议案。但美国政府为了维护列强对华一致的原则,决定从缓承认。1913年3月,美国新总统威尔逊就职后,于4月2日通知其他列强,说明一旦中国国会开幕,美国即行承认。美国驻华代办威廉斯认为:承认将在全国起稳定作用,增加老百姓对共和国的尊重,还可以使袁政府的反对派丧失信誉。对美国的做法,其他列强多不表赞同,日本反对尤甚。4月4日,日本驻美大使对美国国务卿表示:

---

① 邹念之编译:《日本外交文书选译》,第397页。
② 邹念之编译:《日本外交文书选译》,第397页。
③ Peking and Tientsin Times,1912,6,19.

由于"宋案"发生,中国南北双方将起重大纷争,全国再度陷入混乱,此时"若遽然承认北京政府,即等于援助袁世凯与南方孙、黄等人作对。倘若造成如此结果,不仅为各国着想有欠妥善,即为中国本身着想,恐亦难以谓为得宜"[1]。美国政府认为日本政府所谈的情况"含有某种偏见"[2],乃单独行动,于5月2日送达威尔逊致袁世凯国书。同时送达国书的还有墨西哥和古巴。巴西和秘鲁则已于4月9日承认,为最早承认民国的国家。

同年秋,袁世凯镇压了二次革命,将南方各省置于北洋势力的控制之下,列强认为他已经具有了强迫各省继续奉行不平等条约的能力,承认问题便提到日程上来。经过多次秘密的和公开的交涉,袁政府和列强终于达成了协议。依照列强的旨意,袁世凯在10月10日就任大总统的宣言中特别声明:"所有前清政府及中华民国临时政府与外国政府所订条约、协约、公约,必须恪守。前政府与外国公司、人民间所订之正当契约,亦当恪守。又各处外国人民在中国按国际契约及国内法律并各项成案成例,已享之权利并特权、豁免各事,亦切实承认,以联交谊,而保和平。"[3]袁氏的声明底稿早已于10月2日送北京外交使团,并经他们认可。同时各国公使据此底稿都向本国政府请示了承认问题。因此,袁世凯一当选总统,日、英、俄、德等国都立即表示承认,并致贺电[4]。列强驻华外交官于10月10日参加袁氏就职典礼,亲自听到他的保证,"无不为之欣然"[5]。

必须说明的是,除维护列强在华的条约权益外,日、俄、英三国还分别以承认问题要挟袁政府,进一步扩张侵略势力。

日本帝国主义对任何可能在华扩张其势力的机会从不放过。1913

---

[1]　《日本外交文书选译》,第428页。

[2]　《日本外交文书选译》,第430页。

[3]　《政府公报》,1913年10月11日。

[4]　《英国蓝皮书有关辛亥革命资料选译》下册,第712页。

[5]　《远生遗著》卷3,第211页。

年8月5日和11日,山东兖州和湖北汉口先后发生日本军官被拘留事件。9月1日,张勋的辫军攻占南京时,有日侨三人被杀。这一连串的事件,被日本帝国主义分子利用,大肆渲染,叫喊对华采取强硬态度。日本驻北京公使山座园次郎按其政府训令,于9月11日向袁政府外交部提出"抗议"和赔偿要求,并表示如不尽快满足要求,将影响承认问题。山座提出的要求如下:

关于兖州事件的三条:一、事件直接负责人罢官;二、武卫前军指挥官前往日军司令部谢罪;三、由中国政府行文向日本政府致歉。关于汉口事件的四条:一、中国政府应严惩此事件发生时在场的指挥官和士兵,并由日本军官观刑;二、革斥事件之军队长官;三、由其师长赴日本领事馆谢罪;四、由中国政府向日本政府表明歉意。关于南京事件的六条:一、犯事兵卒及其直接指挥官应处以死刑或严刑,并由日本驻南京领事馆官员观刑;二、直属长官应严加戒饬;三、江苏都督应赴日本领事馆谢罪,并予以撤职;四、日方之死伤损失由中国政府如数赔偿;五、犯事之中国军队应至日本领事馆门前行举枪礼,以表谢罪之意;六、中国政府应派代表向日本政府谢罪。

接到日本的要求后,袁政府一方面害怕日本支持南方反袁力量,一方面急切希望得到日本承认,以稳定反动统治,遂于9月15日除拒绝立即撤换张勋外,满足了日本的全部要求。

更为重要的是,日本在8月间还以承认问题挟制袁政府,勒索满蒙地区铁路建筑权。经过多次交涉,10月5日遂有中日关于满蒙五路借款预约换文。该项换文是秘密的,经孙宝琦、曹汝霖签发。通过该项换文,日本取得三条铁路的借款权,即四平至洮南府,开源至海龙城,长春至洮南府;还取得关于洮南府至承德,吉林至海龙城两条铁路的借款优先权。由此,日本侵略势力由南满扩张到热河一带。日本控制五路的目的,不单纯为了经济掠夺,主要是为其进一步扩张军事侵略作准备。这实际上是第三次日俄密约的具体实施。

沙皇俄国乘承认民国之机,蓄意扩张它在蒙古地区的侵略权益,

"不看到蒙古问题的解决,将不会予以承认"①。经过长期交涉,袁政府终于屈服于俄国的压力,互换了《中俄声明文件》,实际上满足了它的无理要求。英国也以承认问题为筹码,迫使袁政府派代表参加由它控制的西姆拉会议,企图通过改订新约,进一步染指西藏地区。

帝国主义列强虽然承认了民国政府,但其在华外交使团和袁政府的外国顾问,大都认为中国不可能建成真正的共和国,中国必须由袁世凯这样的"强人"来进行统治,才能免于混乱。上海英文《字林西报》于袁世凯就任正式大总统的次日发表社论说:"中国长期生活在旧制度下,现在需要有一个强有力的政府和固定的领袖。列强支持明智的官方。"袁世凯的政治顾问莫理循②虽然主张有限的代议制政体,但他认为袁世凯的专制统治对中国是十分必要的。法律顾问古德诺③则认定中国人没有从事政治活动的能力,几千年来中国传统的君主制行之有效,中国在改革政体和制定法律时,如若借鉴西方国家,德皇威廉二世所制定的宪法和法律是最有价值的。另一法律顾问有贺长雄④认为"中华民国并非纯由民意成立,实系清帝让与统治权而成",因此中国应有合乎国情的独特立法。他说:议会政体对中国是不理想的,中国应把君主制和共和制融合在一起,只有如此"才能保持秩序和进步",才能

---

①　《日本外交文书选译》,第 443 页。

②　莫理循(G. E. Morrison,1862—1920),澳大利亚人,清末为英国《泰晤士报》驻北京记者,与袁世凯关系密切。1912 年 8 月 1 日起担任总统府政治顾问,为袁出谋划策。他是袁与英国驻华公使朱尔典之间的联系人,与蔡廷幹(袁的英文秘书)、梁士诒等交往颇多。

③　古德诺(F. J. Goodnow,1859—1939),美国人,法学博士,哥伦比亚大学教授,专门研究德国法律。1912 年 7 月来中国担任袁世凯的法律顾问,至 1914 年夏天回国,担任霍浦金斯大学校长。第二年 7 月又到北京。袁克定、周自齐等人与他关系密切。

④　有贺长雄(1860—1921),日本人,法学博士,东京帝国大学教授,国际法的研究者。1913 年 3 月初到北京,担任袁世凯的宪法及附属法顾问。袁依靠他联系日本政界要人,传递消息。

"使新旧两种势力谐调"。1913 年他出版了《观奕闲评》一书,极力鼓吹修改《临时约法》,以扩张总统权力。他说,中国若采用美国式的共和政体,一定会造成"南北分裂,土崩瓦解",若采用"法国式议院共和政体,对富国强兵诸事殊多窒碍";惟有由大总统决定政治方针,不问何党派,只要"有愿依此方针行其政治者则举之组织国务院",才能致富强。正是在这些顾问的帮助之下,袁世凯一当上正式大总统,就肆意破坏幼稚的民主共和制度,并迅速地建立起封建独裁统治。

第二节　国会被解散和毁法造法

一　袁世凯取缔国民党和国会遭难

国会战战兢兢地给袁世凯戴上正式大总统的桂冠以后,原以为可以专心制定宪法,把袁氏的权力约束在法律的范围之内,使国家走上宪政的轨道。但抱独裁主义的袁世凯,根本不喜欢任何民意机关或法律对他的权力加以限制,所以一当上正式大总统,他就觉得没有必要再来掩饰对国会的憎恶了,并立刻以"增修约法"为借口,向国会发动进攻。

在制宪问题上,国会步履艰难。早在北京参议院时代,各党派就开始蕴酿制定宪法。1913 年 2 月,国民党、统一党、共和党及民主党等四大党的议员十八人,组成宪法讨论会,由共和党的汪荣宝和国民党的易宗夔担任干事,定期交换意见,磋商国家根本大法的原则和内容。当时,袁世凯的法律顾问有贺长雄和古德诺对制宪问题横加干涉,都极力鼓吹"采用总统制的新宪法",扩张大总统的权力。袁世凯也屡次抱怨《临时约法》对他限制过多,并下令成立了一个由北洋官僚、政客组成的宪法研究会,任命杨度、马良为正副会长,作为政府编纂宪法的机关,以此与宪法讨论会对抗。同年 7 月,国会组成宪法起草委员会以后,宪法讨论会便自行解散,但政府的宪法研究会依然进行活动,并粗暴地干涉国会起草宪法的工作。

8月19日,当国会宪法起草委员会开会时,袁世凯派官员将宪法研究会制定的"宪法大纲草案"提交宪法起草委员会。大纲共二十四条,主旨在于扩大总统权力,如"大总统有任命国务员及驻外公使之权,无得议会同意之必要","大总统得参议院同意,有众议院解散权",等等。此项草案引起宪法起草委员的激烈反对,认为政府无权干预宪法起草工作,并将袁派来的官员驱逐出会场。于是,袁世凯和宪法起草委员会之间的冲突开始趋于表面化。10月中旬,宪法起草委员会制定的宪法草案脱稿,共十章一百十三条。与《临时约法》比较,草案虽然明显地扩大了总统的权限,对袁世凯让步很多,但是仍含有责任内阁的精神,没有满足袁氏强烈的独裁欲望;尤其对他事先要求的两条,即任命国务员不必经国会通过和总统有权解散众议院,均未采纳。

10月16日,即国会选举总统后的第十天,袁世凯故意无视《天坛宪法草案》的存在,向国会提出"增修约法案"。他说:"本大总统证以二十阅月之经验,凡从约法上所生障碍,均有种种事实可凭。窃谓正式政府之所以别于临时政府者,非第有一正式之大总统,遂可为中华民国国际上之美观而已也;必其政治刷新,确有以餍足吾民之望,而后可以收拾乱极思治之人心。顾政治能刷新与否,必自增修约法始。盖约法上行政首长之职任不完,则事实上总揽政务之统一无望。故本大总统之愚以为临时约法第四章关于大总统职权各规定适用于临时大总统已觉得有种种困难,若再适用于正式总统,则其困难将益甚。苟此种种之困难,其痛苦仅及于本大总统之一人一身,又何难以补苴弥缝之术相与周旋。无如我国民喁喁望治之殷,且各挟其生命财产之重,以求保障于藐躬。本大总统一人一身之受束缚于约法,直不啻胥吾四万万同胞之生命财产之重同受束缚于约法。本大总统无状,尸位以至今日,万万不敢再博维持约法之虚名,致我国民哀哀无告者,且身受施行约法之实祸。"他要求国会"从速议决见复"①。他还提出应行修正的具体条款为:大

---

① 《政府公报》,1913年10月23日。

总统有权制定官制官规、任命文武官吏、宣战媾和及缔结条约等，均无须经国会同意；在国会闭幕期间，大总统有权制定与法律有同等效力之教令及临时财政处分权等。

时隔一天，即10月18日，袁世凯又向国会提出咨文，指责国会10月4日公布的《大总统选举法》侵犯了他的法令公布权。他说："本月四日宪法会议议决大总统选举法案，来咨虽仅止声明议决宣布，并公决送登政府公报等语，显与《临时约法》及《国会组织法》规定不符。然以目前大局情形而论，内忧外患纷至沓来，友邦承认问题又率以正式总统之选举能否举行为断。是以接准来咨，未便过以《临时约法》及《国会组织法》相绳，因即查照来咨，命国务院饬局照登。惟此项咨达饬登之办法，既与约法上之国家立法程序大相违反，若长此缄默不言，不惟使民国议会蒙破坏约法之嫌，亦恐令全国国民启弁髦约法之渐，此则本大总统于宪法会议之来咨，认为于现行法律及立法先例俱有不宜，不敢不掬诚以相告者也。"接着他提出："无论此次议定之大总统选举法案或将来议定之宪法案，断无不经大总统公布，而遽可以施行之理。"[①]这就是说：如不经他批准，不仅他所依以当选总统的《大总统选举法》无效，即将完成的宪法他也拒绝承认。

这时国会正在讨论宪法草案，认为没有必要再修改约法，并且因宪法草案尚未通过，公布权问题也无必要马上答复。同时，国民党和进步党的一些议员看到袁世凯咄咄逼人的咨文，深感局势严重，制宪工作前途未卜。为了表示制宪的决心，他们便联合起来于10月18日组成民宪党。该党以"保障共和、拥护宪政"为宣旨，公开声明："对于国家负忠诚之义务，有摇撼吾民主国体者，必竭力以维持之，保护之。"[②]其领导人是原国民党人张耀曾、谷钟秀、汤漪、锺才宏、杨永泰，和原进步党人丁世峄、蓝公武、刘崇佑、李国珍、汪彭年等。因此，国会里一时形成国

①　《政府公报》，1913年10月21日。

②　《顺天时报》，1913年10月18日。

民党和民宪党联合,与进步党和公民党抗衡的局面。而且前者稍占优势,基本上控制了国会的制宪工作。进步党人梁启超、汤化龙等虽然卖力地瓦解国民党在国会的势力,极力用"开明专制"的谬论蛊惑人心,支持袁世凯扩张权力的主张,但是他们始终未能左右国会制宪工作,所以袁世凯不得不亲自出马横加干涉。国民党和民宪党携手与袁世凯斗争的唯一结果,是加快了袁氏摧毁国民党和国会的步伐。

鉴于国会无意对制宪方针作出重大改变,袁世凯便进一步挑衅。10月24日,当宪法起草委员会开会时,他派遣施愚、顾鳌、黎渊、方枢、饶孟任、程树德、孔昭焱、余棨昌等八人为政府委员,突然出席。他们说是"奉总统令,来会陈述意见",并宣布袁氏咨文,要求此后开会都要事先通知国务院,"以便该委员等随时出席陈述"。宪法起草委员会屡经摧残,有的被杀害,有的被迫逃离北京。当时,每次开会出席议员不过四十余人,但国民党和民宪党籍议员仍占多数。他们仍企图控制立法权,建立法制的国家,以维持民国以来的政治局面。所以他们当即拒绝八"钦差"出席,并指出按会章规定,"除两院议员外,其他机关人员不但不能出席,即旁听亦不可"。

袁世凯闻讯,恼羞成怒,指责"国会专制",并决心用暴力手段对付国民党和国会。25日,他公开通电各省都督、民政长,要他们对《天坛宪法草案》逐条研究,"于电到五日内迅速条陈电复,以凭采择",并煽动说:"制定宪法,关系民国存亡","乃国民党人破坏居多,始则托名政党,为虎作伥,危害国家,颠覆政府,事实俱在,无可讳言。此次宪法起草委员会,该党议员居其多数,闻其所拟宪法草案,妨害国家者甚多……综其流弊,将使行政一部仅为国会所属品,直是消灭行政独立之权。近来各省议员掣肘行政,已成习惯,倘再令照国会专制办法,将尽天下之文武官吏皆附属于百十议员之下,是无政府也!"又说:"此次草案既有人主持于前,自必有人构成于后,设非借此以遂其破坏倾覆之谋,何至国事民情,梦梦若是!证诸人民心理既不谓然,即各国法律家亦多訾驳。本大总统忝受托付之重,坚持保国救民之宗旨,确见及此等违背共和政体之宪法,影响于国家治乱兴亡者极大,何敢缄默而不言。……各该文武长官,同为国民一分子,且各负保卫治安之责,对于国家根本大法,利害与共,亦未便知而不言。"①

此电发出后,各省都督、民政长等都心领神会,纷纷复电响应。10月28日,直隶冯国璋和刘若曾通电说:国民党人的"破坏行为,未得志于南方,今又肆毒宪法";"得志于南方,糜烂一时,肆毒宪法,永远受害"。因此要求对宪法草案"关于行政各条,务宜殚心研究,详加修改"②。次日,浙江朱瑞和屈映光通电要求修改宪法,扩充政府权力。他们说:"吾国现状非有强有力之政府,必不足以振兴内治,抵御外侮。欲有强有力之政府,则断不可使行政权横受国会束缚。"③河南张镇芳通电列举了宪法草案的所谓"谬点"后,说宪法起草委员会"欲蹈专制君主之喜怒用事","竟敢订此暴民专制之宪法",要求将国会中"凡在国民党籍者概行开除,或即另行改造,布告各省,严行取缔,停止国民党人被选举权"④。湖南汤芗铭通电说:"以行政一部为国会附属品,必致国亡种灭。"他要求袁世凯毅然独断,解散国会,"切实搜捕乱党,以断根株,庶几海宇澄清,治安可保,否则祸变相寻,将有不忍言者"⑤。10月31日,张勋通电指责宪法草案"谬点甚多,摘不胜摘",只有立即宣布作废,并解散国会。最后他表示"勋虽不才,诛锄叛逆,以身捍国,虽冒万死所不辞焉"⑥。此外,广东龙济光、江西李纯、广西陆荣廷、云南唐继尧、贵州刘显世及湖北黎元洪等都通电附和,几天之内即有数十通,都以修改或取消宪法草案作引言,肆意诋毁国民党和国会宪法起草委员会,而且大都主张立即解散国民党,取消国民党籍议员资格。有的则干脆主张

---

① 《政府公报》,1913年10月25日。
② 《顺天时报》,1913年11月6日。
③ 《顺天时报》,1913年11月9日。
④ 《顺天时报》,1913年11月8日。
⑤ 《顺天时报》,1913年11月9日。
⑥ 《顺天时报》,1913年11月6日。

解散国会和宪法起草委员会,而由袁世凯"察纳众言",另定"中华民国万世不易之宪法"。

在一阵舆论攻势之后,袁世凯便借口查获李烈钧与国民党议员徐秀钧等往来密电,于11月4日悍然下令解散国民党,取消国民党议员资格。他说:"此次内战,该国民党本部与该国民党议员潜相构扇","乱国残民,于斯为极",并饬令北京地区警备司令和京师警察厅立即追缴国民党籍议员证书、证章。当天,有军警数百人包围国民党本部,次日又包围国会,不仅将当时国民党籍议员证书、证章全部没收,而且将已经宣布脱离国民党而改入他党或"曾通电反对赣乱者",也一律追缴。两天之内共追缴议员证书四百三十多件,超过国会议员总数之半。国会从此不足法定开会人数,只得停会。

为了掩饰解散国民党的不法行动,袁世凯于当天还发布了一个冗长的告示,肆意歪曲二次革命的过程和意义,把民国以来坚持反对袁氏独裁,努力维持民主共和制度的国民党人,诬蔑为"称兵构祸之暴徒",而他则是"为救国救民起见,不得已而依照国家法律用兵定乱"。他说:"本大总统何能宽容少数乱徒,置四万万人利害于不顾,不得已始有解散该党之令。"①

国会危机,引起非国民党籍议员的普遍忧虑和恐慌。11月6日,进步党集会讨论时局,汤化龙报告国民党被解散的经过。他说:"民国成立,宪法尚未制定,此事之发生,对政党而言固为不幸,而影响于两院、关系国家前途至大。"他劝告进步党议员说:仍要积极进行,以维持大局,"万不可以感情用事,飘然引去,置国事于不顾"②。经过讨论,许多人都希望设法维持国会,要求袁世凯保留业已脱离国民党籍的议员,使会能有开会的必要人数。次日,两院议员开联合会,赞同进步党的主张。王家襄和汤化龙两议长晋见袁世凯,代表国会议员提出要求。

① 《政府公报》,1913年11月5日。
② 《时报》,1913年11月12日。

袁世凯表示此事关系颇大，政府需要调查之后，才能决定。此后，袁氏提交国务院解决，国务院答以调查困难，无法办理。于是，国会便只有取消一途了。

11月10日，宪法起草委员会因不足法定人数，乃自行解散，《天坛宪法草案》也随之流产。12日袁世凯又发布命令，除广东、江西、湖南等省议会因附和"乱党"已经解散外，其他各省议会，凡国民党籍议员一律取消资格。黎元洪不仅通电赞成"对国民党省议员一律追缴证书证章"，而且要求"对各县国民党籍议员，亦应一体办理"①。从此，全国各级议会皆陷于停顿状态。

11月上旬，国会残余的议员迭次集会，相顾沮丧，均以不足法定人数，不能议事。王家襄和汤化龙便于14日联名宣布停发议事日程。对于袁世凯摧残国会的行径，社会舆论普遍不满。11月17日和12月3日，众议院议员一百九十四人和参议员六十一人联名分别向袁政府提出质问。众议院议员气愤地指出："民国不能一日无国会，国会议员不能由政府取消，此世界共和国通义，立宪政治之大经也。""至于追缴证书证章，直以命令取消议员，细按约法，大总统无此特权。不识政府毅然出此，根据何种法律？"又说："查议员中有早脱该党党籍改入他党，或素称稳健曾通电反对赣乱者，亦一同取消。政府确为惩治内乱嫌疑耶，则应检查证据，分别提交法院审判，不得以概括办法，良莠不分，致令国会人数不足，使不蒙解散之名，而受解散之实也。"最后质问究竟政府方针如何？"对于民国是否有国会之必要，对于国会是否以法律为正当之解决？"②早在这年夏天，梁启超已多次上书袁世凯，建议他实行所谓"开明专制"，依靠进步党人的支持，控制和利用国会，巩固北洋派的统治地位。在梁氏看来，国会和政党虽然只是形式，但决非无足轻重。他曾劝袁说："古之成大业者，挟天子以令诸侯，今欲戡乱图治，惟当挟国

---

①　《顺天时报》，1913年11月16日。

②　《中华民国史料》中册，第8页。

会以号召天下，名正言顺，然后所向莫与敌也。"①而今国会危如朝露，梁启超和张謇便先后晋见袁世凯，询问善后办法。袁说，这是他为挽救国家危亡、减轻国民痛苦，不得已而采取的一种权宜之计，并无意根本取消国会。事后，他又发表了一份"维持国会意见书"，说要简化议员选举手续，尽快补选议员。

袁世凯一面对进步党人敷衍搪塞，一面以政府不能无咨询机关为理由，于 11 月 26 日下令组织政治会议。

政治会议由中央和各省官吏所派代表组成，其中每省派二人，蒙藏两地区各派八人，总统派八人，国务总理派二人，每部派一人，共计八十人。所派代表大部分是清末官僚，如袁世凯所指派的代表为李经羲、梁敦彦、樊增祥、宝熙、赵惟熙、马良、杨度等人，后又增派杨士琦和饶汉祥两人。由于李经羲在清末曾任云贵总督，地位最高，袁世凯就指定他为议长，派张国淦为副议长，顾鳌为秘书长。

12 月 15 日，政治会议开幕，到会委员仅六十九人。上午 9 时，委员们赴总统府觐见，在居仁堂静坐等候到 11 时，袁世凯才出来。各委员起立向袁氏行三鞠躬礼，然后像小学生一样毕恭毕敬地聆听训话。袁致训辞说："共和政治为宪政之极轨，本大总统固欣然慕之。然初何敢谓招牌一改，国力即随之充足。即以目今之内政而论，紊乱何堪设想。"在这种情况下，"而犹欲侈谈共和者，真不啻痴人说梦也"。他把"内政紊乱"的原因，归咎于：一是国民"误认平等二字"，二是国民"误认自由二字"，三是国民"误认共和二字"。总之，在他看来，内政紊乱的原因全在国民受乱党的煽惑，而他则是不惜以"一身支撑危局，时而身命财产陷于危险之地，则不妨牺牲一己之身命财产，以保护全国人民之生命财产；时而名誉陷于危险之地，亦不惜从而牺牲之，以付身后之公论，以期巩固政府，整饬内政而伸张国力"。最后，他要求各委员以"救国救民"为己任，"务以国情社习为准，勿徒高谈学理"，"切实负起责任，凡利

---

① 《梁启超年谱长编》，第 675 页。

之当兴,害之当除,群策群力,一致进行,生命财产及一身之名誉概可牺牲,则转危为安,即唯诸君是望"①。下午,政治会议在北海团城承光殿开幕,李经羲致辞说:"本日大总统训辞,兢兢以共同救国为言,而救国之道,则以扶植强有力政府为归。"要求全体委员"无负大总统召集本会之盛意"②。

政治会议是袁世凯的御用工具。它所讲的"救国救民"的真谛,就是解散国会和修改约法。就在政治会议召开的前后,各省文武官吏为迎合袁世凯的意旨,纷纷通电陈述所谓"救国大计",如龙济光建议以政治会议代替国会;黎元洪等主张将残留在北京的国会议员尽行遣散。袁世凯即据此向政治会议提出一大堆咨询案:十九省都督、民政长要求解散国会案,增修约法案,组织造法机关案,停止省议会案,等等。政治会议无条件地顺从袁的意旨,一一作出了决议。

袁世凯"据政治会议的决议",于1914年1月10日公然下令停止全体国会议员职务,每人发旅费四百元,饬令回籍。同时他还煞有介事地成立了一个"筹办国会事务局",派顾鳌为局长,接收参议院和众议院,为将来组织新国会作准备。民国第一届国会就这样被正式取消了。当上年4月国会开幕时,袁世凯曾派梁士诒为代表致词,高呼"民国国会万岁!"国会还不满一岁,便被他扼杀了。2月3日,他以各地方自治机关良莠不齐,流品滥杂,蔑法乱纪,甚至以"乱党"盘踞把持为理由,下令"着各省民政长通令各属将各地方现设之各级自治会,立予停办"③。28日,又进一步以"统一国家不应有此庞大地方议会"为理由,下令将"各省议会一律解散,所有一切事宜,由各省行政长官力负完全责任"④。十年前,袁世凯是清末筹办"地方自治"的带头人和"召开国会"

---

① 《袁大总统书牍汇编》卷首,1926年版,第29—31页。

② 《袁大总统书牍汇编》卷首,1926年版,第35页。

③ 《政府公报》,1914年2月4日。

④ 《政府公报》,1914年3月2日。

的支持者,而今在他的眼里,一切"民选机关"都变为罪恶的渊薮。他的这种反复无常的言行,正是一切独裁者、阴谋家的惯技。

袁世凯所采取的上述一系列反人民反民主的政治措施,与当时的政府性质是完全一致的。这是一个受到帝国主义列强支持、由极少数封建军阀官僚操纵的政府,其权益不可能不与广大人民的利益发生冲突,自然也就不可能给予人民以任何民主权利,只有剥夺人民的参政权,不让人民监督,才能维持他们的统治。

二　熊内阁垮台和进步党人失望

与以往两届内阁一样,熊内阁的生命也非常短促。从1913年9月11日组成,到次年2月12日熊希龄被迫辞职,仅仅存在了五个月。在这五个月中,熊氏的"政绩"主要是恭顺地副署了袁世凯一切倒行逆施的命令,清除了国民党在国内的残余力量,将第一届国会送终。进步党人的"政绩",正是他们的耻辱,不仅当时受到舆论的抨击,后来也多遭非议。

熊氏在其内阁大政方针宣言中所夸下的海口,如划清内阁和总统府的权限、废除省制、整顿财政、实行法治、改良教育等等,全都成为空头支票,没有一桩兑现。

以划清府院权限来说,民国成立以来各省都督、民政长来电,习惯上分府院两方,其秘密者单致府方,因为他们都明白中央实权在总统府。总统府直接复电,末尾署"奉谕特达,公府秘书厅"字样,而不经国务院。国务院仅办照例公文而已。熊希龄曾建议袁世凯改变这种局面,使责任内阁名实相符,并曾令各省关于军事公文直达国务院。但各省文武官吏置若罔闻,重要电文仍直接呈总统府,根本不把内阁放在眼里。熊氏知难而退,只好默认既成事实。

关于废除省制问题。熊内阁原想对中国的地方制度大加改革,实行道县两级制,废除行省制。袁世凯认为他们的想法是书生之见,表示此事牵扯太多,须要召集各省军民长官代表会议讨论。1914年初,袁世凯命令每省派代表二名来京,召开行政会议。但各省代表尚未到齐,袁就取缔了国民党,使国会名存实亡。行政会议变为政治会议,讨论的内容完全改变。后来,政治会议讨论废省问题,熊希龄出席说明计划,大遭反对,并受到种种揶揄。

司法改革也是纸上谈兵。法院独立审判,及审判和检察分立的制度,是从清末司法改良开始的,民国初年仍沿袭。到1913年底,各省成立高等审判厅共十九所,地方厅共一百一十三所,初级厅一百九十七所,法官多由法政学堂出身的人担任。当时司法方面的弊端仍很严重,主要是司法不能独立。除设有初级厅的一百九十七县之外,全国近两千县都由县官兼理审判。在设审判厅的地方,行政官吏干涉司法也视为当然。判决案件不得本地行政官吏认可,不能定谳。军警机关蔑视法律,擅自捕人,司法机关不敢过问。其次是"司法风纪败坏"。法官有不懂法律,"引用条文悖戾原意者","有积案多年不予判决者,有任意转移管辖,使当事人疲于奔命者,有设法阻抑上诉,致含冤莫伸者"。检察官"有畏避豪强,坐视罪犯,匿不举发者,有徇庇故纵者,有架诬敲诈者"。法庭书记官"有于出状时勒索规费者,有滥改供词者",甚或有与"律师朋比阴行苞苴,使当事人饮恨无可陈述者"[1]。

针对上述种种弊政,梁启超曾主持拟定各种条例,试图加以改良,但由于袁世凯抱消极态度,"致生出无限之阻力","各省几至全然办不动"。加以有些审判厅因"用人未尽当,又系初办,弊病自不能免,遂贻旧派人口实,攻击甚烈"。他们说法院的弊政"较旧日州县衙署且有过之"[2]。因此不仅袁世凯"欲尽废新立法院,恢复旧制",就是司法总长梁氏本人也以为"改革太骤,锐进之余,乃生反动",转而"从维持现状上

---

① 梁启超:《令京外各级审判厅》,《饮冰室合集·文集》之三十一,第18页。
② 《梁启超年谱长编》,第683、687页。

努力"①了。至于熊内阁大政方针宣言所提出的"养成法治国家"云云，自然更如痴人说梦了。

熊希龄上任后，对于整顿税收和财政，计划最为详细，但结果却一筹莫展，以致财政紊乱，国库空虚，政府开支几乎全靠借外债。"各省既不接济中央，反求中央接济，请款之文，告急之电，沓来纷至，积案如山。"作为财政总长的熊氏补疮剜肉，竭蹶腾挪，终日穷于应付。及至1913 年底，陆、海军部及各省都督纷纷电请拨发军饷，熊束手无策，只得请求交通部挪借和交通银行垫款。但这两个单位都在梁士诒的把持下，他们公然拒绝垫付，使内阁财政陷于"万难之境"②。袁世凯从梁士诒处取得五百万元，转交熊希龄，熊"自不胜其难堪矣"③，乃决心辞职。

袁世凯挑选熊希龄组阁，并非看重他有什么经纶大才，让他分享统治权，以施展抱负，而是企图利用他为自己攫取更大的权力。当熊副署了解散国会的命令以后，袁便立即把内阁看作妨碍自己实行封建独裁政治的障碍，不时抱怨"内阁办事太迟缓"，还说："现制总统、总长、都督为三级制，共有三总，殊多滞隔。"进步党人汪荣宝出任驻比利时公使，辞行时劝袁说："请勿行总统制，而行总统内阁制，以该制实令总统当冲。今日办事难满人意，若行此制，殊多不利。"袁辩驳道："不然。往年本行内阁制，而只闻有讨袁，不闻有讨陆、讨段。"袁的决定是无可挽回的。废国务院事既定，1914 年 1 月 24 日，安徽都督倪嗣冲首先发难，通电倡议修改约法，改行总统制，接着各省都督民政长群起呼应。四川胡景伊、陈廷杰通电说："项城袁公，绝世之才，中外具瞻，天人合应，允宜屏息退听，纵其展舒。若实行内阁制，俾元首退处无权，何异困蛟龙于沟壑，击麟凤以钳铁。"江苏冯国璋说得更具体：中国"应于世界上总统总理之外，别创一格，总统有权则取美，解散国会则取法，使大总统以

①　《梁启超年谱长编》，第 685、687 页。
②　《远生遗著》卷 4，第 12 页。
③　《远生遗著》卷 4，第 12 页。

无限权能展其抱负"。

由于各省都督攻击内阁制的调门越来越高,熊内阁的命运岌岌可危,加以财政困难,无法解决,熊希龄见事不可为,悲观失望,遂于2月3日在国务会议上提出辞职,9日,他正式上辞呈给袁世凯表示:"到任以来,胸经数月,黾勉从事,不敢惮劳","特是筹维鲜效,擘理多疏";"上无以副钧座殊常之遇,下无以慰国民望治之情。内疚神明,外惭清议"。"再四思维,惟有仰恳准予辞职,另简贤能"①。当天,袁世凯批准他"免兼财政总长,专任国务总理",由周自齐调署财政总长。熊氏急求摆脱,于12日再上辞呈,坚请"另简贤员,担任国务"②。袁世凯当予照准,并派孙宝琦代理国务总理。

熊希龄辞职后,梁启超、汪大燮也连上辞呈。像对待熊氏一样,袁世凯仍假惺惺地慰留,没有照准。梁启超愤愤地说:"大政方针本出自予一人之手,前之不忍去者,实待政策之实行,今已绝望,理应辞职。"③2月18日,梁氏再次上书坚辞,袁于20日照准梁启超和汪大燮辞职,以章宗祥接任司法总长,以严修接任教育总长,严未到任前,由蔡儒楷暂行署理。同时,袁一再派梁士诒、杨士琦等北洋官僚拜访进步党要人,说明尽管将要实行总统制,仍然渴望与他们一起为国效力。进步党要人每以能利用北洋官僚沾沾自喜,而今反为北洋官僚所利用,自然满腹牢骚,怨愤不已,但对袁世凯仍有幻想,认为只要袁氏实行"开明专制",不愁没有回旋余地。所以熊、梁、汪诸人都分别担任了新职,参政院成立后,又都出任参政。

熊希龄于3月4日出任全国煤油督办,负责筹划探测和开发煤油矿事宜。熊氏拟定了不少勘查开采条例,并延聘外国技师二十余人,勘查全国油矿。他又与美孚石油公司签订合同,合资开采延长和建昌两

---

① 《政府公报》,1914年2月10日。

② 《政府公报》,1914年2月14日。

③ 《爱国报》,1914年2月19日。

地石油。为了取得袁世凯北洋派的支持,他呈请任命袁的亲信袁乃宽(拱卫军军需处处长)为坐办。但此种机构一无资金,二缺人才,所以办理经年,毫无成效。

在辞掉司法总长的前一天,即2月19日,梁启超已接受币制局总裁的新职位。当时全国币制极端混乱,梁氏拟定了整顿币制计划书,企图在可能的范围内有所改进。但币制局职权范围有限,经费不足,财政部又掣肘,经营数月,梁氏一无展布,加上欧战爆发,原拟币制借款变成画饼,所以自7月以后,梁就不断呈请辞职,到12月27日始蒙照准。接着,币制局也被裁撤。

汪大燮担任参政院副院长。

经杨士琦劝说,张謇仍留任农商总长。1914年初,他与美国公司签订了导淮借款,计划疏导淮河,因欧战爆发,未能兑现。导淮云云,都成纸上谈兵。后来成立全国水利局,他兼任总裁。正在他想对水利建设有一番作为时,帝制运动发生。他知事不可为,便请假回原籍去了。

三　《临时约法》被撕毁和袁记约法的产生

1913年12月22日,袁世凯向政治会议提出"约法增修咨询案"。该会认为《临时约法》必须修改,由大总统提出修改也是"合法"的,但政治会议委员均由政府派遣,作为政府的咨询机关,并没有增修根本法律的权力。因此,他们建议袁世凯另设造法机构,以表示尊重约法。

次年1月11日,袁世凯乃就"造法机构究竟应如何组织,应用何种名称,其职权范围及议员选举方法等",再次咨询政治会议,并令其"赶日议决具复"。政治会议于24日呈复,建议设"约法会议",其职权"以议增修约法案及其附属于约法之重要法案",其议员"酌用选举方法,然当以学识经验为准"。根据这些建议,袁世凯于26日公布《约法会议组织条例》,并下令组织约法会议。

按《约法会议组织条例》规定,议员共六十人,其中京师四名,每省二名,蒙藏青海共八名,全国商会联合会四名。议员选举是在袁政府严密控制之下进行的。选举会在各地方官吏的监督下组织,有下列资格之一者,才可以参加选举会:一、曾任或现任高等官吏而通达治术者;二、曾由举人以上出身而夙著闻望者;三、在高等专门以上学校三年毕业而研精科学者;四、有万元以上之财产而热心公益者。因此,各地有选举权的人寥寥无几。如京师只有七十一人参加选举会。被选举人均由政府提名,实际上议员都是由袁世凯指定或经他同意的,选举只是形式。3月14日,袁世凯公布"当选议员"共五十七人,其中北洋派官僚占绝大多数。所以当时就有记者说:"约法会议是法制局的放大。"

18日,约法会议在象坊桥前参议院会场举行开幕典礼,实到议员仅四十四人。议长和副议长形式上是推举的,实际上都由袁世凯圈定。袁世凯特挑选孙毓筠为议长,用以表示修改约法并非是北洋派的私意,"革命党"也是赞成的。法制局局长施愚是北洋集团里所谓"法律派"干将,被指定为副议长。袁世凯的秘书王式通为秘书长。不久,王调任政治会议秘书长,由另一个"法律派"干将顾鳌接任。孙宝琦代表袁世凯出席会议并致词,大谈《临时约法》"束缚政府"的滥调,要求约法会议从根本上解决,最后高喊:"中华民国万岁!""中华民国国民万岁!"20日,袁世凯向约法会议提出"修改约法大纲七条":

一、《临时约法》昧于主权不可分割的原则,至流于多头政治之弊,亟应修改,以求主权统一。

二、《临时约法》规定大总统制定官制官规,须交议会议决,任命国务员、外交官及缔结条约,须得议会同意,使政府用人行政无活动之余地,亟应修改。此外,大总统紧急命令及紧急财政处分均须增加之。

三、《临时约法》以国务员特为一章外,更设国务院单行法,是不啻以国务员为政府,应予删除。

四、《临时约法》参议院权限失之过泛。立法机关其权限应以狭小之规定,方为合宜。

五、应增设咨询机关。

六、会计应增专章。

七、《临时约法》规定民国宪法由国会制定,其实国会应产生于宪法,不应先有国会。民国宪法自应另有造法机关制定①。

依据袁世凯提出的大纲,约法会议推定由施愚、顾鳌、黎渊、程树德、邓熔、王世澂和夏寿田七名议员为起草员,很快就炮制出所谓《中华民国约法》,共十章六十八条。5月1日,袁世凯正式公布,同时废除《临时约法》。两年前,袁世凯信誓旦旦地保证谨守《临时约法》,骗得了临时大总统职位,而今他却毫不留情地将《临时约法》撕毁,并公然说:他的地位和权力与《临时约法》毫不相干,而是清帝禅让给他的,现在是他恩赐给人民一部约法。的确,所谓《中华民国约法》是袁世凯的,而不是人民的,全国人民从来没有承认过它。

袁记约法采取极端集权主义,完全否定了民国以来的民主主义精神,通篇贯串着封建专制"大一统"、"定于一"的皇权思想。袁党还吹嘘说,只有如此,才合乎中国之"国情",才能表示中国"国家制度之特性",否则中国就不成其中国而要发生混乱,以至灭亡②。从以下几点足以看出其反动意义。

一、袁记约法第一章虽然仍规定:"中华民国由中华人民组织之","中华民国之主权本于国民全体",但在具体的条文中并没有贯彻主权在民的精神。关于人民享有的各项自由权,都加上"于法律范围内"的限制条件,而法律则是由袁世凯一手制定公布,人民根本无权过问。这就等于说人民权利的有无,均由袁氏自由决定。因为民国的招牌尚在,不能不在第二章写有人民享有言论、结社、出版等项自由,以及请愿、选举、被选举等项权利,但在实际生活中这些自由和权利被剥夺得一干二净。

二、袁记约法修改了《临时约法》的内阁制原则。内阁制的特点在

---

① 《庸言》第2卷,第4号。

② 《大总统布告第一号》,《政府公报》,1914年5月1日。

于大总统不负实际责任,而由内阁行使职权,内阁则须对国会负责。袁记约法规定:"行政以大总统为首长,置国务卿一人赞襄之。"这种特殊的"总统制",并不是一般欧美资产阶级民主国家实行的总统制。

一般总统制,大总统权力虽然较重,但与立法、司法两机关三权鼎立,互相制约。而袁记总统制,既"隆大总统之权",又取消了对总统权力的有效控制,将大总统置于一切政府机关之上。其第三章有关大总统权力的规定,几乎都是绝对的。《临时约法》规定由"参议院、临时大总统、国务员、法院行使统治权",袁记约法则改为"大总统为国之元首,总揽统治权";"大总统对国民之全体负责",不对任何民意机关负责;而大总统作为元首,又有代表国民全体的权力。这就是说,他实际上仅对自己负责。他可以盗用"国民之全体"的名义,做他想要做的一切,谁要反对他,谁就是国民的公敌。事实上,袁世凯正是按着这种"道理"实行暴政的。

袁记约法第三章第十七条规定:大总统召集立法院,宣告开会、停会、闭会;只要经参政院同意,就有解散立法院之权。但是,参政既都是由大总统任命的,这项限制实际上等于具文。其唯一的限制是立法院"须自解散之日起六个月以内选举新议员,并召集之"。此外,《临时约法》中"凡可以掣行政之肘,如官制官规之须经院议,任命国务员、外交官以及普通缔结条约之须得同意等项,皆予删除。凡可以为行政之助者,如紧急命令、紧急财政处分等,悉予增加"①。

三、袁记约法规定成立参政院,其职能是"应大总统之咨询,审议重要政务"。该院对立法院议决之法律有否决权,还有宪法起草权。第九章第五十九条规定:"宪法起草委员会以参政院所推举之委员组织之,其人数以十名为限。"宪法草案经参政院审定后,"由大总统提出于国民会议决定之";"国民会议由大总统召集并解散之"。这样,袁世凯便把制定宪法的大权收揽在自己的手里。

---

① 《大总统布告第一号》,《政府公报》,1914年5月1日。

四、袁党虽然认为"议会政治之万不宜于今日之中国"[1]，但迫于辛亥以来人民要求民主的大势，袁记约法第四章不得不规定成立立法院。立法院为民国议会，由各省人民选举的议员组成，规定议员二百七十五人，其职权为议决法律、预算，答复大总统咨询，收受人民请愿事件。对于大总统有谋叛行为时，以总议员五分之四以上出席，出席议员四分之三以上通过，可以提出弹劾之诉讼于大理院。但大理院受理与否，却要由大总统决定，所以立法院的弹劾权，也只是具文。当年 10 月 27 日，袁世凯公布《立法院组织法》和《立法院议员选举法》，对选举人和被选举人都有具体的资格限制。如京师有选举权的人必须具备下列资格之一："有勋劳于国家者"，"任高等官吏满一年以上者"，"硕学通儒"，"有商工业资本一万元以上者"，"有一万元以上不动产者"，"八旗王公世爵世职"，"本国或外国高等专门以上学校三年以上毕业者"，"高等专门以上学校充教员二年以上者"，"华侨在国外有商工业资本三万元以上者"。就是这样一个严格限制选民的"民选机关"，袁世凯也始终不把它成立起来，而由参政院代行其职权。

袁记约法之所以要特别压抑民权，据说是因为"国家处开创之时，当多难之际，与其以挽救之责委之于人民，委之于议会，其收效缓而难，不如得一强有力之政府以挽救之，其收效速而易。所谓易则易知，简则易从也"。"况人民政治知识尚在幼稚时代，欲其运用议院政治，窃恐转致乱亡，此以现在时势及风俗习惯证之，而知其应含有特性者也"[2]。袁党的这类论调，与进步党要人所鼓吹的"开明专制"的理论，基本精神是一致的。所以，袁世凯毁法造法的活动，得到了一些进步党人的支持。

通过"增修约法"，袁世凯把两年来恣意破坏资产阶级民主制度所取得的各种专制特权，用法律的形式肯定下来，而且为他进一步扩张权

---

[1]　《大总统布告第一号》，《政府公报》，1914 年 5 月 1 日。

[2]　《大总统布告第一号》，《政府公报》，1914 年 5 月 1 日。

力提供了"法律依据"。难怪袁记约法公布之日,他不胜喜悦地说:"予今日始入政治新生涯。"①

袁世凯公然撕毁《临时约法》,而代之以自己的约法,引起人们很大的不满,不少人著文加以抨击。有人指出:此"乃承急激革新之后,而生出一大反动"。"往者南京政府时代,以旧为戒,事惟求新;今则以新为戒,事惟复古,毋亦一国之政制,不循进化之原则,竟依循环之原则耶"?② 对袁记约法关于总统职权的规定,有人谴责说,这是"假总统政治之名,而行独裁政治之实",是"约法最大恶劣之点"③。

除制定约法外,约法会议还承命炮制了袁记《大总统选举法》。

此前,1913 年 10 月国会制定的《总统选举法》规定大总统由国会选举,总统任期五年,如再被选得连任一次,等等。对此,袁世凯深为不满。但为了攫取总统职位,他当时并没有公开反对。袁记新约法公布后,梁士诒即趋承袁氏的旨意,在参政院提出修改总统选举法案。1914年 8 月 18 日,参政院开会赞同梁士诒等人的提案,即咨请袁世凯提交约法会议。约法会议于 8 月 26 日开会讨论,认为此次修正大总统选举法,"宜注重共和之精神(指中国唐虞时代揖让之风),而不可概袭共和之形式(指选举总统),宜参稽本国之遗制,而不宜涂附外国之繁文"④。至 12 月 28 日,修正《大总统选举法》经约法会议通过,袁世凯于次日公布。

袁记《大总统选举法》规定:"有中华民国国籍之男子,完全享有公民权,年满四十岁以上并居住国内满二十年者,有被选为大总统资格。"大总统任期十年,连任亦无限制。每届应行选举大总统之年,参政院认为政治上有必要时,得以三分之二以上参政同意,即可连任,无须改选。

---

① 　马震东:《袁氏当国史》,1930 年版,第 367 页。

② 　柳隅:《新政制》,《庸言》第 2 卷第 5 号,1914 年 5 月。

③ 　汪馥炎:《中华民国约法摘疑》,《中华杂志》第 1 卷第 6 号。

④ 　《时事汇报》第 8 号,第 50 页。

大总统继任人由现任大总统推荐候选者三人，书于嘉禾金简，钤盖国玺，密藏于大总统府内金匮石室。金匮钥匙由大总统掌管，石室钥匙由大总统、参政院院长及国务卿分别掌管，非奉大总统命令，不得开启。选举大总统之日，由现任大总统交选举会选举。选举会由参政院参政和立法院议员各五十名组成，由大总统召集之。

根据这个选举法，袁世凯实际上成为终身总统，而且有权传子，世袭罔替。

第三节　袁世凯独裁制度的建立

一　政事堂及其他行政机构

袁记约法公布以后，政府机构立即进行了重大改组。改组工作标榜创新，实为复旧。所设新机构大都由前清制度脱胎而来，就是气派也无不模拟帝王。南京临时政府所创立的资产阶级民主共和制度遭到无情的践踏。

北洋政府建立以来，政府政事的中枢表面在国务院，实际上在总统府秘书处。为了根本改变这种名实不符的局面，袁世凯于5月1日撤消国务院和秘书处，而在总统府内成立了政事堂。"凡一切军国大事皆由政事堂议决施行"，其地位略相当于前清的军机处。通过政事堂，袁世凯把行政权集中在自己的手里。他下达命令原来钤用大总统印，现加"政事堂奉策令"之类的字样，而钤政事堂印，这恰是前清"内阁奉上谕"那种文牍格式的翻版。政事堂设国务卿一人，赞襄大总统政务，承大总统之命监督政事堂事务。国务卿略相当于前清的首席军机大臣，仅对大总统负责，对任何机关任何人概不负责。这样就从根本上解决了民国以来大总统和国务总理之间的权限争论，集一切权力于大总统。

袁世凯任命徐世昌为国务卿。徐世昌（1855—1939），字卜五，号菊人，又号弢斋，晚号水竹邨人。原籍天津，生于河南省汲县，小官吏家庭出身。青年时代他在淮宁县教家馆,结识袁世凯,遂结拜为兄弟。此后,他考中举人、进士。由袁世凯保举,他先后担任练兵处提调、兵部侍郎、巡警部尚书、民政部尚书及东三省总督等要职。辛亥革命前夕,官至军机大臣、内阁协理大臣。民国建立后,他以遗臣自命,托辞"国变忧愤",退居青岛,表面不问政事,实则暗中参与袁世凯的各项重大决策,早有"海滨宰相"之称。他一出任国务卿,总统府上下都尊称他为"相国"。他与袁交往二十余年,对袁的性情和野心了如指掌,深知在玩弄政治阴谋方面,袁不仅不亚于他,而且在许多方面高他一筹。关于大政方针,他从不主动提出方案,只是制定为达到目标必须使用的策略性的办法。据记载,他刚刚上任,就有人建议他发表施政方针,以慰国人之望。他表示为政不在多言,说:"往日阁员入阁之初,多所发表,而实质上则多一事不能行。今大乱之后,惟求休息,余既未敢多言,惟择其可行者行之,不可行者勿行。行而有成效者善也,否者即为恶也,视其结果何如耳。今纵讥余无所表现,余决不辞,或者各方面所以必须余出之意,即在此无所表见之中。"①

除国务卿之外,政事堂还设左右丞二人,其地位略低于国务卿,按规定应"赞助国务卿,预闻政务",实际上也直接对袁世凯负责,其性质颇似前清"军机上行走"。袁任命杨士琦②为左丞,右丞则由钱能训担任。另有政事堂参议林长民、曾彝进、伍朝枢、方枢、李国珍、许士熊、张国淦、徐佛苏等八人,负责审议法令,而不能预闻政务。政事堂直辖六个局:法制局局长施愚(后为顾鳌),机要局局长张一麔,铨叙局局长夏寿康(后为郭则沄),主计局局长吴廷燮,印铸局局长袁思亮,司务局局长吴笈孙。除机要和主计两局为新设的机构外,其余均为原属国务院

---

① 《远生遗著》卷 4,第 44 页。

② 杨士琦(1862—1918),字杏城,安徽泗州人,举人出身,报捐道员,因富于机略权变,"喜逸恶劳而多消息",被称为"有哲学思想的官僚"。清末曾入李鸿章幕,李死后投靠袁世凯,充洋务总文案。袁氏"事罔洪纤,尽以咨商",因而素有"智囊"之称。他是洪宪帝制的重要谋臣之一。

的机关。

国务院存在的时候，各部政务由总长主持，并预闻国家大政。按1914年袁世凯颁布的修正各部官制规定，各部"直隶大总统"，只有执行部务之权，而不能预闻政务；除例行公事得自行处理外，一切须经国务卿核准。因此，各部总长对于国务卿实质上也是一种从属关系。各部总长为：外交孙宝琦，内务朱启钤，财政周自齐，陆军段祺瑞，海军刘冠雄，司法章宗祥，交通梁敦彦，教育汤化龙，农商张謇①。以上各部长、局长，除汤化龙、张謇属进步党外，其余都是北洋派。

政事堂设在总统府退朒楼（在勤政殿旁），为徐世昌赞襄袁世凯的办公处，故左为机要局，右为左右丞休息所。政事堂的匾额及两旁"天视民视天听民听"、"人溺己溺人饥己饥"楹联，均为徐世昌自拟、自书。5月4日，袁世凯亲临政事堂训话，宣称"本大总统当与诸君以'洁己自爱，开诚布公'八字共勉"，"以共挽狂澜，维持大局"②。就是在这类娓娓动听的辞令掩饰下，北洋派会聚一堂，开始了"屈天下人奉一人"的新步骤。

裁撤总统府秘书厅之后，原秘书长梁士诒被调离总统府，改任税务处督办。梁士诒（1869—1933），字翼夫，号燕孙，广东三水人。1894年中进士，曾在原籍凤冈书院讲学，力倡"学归实用"。1903年应经济特科考试，因被清廷误认为是维新派康有为的同党，名落孙山。同年袁世凯聘他为北洋编书局总办，从此追随袁世凯、唐绍仪创办北洋新政，长期管理铁路交通事业，先后担任京汉、京沪两铁路局总文案，京汉、沪宁、正太、汴洛、道清五路提调，铁路总局局长及交通银行帮理等官差，与帝国主义列强财团建立了密切的关系。辛亥革命爆发后，由于协助袁世凯逼迫清帝退位和筹款有"功"，他一直担任总统府秘书长，综揽中枢机要，1912年5月兼交通银行经理，次年秋又兼财政部次长，代理部

---

① 1913年12月22日，袁世凯下令农林、工商合并，称农商部。

② 《爱国白话报》，1914年5月5日。

务,事权之重无可比拟。他常常代表袁与中外各方接洽。有人到总统府请示工作时,袁经常说:"问梁秘书长去!"因此他有"二总统"的绰号①。因为他把持交通部和交通银行,能在短时期内筹挪巨款,又被称为"财神"。梁利用职权培植个人势力,在北洋派内部形成著名的交通系,控制政府财政和交通。尤其是他自受命组织公民党后,势力更为膨胀,俨然政府党魁首。各省军政官吏进京觐见,多先拜访梁氏,以探听消息。对梁士诒包揽政务,袁世凯当选正式大总统后就开始不满。杨士琦等又乘机进谗,说他"心怀叵测,勾结军人,欲为总统"②。因此袁更感不安。1914年初酝酿改制时,梁士诒主张"将秘书厅扩大组织",以"张府制,网罗人才",而不必另设国务卿③。袁很不以为然,遂下决心把他撵出总统府。袁世凯将原秘书处的班底改组,更名为内史监,专门负责办理其"切身政务机密者",派原副秘书长阮忠枢为内史长③,曾彝进、王式通为副内史长,内史有夏寿田、张凤台、闵尔昌、刘春霖、董士佐等十余人。内史监成立后,仿照前清皇帝经筵进讲之例,由参政严复等人逐日编述有关中外大势、帝王治国以及军事、经济诸事,复由夏寿田等人书写送到袁世凯的办公室居仁堂,供袁批阅,称"居仁日览"。

除人事更动外,大理院机构照旧,仍是全国最高审判机关。袁世凯特任董康为院长,总理全院事务。其审判事务采取合议制,以推事五人组成法庭,以大理院长为审判长。总检察厅设总检察长一人,检察官若干人,罗文干任总检察长。

1914年3月成立的平政院,为行政裁判机关,有监督行政的性质,

---

①　《三水梁燕孙先生年谱》上册,第187、188页。

②　《三水梁燕孙先生年谱》上册,第187、188页。

③　《三水梁燕孙先生年谱》上册,第187、188页。

③　阮忠枢(1867—1917),字斗瞻,安徽合肥人,生于淮军将领家庭,举人出身。李鸿章以其"武阀能文",极加器重,曾任为北洋军械局总文案。1895年入袁世凯幕,"新军军制饷章文牍机务咸出其手"。从清末以来,一直充当袁与北洋文武官吏之间的联络人员,参与机要。

专门审理行政官吏的违法不正行为。此外，还有肃政厅，专门纠弹行政官吏的违法、行贿受贿、滥用职权、玩视民瘼等。这两个机构分别独立行使职权，相当于前清的都察院和御史台，都由大总统直辖。平政院院长先后为汪大燮、周树模①。肃政厅都肃政史为庄蕴宽，另有肃政史十六人。都肃政史和肃政史与前清左都御史和给事中御史大同小异，于是北京官场上"都老爷"之名称复活。袁世凯曾对平政院长和都肃政史等人说："中国之大，官吏之多，一人耳目不能周到，故靠诸君主持风宪。"②按《官吏犯赃治罪条例》，对赃官处罪极重，五百元以上枉法赃即处死刑，不枉法赃一千元以上处无期徒刑，遣送边远烟瘴地，一如古代流刑③。尽管如此规定，但平政院和肃政厅实际上都属闲曹，除非背后有袁世凯主使，弹劾和审理都是空话，因为"民国有势无法，少有凭借者断非平政院所能裁制，其无势力者先自默尔，与人无竞，更不劳裁判"④。

原国务院审计处于1914年6月改组扩充，更名审计院，作为全国财政总监督机关，负责审查政府收支预算，对各部的收支有审核权。但"机密费"不在审核范围之内，各部经常以"机密费"为借口，逃避审核，所以实际上达不到监督的目的。加以院长丁振铎对财政审计法一窍不通，老朽顽固，只因为是清末大官僚和袁世凯的同乡，就被安排到这个有地位而无权力的冷衙门。不久丁病逝，袁派前清云贵总督李经羲接任，李未到任，由副院长李国珍代理。

1914年5月，原蒙藏事务局改名为蒙藏院，直属大总统，根据《蒙藏院官制》和《蒙藏院办事规程》，负责管理蒙古和西藏地方事务。喀喇沁亲王贡桑诺尔布为总裁，熙彦为副总裁。

---

①　周树模，字少模，翰苑出身，清末当过御史和巡抚。1914年7月由黎元洪举荐，接任平政院院长。

②　《爱国白话报》，1914年5月27日。

③　《政府公报》，1914年6月6日。

④　《民国十年官场腐败史》，第61页。

　　袁世凯于 1914 年 7 月 28 日颁布《文官官秩令》。令称:"历代官制精意,重在官与职分。诚以因资序官,斯人无躁进,量才授职,斯事有专责"。因此"本九品官人之法,仿六计弊吏之道",特定官秩令,以便"贤者在位,能者在职,矢靖共之意,杜奔兢之风"①。文官分为九秩,即上卿、中卿、少卿,上大夫,中大夫,少大夫,上士、中士、下士,另外还有同中卿、同上大夫等秩。上、中、少卿均授予特任级官吏,少卿及上、中大夫均授予简任级官吏,中、少大夫及上士均授予荐任级官吏,上、下士均授予委任级官吏。按照此令,授徐世昌为上卿,杨士琦、钱能训为中卿,各部总长除海、陆两部属武官外,都授中卿,惟章宗祥、汤化龙资望稍轻,授少卿加中卿衔。其他文官均按其地位和资历分别得到不同的官秩。

　　参政院是大总统的最高咨询机关。袁世凯于 5 月 26 日任命黎元洪兼院长,副院长汪大燮,秘书长林长民。副总统黎元洪到北京后,年俸十二万元,交际费二十四万元。与一般高级官僚相比,待遇优厚得多。袁又和他结为儿女亲家。但只因为他不是北洋派,所以从来没有起副总统的实际作用,至此总算有了具体的差事。参政共七十名,都由袁世凯亲自选定,其中有当朝显宦周学熙、梁士诒、黎渊、施愚、王赓、刘若曾、陆徵祥、孙多森、李士伟、严修、杨度、荫昌、张镇芳;有立宪派、进步党名流梁启超、熊希龄、蔡锷、马良、严复;有实业界人士冯麟霈、宋炜臣、张振勋、孟继笙;有宿儒王闿运、杨守敬;有变节的革命党人孙毓筠;有前清皇室溥伦;更多的则是老朽不堪的前清大官僚,如赵尔巽、那彦图、丁振铎、唐景崇、增韫、李经羲、宝熙、宋小濂、劳乃宣、于式枚、袁树勋、王树楠、赵惟熙、姚锡光以及瞿鸿禨等。当时,有人对参政院内老官僚"枯木逢春之气象"不理解,曾探询袁世凯的用意,袁回答说:"汉之良相,即亡秦之退官,唐之名臣,即败隋之故吏。政治不能凭虚而造,参政

---

　　①　《政府公报》,1914 年 7 月 29 日。

责任綦重,非富有经验者不理。"①

　　袁世凯虽然热衷于请前清"老成物望者"出山,但这些人并不都甘心被利用。有的断然拒绝受命,如瞿鸿禨、袁树勋、于式枚、劳乃宣等;有的以种种理由迟迟不肯进京。至 6 月 8 日参政院近开会之期,报到者尚不足三分之一,因此不得不一再延期。6 月 20 日,参政院在原参议院会场开幕,出席参政仅四十四人,冷冷落落,不成样子。

　　《参政院组织法》规定,每年 9 月 1 日至 12 月底为开会时期,实际上自开幕之后即不断开会。到 1914 年 10 月杪,常年会议四个月期满,大家便要散会。袁世凯以尚有重要法案交议,命令延长两个月。至 12 月底闭会时,参政院共开议事会二十多次,所议各案大都由政府交来,如 7 月 3 日会议,到会四十二人,所议法案有"违令惩罚法案"、"诉讼法案"、"请愿法案"、"纠弹法案"等。先由法制局参事报告法案制定经过和原则,接着有二三名参政提问题,参事一一解答,讨论就告结束。参政院开会与国会"乱糟糟轰腾腾的景况"全然不同,"诸参政三三五五笑悦而语",与从前金刚怒目之国会议员也不可同日而语②。

　　参政院成立后,便宣布代行立法院职权。作为代行立法院开会时(如 7 月 3 日会议)允许旁听;作为大总统的咨询机关开会时,则不许旁听。袁世凯有意将组织立法院的事推得遥遥无期。这样,在一个号称民国的国家里,便消灭了一切民主选举的痕迹,所有重要官职都改为"钦定",还美其名曰"以资简捷,而节经费"③。

二　中央军事机关的改组

　　袁记约法规定大总统总揽军权,如:"大总统为陆海军大元帅,统帅

---

①　陈瀱一:《新语林》第 2 卷,第 9 页。

②　《远生遗著》卷 4,第 73 页。

③　《爱国白话报》,1914 年 5 月 27 日。

全国陆海军",决定陆海军编制、兵额及宣战媾和,等等。据此,袁世凯于 1914 年 6 月 8 日下令成立"陆海军大元帅统帅办事处",将原来总统府的军事处撤销。统率办事处是最高的军事机关,与文事方面的政事堂并立,一武一文,作为袁世凯独裁统治的左右手。

对统率办事处组织章程的拟定,袁世凯的军事顾问坂西利八郎①起过重要作用。据组织令规定,办事处设办事员,"由参谋总长、陆军总长、海军总长、大元帅特派之高级军官及办事处总务厅长担任"。袁世凯任命荫昌(侍从武官长)、王士珍、段祺瑞、刘冠雄、萨镇冰(海军司令)、陈宧(参谋次长)为办事员,唐在礼②为总务厅长,张士钰为副厅长。按规定,办事员轮流在办事处值日,实际上王士珍担任常务,一切要政都呈袁世凯定夺。办事处设有军政、军令、军械三所,各有主任主持其事。

统率办事处的权力十分广泛,凡所讨论的事务涉及外交、内务、财政、交通时,都召该部总长列席,往往当场就作出决定。各部或各省的重要机密事务,也大都呈报办事处。袁世凯的命令、批示,均以大元帅名义发出。京内外文武官吏对此类命令从不敢怠慢。唐在礼后来回忆说:"本来政事堂有些相当清室军机处的样子,其后来倒是统率办事处在实际上起着新的军机处的作用。"③

成立统率办事处的原因,袁世凯说是为了集中陆军、海军、参谋三部统筹军事,其真正目的是削弱陆军部的权力,把军权收归他一人掌

---

①　坂西利八郎,日本炮兵大佐,清末曾任袁世凯的练兵顾问。1912 年 7 月到北京应聘担任总统府军事顾问。他会讲汉语,经常与袁世凯交谈,对民初军事的建议颇多,统率办事处的组织条例初稿就是由他拟定的。他有两名日本助手,其中之一是后来臭名昭彰的侵华特务头子土肥原贤二。坂西与王士珍、段芝贵等人关系密切,1915 年 7 月回日本

②　唐在礼,字质夫,日本士官一期毕业,清末曾在练兵处和北洋督练公所任职。民国后任总统府军事处参议、代理处长等职。

③　唐在礼:《辛亥革命前后的袁世凯》,《八十三天皇帝梦》,第 120 页。

握。原来,自北洋政府成立后,军权一直在段祺瑞控制的陆军部,内阁屡次更迭,陆军总长一席总是非段莫属。在军事上袁也完全信任和依靠段,重大措施差不多都要和段商量决定。总统府军事处仅仅起袁世凯与各军事机关联络的作用。段对袁感恩不已,愿受驱策,事事奉命唯谨。为摧毁非北洋派,特别是国民党人的军事力量,段卖过死力。但自镇压二次革命后,陆军部的势力大大膨胀,关于军官的提升或降黜,段往往擅自决定,而且所提拔的人又多是他的门生和部属,如徐树铮、靳云鹏、傅良佐、吴光新、曲同丰等,在陆军中隐然自成派系。这自然使一向重视军权的袁世凯感到不安,统率办事处的成立就是为了扭转军权旁落的趋势。

统率办事处成立后,袁世凯在总统府又组织了一个军需处,由唐在礼兼任处长。这个以军需为名的机构,并不管陆、海军的军需事务,而专门管理秘密支付的"特别费"。这种特别费的开支很大,也很频繁,每笔一两万到几十万不等,均凭袁世凯的字条支付,无需说明用途,主要用于收买文武官吏、政党首领和报纸发行人,军政执法处等特务警察机关的重大案件侦缉费用,以及为筹建模范团购买军火等。这个机构和统率办事处一样,在袁死后都被撤销。

为进一步控制军队,袁世凯以北洋军暮气沉沉为理由,决定在统率办事处的直接领导下编练模范军,派王士珍、袁克定(袁世凯的长子)、张敬尧、陈光远为筹备员。1914年10月,成立了一个类似军官教导团式的"模范团",抽调各师下级军官为士兵,中高级军官为该团下级军官。每期半年,一期计划培训两个师的军官。第一期袁世凯自兼团长,陈光远为团副。第二期袁克定为团长,陆锦为团副。陈光远和陆锦都是袁克定的亲信,所以模范团实际上由袁克定一手包办。该团的训练计划是由蒋方震草拟的,完全采用德国训练方式。袁氏父子一向崇拜德国的军事,对德国皇太子在德军中的影响略知一二。模范团的建立,表明袁世凯有意仿效德皇的办法,为自己的儿子在陆军中树立权威,为家天下作准备。模范团第一期毕业后,即编为北洋陆军第十一、十二两师，以张永成、陈光远为师长。第二期毕业后编为第九师，以陆锦为师长。

对军事一窍不通的袁克定，突然插足军队，激化了北洋派内部的矛盾，北洋将领多为之寒心，而以段祺瑞为最甚。段祺瑞素性刚愎，对统率办事处的成立，早已公开表示不满，常常借故拒绝出席该处会议，陆军部的事务也让他的心腹徐树铮办理。他对袁克定毫不敷衍，对其左右的人更不客气。因此，袁世凯和段的关系日益恶化，段即托病请假赴西山"疗养"，北洋军事重心就转移到王士珍身上。1915 年 5 月 31 日，袁派王士珍署理陆军部长。王对袁唯命是从，遇事绝不敢有所坚持；又不培植个人势力。袁在军事上很尊重他。为了清洗段的势力，袁世凯授意肃政厅弹劾徐树铮订购外国军火浮报四十万元，并以此于 6 月 26 日免去了徐的陆军次长，派田中玉继任。此为段和徐后来拒绝拥袁称帝的远因。

为了从精神上加紧对军队的控制，袁世凯于 1914 年 11 月 11 日以大元帅的名义，发出第一号军令，颁布军人训条十条，其中第一条为"军人宜效命国家，忠事元首，坚心定志，切戒妄听邪言"①。并由统率办事处派出大批"宣讲员"，至各师传达宣讲。前此在 1912 年 12 月 26 日，袁曾发布过一个"告诫军人训条"十条，其中并没有"忠事元首"字句，而今却命令官兵忠于他个人，以加强其独裁统治②。1914 年 11 月 20 日，袁又命令"以关（羽）岳（飞）为武圣"，由全国军人供奉，并指令统率办事处拟定供奉礼制。但北京从来没有关岳合祀之庙，新建又来不及，便将地安门外西皇城根之白马关帝庙大加修饰，由驻京军队及模范团列队前往行礼宣誓。1915 年 1 月 13 日，模范团第一期全体官兵在陈光远率领下赴庙宣誓，袁世凯派侍从武官长荫昌监督，誓词为："服从命令，尽忠报国，诚意卫民，尊敬长上，不惜性命，言行信实，习勤耐劳，不入会

---

① 《政府公报》，1914 年 11 月 12 日。
② 《政府公报》，1912 年 12 月 27 日。

党",最后表示"誓愿八条,甘心遵守,违反其一,天诛地谴"。

新成立的将军府,为"军事之最高顾问机关",直隶大总统。按其组织法规定,有上将一人,将军二十六人,参军二十五人。袁世凯任命段祺瑞为建威上将军兼管将军府事务。凡在一省做过都督而被解职来京者,都任命为将军,冠以"威"字,以区别于各省有督理军务之权的"武"字将军,如蔡锷为昭威将军,张凤翙为扬威将军,蒋尊簋为宣威将军。"将军月俸千元,安富尊荣,清闲自在"①。将军府实际上是安置失意将领的闲曹,被人嗤为"养老院"②。

三 地方官制的变化

对地方官制,特别是中央与地方的权限划分问题,袁记约法基本上没有涉及。但这并不是忽略,而是有意回避。袁世凯企图通过具体条例,逐步地改变清末以来各省权力过重的局面。

北洋政府建立以来,对地方制度屡经讨论,多次起草条例,其中包括省制的存废问题。民国元年,各党派争持最激烈的问题之一是省长简任或民选,及省长是否有解散省议会之权。袁政府于7月将省长简任或民选问题,提交参议院讨论。这个问题和国民党对袁世凯的政治斗争交织在一起,因此参议院各党派争论不休,僵持不下。袁世凯恐民选省长的主张占上风,妨碍他的集权计划,便将提案撤回,讨论遂中断。其后,国务院法制局局长施愚拟定了一个折衷方案,即仿照普鲁士的办法,将地方政权分为自治机关和官治机关两种:省长执行官治,故由中央简任;议会总董执行自治,故由各省选任。"官治与自治既然化分为二,故省长既不得解散议会,议会亦不得弹劾省长"③。此说发表后,江

---

① 《民国十年官场腐败史》,第52页。
② 《民国十年官场腐败史》,第52页。
③ 《远生遗著》卷2,第188页。

苏、江西等省都督纷纷通电反对。袁世凯于10月12日在总统府亲自召开地方官制研究会,决定采用所谓"虚三级制",即省道县三级,"存虚省而设实道"。此项办法经国务会议通过,法制局遂起草了道官制和道自治草案。因当时准备国会选举,议员多离京外出竞选,参议院不能开会,袁政府遂借口无从交议,于12月直接以命令发表了《道官制道自治条例》。依照此项条例,有些省设立了道观察使。此实为熊希龄内阁废省计划之先声。1914年5月间,与中央军政机构改组的同时,袁政府也制定了地方官制草案,经政治会议讨论后,由袁世凯亲自删改定稿,于5月23日公布实行。

地方文官采用三级制,主要内容在于存省分道。全国二十二省区及蒙古西藏地方未加变动,惟每省划为若干道①,由道辖县。省置巡按使,道置道尹,县置县知事。巡按使管辖全省民政各官及巡防警备等队,并受政府之特别委任,监督财政及司法行政等。此制度表面上与前清及民国以来实行的制度无大差别,但内容略有不同。原来各省行政公署所设的内务、教育、实业各司(厅),全部裁撤。巡按使公署内仅设立政务厅,由巡按使荐任厅长一人,掌握厅内事务。厅内有总务、内务、教育、实业各科,由巡按使自委掾属,佐理各项文牍事务。巡按使一律由大总统任命,不许地方保荐。冯国璋曾因保荐巡按使,受到政事堂申斥。新官制公布后,各省原民政长均改为巡按使。过去以都督兼民政长的省份,如安徽、湖南、贵州、奉天、黑龙江等省,都另外特任巡按使,实行军民分治。所任命的巡按使大都是所谓"富从政经验"的旧官僚,安徽为韩国钧,湖南为刘心源,贵州为龙建章,奉天为张元奇,广西为张鸣岐,等等。

道尹为一道的行政长官,原来的观察使改称道尹。依地方官制规定,道尹由中央政府简任,其职权比较广泛,最为重要的是有呈请任免

---

① 一般一省划分为四道,黑龙江、贵州各两道,奉天、湖北、安徽、山西各三道,江苏五道,广东、广西各六道,甘肃最多,为七道。

县知事之权。因此,官场上钻营道尹的人颇多,1914年下半年由于京外文武官吏不断保荐,到年底仅政事堂记存的名单,即达五百多人,而全国只有近百个道。因此,袁世凯不得不于12月4日下令暂停保荐。他说:所保荐的人员中"滥竽充数、名实相乖者亦复不少……嗣后除县知事任职三年以上确有政绩者仍准保荐外,其余暂行停止"①。

县知事为一县行政长官。全国有近二千个县。对县知事的选拔和任命,袁世凯颇为重视,他曾多次命令各省巡按使严格考核所属县知事,对"劣员"要"立时撤换,勿稍瞻徇"②。为了"统一中央用人行政之权,荡涤地方滥用私人之弊"③,袁世凯命令内务部主持于1914年3月至11月举办了三次"县知事试验"。"试验"分为考试和保荐两种。按考试条例规定,曾任简任或荐任官满三年以上者,在国内外大学或专门学校学习法律、政治、经济学三年以上有文凭者等,才有资格参加考试。当时,全国失意官吏和失业知识分子很多,1914年初,仅在北京奔走谋事者即有四万多人④,县知事考试对于他们当然有很大的吸引力。三次考试共录取一千九百二十一人。由于口试特别重视做官经验,所以被录取者多为旧官吏,学校出身而中榜者为数寥寥。此外,由大官僚保荐免试的三百余人,其中自然更是"贤能老吏"居多⑤。被录取的县知事并非都能分发各省补上实缺,只有行贿或有后台的人才能如愿以偿。举办"县知事试验",本来说是为了"澄清吏治",但结果并没有达到目的,连主考官朱启钤也承认"适启仕途奔走之风,欲清其源,转滋其弊"⑥。

民国以来,地方武官系统比较紊乱,除都督外,还有都统、护军使、

---

① 《时事汇报》第8号,第40页。
② 《政府公报》,1914年5月23日。
③ 《政府公报》,1914年4月23日。
④ 《远生遗著》卷2,第45页。
⑤ 《政府公报》,1914年3月20日。
⑥ 《政府公报》,1914年3月14日。

镇守使等。各省都督的权力极为广泛,实际上总揽军政民政,是一省的最高统治者。都统仅设在热河等特别区,也是兼管军民两政。护军使的地位略低于都督和都统,如江北护军使(驻清江)、甘肃护军使(驻宁夏)等。镇压二次革命后,在军队较少的福建和贵州两省部不再设都督,而改设护军使。镇守使则设于一省要冲之地。各省所设镇守使数目不等,以军队的多寡而定,如江苏驻军多,就有江宁、松江、上海、徐州、镇江等五个,陕西则只有陕南和陕北两个。镇守使大都由师旅长兼任,为都督的属吏。

为改变都督掌握一省军政大权的局面,袁世凯于1914年6月30日下令裁撤各省都督而设立将军诸名号。令文说:"都督之称,肇自汉魏。武昌起事,仓猝定名。其时兵事初兴,人心未定,类晋齐之雄长,似楚汉之剖分。民国纪元,未遑变置,黎副总统首倡军民分治,所陈十害三无之弊,刿目怵心,海内贤达,咸表同情。方今大难削平,主权统一,各省都督皆深明大义,恪守准绳。若复因仍方镇之名词,无以移易军民之耳目,即欲实行省制,而窒碍殊多。应将各省都督一律裁撤,于京师建将军府,并设将军诸名号。有督理各省军务者,就所驻省分开府建牙,俾出则膺阃寄,入则总师屯,内外相维,呼吸一气。"①7月18日,袁又公布将军府编制令和将军行署编制令,并在北京设立了将军府,安置闲散将军(详见本节目二)。另外,有督理一省军务者,都在该省设行署及参谋机构,"承大总统之命督理本省陆军",并受陆军部和参谋部监察。凡"有特殊功勋者"均授上将军,如定武上将军张勋兼长江巡阅使,镇安上将军张锡銮督理奉天军务兼节制吉林、黑龙江军务,宣武上将军冯国璋督理江苏军务,彰武上将军段芝贵督理湖北军务,振武上将军龙济光督理广东军务,昭武上将军姜桂题兼热河都统督理热河军务。同时,山东靳云鹏、吉林孟恩远、浙江朱瑞、江西李纯、湖南汤芗铭、陕西陆建章、四川胡景伊、广西陆荣廷、云南唐继尧等都授予将军,督理本省军

---

① 《政府公报》,1914年7月1日。

务,除孟恩远和朱庆澜冠"镇安"两字外,其余都冠以"武"字,如泰武将军靳云鹏、开武将军唐继尧等。另外,直隶朱家宝、河南田文烈、甘肃张广建、新疆杨增新等则都以巡按使加将军衔,督理本省军务。贵州刘显世和福建李厚基都仍任护军使,督理本省军务。绥远潘矩楹和察哈尔何宗莲都仍任都统,管本地区军政民政事务。

袁世凯裁撤都督,本来是想加强中央对地方的控制,推行军民分治,以避免所谓"历代藩镇之祸",然而结果并未达到预期的目的,除改变名称外,没有任何实际意义。与往日的都督一样,将军不仅督理军务,照旧控制民政,视巡按使"如前清督抚之于布政使"①。

当时,除云南、广西、四川及新疆外,各省督理军务的将军几乎都是袁的亲信。袁世凯的封建独裁统治,与广大人民起码的经济政治利益形成了尖锐的对立,如果不靠各地将军的军事压力,他的政权就不可能维持下去。和袁世凯一样,各地将军一切政策的出发点都是为了防备人民,愚弄人民,和一旦发生人民起义可以立时扑灭。袁世凯和各地将军之间完全是封建的依附关系,为保持将军对他的忠心,达到一呼百应,就不能不允许将军有极大的特权。所以都督更名刚刚一个月,袁就下令"所有督理军务各将军,略与原设都督职权相类"②。各地将军深知自己的祸福荣辱完全由袁的喜怒决定,只要不失宠信,无论怎样贪赃枉法、草菅人命,都不会被贬黜,至多调任他职而已。所以,他们在袁世凯面前无不卑躬屈膝,唯唯诺诺,而在地方上则莫不独揽大权,模仿袁氏作一个省区内的土皇帝。正如张一麐后来所说,自行总统制后,袁氏大讲"混括统一",然而"省权转重",乃至"帝制萌芽","各省将军纷纷添募军队","藩镇之势已成"③。袁世凯死后,军阀割据,连年混战,正是封建独裁统治所结下的恶果。

---

① 张一麐:《心太平室集》补遗,第 4 页。

② 《政府公报》,1914 年 8 月 1 日。

③ 《心太平室集》补遗,第 4 页。

四　警察系统及其对人民的迫害

中国的警察制度始于清末,是清政府推行"新政"的主要内容之一。与清末一样,民国初年的警察仍有缉私、捕盗、消防、卫生及维持交通等多种职能,但其主要任务并不是维护社会秩序,而是政府当局防范和镇压人民的工具。

北洋政府内务部设有警政司,总揽全国警务。警政司下辖四科,第一科管行政警察,第二科管高等警察,第三科管著作审查,第四科管出版事项。内务部的名称虽然是从南京临时政府时代沿袭下来的,但其司员大都是前清民政部的旧人,特别是警政司,变动很少,始终在北洋派的控制之下。为了控制全国警察教育,袁世凯于 1912 年 10 月下令停办各地警察学校,只留北京警察学校(原京师高等巡警学堂)一所。按袁政府的规定,各省及大商埠设警察局(厅),由内务部及各省民政长管辖。各县设警察事务所(后改名警察所),多由县知事兼任。但实际上,1913 年 10 月以前,各地的警察机构并没有统一的名称,如上海称"巡警总局",下辖沪南、闸北两公所,1913 年 5 月改称淞沪警察厅。北京的警政十分庞杂,除京师警察厅外,还有几个半警半军的机关。袁世凯有意把北京的特务警察机构分为几个系统,不仅可以从各个方面去迫害人民,而且使它们互相监视。

京师警察厅,其前身为工巡总局,1905 年改为京师内城和外城两个警察总厅,下辖九个分厅。后又将九个分厅改划为十个区,于区下设警察派出所。至 1913 年 1 月 3 日将内外两总厅合并,称京师警察厅,先后以王治馨、吴炳湘为总监。

京畿军政执法处,是由清末北洋驻京营务处于 1912 年 5 月改组成立的。总办是陆建章。陆建章(1879—1918),字朗斋,安徽蒙城人,北洋武备学堂出身。自 1895 年入袁世凯新建陆军后,先后任北洋第四镇第七协统领、山东曹州总兵、广东高州总兵、京卫军统领。1914 年春,他率北洋军入陕，执法处总办由雷震春接任。

步军统领衙门，本是清朝皇族控制的一个警察性质的军事机构，所辖士兵皆旗籍，满人乌珍为统领，主管巡捕东西南北中五营，又管京师九门门政，故又称九门提督。民国元年本拟裁撤，袁世凯认为它"足补警政所不逮"，乃托言事关旗制，从缓计议，其后一直以江朝宗担任统领。江朝宗（1864—1943），字宇澄，安徽旌德人，从小站练兵时即追随袁世凯，清末官至总兵。他控制步军统领衙门后，机构反而扩大，权力日增。"京师每有意外事，警力不敷弹压，则步军出而维持秩序"。直至1924年，这个衙门才被裁撤。

京师一带稽查处，处长为曾参加过同盟会的王天纵。王本是绿林出身，河南嵩县人，辛亥革命时在豫西起义，自称豫西都督，民国后被袁世凯调至北京，赐名建忠，加陆军少将衔。

此外，还有段芝贵建立的拱卫军司令部执法处，处长为陆启荣。以陈兴亚为营长的京师宪兵营，则负责"纠察军警风纪"。

以上这些机关，除警察厅隶属内务部，由内务总长赵秉钧管辖外，其余都由袁世凯直接控制。这些机构都豢养秘密侦探，都有监视人和缉捕人的特权，不受法律约束。其中尤以京畿军政执法处为最凶横。该处流行一种说法："错拿了不能错放。"[1]它还有特设的监狱，使用各种酷刑逼供，判罪、行刑概不公布，报袁世凯批准即秘密执行，滥捕滥杀，草菅人命，因此又有"屠人场"之称。先后担任该处总办的陆建章和雷震春都被人骂为"屠户"。

1913年，镇压二次革命前，袁政府对以孙中山为首的革命派的迫害，还不敢大规模地公开进行。二次革命失败后，革命派变为"乱党"、"暴民"，袁便毫无顾忌地发泄对他们的仇恨。按照他的旨意，军警机关印行《乱党之真相》、《孙黄小史》等书，肆意污蔑，并悬赏缉捕革命派领导人，黄兴为十万元，陈其美为五万元，还不断派遣刺客前往国外，企图

---

①　王建中：《洪宪惨史》，1925年版，第11页。

暗杀孙中山。当时革命派领导人多逃亡到日本,袁政府与日本驻华公使秘密交涉,要求日本政府对有明令逮捕之"乱党"如孙中山、黄兴、陈其美、李烈钧等,一律宣布驱逐出境,并不准再行登岸。被袁政府通令缉拿的"从逆军官"前后达一百多人,其中上校以上的高级军官有邓铿、程潜、陈强、唐蟒、程子楷、刘英、龚振鹏、张汇滔、袁家声、杨冠英、翁式亮、张煦、刘铁、张永正、张光曦、吴藻华、傅鑫、洪兆麟、赵恒惕、陈复初、林虎、方声涛、周璧阶、谭人凤、李书城、冷遹、洪承点、朱执信、李根源、戢翼翘、吴忠信、刘文锦、余道南、童锡梁、张孝准、张华甫、赵正平、瞿钧等①。这些人不能在国内立足,大都被迫流亡到国外或香港。

特务警察残杀革命派的事件,在北京和各省时有发生,而且北京比外省更厉害。许多被捕者不经任何审讯就被处决,仅被军政执法处杀害的人即"数以千计",其中较为著名的有四川会党领袖张百祥,密谋刺袁的程泽湘,辛亥南京革命军正参谋曹锡圭,山东同盟会支部长徐镜心,四川民政长张培爵,北京《民主报》总编仇亮,江苏第三师旅长张秀全,南京临时政府交通部司长林逸民,湖北军政府北伐学生军队长方亚凡、辛亥山东烟台民军营长左宪章、河南革命军参谋余国桢及著名的革命党人程家柽等。

北京各监狱"收禁犯人极多,大有人满之患",不得不分批送至保定监狱"寄禁"②。长期被关押的人,身心都受到严重摧残。1913年秋,袁世凯一面忙于对南方用兵,镇压革命党人的反抗,一面加紧对北方的控制,在京师实行戒严,明目张胆地杀戮国会议员,制造恐怖气氛。章太炎曾撰文激烈批评袁世凯的暴行。二次革命后,北京共和党本部邀请章太炎进京,主持党务。章自以为名气大,袁世凯奈何他不得,泰然入京,企图依共和党与北洋派抗争。但章进京后,就失去行动自由。次年1月,他以大勋章作扇坠,直闯总统府,大骂袁世凯包藏祸心,因此被

---

① 《陆军部呈准缉拿从逆军官名单》及《大理院通缉从逆军官名单》。
② 《爱国白话报》,1914年5月2日、6日。

军政执法处拘捕。只是慑于社会舆论，未敢轻易杀害，而长期软禁于龙泉寺，当年7月又移入钱粮胡同民宅，继续被严密监视。警察总监吴炳湘直接指挥，"以巡警充阍人，稽察出入，书札必付总厅检视，宾客必由总厅与证"①。直到袁世凯死后，章太炎才获自由。1914年春，四川都督兼川边经略使尹昌衡奉命来京，不几天就被军政执法处秘密逮捕，关押半年之久，最后以所谓"危害四川省人民利益"的罪名，判处有期徒刑十年，也是到袁死后才释放。

在袁政府三令五申的催促下，各省先后成立了"军法课"、"探访局"、"绥靖处"、"军警联合会"一类的特务机关，对人民横加摧残。

1913年9月，黎元洪捕杀革命党人宁调元、熊樾山。次年，段芝贵在湖北全省进行"清乡"，从6月至11月破获"乱党之案百数十起"，其中武昌有祁国钧、车继斌等十一人被杀，监禁数十人。汉口宝善党案，被捕男女学生及"党人"共八九十人。"其所杀者以未宣布罪状，姓名亦无人知"。汉阳石灰店案，由于侦探报告该店"有党人机关"，即抓获"党人"六名，均枪杀。《大汉报》胡石庵因一向吹捧黎元洪、孙武等，被段芝贵判处四年半监禁，报馆被封。

1914年6月汤芗铭破获"长沙革命党机关"，一次逮捕四十多人，杀害二十九人。"此案前后遇害者计二百余人"②。另外，还枉杀前湖南财政司长杨德邻，并株连伍任钧、易宗羲、文经纬、梅景鸿、杨守真诸人。

倪嗣冲于安庆设探访局，任命王之纲为局长，人称王为"活阎王"，在两年之中竟杀害革命党人五百七十余人。

自二次革命被镇压后，广东省在龙济光、龙觐光兄弟的统治下，"党狱繁兴，除兵变杀人不计外，死者殆不可数算也"。国会议员林文英于国会解散后回到原籍琼州，以开通民智为己任，倡办《琼华报》，方议立

---

①　《太炎先生自定年谱》，1914年。

②　王健：《癸丑失败后湘中革命党史概略》，《近代史资料》1963年第2期。

案发刊,林及其友陈文甫(富兴隆店主)均被绥靖处逮捕,未经审讯便遭杀害。陈文甫的母亲悲愤交加,自杀而死。1914年3月,龙济光派兵"清乡",所到之处烧杀淫掳,人民逃避一空。龙军借口顺德县上淇乡附近有"乱党机关",前往围捕,乘机抢掠,烧毁房屋三四十间。"乡民之因是而死者,闻共四十七名,伤者以百计"①。广东人民团体代表由香港发电报给梁启超,要求他转呈袁世凯制止龙军暴行。龙军反诬人民团体"受乱党利用,破坏济军名誉"。袁不仅不加制止,反而于3月30日发电鼓励龙说:"该督忠勇诚朴,夙所依重。务望揩柱艰危,悉心规画,以纾中央南顾之忧。"后来,由于龙迭次破获乱党机关,"厥功甚著",袁特赠他一等嘉禾章。

　　袁世凯及其党徒控制的庞大特务警察网,笼罩全国。一些特务为了邀功请赏或借案行诈,还捕风捉影,栽赃诬陷,制造了许多假案,使不少人横遭迫害,以至含冤而死。湖南省邵阳中学国文教员给学生出了一个提倡民权的作文题,便被指为"乱党"而遭枪毙。类似的冤案在全国各地屡有发生,以致袁世凯也不得不承认"外省官吏,奉行不善,间有捕役邀功,侦探行诈,诬诱平人等事",并于1914年12月19日命令各地文武官吏"除恶不可不严,而治狱不可不慎"②。

　　从1914年初至1915年底,袁政府公布了一连串主旨在于反人民反民主的条例,妄图用严刑酷法使全国人民屈服于暴政之下。

　　起初北洋政府沿用1908年公布的《大清报律》,以压制舆论。至1914年4月2日,内务部始公布《报纸条例》。这个条例是《大清报律》的翻版,而《大清报律》则是依据专制野蛮的俄国沙皇政府的报律制定的。《报纸条例》规定,所有报刊不得刊载"淆乱政体"和"妨害治安"的新闻,由邮局检查内容,政府阅看大样。这样,警察机关便可以用"妨害治安"等理由,任意查封报社,禁止报纸发行,以至逮捕编辑和记者,判

---

① 民智:《党祸记》,《民国》第2期,1914年。

② 《时事汇报》第8号,第44页。

处徒刑。在《报纸条例》公布之前，迫害报业人员的事件已层出不穷。1913年8月，北京《爱国报》编辑丁葆桢所作"时评"说："军人为国家卖命，非为个人卖命者。为个人可谋生计之处甚多，何必从军。"因这句话，便被军政执法处逮捕，以"迹近通匪，煽惑军心"的罪名加以杀害①。1914年12月4日，袁世凯又公布了《出版法》，其内容与《报纸条例》的精神是一致的，规定"出版之文书图画，应于发行或散布前禀报该管警察官署，并将出版物以一份送该官署，以一份经该官署送内务部备案"；并规定文书图画有下列情事之一者，不得出版："一、淆乱政体者；二、妨害治安者；三、败坏风俗者；四、煽动曲庇犯罪人、刑事被告人，或陷害刑事被告人者；五、轻罪重罪之预审案件未经公布者；六、诉讼或会议事件禁止旁听者；七、揭载军事外交及其他官署机密之文书图画者，但得该官署许可时不在此限；八、攻讦他人阴私，损害名誉者。"如有违犯，轻者罚款，重者处有期徒刑或拘役②。袁政府公布这些条例、法令的主要目的，并不像他们所说的，是要建立法制，而是为了堵塞言路，钳制人民的思想。袁政府根本没有实行法制的愿望，违法和不违法在实际生活中都以官方的意志和政治需要为转移。袁世凯曾批评不按他旨意审理案件的大理院，是"为法所奴役"。

　　1914年3月2日，袁世凯公布《治安警察条例》和《警械使用条例》。前者共四十一条，其中"政治结社"和"政谈集会"，都要呈报警察官署批准，严禁秘密结社和所谓"扰乱安静秩序"的结社。第二十二条专门为对付"劳动工人之聚集"，规定凡有"诱惑及煽动"、"同盟解雇"、"同盟罢业"、"强索报酬"、"扰乱安宁秩序"、"妨害善良风俗"等，均被禁止之③。5月20日，又公布了《地方保卫团条例》，命令各县属未设警察地方，由县知事监督，建立"保卫团"，负责"清查户口"，"搜捕盗匪"。

---

① 《民立报》，1913年8月21日。
② 《时事汇报》，第8号，第99页。
③ 《政府公报》，1914年3月3日。

11月，又先后公布恢复肉刑的《易笞条例》和《惩办盗匪法》①。1915年6月22日，又公布了《惩办国贼条例》。所有这些条例都是为直接镇压革命党和人民而制定的。为了瓦解革命党，1915年元旦，袁世凯又颁布了所谓《附乱自首特赦令》，规定1914年底以前"犯附和乱党罪者"，只要自首，一律赦免。

袁政府用扼杀民族生机的恐怖手段，巩固其封建独裁统治，结果，事情却走向他所期望的反面，人民和袁政府的矛盾进一步激化。人民的不满和愤慨，犹如即将爆发的火山熔岩，在地下沸腾、翻滚，随着时间的推移，愈来愈接近爆发。

袁世凯的特务警察统治，不仅引起人民的普遍愤慨，而且也使北洋集团内部的矛盾尖锐起来。为加强警察特务系统的严密控制，1913年以后，袁世凯对他的爪牙也更多地采用血腥手段。

1913年底，谋杀宋教仁的凶犯应夔丞脱狱来到北京，请求袁世凯实践"毁宋酬勋"的诺言。袁鉴于刺宋在全国引起的轩然大波，不仅断然拒绝接见，而且矢口否认他和应的关系。次年1月19日，应满腹怨气出京，军政执法处侦探长郝占一在京津火车上用电刀结束了应的性命。兔死狐悲，物伤其类。刚刚到天津担任直隶都督的赵秉钧，言语之间也微露不平。他说："如此，以后谁肯为总统做事？"并下令通缉杀应的凶手。袁世凯闻知，大为震怒，但他不动声色，2月19日又让赵兼任直隶民政长，对他表示格外的信赖。赵赴任几天后，即2月27日，突然在天津督署中毒，"腹泻头晕，厥逆扑地"，七孔流血而死。当时人们都意识到这是袁"遣人置毒羹中"，杀人灭口。

赵秉钧（1859—1914），字智庵，河南汝州人，清末曾任直隶保甲局总办，兼统巡防营，以"长于缉捕"闻名官场。1902年他创办保定和天津两地巡警，得到袁世凯赏识，由袁奏保担任巡警部右侍郎，掌握该部机要大权和北京警政。他把侦探、巡警布置到各个角落，不仅

---

① 《政府公报》，1914年5月21日。

人民受迫害，就是达官贵人的言行也都逃不出他的监视，甚至宫廷动静也在注视之列。所有情报都能及时送达袁世凯手里。辛亥革命爆发后，作为北洋集团特务头子的赵秉钧随袁入京，担任民政部大臣，协助逼宫和维持北京秩序，为袁效尽犬马之劳。尽管如此，袁对他为应夔丞被杀事指责自己，仍不能原谅。在抱封建独裁主义的袁世凯看来，赵从刀笔小吏官至国务总理，都是他的恩赐，凡有利于他的事，无论如何都应无条件服从，如若有所反对，就是忘恩负义。这是袁所不能容忍的。但堂堂大总统居然毒杀自己的属吏，毕竟不免要受到社会舆论的抨击。因此，赵秉钧死后，袁先派朱家宝及其次子袁克文前往吊唁，后又派荫昌为政府代表致祭，发治丧费一万元，并亲题"弥时盛烈追皋益，匡夏殊勋懋管萧"挽联①，以后又批令在北京和天津两地为赵建专祠一座。

　　袁世凯深恐他的这些鬼蜮手段瞒不过赵秉钧的心腹王治馨。王曾先后担任过内务部次长、京师警察厅总监、顺天府尹。宋案发生后，在北京的国民党人开会，要求赵秉钧出席。赵派王治馨代表前往。党员群起质问，王答道："杀宋决非总理，总理不能负责，此责自有人负。"次日，袁世凯阅报大怒，说："措词太不检点，王治馨可恶！赵总理何以任其乱说？"②此后袁对王一直怀有反感。赵死不久，王就以声名恶劣被免官，改任正蓝旗汉军副都统闲职。接着，肃政史夏寿康、周登皞等人联名弹劾王在顺天府尹任内定价卖缺，所得赃款约在七万元以上。6月27日袁下令逮捕，并于10月21日批令"立予枪决"。贪赃纳贿，本是北洋官场上司空见惯的事，袁世凯从来视若无睹，除非是有什么特殊的政治需要，才惩办个把县知事之类的小官以欺世盗名。如他于1914年9月，按所谓《官吏犯赃治罪条例》，下令把赃官刘鼎锡（直隶霸县代理知事）立予枪毙，但从来没有公开处决过次长级以上的赃官。而今他

---

①　《赵秉钧哀挽录》，1914年印。

②　《近代史资料》，1978年第2期，第159页。

却忽然下令将王治馨处以极刑,这一举动自然使京内外北洋派"无不悚然"。张勋、阮忠枢等二十多人或"面为乞恩",或上呈文请求袁"念旧部之谊,贷其一死"。袁对"乞恩之呈概不批答,乞恩之人概不接见"。10月23日,他指令总检察厅长罗文幹会同步军统领江朝宗监视行刑,将王枪毙。此后又将王的属吏潘毓桂等逮捕判刑,从而清洗了赵秉钧在京师警察界的潜在势力。王死后,袁对左右说:"王某乃素为赵智庵赏识之人,且相知二十余年,不忍见其有此结局,惟案情重大,不得不以公义而灭私情。"并发给王的家属抚恤银一千两。翌日,又下令申儆百官,勿贪赃枉法。他说:"顾念京外官吏如王治馨其人,未敢信为必无,毖后惩前,不可不引为大戒。"①

杀王治馨一案,虽然袁世凯别有用心,但声名恶劣的警察头子被处极刑,还是大快人心的。当王被捕后,"北京各报大多数以一律最大之字刊布此项策令,表示其痛快人心之意"②。著名记者黄远庸也认为"这是民国成立以来痛快人心之创举也"③。

---

① 《时事汇报》第8号,第20页。
② 《远生遗著》卷4,第67页。
③ 《远生遗著》卷4,第67页。

第七章　中日"二十一条"交涉和
袁世凯称帝

第一节　封建复古逆流和恢复帝制的酝酿

一　封建复古逆流及祀孔、祭天

随着封建独裁政治制度的确立,维护封建纲常礼教的复古思想也迅速流行开来,毒化了中国的政治空气。

二次革命以前,辛亥革命对封建制度的冲击作用还没有消失,以孙中山为首的资产阶级革命派在国内还有相当大的政治势力。因此,在舆论方面,有关民权、法治的宣传一度占有优势,对数千年来神圣不可侵犯的社会制度和道德习惯的抨击,也是比较尖锐的;以致在人们特别是知识分子和青年学生的心目中,君主专制和官僚特权都变为非法,政治平等和言论、结社、通讯等项自由在表面上已为人们所公认。封建孔教和等级观念不再被认为是天经地义。忠君、尊孔的教育宗旨被否定,孔孟的经典在各级学校中都丧失了特殊地位。社会上,特别是经过革命洗礼的南方各省城镇,反封建礼教的精神一度十分高涨。但是,封建专制主义的旧思想体系在漫长的中国封建社会一直占着统治地位,源远流长,根深蒂固。在民国元年、二年间,封建专制主义和资产阶级民主主义在政治思想领域里的斗争是十分激烈的。从北洋政府建立之日起,袁世凯及其追随者就认定民主主义是异端邪说、洪水猛兽,是社会动荡不安的思想根源。他们千方百计地曲解或丑化民主制度,但是开始还不敢直接公开攻击民国,而是用空泛的道德说教作幌子,贩卖封建专制主义的货色，故意把他们看不惯的新现象和清末原有的腐败风气混在一起，说成是民国带来的。在他们看来，民国政局和社会风气比清末更为败坏，其原因主要并不在于封建专制制度的腐朽和封建势力继续作祟，也不在于国家贫困衰败，更不在于帝国主义列强的侵略，而在于人们追求挣脱封建纲常礼教的桎梏。用他们的话来说，就是"国家强弱存亡所系，惟此礼义廉耻之防"①。因此，要"挽救人心，维持国运"，唯有提倡纲常名教。1912 年 9 月 20 日，袁世凯下令"尊崇伦常"，他说："中华立国以孝悌忠信礼义廉耻为人道之大经。政体虽更，民彝无改"，"惟愿全国人民恪守礼法，共济时艰……本大总统痛时局之阽危，怵纪纲之废弛，每念今日大患，尚不在国势而在人心。苟人心有向善之机，即国本有底安之理"②。在这道恢复礼教的号令鼓舞下，社会上出现了许多以所谓"力挽狂澜，扶翼圣道"为宗旨的尊孔小团体，如上海有孔教会，北京有孔社，济南有孔道会，太原有宗圣会，扬州有尊孔崇道会，青岛有尊孔文社，等等。其中以孔教会的活动最为突出。

　　孔教会于 1912 年 10 月 7 日在上海成立。发起人为陈焕章、沈曾植、梁鼎芬、姚文栋等。其简章规定"以昌明孔教，救济社会"为目的。次年 9 月 27 日，在曲阜召开全国大会，正式成立总会，并从上海迁到北京，把康有为推为会长，陈焕章担任主任干事，负实际责任。各省成立分会或支会，此外在曲阜设立总会事务所，以衍圣公家族孔祥霖为经理，以张勋任名誉会长。1914 年孔教总会由北京迁往曲阜，上海、北京各设一总事务所。孔教会的头目和活动分子很复杂，大体上有如下几种人：一部分是清末的保皇党人，如康有为、麦孟华、陈焕章等；一部分是封建文学名士，如陈三立、王锡蕃、张尔田以及著名的翻译小说家林纾等；另一部分人是清朝遗老，如梁鼎芬、沈曾植等人；还有孔氏家族成员孔令贻、孔祥霖、孔祥柯等。以上这些人大都是前清举人或进士出

---

① 《民国经世文编》第 39 册，第 48 页。
② 《正宗爱国报》，1914 年 9 月 20 日。

身,受封建文化熏染最深,又以"卫道者"自命。孔教会自称是一个宗教团体,奉孔丘为教主,诵读四书五经,表面上说是不涉政治,实际上政治倾向十分明显。大多数骨干分子都仇视民国并阴谋复辟帝制。他们反对新思想、新文化,认为辛亥革命后的形势是"礼坏乐崩","民德日益堕落,人心日益险诈,党争日益激烈,伦理日益紊乱",如不挽救,"人类将灭","相率而为禽兽"。挽救的办法就是要尊孔读经。1913年8月,当国会讨论制定宪法的时候,陈焕章联合梁启超、严复、夏曾佑、王式通等人上书国会,要求"于宪法上明定孔教为国教"。黎元洪、冯国璋、张勋等一些在朝文武要人,也纷纷通电,支持他们的要求。一时闹得全国乌烟瘴气。孔教会的活动引起各界人士的强烈不满,革命党人不赞成定孔教为国教,其他宗教团体尤为反对,因此国会宪法会议否定了孔教会的无理要求。

袁政府虽然不赞成定孔教为国教,但对于尊孔读经却是极力提倡的。1913年6月22日,袁世凯发布尊孔令,说孔子"为万世师表",其学说"放之四海而皆准",有如"日月之无伤,江河之不废"。他还说:"前经国务院通电各省,征集多数国民祀孔意见","应俟各省一律议复到京,即查照民国体制,根据古义,将祀孔典礼折衷至当,详细规定,以表尊崇而垂久远"①。9月3日,经教育部批准,孔教会在国子监举行仲秋丁祭祀孔大会,袁世凯特派梁士诒为代表参加,表示鼓励。为祝贺袁世凯就任正式大总统,衍圣公孔令贻应召来到北京,向政府呈献孔氏族谱及前代冠服各物。袁世凯批令衍圣公暨配祀贤哲后裔,继续享受前代荣典祀典。次年1月24日,政治会议开会,根据所谓"多数国民的意见",议决祀孔,并制定仪礼,仍沿用前清制度,作为大祀,还要求各地方将所有文庙一律规复尊崇,每县设奉祀官一员,管理庙务和祭祀。接着,袁政府公布崇圣典例,规定衍圣公的荣典和岁俸,孔氏祀田由地方官清厘升科,等等。1914年9月25日,袁世凯正式颁发了《祭孔令》,

---

① 《政府公报》,1913年6月23日。

公开恢复了前清的祀孔规定。

孔子是中国历史上伟大的思想家、政治家和教育家,他的学说曾对两千多年的中国封建社会产生过重大影响。历代封建帝王大都利用孔子的学说正君臣之义,巩固专制统治。从宋代以来,孔子又变成封建纲常礼教的化身,享受帝王的祭祀,至清末,其规模仪礼与祭天同。袁世凯把孔子抬出来,目的是要用纲常礼教来束缚人们的思想。他颁布的祀孔告令说:"中国数千年来立国根本在于道德,凡国家政治、家庭伦理、社会风俗,无一非先圣学说发皇流衍。是以国有治乱,运有隆替,惟此孔子之道亘古常新,与天无极。""近自国体变更,无识之徒,误解平等自由,逾越范围,荡然无守,纲常沦弃,人欲横流,几成为土匪禽兽之国。幸天心厌乱,大难削平,而爨舍鞠为荆榛,鼓钟委于草莽,使数千年崇拜孔子之心理缺而弗修,其何以固道德之藩篱而维持不敝? 本大总统躬膺重任,早作夜思,以为政体虽取革新,而礼俗要当保守。"①最后,他规定每年旧历仲秋上丁,京师和地方一律举行"祀孔典礼",京师由大总统致祭,各省地方文庙,由各省长官主祭。

1914 年 9 月 28 日,即仲秋上丁,袁世凯在一大群全副武装的侍从护卫下,于早晨 6 点半抵达孔庙,换上了绣有四团花的十二章大礼服,下围有褶紫缎裙,头带平天冠,由侍从官朱启钤、周自齐及侍从武官荫昌引导行礼,俎豆馨香,三跪九叩。据当时记者报道,袁"跪拜从容,自始至终,绝无稍倦"。与此同时,各省将军、巡按使也都在省会文庙祭孔。这是民国以来第一次全国规模的祀孔活动。

在举国祀孔的前后,袁政府还颁发了几道维护纲常名教的告令。根据参政院的决议,袁世凯于 1914 年 3 月 11 日公布《褒扬条例》,规定:凡孝行节妇"可以风世者",均由政府官吏给予"匾额题字,受褒人及其家族愿立牌坊者,得自为之"。10 月 27 日,参政严复在参议院会议上提出《导扬中华民国立国精神建议案》,连署者有梁士诒、王世澄、施

---

①　《政府公报》,1914 年 9 月 26 日。

愚、王家襄、汪有龄等二十人。该提案主旨是：忠孝节义，久为古人所倡导，应以此四端为中华民国立国精神。并附有办法六条："（一）标举群经圣哲垂训，采取史书传记所记忠孝节义之事，择译外国名人言行足以感发兴起合群爱国观念者，编入师范生及小学堂课本中，以为讲诵传习之具。（二）历史上忠孝节义事实，择其中正逼真者制为通俗歌曲，或编成戏剧，制为图画，俾令人民演唱观览。（三）各地方之忠孝节义祠堂坊表一律修葺整理，以为公众游观之所。每年由地方公议定一二日，醵资在祠举行祭典及开庙会。（四）人民男妇，不论贵贱贫富，已卒生存，其有奇节卓行，为地方机关所公认，代为呈请表章者，查明属实，由大总统酌予荣典褒章。（五）治制有殊，而砥节首公之义终古不废。比者政体肇更，主持治柄之地，业已化家为官。大总统者抽象国家之代表，非具体个人之专称，一经民意所属，即为全国致身之点，乃纯粹国民之天职，不系私暱之感情。是故言效忠于元首，即无异效忠于国家，至正大中，必不得以路易朕即国家之相乱也。此义关于吾国之治乱存亡甚巨，亟宜广集中外古今学说，剖释精义，勒成专书，布在学校，传诸民间，以祛天下之惑。（六）旧有传记说部或今人新编西籍撰著，其有关于忠孝节义事者，宜加编译刊布，以广流传。"此案提出后，参政"多数赞成"，当日咨送政府。袁世凯据此于11月3日下了一道"箴规世道人心"的告令，对参政院建议"以忠孝节义四者为中华民族之特性，为立国之精神"，认为切中时弊。他说："天下无不可移之风气，即无不可挽之人心，况今环球大通，互相砥砺，将欲合群救国，惟有保存固有之国粹，以发挥天赋之本能。盖自科举末流，习为浮伪，而考据词章之士，又以义理之学为不足观，道德沦丧，小人道长，一二桀黠之徒（指孙中山等民主派），利用国民弱点，遂倡为无秩序之平等，无界说之自由。谬种流传，人禽莫辨，举吾国数千年之教泽扫地无余。求如前史所载忠孝节义诸大端，几几乎如凤毛麟角之不可多得。"接着又说：一个国家不必愁贫，不必忧弱，惟独国民道德若丧亡，"乃必鱼烂土崩而不可救"。最后他说，国民既把国家"付托"给他，首先他就要"改良社会"，以忠孝节义四者为立国之精神。他传喻内务部和教育部,按六条办法分别实行,并分咨各省,将此项建议案及告令悬挂于各学校的讲堂,刊印于各课本的封面,"以资警惕,务期家喻户晓,俾人人激发其天良"。最后他又警告说:须知"积人成家,积家成国","由其道而行之,即古所谓忠臣孝子,节义之士;反其道而行之,即古所谓乱臣贼子、狂悖之徒。邪正之分,皆由自取"①。

与恢复祀孔制度的同时,袁政府也决定恢复祭天,并由礼制馆制定了《祭天仪礼》,公布了《郊天乐章》。

12月20日,袁世凯下令正式恢复前清的祭天制度。他说:"改革以来,群言聚讼,辄谓尊天为帝制所从出,郊祀非民国所宜存。告朔饩羊,并亡其礼,是泥天下为公之旨,而忘上帝临汝之诚⋯⋯古之莅民者,称天而治,正以监观之有赫,示临保之无私,尤与民之精神隐相翕合。"根据内务部的呈文,袁世凯命令:"本年十二月二三日为冬至令节,应举行祀天典礼。"届时"本大总统敬率百官,代表国民亲诣行礼。各地方行政长官,代表地方人民,于其治所致祭"②。23日清晨,袁世凯亲自祭天,自新华门至天坛用黄土垫道,戒严净街。袁乘坐汽车,警卫森严,前有步军统领江朝宗和警察总监吴炳湘骑马并行开道,后有总统府指挥使徐邦杰保镖,四周大队骑兵前呼后拥,威仪与前清帝王出宫毫无二致。袁至天坛,在更衣殿换上离奇古怪的衣冠,登坛顶礼膜拜,一切仪礼完全模仿封建帝王,只是由跪拜改为多次鞠躬。

在阶级社会里,神权往往为维护统治阶级的政权服务。中国历代帝王,每每假造天意做他们的护身符,说他们的特殊地位和权力,都是上承天意,人民只能俯首帖耳地接受奴役,否则便是逆天。袁世凯大搞祭天活动的目的,说穿了就是企图借天来震慑百姓,用神权来对抗民权,把他那不得人心的独裁统治说成是上天神圣意志的表现,谁要反对他,谁就是上逆天理。

---

① 《爱国白话报》,1914年11月5日。
② 《政府公报》,1914年12月21日。

但是,由于祀孔、祭天遭到人们的反对,袁世凯不得不在祀孔令中特别说明,祀孔决非模拟"历代人主,专取其小康学派,巩固君权",而是取孔学"大同共和之义","以正人心,以立民极,于以祈国命于无疆,巩共和于不敝"①。在祭天令中,他也极力否认"尊天为帝制所从出"。然而,这种"此地无银三百两"式的表白,实际上是欲盖弥彰。所以从祀孔、祭天之日起,人们都预感到恢复帝制已为期不远。

二 清室复辟活动的失败和帝制的酝酿

辛亥革命虽然把皇帝赶下台,结束了清王朝的统治,但半殖民地半封建的社会制度并没得到根本改造,帝制观念也没有完全破产。一些失去统治地位的满族亲贵和汉族官僚士大夫,仍不甘心失败,妄图改变民国政局,实现清室复辟。

清室复辟派内部大致有四股势力,其一是以恭亲王溥伟和肃亲王善耆为首的亲贵集团。辛亥革命时他们顽固反对逊位,反对共和,号称宗社党。民国建立后,他们仓皇逃离北京,避居于大连、青岛等地租界,勾结帝国主义势力。善耆接受日本财阀太仓喜八郎等侵略分子的枪械援助,指挥蒙古亲王升允、铁良等人在东北和内蒙一带组织所谓"勤王"武装,多次发动叛乱。其二是一批清朝遗老名宿,如直隶提学使劳乃宣、礼部侍郎于式枚、学部副大臣刘廷琛、翰林院编修胡嗣瑗,以及章梫、署理安徽巡抚沈曾植、吏部主事胡思敬、湖南布政使郑孝胥,等等。这些人曾在清朝中央和地方担任过要职。他们以"臣当忠君,民当忠国"的气节自励,自称"顽民",耻食民国俸禄,而蜷伏在天津、上海、青岛、大连等地,招朋引类,著书立说,抒发怀念"故国旧君"之情,丑化和诋毁民主共和,并时常潜赴各地,拉拢一度反对共和的在朝人物如张勋、冯国璋之流,企图制造混乱,乘机"旋乾转坤"。其三是清末保皇党康有为等

① 徐有朋编:《袁大总统书牍汇编·政令》,第51页。

人。民国后,康有为仍然顽固坚持其反动立场,成为清室复辟的积极鼓吹者。他创办《不忍》杂志和《国是报》,先后发表《共和救国论》、《共和政体论》和《救亡论》等文章,歪曲和攻击共和制度,鼓吹"虚君共和"。他说:"中国帝制行已数千年,不可骤变,而大清得国最正,历朝德泽沦洽人心。存帝制以统五族,弭乱息争,莫顺于此。"其四是长江巡阅使张勋。在清室复辟派中,他是唯一掌握兵柄的。他的队伍先后驻扎在兖州和徐州,仍然留着发辫,表示效忠清室,因而人们讥笑张勋为"辫帅",他的定武军也有"辫军"之称。

以上就是清室复辟派的主要阵容。像一切腐朽没落的政治派别一样,复辟派互相猜忌,倾轧剧烈。他们都以拥戴废帝溥仪(宣统)复辟为号召。当时,尚未成年的小皇帝溥仪和隆裕太后仍然居住在清宫里,根据退位优待条件,每年享用北洋政府四百万元的优待费,称孤道寡。溥仪继续用宣统年号颁发上谕,对任民国政府官吏的前清故臣如唐景崇、赵秉钧等人,赐寿赐恤,死后还要赐谥及宣付史馆立传,等等。宗人府及内务府各衙门当差人员,依然翎顶发辫,不改衣冠。内务府慎刑司仍按清代律例,拘禁刑罚太监,置民国法律于不顾,俨然是国中之国。

从北洋政府建立的那一天起,袁世凯不仅千方百计镇压资产阶级革命派,同时也挖空心思对付清室复辟派。然而,他对这两方面的态度却截然不同。

尽管清室复辟派认为袁世凯以不正当手段取得了大清的天下,把他比作王莽、曹操之流,但袁世凯一直谋求与他们和解。他认为已经解除了武装的小朝廷和遗老们对北洋政权没有严重的威胁,唯一使他担心的是掌握兵权的张勋。当探知张勋与遗老们密谋支持清室复辟时,他便于1912年6月派徐世昌和田文烈专程到兖州去说服他。从小站练兵时起,张勋就拜徐世昌为师,对徐言听计从。他对徐说:"袁公之知不能负,君臣之义不能忘,袁公不负朝廷,勋安敢负袁公。"[①]他并请徐

---

①　张勋:《松寿老人自叙》,1922年刻本,第4页。

转告袁:"袁公在,唯袁公之命是从。"从此,袁不仅对张放心了,而且有意加强了"辫军"的实力,用来作为对付资产阶级革命派的工具。为了争取清室复辟派为袁政府效力,袁世凯曾屡次电邀康有为入京"主持名教","共天下之事";对康等恶毒攻击共和制度的言论,一概置若罔闻,因为他和康有为虽然各有各的用心,但仇视资产阶级革命派却是一致的。袁政府还竭力作出尊重清室的姿态。1913年2月15日,隆裕太后诞辰,梁士诒代表袁世凯入宫道贺,呈递"国书"称:"中华民国大总统谨致书大清隆裕太后陛下,愿太后万寿无疆。"七天之后,隆裕病故,袁世凯派荫昌、段祺瑞、江朝宗前往致祭,特致赙仪三万元,并命令北洋政府各公署下半旗志哀三日,所有官员挂孝戴纱。在炮制《中华民国约法》时,他坚持把优待清室条件写入,并多次表示他的元首地位是由清廷禅让而来,不能不"饮水思源"①。1913年下半年,袁政府采取了"政非旧不举,人非旧不用"的方针,规定只有在清朝做过州县官吏的人,才能担任民政长,并多次表示"优容前清耆旧"。袁世凯亲自打电报邀请各地遗老到北京做官,凡是应邀而来的,他无不接见,"礼敬如宾",百般笼络。当年底,前清东三省总督赵尔巽应邀入京担任参政和清史馆馆长,袁世凯单独接见赵时说:"此日所为,皆所以调护皇室,初无忍负先朝之意,曾商之世相(指清室内务府总管世续),谋欲卸肩,世相言无接手之人,故不得不忍辱负重,蹈此浊流。"②这些话传开以后,一些遗老以为袁世凯真要把政权交还故主了。

　　1914年7月,徐世昌聘请刘廷琛为政事堂礼制馆顾问。刘拒不应聘,上辞呈说:"自国变后,伦纪坠地,禽兽逼人,识者咸知中国不能专以法治,则修明礼教诚当今急务。"他还说:"民主之制,不合于中国国情,已为众所共信,项城若遽自称帝,则自悖初意,非特为中国举国所不服,亦必为外国各国所不承。"因此,他要求徐世昌转告袁氏,"奉还大政于

①　《申报》,1914年4月2日。

②　《劳乃宣致徐世昌书》,《亚细亚日报》,1914年11月16日。

大清朝廷，复还任内阁总理，总操大政，以令天下，则名正言顺，人心翕然"，并表示如此则"故老遗臣亦皆肯出而宣力"①。

　　劳乃宣也以为复辟的时机已成熟，把他所著的《共和政解》、《续共和政解》及《君主民主平议》等三篇文章印刷成册，广为散发，并送给赵尔巽、徐世昌等人转呈袁世凯。书中说，"项城之心实未忘大清也，革命变起，四方响应，专用兵力，诛不胜诛，故不得已而出于议和，而议和之中首重优待皇室。……其不忘故君，实为众所共见。特限于约法，不能倡言复辟。且幼主方在冲龄，不能亲理万机，亦无由奉还大政，故不得不依违观望以待时机也"。他给袁世凯献策说，转圜之良法唯有"定宪法之名曰中华国共和宪法"，定国名为"中华国"，以共和纪年，并希望袁世凯连任总统十年，等宣统十八岁时还政于大清，大清皇帝封袁世凯为王爵，"世袭罔替，所以报项城之勋劳，亦以保项城之身家也"②。据说袁阅后，"一笑置之，不欲过事追究"③。这一来，复辟的风声越来越紧，皇宫里上上下下都笑逐颜开，大为活跃，以为很快就会"日月重光"。逃亡到日本的铁良也潜回北京暗中活动。京城内外谣传清室勾结日本浪人，密议在京起事。一时复辟之说街谈巷议，闹得满城风雨。

　　袁政府深恐复辟谣言酿成"大患"，即以"杜乱防嫌，保全清室"为名，决定查办复辟魁首。1914 年 11 月 13 日，肃政使夏寿康呈请"严行查禁复辟谬说"，袁世凯立即"批交内务部查照办理"。内务部列为"重大内乱案件"，通饬各省及京师警察厅迅速查办。16 日，袁世凯召集军政要人在总统府开谈话会，详述辛亥革命时清帝逊位经过情形及自己"维持国家之苦衷"。当即议决制止复辟谬说的三项办法：1. 向全国宣布当日皇室赞成共和的详情，"使一般顽固之徒自知觉悟"；2. 禁止关于宣传复辟的书籍出版；3. 如仍执迷不悟，"则治以煽动人心、反对共

---

① 佚名：《复辟案》，1914 年印。

② 《桐乡劳先生遗稿》卷1。

③ 佚名：《复辟案》，1914 年印。

和之罪"。为了杀一儆百,步军统领江朝宗于次日传迅并拘留了倡言复辟的国史馆协修宋育仁。同时,参政院开大会,孙毓筠串连旗籍参政荫昌、联芳、宝熙、增韫、赵尔巽等五人及梁士诒等三十人提出"维持国体建议案",指斥鼓吹清室复辟者,"淆乱国体,离间五族,危害清室,惹起外患,酿成内乱",实为"全国之公敌",要求政府像去年查办"请总统称帝者"一样,对"假此谬论希图扰乱治安者,即照刑事内乱罪从严惩治"①。参政院参政一致通过,即将此案咨送政府。劳乃宣本在济南,闻风避入青岛。赵尔巽也极不自安,面谒袁世凯说:"劳之心地实属糊涂。"国史馆馆长王闿运对总统府内史夏寿田说:"他们(指宋育仁等)胡闹,我绝不能附和。"司法部一面饬总检察厅检举造谣人,依法严办;一面于 11 月 20 日通知各省文武长官检举所属,"按刑律内乱罪分别惩办,并出示晓谕地方军民,一体知悉,毋得轻信浮言,致干刑典"②。于是,各省将军、巡按使张锡銮、张元奇、朱庆澜、段芝贵、朱家宝、汤芗铭、阎锡山、金永、陆建章、朱瑞、屈映光、赵倜、田文烈、李纯、龙济光等二十多人纷纷发出通电,要求严禁复辟。这些电文的内容大同小异,一般都有两个要点:一是颂扬袁世凯"雄才大略,维持大局","舆论人心,同声悦服";甚至吹捧说:"中国之安全,实惟大总统一人是赖之。"另一点是声讨清室复辟派,有的电报无中生有地说:制造清帝复辟之说者,"皆乱党百出诡计,以图扰乱治安"。倪嗣冲要求袁对"与此事发生最有关系"的"皇室"、"清流"和"乱党""从严惩办,以遏乱萌,而固国体"③。

　　袁世凯的党徒故意把清室复辟派和孙中山为首的革命派硬扯在一起,借以打击清室复辟势力。这一着果然奏效,遗老们吓得偃旗息鼓,销声匿迹,小朝廷内一片惊慌。世续急忙向袁氏表白说,复辟之说,"清室毫无所闻";并请袁"适当惩办,以全清室,而固民国"。瑾皇太妃哭泣

①　《复辟案》。
②　《复辟案》。
③　《复辟案》。

着派正蓝旗都统志锜前去谒袁，"力为疏通，以释嫌疑"。袁派内史长阮忠枢为代表，接见志锜。志锜说："此等谣言，内廷毫不知情。匪唯不敢存此心，并亦不愿闻此说，以清室荷蒙大总统优待，铭感万分。"阮忠枢答应代为转陈，并"告以大总统向以保全中国，保全皇室为唯一宗旨"，可放心回去。志锜唯唯而退。

11 月 23 日，袁世凯"应全国军民的请求"，下令"申禁复辟邪说"。令文说："此等狂瞽之谈，度倡言者不过谬托清流，好为异论，其于世界之大势如何，国民之心理奚若，本未计及，遑顾其他。岂知现当国基未固、人心未靖之时，似兹谬说流传，乱党将益肆浮言，匪徒且藉以煽惑，万一蹈瑕抵隙，变生意外，势必至以妨害国家者倾覆清室，不特为民国之公敌，且并为清室之罪人。惟本大总统与人以诚，不忍遽为诛心之论，除既往不究外，用特布告中外，咸使闻知。须知民主共和，载在约法，邪说惑众，厥有常刑。嗣后如有造作谰言，或著书立说及开会集议以紊乱国宪者，即照内乱罪从严惩办。"①接着，他又派内务总长朱启钤和司法总长章宗祥前往清宫，与世续商洽，根据参政院的建议，定出清室"别嫌明微"的七项办法：尊重民国现行法令，裁撤宫内慎刑司；通用民国纪年；废止对官民赐谥及其他荣典；皇室所用各项执事人等，应一律服民国制服；政府照优待条件依旧保护；等等。

宋育仁、劳乃宣等倡言复辟，本宜处以"紊乱国宪"罪，但袁政府不仅有意从轻处理，而且有意将此案从速了结。袁世凯"申禁复辟邪说"的命令，措词比较温和，主旨在说明"既往不究，申戒将来"。发布禁令后，徐世昌又以个人名义，在政事堂宴请在京前清遗老，疏通意见。对宋育仁的处理则更是"宽大为怀"，由内务部派一个科长和八个护兵，于 11 月 30 日"护送"回四川原籍，不但发给川资一千元，而且到原籍后由地方官月送三百元，以资养老。袁氏不仅"于宋既留不尽之意"，对劳乃宣也惋惜不已。结案以后，他邀请黎元洪、徐世昌等谈话，不胜遗憾地

---

① 《政府公报》，1914 年 11 月 24 日。

说："玉初(劳乃宣字)极有作为,为余特拔之人,前者不受参政,疑即有因,但尚不知有此谬见匿于心中。"①

　　袁世凯对清室复辟派如此宽宏大量,并非真的对这些昏聩老朽有什么偏爱,而是要收买人心,给帝制自为预留余地。某日政事堂开会,谈起清室复辟派,袁说："宣统满族,业已让位,果要皇帝,自属汉族。清系自明取得,便当找姓朱的,最好是洪武后人,如寻不着,朱总长(朱启钤时任交通总长)也可以做。"身为共和国总统,公开倡言可要皇帝,只是不要满族,要汉族,这使当时在场的人都深感其"用心正堪寻味也"②。

　　袁世凯的帝王思想由来已久,至晚在辛亥革命爆发前后已有成就帝王之业的打算。武昌起义后,倪嗣冲、段芝贵等人都认为天下大乱,民无所归,捷足者先得,劝袁世凯黄袍加身。但袁世凯认为称帝风险太大,因为："一,世受清室恩遇,从孤儿寡妇手中取得天下,肯定为后世所诟病。二,清廷旧臣尚多,如张人骏(两江总督)、赵尔巽(东三省总督)、李经羲(云贵总督)、升允(陕西巡抚)均有相当势力。三,北洋旧部握军权者如姜桂题、冯国璋等,尚未灌输此种思想。四,北洋军力未达长江以南,即令称帝,亦是北洋半壁,南方尚须用兵。五,南方民气发达程度,尚看不透,人心向背尚未可知。"据徐世昌后来回忆说,由于上述五方面的考虑,袁世凯倾向"表面维持清室"③,而极力反对建立民国。袁氏曾说："国民中有十分之七仍系守旧分子,愿拥戴旧皇室。进步一派,不过占十之三耳。若今次革命推倒清室,将来守旧党必又起而革命,谋恢复帝制,似此国中扰乱不已,人人将受其害,数十年间中国将无太平之日矣。"④后来,他为了取得民国总统的地位,虽然不得不信誓旦旦地

①　《爱国报》,1914年11月24日。
②　张国淦:《洪宪遗闻》,《文史资料选辑》第1辑,中华书局1960年版。
③　《洪宪遗闻》,《文史资料选辑》第1辑。
④　《申报》,1916年6月11日。

宣布"共和国为最良国体，世界之所公认"①，但对民主共和政体"诸多隔膜"②，近代社会任何比较深刻的变革，都是他所不能理解的。尽管如此，在二次革命被镇压之前，袁世凯及其党徒都还不敢公开谈论帝制，而且忌讳谈论这类事情。

　　1913年3月，湖北商民裘平治呈请袁世凯改行帝制，声称："总统尊严，不若君主，长官命令，等于弁髦。国会成立在迩，正式选举，关系匪轻，万一不慎，全国糜烂，共和幸福，不如亡国奴隶，曷若暂改帝国立宪，缓图共和。"当时，以孙中山为首的革命派在国内还有相当大的力量，袁氏觉得"商民"这么一说，无异泄露"天机"，会授革命派以柄，所以立时下令严拿，"按律惩办"。令文说："不意光天化日之下，竟有此等鬼蜮行为，若非丧心病狂，意存尝试，即是受人指令，志在煽惑，如务为宽大，置不深究，恐邪说流传，混淆视听，极其流毒，足以破坏共和，谋叛民国。何以对起义之诸人、死事之先烈？何以告退位之清室、赞成之友邦？"③但镇压二次革命以后，袁世凯认为帝制的最大社会障碍——资产阶级革命派被打垮了，北洋派一统天下，便开始进行帝制的尝试。他在私下里就几乎不再说大总统是"国民公仆"之类冠冕堂皇的话了，而公开以"朕即国家"的封建专制主义思想为指导来行事。他安居总统府中，拥卫队数万，侍妾成群，纵帝王之豪奢，极人间之奉养。他深居简出，日常最重要的事情就是发号施令，其中不少告令全然类似前清时代的上谕，以华美的文词，援引古圣昔贤的格言，侈谈"仁义道德"，"救国救民"。这类告令，都是欺世盗名的。

　　最多的一类告令是任免官吏。袁世凯以官爵利禄为羁縻工具。对于高级官吏的选拔，政府规定过详细办法：凡政事堂记名简任人员，都由内外大吏保荐，分班送觐，有如前清"引见"。觐见后，由国务卿及内

---

① 《辛亥革命资料》，第117页。
② 《伍廷芳劝袁世凯退位书》，《袁世凯盗国记》下篇，第118页。
③ 白蕉：《袁世凯与中华民国》，第154页。

务总长接见,咨问考察,各加考语送呈总统。总统随时传见,询其在官经验成绩,再加考语,封固密存,分别存记及发交部省录用。遇有官吏出缺,即由总统选拣名单,与政事堂卿丞审慎择用。其实,规定只是形式,官吏的实际任命,非贿赂即情面,最后由袁一人拍板决定。文武官吏上任前,由总统府承宣厅安排觐见,领受训辞,有如前清"请训"故事。这样使文武百官都感觉到只有依靠袁世凯的恩宠,才能升官发财,自然形成封建的人身依附关系。在袁的统治下,政治腐败的一个重要特点即是庞大的官僚队伍成为一特权阶层。他们"特能多取不义之财,而淫威以逞。故求者极丧尽其廉耻,与者乃极肆其骄倨,而恶劣之心理遂影响于一切政治"①。

　　袁世凯用以观察政治生活的根本观点,依旧是封建的官治思想。在他看来,民主主义的制度是罪大恶极,只有专制主义的官僚统治方式才是天经地义。他认为中国数千年都是帝王君临天下的历史,只有改朝换代,没有革命;辛亥革命只是给社会带来巨大破坏的"盗贼禽兽"般的暴乱。这种政治观点,从许多告令中不断流露出来。1914 年 10 月31 日,他在一道申令里说:"辛亥事起,各省响应,孙文因闻改革将成,急遽返国……遂以数十私党拥护,设临时政府于江宁,举措乖戾,纲纪荡然……谬解共和,伪托平等,实则败坏法度,殄灭伦理,倒行逆施,上尤下效,使我二千年声明文物之邦,几一举而陷于盗贼禽兽之域,言念及此,可为浩叹。"②尽管袁世凯在总统的名义下,已经获得了皇帝独裁的权力,他仍然感到不满足。他认为要一劳永逸地巩固自己的权力,只有窒息民主精神,彻底地消灭共和的形式,恢复君主制。袁世凯所追求的君主制,不是当时英国的虚君君主制,这种君主制,必须有民选的国会和对国会负责的内阁,也不是日本的寡头专政的君主制。这两种君主制都是以资产阶级为社会基础。袁世凯所向往的是中国传统的以封

---

① 《远生遗著》卷 1,第 34 页。
② 《爱国白话报》,1914 年 11 月 2 日。

建势力为基础的家天下君主制,与英、日迥然不同。这种君主制,皇帝立于法律之上,权力不受任何限制。袁世凯常常以否定的口气问他的亲信:"共和办得怎么样?"共和国体是经过革命和国民公意建立起来的,袁世凯竟称为"办"。这句话露骨地表现出他对家天下的迷恋。

袁世凯于1914年11月镇压了清室复辟派,次年初帝制自为的鬼影,便若隐若现。元月间,袁世凯的长子袁克定约请梁启超赴汤山春宴,只有杨度一人作陪。据梁启超回忆说:谈话时袁克定"历诋共和之缺点,隐露变更国体求我赞同之意。余为陈内部及外交上之危险。语既格格不入,余知祸将作,乃移家天津"①。

正当总统变皇帝的把戏,由秘密而将要公开时,袁政府忽然接到了日本的"二十一条"无理要求,不得不暂时中断帝制活动而转入中日交涉。

第二节 中日"二十一条"交涉

一 欧战爆发后的远东局势和日本侵入山东省

1914年6月,第一次世界大战爆发。帝国主义列强对中国侵略的形势发生变化。德、奥为首的同盟国集团和英、法、俄为首的协约国集团在欧洲互相厮杀,暂时无暇顾及远东。日本大隈内阁认为这是它推行"大陆政策"千载难逢的机会,遂以英日同盟为幌子,积极展开参战活动。

当时,英国在远东仍有举足轻重的地位。它担心日本参战,可能影响远东的和平和它的商业利益。所以欧战发生后,它曾通告日本,说明如果威海卫及香港等地受到德国攻击,将要求日本援助,否则将尽力避免使日本卷入战争。美国当时也希望维持远东现状,对日本抱有戒心。

---

① 《饮冰室合集·专集》之三十三,第143页。

沙皇俄国为了确保它在中国的既得利益,认为有必要尽力维持同日本的"亲善"关系,不反对日本参战。但是它也害怕日本在远东"自由行动",损害它的权益。所以俄国外交大臣曾向英、法大使表示,将来可由英、法、日三国分割德国的殖民地,而不赞成由日本独占胶州湾。为了达到参战目的,日本外相加藤高明向英国表示:日本参战的目的在维持远东和平,对中国领土并无野心,也不会损害英国的贸易,同时强调日本内阁应英国之邀而参战,已经奏明天皇,非有重大事变不能变更。到8月初,英国乃不得不放弃初衷,以限制战局地区为条件,赞成日本参战。日本表示愿意遵守战区限制,但不在对德通牒中声明。8月15日,日本向德国发出最后通牒,限23日正午前答复。通牒的内容是:德国在中、日两国海面上的军舰一律撤退或解除武装,并限于9月15日以前将胶州湾租借地(今属青岛市)无条件交给日本,以备将来交还中国。届期德国没有答复,日本乃于23日对德宣战。

日本大隈政府参战的真实动机,是乘机扩张日本在中国的权益,所以参战以后,立即把侵略矛头指向中国。在日本向德国发出通牒前,袁政府就宣布了中国的中立立场;8月3日,又照会各国政府,要求参战诸国不在中国领土领海以及各国租借地内作战。6日,正式宣布"决意严守中立",公布局外中立条规二十四条。同时又向美国、日本提议,由中、日、美三国联合,共同劝告欧战各国限制战区,勿及远东。这个建议不仅没有得到日本的赞成,因为它正想乘机渔利,而且还无理质问袁政府说:"此等关系东方重大事件,中国何径先向美邦提议?"①袁政府便赶忙电令中国驻美公使婉言取消此项提议。德国在青岛的驻军仅五六千人,自知无力抵抗日本,其驻华使馆参赞马尔参(Baron Maltzan)便与袁政府交涉,试图将胶州湾直接归还中国。但由于日本的阻挠和威胁,软弱无能的袁政府不敢接收,而暗中要求美国接管,以后再交给中国。美国不想得罪日本,拒绝考虑;仅依据《罗脱—高平协议》,于19日

---

① 《六十年来中国与日本》第6卷,第40页。

致函日本,声明各国应确保中国领土完整及机会均等主义,将来应将胶州湾归还中国,日本派兵至中国应与美国取得协议。前此,英国于17日也将英日商定的战区限制自行宣布,说明日本的军事行动不超出中国海以西之亚洲海岸,除东亚大陆的德国占领地外,不侵犯任何外国领土。

英国对日本的安抚政策,和美国仅止于口头声明,助长了日本对中国的进一步逼迫。日本对德宣战后,即封锁青岛港口,并与英军一起对德军发动攻击,同时秘密要求中国于黄河以南划出中立外地区,以便日军登陆。袁政府外交部答复说:"黄河以南,几包括山东全省,一有此议,必致中外惊疑,万难应允。"并要求日军缩小战区范围,登陆后"行军路线宜限在潍县以东平度一带离华军较远地点",中国军警保护胶济铁路潍县以西一段①。为了表示对日本的"好意",外务部还声明日军登陆后,中国军队不抵抗,只提出"抗议";并表示"临时发生之事,如先与我商,苟可通融,无不竭力"②。尽管袁政府如此曲意妥协,但日本却蛮横无理。9月2日,日军第十八师团二千余人突然在山东龙口登陆,强占电报局,不许中国商民发电报,又派兵占据附近村镇,断绝交通,强迫商会为其供应骡马车一千辆及夫差数百人,还发行军用钞票,强制中国人使用,若有拒绝,即被打骂甚至拘捕、枪杀,诛求驱使,为所欲为。次日,又有日军三千登陆。

袁政府一边提"抗议",一边赶忙通告各国,参照1904年日俄战争时在辽东境内的先例,把龙口、莱州及接连胶州湾附近各地方划为交战区域,并声明:在交战区"本政府不负完全中立之责任",但对中国的"领土行政权及官民之身命财产,各交战国仍须尊重"③。日军在龙口停留五天后,便向平度进军,一路大肆骚扰。9月10日侵占平度,包围县

① 《六十年来中国与日本》第6卷,第45、46页。
② 《六十年来中国与日本》第6卷,第48页。
③ 《六十年来中国与日本》第6卷,第49页。

署,强迫县知事供应肉类数千斤和米麦燃料数百万斤,限五日内交出,过期按军法惩办。更有甚者,日军还张贴布告,对中国人宣示斩律五条①,公然把中国人视为被征服者。袁政府外交部为此向日本驻北京公使日置益提出抗议,日置益置之不理。日军于17日占据胶州火车站,将中国警察尽行驱逐。23日,英军九百人由天津出发,在崂山湾登陆,参加围攻青岛。日军无视中国所划的交战区,有意侵犯中国主权,忽于26日占领潍县车站。袁政府外交部提出抗议,要求立即撤退日军,"以重信睦"。日置益恃强狡辩,竟说胶济路是德国产业,日本有权占领,与中国无关。其外务大臣加藤高明还对中国驻日公使陆宗舆表示:日军不仅占领潍县,对胶济全线均将如此行动,并要中国军队撤离,否则发生冲突,日本将认为中国协助德国。对此袁政府外交部再次提出抗议,说明胶济铁路系华德商办,按国际公法,"交战国官产在中立国领土,其他交战国尚不能侵犯,况中德商办产业,安得占据"?并指出日军此举"违反协商,侵犯中立,破坏公法"②。日置益仍一味狡辩,同时日军继续西进,10月5日占领青州,次日进占济南车站,将胶济全线置于日军的控制之下。占领胶济路全线,乃是日军作战之初就已拟定的计划,所以尽管袁政府多次抗议,日本政府始终充耳不闻。袁政府为避免与日本发生冲突,便秘密命令沿路中国驻军撤退。

日本的侵略行为和袁政府的迁就,引起中国人民的极大愤慨。山东各地受害商民纷纷呈递公禀,要求袁政府执言伸理。当日本占领潍县时,梁启超在参政院第十五次会议上提出"紧急动议",要求袁世凯就山东问题答复。他说:欧战发生,"大总统曾召集本院同人到府,报告外交经过情况,当时对于报告虽尚不甚满意,而以现在之地位及时局,政

---

①　日军通告五条:一、妨碍日军一切行动者处斩;二、切断电源或倾损者处斩;三、拘送或指明告密者重赏;四、知罪不举,窝藏匪徒邻居乡保从重治罪;五、如于该村有一人妨碍日军行动者,该村人民尽处斩刑。

②　《六十年来中国与日本》第6卷,第55页。

府措施若此已觉不易,故亦认为相对的同意。日来据各方面报告,事情已为之一变,虽政府外交因有应守秘密,不能宣布,而本院既代行立法院",不能不提出质问①。蔡锷补充说:"万一日本以山东为第二之南满,实行其大陆政策,政府究竟如何对付？或者已有办法,实亦本院所乐闻。"②经过讨论,参政院向袁世凯提出质问,列举日军在山东的种种侵略行为,最后表示:"日来各地军民因痛外交之失宜,惧亡国之无日,或设救亡敢死之团,或倡排货修怨之议,有识之士日思所以节制之。疮口晓音,始获少安,若外交当局不能以国权切实之保障明示吾民,则疑愤所集,万一激成度外之举动,将何求以善其后？"③对此,袁世凯没有明确表示。

　　10 月 30 日,日军对青岛开始总攻,德军不敌,于 11 月 7 日投降。至此,德国在中国的势力范围全部为日本攫取。日本以战胜国自居,对青岛和胶济铁路实行军事统治,制造事端,拒不撤兵。次年 1 月 7 日,袁政府正式照会日、英两国,声明取消中立区战,恢复原状,要求在该区域的日军一律撤退。日本政府竟然蛮横地说:中国的声明,独断不当,日本不能因此而受拘束。袁政府于 16 日再次照会日本,说明中国当时划定交战区域,实是基于"外顾邦交"的一项措施,并没有与日本签订协定,战事既已结束,中国自行宣布废止,本无征求日本同意的必要;况且该区域内德军早已解除武装,英军也已撤去,日军自无继续停留的理由。日本此时已酝酿新的侵略阴谋,所以始终不肯撤兵,有意制造"悬案"。震惊中外的"二十一条"要求即于此时提出来。

---

① 《参政院质问政府日本在山东侵犯中立事件》,《时事汇报》,第 9 页,1915 年 1 月。

② 《参政院质问政府日本在山东侵犯中立事件》,《时事汇报》,第 9 页,1915 年 1 月。

③ 《参政院质问政府日本在山东侵犯中立事件》,《时事汇报》,第 9 页,1915 年 1 月。

二　"二十一条"交涉

日本帝国主义参加第一次世界大战的真实动机,是企图乘机夺取德国在山东的权益,扩张其在中国的侵略势力。1914年8月,日本政府在参战的讨论会上,就决定以归还青岛作为解决满蒙悬案的交换条件。所谓满蒙悬案,是日本帝国主义从清末以来在中国东北南部和蒙古东部地区无视中国主权,不断扩张势力,故意制造出来的。日本政府的对华侵略政策,通常受到元老重臣、军部和民间右翼浪人的影响。这三方面对于侵略中国的手段各有不同的主张,时有矛盾发生,但都认为应乘欧战之机扩大日本在华势力,否则一旦欧战告终,有欧美列强掣肘,日本将失去主动机会。所以欧战爆发后,元老、陆军、财阀及右翼浪人的各种意见书,纷纷递到日本外务省。右翼浪人团体中势力最强的黑龙会,就曾提出《对支问题意见书》,极力主张"独立自主外交",反对与欧美列强协调。该意见书认为日本应向中国提出"在南满洲及东部蒙古的优越权,将其统治权委任于日本";中国应聘请日本军事、财政、教育等顾问,采用日本兵器,将福建海港租借给日本;还要求铁路建筑权和矿山开采权;等等,企图借此机会一举树立东亚霸权。正是在这种迫不及待的独占中国的侵略思想指导下,大隈政府拟定了所谓《对支政策文件》,即"二十一条"要求的草案,并寻找向中国提出的适当时机。

日本对德宣战不久,日本驻华公使日置益即向日本外务大臣加藤高明报告,要求乘机向中国提出"悬案"交涉,但外务大臣加藤认为时机尚早,并未予以采纳。至11月上旬日军攻占青岛后,加藤认为最适当的时机业已到来,乃于11月11日将《对华交涉训令提案(即对支政策文件)》提交内阁会议讨论通过,12月初奏明天皇批准,随即召日置益回国述职,令其办理。日本政府的所谓训令,除"二十一条"外,还附有交涉时日本可对中国保证的事项,主要有以下四点:一、保证袁大总统地位及其一身一家之安全;二、严厉取缔革命党及中国留日学生,对反袁的日本商民浪人予充分注意；三、适当时期商议胶州湾交还问题；四、考虑审议袁大总统及有关大官叙勋或赠勋之事。日置益还提出要加上压迫或引诱手段，如：留驻山东日军，必要时可占领津浦路北段；煽动革命党、宗社党从事颠覆袁政府的活动，以此来显示日本之威力和决心；针对袁政府财政困难，拟以借款为诱饵；等等。12 月 15 日，日置益回到北京，便秘密从事交涉布置。当时，他已看破了袁世凯称帝的野心，遂把支持帝制作为交涉的引诱手段之一。他曾对外交次长曹汝霖表示："敝国向以万世一系为宗旨，中国如欲改国体为复辟，则敝国必赞成。"①他并以新归任为词，请求晋见袁世凯。

1 月 18 日下午 3 时，由曹汝霖安排，日置益在怀仁堂晋见袁世凯，当面递交日文"二十一条"一份，并逐条说明主旨及日本的立场，还威胁说："中日两国间，近来真意殊欠疏通，中国对日本举措既多有疑虑，且挟有无谓之误解。日本国民中的一部分，亦怀疑中国当局的诚意，常抱反感，加以第三者挑拨中伤，对两国邦交时肇意外之危险"；"今次如能承允所提条件，则可证明日华亲善，日本政府对袁总统亦可遇事相助"；最后要求袁政府"绝对保密，尽速答复"②。两日后，日置益又将另一份条款，附有翻译汉文，递交袁政府外交部，作为正式交涉的根据。

"二十一条"要求分为五号。

第一号，关于山东省四款：一、日本政府拟向德国政府协定之所有德国关于山东省依据条约或其他关系对中国政府享有一切权力利益让与等项处分，中国政府概行承认。二、凡山东省内并沿海一带土地及各岛屿，无论以何项名目，概不让与或租借与他国。三、日本建造由烟台或龙口接连胶济路线之铁路。四、中国政府从速自开山东省内各主要城市作为商埠。

---

① 《袁世凯与中华民国》，第 138—139 页，张一麐眉批。

② 《大正四年日支交涉日置益电信》，1 月 18 日第 26 号至急电，转引自李毓澍：《中日二十一条交涉》上，1966 年版，第 218 页。

第二号，关于"日本国在南满洲及东部内蒙古享有优越地位"，共七款：一、两订约国互相约定，将旅顺、大连租借期限并南满洲及安奉两铁路期限，均展至九十九年为期。二、日本臣民在南满洲及东部内蒙古营造商工业应用房厂，或为耕作，可得其须要土地之租借权和所有权。三、日本臣民得在南满洲及东部内蒙古任便居住往来，并经营商工业各项生意。四、中国政府允将南满洲及东部内蒙古各矿开采权，许与日本臣民。五、中国政府如准许他国在南满洲及东部蒙古建造铁路或以该地区课税作抵押他国借款时，应先经日本政府同意而后办理。六、如中国政府在南满洲及东部内蒙古聘用政治、财政、军事各顾问教习，必须先向日本商议。七、中国政府允将吉长铁路管理经营事宜委任日本政府，其年限自本约画押之日起，以九十九年为限。

第三号，关于汉冶萍公司，共二款：一、俟将来机会相当，将汉冶萍公司作为两国合办事业，未经日本政府之同意，所有该公司一切权力产业，中国政府不得自行处分，亦不得使该公司任意处分。二、所有属于汉冶萍公司各矿之附近矿山，如未经该公司同意，一概不准该公司以外之人开采。

第四号，关于"切实保全中国领土"一款：中国政府允准，所有中国沿岸港湾及岛屿，概不让与或租与他国。

第五号，共七款：一、在中国中央政府，须聘用有力之日本人充当政治、财政、军事等项顾问。二、所有在中国内地所设日本医院、寺院、学校等，概允其土地所有权。三、须将必要地方之警察作为中日合办，或在此等地方之警察署内须聘用多数日本人，以资全面筹画改良中国警察机关。四、由日本采办一定数量之军械（譬如在中国政府所需军械之半数以上），或在中国设立日中合办之军械厂，聘用日本技师，并采买日本材料。五、允将接连武昌与九江、南昌之铁路，及南昌至杭州、南昌至潮州各铁路之建筑权，许与日本国。六、福建省内筹办铁路、开矿及整顿海口（船厂在内），如需外国资本时，先向日本协商。七、允认日本人在中国有布教之权。

　　"二十一条"要求,严重损害了中国的主权,充分暴露出日本帝国主义把中国变为其独占殖民地的狰狞面目。

　　对于日本提出关系中国命运的重大交涉,袁政府事先懵然无知。日本有意径向袁世凯提出,开元首直接外交恶例。袁世凯本完全有理由严正驳回,拒绝讨论。但袁因有帝制自为的野心,原来打算秘密让给日本一些权利,以换取其对帝制的支持,没想到日本竟然企图鲸吞中国,连欧美列强在华的特权都不顾及了。这使他惊诧无措,"殊为失望",但他未敢断然拒绝。在听完日置益的陈述后,他表情严肃地说:"本件应与外交总长会商。"①当时外交部致驻日公使陆宗舆的密电,具体地透露了袁政府的窘况:"查我政府正极力讲亲善之方,不意提出此等严重条件,实使政府为难。"②据袁的秘书夏寿田说:"日置益辞出后,项城极怒,当即疾声令余,所有关于帝制之事一概停止。"③1 月 18 日晚,袁世凯召开会议,讨论应付办法,出席人员除外交总长孙宝琦、次长曹汝霖外,还有徐世昌、段祺瑞、梁士诒等。次日至 21 日,又连续开会,杨士琦、钱能训也参加。会上讨论的意见,大致有三方面:一、日本提出如此苛刻条款,非因政府宣布废除交战区域所引起,应尽快弄清日本的目的,以便制定对策。二、日本要求对条款绝对保密是不可能的,一旦泄露,在国内必然招来麻烦。再者,日本必然与第三国早有默契,过早泄露,欧美列强会援引均沾。三、日本所提条款过苛,但又不能完全拒绝,要考虑满足日本的一些要求,而又避免与其交涉有关主权各项。最后袁氏决定拖延开始谈判的日期,尽快摸清日本的真正意图,同时预作了一些布置:一、让孙宝琦称病辞职,派陆徵祥(时为总统府外交顾问)接任外交总长,以新任总长须对案件加以研究为借口,拖延时间。袁氏

---

　　①　《大正四年日支交涉日置益电信》1 月 18 日第 26 号至急电,转引自《中日二十一条交涉》上,第 218 页。

　　②　《外交部致陆宗舆密电》(1915 年 1 月 20 日)。

　　③　张国淦:《近代史片断的记录》,《近代史资料》1978 年第 3 期。

更换外交总长的另一个原因是,自日军侵入山东以来,外交部因对日交涉颟顸,受到各方面严厉抨击。袁为使孙代其受过,早就有意更换孙。为了直接指挥此项对日交涉,袁选中了一向对他百依百顺的陆徵祥接任。陆于1月28日到任,次日拜会北京公使团。二、19日袁于总统府接见其日本军事顾问坂西利八郎说:"日本竟以亡国奴视中国,中国绝不作高丽第二。"袁有意表示愤慨,借以试探日本的态度。坂西立即报告日置益。同一天,曹汝霖赴日使馆与日置益晤谈甚久。曹汝霖表示二十一条"真令人感到难以承受"。日置益则说,此次要求各款,均经日本政府深思熟虑,有坚强决心,以期必成①。三、请日本顾问有贺长雄回国,把日本政府提出二十一条的事告诉日本元老松方正义侯爵和山县有朋公爵,并探询他们的"真意"。有贺临行时,袁亲批赠送"路费"一万元,并带有运动元老派的交换条件②。四、密电冯国璋联合十九省将军发通电,声称拒绝日本要求,不惜一战,以增强自己谈判的力量。但是袁世凯的这一套把戏,被日本帝国主义一眼看破。日本外相加藤于2月3日电告日置益说:"各省将军通电一事,此为袁氏权诈老套,对我帝国进行毫无影响。"③此外,袁政府向中外报界透露了日本要求的一些内容,用以鼓动舆论,企图借此向日本表示,答应全部条件确有困难。

当时因日军侵入山东,中国各阶层人民愤懑已久。"二十一条"的消息一经传开,反日舆论顿时沸腾。上海、北京、天津、杭州等地商民、学生及海外华侨纷纷集会,或投书报刊,或通电全国,一致抗议日本的侵略行径,要求袁政府拒绝日本无理要求。1月末和2月初的几天当中,各地商会就发出通电五百余件。反日爱国团体如雨后春笋般地出现。上海有"国民对日同志会"、"外交后援会"、"救国急进会";杭州有

①　《中日二十一条交涉》上,第277页。

②　曾叔度:《我们经手二十一条的内幕》(抄本);《六十年来中国与日本》第6卷,第282页。

③　《加藤致日置益电》2月3日,转引自《中日二十一条交涉》上,第282页。

"爱国会";山东有"救亡团";江西有"妇女救国会";广东有"中华商务救亡会";四川有"国事研究会";等等。同时,各地掀起了抵制日货的斗争。上海商会首先于3月16日组成"劝用国货会",推举虞洽卿、董少严、王正廷为正副会长。18日,绅、商、学各界联合发起,在张园召开了反对"二十一条"要求的国民大会,到会者近四万人。各界代表发表了激昂慷慨的演说,揭露日本侵略中国的罪行。大会通过提倡国货、设立公民捐输处等项决议。上海商民的爱国行动,得到全国各地商民的响应,而且很快发展成为遍及全国的抵制日货热潮。商人拒卖日货,人人用国货。不少学校规定,文具一律用国货。一些大城市的报纸,天天刊登"国货调查录",鼓动人民选用国货。上海、天津、广州等地,出现了以反日爱国为题材的戏剧和歌曲。学生走上街头,散发传单,发表演说,进行鼓动。4月初,上海商会倡议救国储金,成立了以虞洽卿、马佐臣、陈炳谦为首的"中华救国储金团"。该团以"国民协力保卫国家"为宗旨,向各地商会发出通电,倡议"人人爱国,人人输金",在全国征集储金五千万元,"专备国家添设武备之用"。各省城镇商民热烈响应,一月之间,成立了储金分事务所二百五十余处。学生、工人、商人及家庭主妇等都节衣缩食,踊跃参加储金,未及一旬,承办储金的中国银行即收款二十余万元。

各界人民抵制日货的爱国活动,很快超出了袁世凯所能允许的范围。这使他如芒刺背,时刻不安。在日本的要挟之下,袁政府只得多次通令禁止抵制日货。但反日斗争如火如荼,声势越来越大。"二十一条"交涉正式谈判,就是在举国一致反对的声浪中开始的。

中日交涉会议完全采取秘密的形式,自2月2日起,每周举行二三次,至4月26日,共有二十五次之多。日本方面为日置益、参赞小幡酉吉、高尾亨。中国方面是陆徵祥、曹汝霖、秘书施履本,实际由曹包办,一切秉承袁世凯的旨意进行。交涉一开始,日置益就坚持要陆徵祥对"二十一条"整体表示态度,并对各号发表意见,企图使陆先囫囵吞下。陆徵祥认为以逐条讨论为是,双方曾有争论。袁世凯鉴于全国人民反日情绪高涨,唯恐完全屈服将使自身难保,加以他通过有贺长雄了解到日本的主要意图是在满蒙获得扩张机会,于是便提出对日方一、二、三号提案的修正案,对第四号则主张由"中国政府自行宣言",对第五号表示"碍难商议"。修正案的主旨是满足日本对满蒙的权益要求,其他地方则使日本暗中有所收获,而明处又表示自己不轻易出卖主权。但日置益一再逼迫讨论第五号,并以不允继续开议为要挟。曹汝霖秘密电令驻日公使陆宗舆会见加藤高明,要求日本"留亲善余地"。以后会议时开时停。日置益态度极为蛮横,"词意决绝,几无磋商之余地"。同时日本政府以换防为名,增派军队至大连、青岛及塘沽等地,以武力支持日置益。袁世凯无奈,便请求有贺长雄拜会日本政府要人,"奔走说情"。同时,欧美列强获悉"二十一条"的真实内容后,对日本的欺骗行为也一致不满。

原来,日本提出"二十一条"时,仅以一至四号通知英、美、俄、法四国,故意隐瞒最重要的第五号各条。"二十一条"全文真相为中外所知以后,欧美列强对日本损害他们在华的侵略权益,纷纷予以激烈抨击。2月10日,英国驻日大使葛林赴日本外务省声明:英国政府对日本之要求条款"漏告"第五号,深表遗憾。此后又照会日本政府,声称长江流域铁路,中英已有成约,"请勿相侵"。加以中国人民反日斗争的浪潮日趋高涨,日本政府见阴谋暴露,事态严重,只好表示可以"减轻要求"①。它一面宣布第五号为"希望条件",系属劝告性质,借以蒙混舆论;一面又于4月26日提出修正案,共二十四条,内容与原要求大致相同,仅将若干条文改用换文方式,表面上似乎减轻了严重性,实质上依然如故。它声言此"系最后修正,务请同意",并称:如中国政府将二十四条全体承认,日本政府拟将胶州湾以适当时机,附加条件交还中国。袁政府认为日本的修正案"比较初次提案固有部分之让步",但仍有一些条款"与

———————————

　　①　《陆宗舆致外交部电》(1915年4月24日),《六十年来中国与日本》第6卷,第219页。

中国主权、其他列强之条约上权利以及机会均等主义均相抵触"①,故不能接受。据此,袁政府又作成修正案,于5月1日提交日置益,并"解释中国难复行退让之苦衷"②。日置益反指责袁政府无诚意,百般恫吓。中日关系十分紧张,似乎战祸迫在眉睫。5月6日,袁政府开会决定再示让步,以挽危机。但日本大隈政府决定采取最后手段压迫袁政府,于5月7日发出最后通牒,宣称除第5号各项允许以后再行协商外,限四十八小时完全应允,否则"将执认为必要之手段"③。与此同时,日本政府颁布关东戒严令,命令山东和奉天日军备战。日商纷纷回国,日舰队游弋于渤海,进行武力威胁。

三　袁政府对日屈服和群众的反日风潮

对日交涉过程中,袁世凯一直以英美两国为后援,希望它们从中调解。英国虽然忌妒日本扩张势力,但对日在南满和东蒙所攫取的特权持同情态度。英国所关注的限于它的在华利益是否受到影响。所以日本取消了在长江流域内修筑铁路的要求以后,英国就改变了态度。日本提出通牒后,英公使朱尔典于8日上午到外交部访陆徵祥,说:"目前中国情形至为危险,各国不暇东顾,为目前计,只有忍辱负重,接受要求","不宜作武力之争"④,并要陆转告袁世凯。美国对华政策的根本方针在于"门户开放",日本独占中国的野心和行径,自然引起美国朝野的反感。驻华美国公使芮恩施(Paul S. Reinsch)曾试图"为中日谈判进行斡旋",但美国政府怕招致日本反对,加以又得不到英、法、俄三国的支持,所以仅仅于5月5日发表声明,"劝告"日本。13日又声明:

---

① 《外交部宣布中日交涉始末》,《六十年来中国与日本》第6卷,第249页。
② 《外交部宣布中日交涉始末》,《六十年来中国与日本》第6卷,第235页。
③ 《六十年来中国与日本》第6卷,第241页。
④ 《三水梁燕孙先生年谱》(上),第256页。

"凡关于损害美国之条约权利及旅华美国人民权利",美国政府"决不承认"①。俄、法两国虽然猜忌日本,却因欧战无暇顾及。5月7日晚,袁政府外交部派员前往俄国使馆寻求支持,俄使克鲁朋斯基竟然要中国政府"立即无条件地接受日本的最后通牒"。袁世凯企望欧美列强干涉落空,又恐得罪日本,皇帝当不成,便决定对日屈服。8日下午,袁在总统府召集会议。出席的有黎元洪、徐世昌、杨士琦、钱能训、梁士诒及各部总长等。先由陆徵祥报告上午会见朱尔典的情况,然后讨论。发言者大都迎合袁的旨意,认为只有接受日本要求一途,惟独段祺瑞主张动员军队,对日示以强硬。最后,袁说:"我国国力未充,目前尚难以兵戎相见",权衡利害,不能不接受日本通牒。接着他还引用古训说:"无敌国外患者国恒亡。经此大难以后,大家务必认此次接受日本要求为奇耻大辱,本卧薪尝胆之精神,做奋发有为之事业,举凡军事政治外交财政力求刷新,预定计划,定年限,下决心,群策群力,期达目的。"②据参加会议的梁士诒后来说:"袁总统悲愤陈词,衣沾涕泪。与会者或怨愤填胸,或神气惨沮。"③但未几,正是这个袁世凯和这伙"忧国忧民"的文官武将,敲响了洪宪帝制的锣鼓。

5月9日,陆徵祥、曹汝霖奉命前往日本使馆递交复文,对日本4月26日提出之修正案,除第五号中各项容日后协商外,"即行允诺",最后还表示:"以冀中日所有悬案就此解决,俾两国亲善益加巩固。"④

袁政府不顾全国人民的反对,于5月25日在北京签订了所谓"中日条约"和"换文",史称《民四条约》。日本方面代表是日置益,袁政府代表为陆徵祥。两个条约是关于山东和南满洲及东蒙古的,换文十三件,内容是关于福建、汉冶萍及旅大租借期延长等问题。总之,除第五

①　《三水梁燕孙先生年谱》(上),第257页。
②　《三水梁燕孙先生年谱》(上),第257页。
③　《三水梁燕孙先生年谱》(上),第258页。
④　《三水梁燕孙先生年谱》(上),第259页。

号外，原"二十一条"的内容大都包括在内。

袁世凯不仅敢于卖国，而且善于花言巧语地讲"爱国"来遮掩其卖国行径。在决定接受通牒的时候，他就先拟好了一个"密谕"，于 10 日发给各级文武官吏。他说："予以保全国家为责任，对外则力持定见，始终不移，对内则抚辑人民，勿令自扰。将及四月，持之益坚。彼遂以最后通牒迫我承认，然卒将最烈四端，或全行消灭，或脱离此案。其他较大之损失，亦因再三讨论，得以减免，而统计已经损失权利颇多，疾首痛心，愤惭交集。往者已矣，来日方长……京外各官当规劝僚属，申儆人民，忍辱负重，求其在己，切勿妄逞意气，空言嫚骂，非徒无益，反自招损。务各善体此意，努力为之。"①在这个"密谕"里，他虽然装腔作势，但不得不承认"损失权利颇多"。而在公开的通电中，为保持他在中国人民面前的"体面和威风"，则厚颜无耻地说，"日本既有让步，无损主权，故决定由外交部答复，此案已结，中外敦睦"。同时，袁政府还动员各省官吏拍发贺电，颂扬"元首外交成功"，又命令御用报刊颠倒是非，把对日屈服说成是"双方交让，东亚幸福"，甚至开会庆祝"外交胜利"。然而，这一切愚弄人民的鬼蜮手段，并没有能把他承认"二十一条"绝大部分要求的卖国行径掩盖住。

袁政府接受最后通牒的消息一经传出，群情激愤，举国一致认为是奇耻大辱。日本帝国主义的侵略，唤起了全国人民的敌忾心。各城市爱国团体，纷纷集会，拒不承认《民四条约》，誓雪国耻。上海各界召开国民大会，到会数万人，一致表示拒日到底。各地青年学生尤为悲愤，有的愤而自杀，有的断指写血书，有的要求入伍，请缨杀敌。全国教育联合会决定，各学校每年以 5 月 9 日为"国耻纪念日"。北京各学校学生议决，每日课余诵最后通牒一遍，以示不忘国耻。

面对声势浩大的爱国运动，袁政府开始不敢公开镇压，各地方"官厅能维持其秩序，不能禁止其进行"。在全国各大城市展开的救国储金

---

① 《六十年来中国与日本》第 6 卷，第 260 页。

活动,还得到了一些官吏的支持。袁世凯本人也认为救国储金"最为今日切要之图",并认储十万元,表示"勉力赞助"。但袁政府所能允许的反日爱国范围,仅仅是集会纪念和爱国储金。当抵制日货的行动越来越激烈时,他们就露出了反人民的真面目。由于对日本侵略的无比愤慨,各城镇商民相戒不买日货,不用日货,有的还焚毁日货,以示抗议。许多地方群众集会,向袁政府提出质问,要求惩办陆徵祥和曹汝霖,称他们为"卖国贼"。有的报纸甚至直接谴责袁世凯,要他负"失地丧权之责"。汉口、镇江、汉阳、福州等地,相继发生反日骚动。5月13日,汉口日侨准备举行提灯会,庆祝日本所取得的"外交胜利"。当地学生和商民怒不可遏,群起捣毁日本商店。镇守湖北的段芝贵,急忙由武昌抽调军队,前往协助日本军队镇压。事后,他向北京统率办事处密报说:"武汉三镇人心颇形不靖,街谈巷议多属仇外之言","人人脑筋中隐蓄一番愤激",恐"再有特别事故发生",并要求给他屠杀爱国人民的权力①。

　　袁世凯见欺骗不生效,就公开采用高压手段。5月26日,他颁布申令,公然诬指爱国群众是"匪徒",杀气腾腾地说:"乃有倡乱之徒,早已甘心卖国,而于此次交涉后,反借以为辞,纠合匪党,诪张为幻,或谓失领土,或谓丧主权,种种造谣,冀遂其煽乱之私。……着各省文武各官认真查禁,勿得稍涉大意,致扰治安。倘各该地方遇有匪徒借故暴动,以及散发传单,煽惑生事,立即严拿惩办。"②在日本政府的压力下,袁世凯于6月16日又以"妨碍邦交"为名,再次申令禁止抵制日货,还以"取缔排斥日货不力"的罪名,撤换了湖南巡按使。由于袁世凯的严令敦促,各地方官署派出军警,逮捕爱国群众,将反日热潮镇压下去。对中国人民张牙舞爪,对帝国主义者摇尾乞怜,这充分暴露了袁世凯入主出奴的丑恶面目。

──────────

①　《段芝贵致王士珍函》(1915年5月19日),北京图书馆藏原件。
②　《申报》,1915年5月28日。

　　"二十一条"是日本帝国主义以吞并中国为目的而强加于中国的单方面的要求,严重损害了中国的主权,完全违背了国际关系的根本准则,理所当然地激起中国人民的强烈反对。正是由于全国反日爱国热潮,才迫使袁政府事后不能不声明,在此基础上形成的《民四条约》是由日本最后通牒而被强迫同意的。此后历届北洋政府也始终未承认为有效,而在后来的巴黎和会和华盛顿会议上,都要求改订,甚至全面予以废除。所以《民四条约》从国际法来看,"固未尝成立"①;从事实上来说,也未能执行。

　　日本帝国主义未能完全如愿,一举控制中国,但它的野心不死,以后以《民四条约》为口实,在南满、蒙古东部、山东等地,不断扩大侵略权益,导至中日关系长期恶化。同时,《民四条约》完全暴露了日本独占中国的企图,因此日本与在华有侵略权益的欧美列强不断发生冲突。美日矛盾自此日趋尖锐,这对远东国际关系后来的发展产生了重大的影响。

第三节　袁世凯称帝

一　筹安会策动"请愿君主"及各界反应

　　"袁世凯要做皇帝",这是不久前革命党人所作的预言,许多人还半信半疑,但局势的发展比预想的还要快。

　　1915年夏季的北京,政局动荡不定。"二十一条"交涉刚刚结束,"共和不适于中国国情"之类的流言便不胫而走,哄传一时,而且很快传播到海内外。无风不起浪。社会上的流言,实际上是袁世凯为发动帝制运动而制造出来的。当时,各省将军、巡按使及师旅长等要人,被召陆续进京觐见。袁垂询政情时常常问:"外间均谓共和不宜于中国,汝

―――――――――

① 王正廷:《二十一条交涉经过》序,1923年印。

意以为如何?"各文武官吏除少数吐露拥护共和之意外,大都迎合袁意,表示非改变国体不可。奉天陆军二十七师师长张作霖觐见时,还"痛陈国家安危系于我大总统一人"①。袁氏不仅未加责备,而且一再赐以贵重衣物。

江苏将军冯国璋在北洋将领中辈分最老,进京后,段芝贵等人推他向袁世凯劝进。冯于 6 月 22 日觐见袁世凯时说:"外间传说大总统欲改帝制,请预为秘示,以便在地方上着手布置。"袁答道:"你我多年在一起,难道不懂得我的心事? 我想谣言之来,不外有两个原因:第一,许多人都说我国骤行共和制,国人程度不够,要我多负点责任;第二,新约法规定大总统有颁赏爵位之权,遂有人认为改革国体之先声,但满蒙回族都可受爵,汉人中有功民国者岂可丧失此种权利? 这些都是无风生浪的议论。"他又说:"你我都是自家人,我的心事不妨向你说明,我现在的地位与皇帝有何区别? 所贵乎为皇帝者,无非为子孙计耳。我的大儿身有残疾,二儿想做名士,三儿未达时务,其余则都年幼,岂能付以天下之重? 何况帝王家从无善果,我即为子孙计,亦不能贻害他们。"冯说:"是啊,南方人言啧啧,都是不明了总统的心迹,不过将来中国转弱为强,到天与人归的时候,大总统虽谦让为怀,恐怕推也推不掉。"袁勃然变色道:"什么话! 我有一个孩子在伦敦求学,我已叫他在那里购置薄产,倘有人再逼我,我把那里做我的菟裘,从此不问国事。"②袁世凯喜用权术,所言所行,真假难辨,以致与他长期相处的心腹大将也不是都能猜到他的心思。

冯国璋本来不赞成袁世凯帝制自为,入京后不得已而劝进,听到袁不肯做皇帝的谈话后,立即转告梁启超。前此,梁启超见"国体问题已类骑虎",于 1915 年 4 月请假南下省亲时,曾给袁世凯写过一封信,说:

---

① 《奉天陆军二十七师师长张作霖密呈》(1915 年 8 月),中国社会科学院近代史研究所藏原件。

② 《洪宪遗闻》,《文史资料选辑》第 1 辑。

"我大总统何苦以千金之躯，为众矢之鹄，舍磐石之安，就虎尾之危，灰葵藿之心，长崔苻之志。启超诚愿我大总统以一身开中国将来新英雄之纪元，不愿我大总统以一身作过去奸雄之结局。"他恳切要求袁"稍捐复古之念，力为作新之谋"①。袁世凯没有给他满意的答复。他由南方回京，与冯国璋一路北上，试图探听帝制的准确消息。他得到袁对冯的讲话后，便认为袁政府将改行帝制的事或许近期不会发生。

但为时未久，8月3日，袁政府机关报《亚细亚日报》发表了宪法顾问古德诺的一篇文章，题目是《共和与君主论》，东京报纸（8月11日）和伦敦《泰晤士报》（9月9日）都先后转载了。古德诺曾于1914年2月发表过《总统制与内阁制之比较》一文，极力主张改行总统制，建立"稳固强硬之政府"。他对炮制袁记新约法"颇有赞助"，因此获得二等嘉禾章。当年夏天，他回美国，在《美国政治科学杂志》上连续发表了《中华民国的议会》、《在中国的改革》等文章，竭力为袁世凯的独裁辩护。当袁要称帝的消息传到美国时，他于1915年7月赶到北京，帮助袁世凯。总统府立即要求他给袁准备一个文件，论述民主和君主政体哪一种最适合中国的国情。古德诺按照他一贯的观点，很快地完成了《共和与君主论》一文，鼓吹实行君主制。他说："中国数千年以来，狃于君主独裁之统治，学校阙如，大多数之人民智识不甚高尚，而政府之动作，彼辈绝不与闻，故无研究政治之能力。四年前，由专制一变而为共和，此诚太骤之举动，难望有良好结果。"他断定中国将来必因总统继承问题"酿成祸乱"，"如一时不即扑灭，或驯至败坏中国之独立"。他的结论是："中国如用君主制，较共和制为宜，此殆无可疑者也。"②

袁世凯称帝所采取的手段，大致是四年前攘夺临时大总统的故伎重演，即暗中示意心腹爪牙四出煽动，而他却不露声色，装出超然事外的样子。在古德诺文章发表的同时，内史监内史夏寿田转告杨度说：袁

---

① 《上大总统书》，《盾鼻集·函牍二》。

② 全国请愿联合会编：《君宪纪实》，1915年9月。

世凯打算让他出面组织一个推动帝制的机关。杨度与袁克定关系十分密切，曾吹捧袁克定是当代的唐太宗李世民，而自比于谋臣房玄龄、杜如晦。本来他早已预闻帝制密谋，得悉袁世凯的旨意后，即于8月初到总统府觐见，由夏寿田陪同。当谈及君宪问题时，杨说拟组织一个机关鼓吹。袁假惺惺地说："不可，外人知我们关系，以为我所指使。"杨故作正色说："度主张君宪十有余年，此时如办君宪，度是最早之人，且有学术自由，大总统不必顾虑。"他又反复推论，词气颇激昂。最后，袁说："你可与少侯（孙毓筠字）等谈谈。"杨退出，便赶忙串联了孙毓筠、李燮和、胡瑛、刘师培及严复，于8月14日联名发起成立"筹安会"。

　　孙、李、胡、刘四人都曾参加过同盟会，是名噪一时的革命党。刘师培于清末已变节投靠两江总督端方，充当密探，因志行龌龊，为知识界所不齿。1913年他应山西都督阎锡山之邀，充当都督府高等参议，次年由阎举荐给袁世凯，入京担任总统府咨议、参政院参政等职。其他三人原是国民党的知名人士，二次革命后公开变节，倒在袁政府一边。袁党特地选定这些人发起"筹安会"不是偶然的，其目的无非是要表明恢复帝制并不是北洋一派的私意，而是全国各界的共同主张，就是过去的革命党人也改变了调子。杨度用了许多手段把严复列为发起人。严复是一位学贯中西的大名流，清末主张君主立宪，民国成立后，并不反对袁世凯做总统。袁世凯对严复也颇重视，先任命他为京师大学堂总办，不久辞职，又先后被聘为总统府高等顾问、约法会议议员、参政院参政等职。严复列名筹安会，使袁世凯"极为欢悦"①。但严复却不肯动笔鼓吹，推波助澜。这不是因为他不赞成帝制，而是他迟疑不决②。筹安会的中坚人物是杨度和孙毓筠，其余四人都是被拉来装点门面的。8月23日，由杨度亲自起草的筹安会宣言公开发表，筹安会宣布正式成立，在石驸马大街设立事务所，杨度为理事长，孙毓筠为副理事长，严、

---

①　《严几道与熊纯如书札节钞》，《学衡》第10期。
②　侯毅：《洪宪旧闻》。

刘、李、胡四人为理事，此外还有名誉理事和参议若干人。

在筹安会宣言里，杨度引述了古德诺的谬论以后说："彼外人之轸念吾国者，且不惜大声疾呼，以为吾民忠告，而吾国人士乃反委生任运，不思为根本解决之谋，甚或明知国势之危，而以一身毁誉利害所关，瞻顾徘徊，惮于发议，将爱国之谓何？国民义务之谓何？我等身为中国人民，国家之存亡，即为身家之生死，岂忍苟安漠视，坐待其亡。用特纠集同志，组成此会，以筹一国之治安。"①除宣言以外，杨度、孙毓筠、刘师培等又连续抛出鼓吹帝制的文章，如《君政复古论》、《国情论》、《唐虞揖让与民国制度之不同》等等，掀起所谓"讨论国体"的轩然大波。他们的文章五花八门，像样的却极少，其中杨度的《君宪救国论》（署虎公）可算是有代表性的一篇。据说，《君宪救国论》早在1915年4月间就已定稿，曾由夏寿田呈送给袁世凯。这篇洋洋万言的文章，道出了袁氏的心声。袁阅后赞赏不已，钦定为帝制派的理论纲领，曾交徐世昌和梁士诒等传阅，并提笔疾书"旷代逸才"横幅赏赐杨度。后来，段芝贵又将杨文付印，广为散发。

杨度认为国家必须定于一，才能安定；在安定的环境中才能立宪，才能致富强。他把辛亥革命以来袁世凯专制独裁所造成的战乱和危机，硬说成是实行共和的结果。他杜撰了两个论据，妄图证明只有实行君主制才能救中国。其一，大意是说中国人程度低，共和决不能立宪，只有君主才能立宪，与其共和而专制，不如立宪而行君主。按照杨度的论据，仿佛袁氏之所以专制是因为共和的缘故，只有把皇冠奉献给袁世凯，才能换得宪法。这种骗人的逻辑自然不能使人信服。其二，和古德诺说的一样，认为共和国选举总统时容易发生变乱。他说："非先除此竞争元首之弊，国家永无安宁之日，计唯有易大总统为君主，使一国元首立于绝对不可竞争之地位，庶几足以止乱。"这种言论也是帝制派持之最力的。他们把几千年的世袭君主制当成中国国情的一部分，认为

总统选举会扰乱人心，不合中国国情，只有改行帝制才能固国本而救危亡。

筹安会的出现，引起人们普遍的不安和愤慨。虽然筹安会挂出来的招牌是"学理讨论"，但人们一眼就看出了他们搞的不是学术，而是政治投机。在北京、上海等大城市和海外华侨中，反对恢复帝制的人纷纷著文或写信声讨筹安会，对其谬论进行抨击。开始这些言论大致可以分为二类，一类既声讨筹安会，也不放过袁世凯。他们准确地看出筹安会不过是袁世凯帝制自为的舆论工具。这些人大都是革命党人或海外的华侨，如上海的革命党人发起组织"共和维持会"，发表"维持共和国体宣言"；孙中山在东京发表了讨袁宣言，等等。另一类则仅仅反对筹安会，不涉及袁世凯，而且有不少函电是直接给袁世凯的，要求他下令取消筹安会。这些人大都是进步党人或比较明智的北洋官吏。他们之中的一些人由于受蒙蔽，真以为袁世凯与筹安会无瓜葛，大部分人则是从策略考虑的，在高压手段下，他们不敢揭露袁世凯，而把矛头仅对准筹安会。一般来说，他们的主要论点是：新约法规定开明专制，袁世凯已握有极大的权力，由此便可以致富强；如改行帝制，对内召乱，对外召辱，又使袁世凯背誓失信，必然要"动摇国本"。当时报刊上这类言论颇多，尤以汪凤瀛的《致筹安会与杨度论国体书》和梁启超的《异哉所谓国体问题者》两文著名，皆传诵一时。

梁启超的《异哉所谓国体问题者》一文，于9月3日发表在北京英文《京报》中文版上。次日，《国民公报》转载。接着上海《时报》、《申报》、《神州日报》也相继于6日刊出。7日，天津《大公报》转录。10月1日，昆明《觉报》全文转载。这样，此文便很快传遍全国各大城市。该文共万余言，一开始梁氏就表示，作为立宪党之政论家，他反对在共和国体之下鼓吹他种政体。他说："立宪与非立宪，则政体之名词也。共和与非共和，则国体之名词也。吾侪平昔持论只问政体，不问国体。故以为政体诚能立宪，则无论国体为君主为共和，无一而不可也。政体而非立宪，则无论国体为君主为共和，无一而可也。国体与政体本截然不相蒙。谓欲变更政体,而必须以变更国体为手段,天下宁有此理论!"他指出,所谓"国体一更,政制即可随之翻然而改,非英雄欺人之言,即书生迂阔之论耳!"对于所谓"选举总统时易生变乱"的说法,他认为"此诚有然",但新公布的大总统选举法已有所补救,袁世凯事实上已成为终身总统,无论传贤传子,纯属其自由。他说:"代代总统能如是,虽行之数百年不敝可也。"

梁启超企图以自己的文章打动袁氏,他征引中外历史上的许多事例来说明:一旦君主制被共和制替代,则君主制在事实上很难恢复。他说,共和制在中国曾酝酿十余年,实行已四年,"当其酝酿也,革命家丑诋君主,比之恶魔,务以减杀人民之信仰。其尊渐亵,然后革命之功乃克集也。而当国体骤变之际与改变之后,官府之文告,政党之宣言,报章之言论,街巷之谈说,道及君主恒必以恶语冠之随之,盖尊神而入溷牏之日久矣。今微论规复之不易也,强为规复,欲求畴昔尊严之效,岂可更得?"最后,他向帝制派呼吁:"今日对内对外之要图,其可以论列者不知凡几,公等欲尽将顺匡救之职,何事不足以自效? 何苦无风鼓浪,兴妖作怪,徒淆民视听而贻国家以无穷之戚也。"①

梁启超虽然仍立足于劝说的立场,对帝制派谬论的批判不彻底,对袁氏也还留有余地,但他坚持共和制度,反对恢复帝制的态度是鲜明的。由于梁启超的社会地位和他敢于公开讲出官场上一些人想说而又不敢说的话,因此文章发表后,引起社会的强烈反响。据当时报载:9月3日的"英文《京报》汉文部之报纸即日售罄无余。而凡茶馆、旅馆因无可买得,只可向人辗转抄读。又有多人接踵至该报请求再版。后因物色为难,竟售至三角,而购者仍以不能普及为憾。及次日《国民公报》转录,始少见松动。然《国民公报》因限于篇幅,不能登完,故四、五两日每至一机关一社会集合场所,则见彼此见面即问:'君有三号之《京报》否? 今昨日之《国民公报》亦可。'于是,此两日《国民公报》之销场比之

① 《饮冰室合集・专集》之三十三,第94—95页。

三号之《京报》又加多,盖传播绍介之力速于置邮。如此直至六日,购者仍接踵而至,而该报实已无余,乃宣言准于今日(七日)将梁氏之文单印发售。此两三日间,《国民公报》销路畅旺,为向来北京报纸所未有"①。

筹安会引起的愤慨,还表现在有不少人上书政府,要求依法惩办杨度等人。8月15日,贺振雄呈肃政厅代呈袁世凯,恳请将"杨度等一干祸国贼明正典刑,以正国是"。17日,李彬致书袁世凯,要求取消筹安会。18日、19日,先后有李海、周震勋呈大理院总检察厅,请求将杨度等"按律惩办,宣布死罪"。这些人的理由大致是,杨度等人在中华民国公然鼓吹帝制,"扰乱国政,亡灭中华,流毒苍生,遗祸元首","其用心之巧,藏毒之深,喻之卖国野贼(诬指孙中山、黄兴),白狼枭匪,其计尤奸,其罪尤大",因此总检察厅应当检举,肃政厅应当纠弹。总检察长罗文干接到呈文后,对司法总长章宗祥说:"筹安会研究国体,越出法律范围,法官不能不干涉。"章说:"此责任却负不起,待与内务总长商酌办法。"罗文干见筹安会有后台,无法检举,乃以母病请假离京,到广东后即提出辞职。肃政厅比总检察厅要勇敢一点。为了讨论筹安会问题,都肃政史庄蕴宽召集肃政史开特别会议,议决呈请袁世凯"迅予取消,以靖人心"。袁批令内务部"确切考查"。当有人问到政府对筹安会的态度时,内务部表示:"筹安会乃积学之士所组织,所研究君主制与民主制优劣,不涉政治,苟不扰乱国家治安,则政府未便干涉。"

袁政府对筹安会不仅不加干涉,而且尽心保护。筹安会一成立,京师警察厅就派警察到筹安会事务所和杨度等六人的私宅,守门站岗,荷枪实弹,盘查出入;对那些为反对筹安会而成立的群众团体,如国体研究会、治安会等,则百般刁难,不准立案。筹安会成立后,立即剥去了"学理讨论"的外衣,派专员四出活动,策动湖南、吉林、奉天、湖北、安徽等省组织分会,遥相呼应;并通电全国,要各地文武官吏和商会团体速派代表进京,"讨论"国体。由于有段芝贵等人密电策动,各省文武官吏

---

①　《国体声中之见见闻闻》,《神州日报》,1915年9月11日。

函电交驰,大都阿从附和,纷纷派代表进京,加入讨论。没过几天,筹安会就通电全国说:各省机关及各团体代表投票议决,"一致主张君主立宪"。于是,在京各省文武官吏的代表便分别组成"公民请愿团",向参政院请愿。这些所谓"请愿团"的领衔人,大都是各省的袁党或被收买的社会名流:直隶为曹锟、刘若曾,奉天为张作霖、冯德麟,江苏为沈云霈、徐邦杰,河南为赵倜、唐天喜,安徽为段芝贵、姜桂题,山东王锡蕃、陕西张风翙,福建陈璧、梁鸿志,湖南杜俞、叶德辉,京兆恽毓鼎,等等。与此同时,梁士诒、张镇芳、朱启钤、周自齐等一些政府要人也在幕后策动请愿。特别是梁士诒,帝制发动之前不久,其手下的干将叶恭绰(交通部次长)、赵庆华(津浦铁路局长)和关赓麟(京汉铁路局长)都因营私舞弊被肃政厅参劾。袁世凯申令"停职查办",交通系岌岌可危。一日袁召见梁士诒说:"参案本有君在内,我令去之。"①及帝制公开,梁士诒开始迟疑不决,但很快就跟上形势,把请愿帝制视为重新邀宠和保住交通系势力的时机,于是筹集巨款,收买各方,组织请愿。不几天,北京就出现了形形色色的请愿团,如京师商会请愿团、商务总会请愿团、教育会请愿团、北京社政进行会、妇女请愿团、乞丐代表请愿团、人力车夫代表请愿团、孔社请愿团,等等。这些请愿团和筹安会的各省请愿团一起,同时向参政院投递请愿书,掀起了请愿实行君主的风潮。请愿书大都是筹安会代办的,内容千篇一律,都是什么"非速改君主之制,不足以救苍生,保中国",什么"父老兄弟苦共和而望君宪"之类的表示拥戴之辞,好像不改共和制为君主制,中国就会立即亡国,老百姓也一刻不能生存。

参政院从9月1日起,开会讨论请愿团的要求。杨度、孙毓筠、梁士诒、沈云霈等人都是参政,又是请愿团的策动者。他们原打算一鼓作气,让袁世凯黄袍加身。但是,袁氏突然于6日派杨士琦为代表到院宣布说:作为中华民国的总统,他有维持共和国体的责任。他说:"本大总

---

① 《三水梁燕孙先生年谱》上,第296页。

统所见,改革国体,经纬万端,极应审慎,如急遽轻举,恐多窒碍。本大总统有保持大局之责,认为不合事宜。"但接着又表示:"至国民请愿,要不外乎巩固国基,振兴国势,如征求多数国民之公意,自必有妥善之办法。"①袁氏的宣言,语意含混,自相矛盾,一度造成混乱。不少人看出他"词意赞成改革,实已昭然若揭"②。但也有人误以为他不赞成帝制,以致参与帝制密谋的袁党,不得不密电向这些人解释说:"报载大总统派员到参政院发表意见,所言各节别有用意,请勿误会。我辈主张君主,宗旨仍旧,一力进行,万勿松懈。"③袁世凯这样做的主要目的是:不赞成急遽轻举,而要通过另造民意机关,把帝制运动放慢一点,以便使国内外都知道他对做皇帝并不热衷,但不能不尊重"民意"。

于是,梁士诒、张镇芳、杨度、孙毓筠等人,秉承袁氏旨意,收买各请愿团,组成全国请愿联合会,以沈云霈为会长,张锦芳(张镇芳之弟)和那彦图(蒙古亲王)为副会长,于 9 月 16 日向参政院呈上第二次请愿书,要求召开国民会议,解决国体。次日,参政院开会议决并咨请政府,于年内召开国民会议,或另筹其他妥善办法。袁世凯遂于 25 日发布申令,11 月 20 日召集国民会议,议决国体。

二　北洋派内部的请愿和分歧

帝制运动拖延时间的真实原因,并不是袁世凯要"征求多数国民之公意",而是外交方面还没有把握,同时又传来了封疆大吏对帝制不满的确实消息,迫使袁世凯不得不放慢步伐,迂回前进。

筹安会策动的请愿风潮,原来仅仅是帝制运动的表面现象。与此

---

① 《政府公报》,1915 年 9 月 7 日。

② 《恽宝惠致冯国璋函》(1915 年 9 月 7 日),《大树堂来鸿集》,北京大学图书馆藏。

③ 《唐在礼、袁乃宽等致王怀庆密电》(1915 年 9 月 7 日),中国社会科学院近代史研究所藏原件。

同时,北洋军政界内部还有不公开的请愿活动。各省给袁世凯的请愿密电、密呈,他都亲笔批阅,交政事堂存档,其重视程度可想而知。这场秘密的请愿也是从北京开始的。

筹安会正式宣布成立的第二天,即8月24日下午,由段芝贵、袁乃宽发起,在石附马大街袁宅"特开军警大会","讨论"所谓"筹安事宜"。这是一次秘密会议,参加者都是北洋军警要人,有雷震春、江朝宗、吴炳湘、马龙标、张怀芝、卢永祥、李长泰、蒋雁行、唐在礼、张敬尧等四十四人,还有"临时加入"的阮忠枢、夏寿田等五人。段芝贵在会上发表演说,先介绍了古德诺和"筹安会各大学问家"的主张,然后说:"至考历史,国人有数千年之习惯,若君主至少亦可延三四百年,多则七八百年,有前例也;即按一君亦可数十年,则于此年限之内可免许多扰攘。""对外亦非君主实无实力之政府可期,目下处外人侵迫已极,必先保国为第一要义,浮文小节何能周计。况军警有保卫国家生命财产之责,不能不略为预备。今将大概利害通电各省,吾辈即以存国为重,如无异词,请即署名签押。至于外界少数人之清议,匪人之挑拨,当置之不理。尤要者,各自开导部下,勿为所惑,至要!至要!"段讲完后,"众无异词"。当时,会场上备有签名簿两本:一为"赞成君主",一为"赞成民主"。段首先在"赞成君主簿"上签名,到会者"依次轮书"。此外,北京警察厅内外城二十个区的区长,各军队旅长以上,拱卫军团长以上都有人代为签名,一致赞同君主。临散会时,段又补充说:"俟各省复电,再视外交团动静,即可从速发表。"

军警大会之后,文武官员纷纷上密呈给袁世凯,请愿实行君主。在政府要员之中,有杨士琦、钱能训、陆徵祥、朱启钤、章宗祥、梁士诒、周自齐、梁敦彦、贡桑诺尔布、阮忠枢、唐在礼、张镇芳、雷震春、袁乃宽、张士钰、傅良佐及京兆尹沈金鉴等。军警界的人最多,有以陆军总长王士珍为首的中央军事各机关三百二十多人,以海军总长刘冠雄为首的海军各舰长,以张绍曾为首的陆军中将二十二人,和以吴介璋为首的少将四十三人及上校五人,步军统领江朝宗率阃署员司及全体营翼官兵,京师警察厅总监吴炳湘率领各省警察厅长,京师宪兵营营长陈兴亚率领全体官兵,等等。这些密呈,大都是官样文章,其中不少是操纵者代办的。当时官场上已经形成一种压力,逼迫人人表态,其中许多人虽心以为非,口亦不敢不附和。

尽管如此,在政府要员中,仍有少数几人从维护北洋统治出发,公开表示不以帝制为然。身为国务卿的徐世昌拒绝劝进,但又不愿公然反对,而是采取了超然的态度。他对袁克定说:"我不阻止,亦不赞成,听诸君好为之。"①段祺瑞称病退居西山,袖手旁观,拒不劝进。8月29日,袁世凯正式下令免去他的陆军总长,由附和帝制的王士珍接替。教育总长汤化龙,平政院长周树模,均借故辞职。农商总长兼水利局局长张謇请假南下,回到南通后即正式辞职。婉言劝阻帝制的张一麐被调离政事堂机要局,接任教育总长,"阳为显擢,实意疏外"②。黎元洪、周学熙等人均有密呈致袁世凯,内容大同小异,都主张实行总统世袭,反对君宪。周氏还劝袁说:"开国承家,小人勿用。"③黎元洪所讲的理由大致可代表持总统世袭说者的看法。他说:"迩者筹安会诸君讨论国体,崇议闳谟,至深钦佩。大总统圣神天纵,轶五超三,尊号之上,讵为阿好,况元洪受恩深重者乎!然默观时势,障碍颇多,乱党既易于生心,外人尤难于承认。且大总统尝以维持共和誓于众矣。福国利民,昭然若揭,百尔君子应如何仰体上心,统筹全局,岂忍快一时之辩,而贻总统累卵之危。元洪爱民国,尤爱总统,私心耿耿,未敢与总统宗旨相背而驰也。窃以为总统之号不宜变更,继承之法当为厘定。选举之弊,学者类能言之。至如约法推举,扶偏救弊,似具苦衷。然大宝所在,争端易生。彼心怀叵测者,固宠盗权,皆可以觊觎金匮,一也。国本未定,群不知继任总统果属谁某,人心惶惶,将无宁宇,二也。为今计,莫若定总统世袭之制,为各国开一先例。扬历练习,后起有资,利一。先朝旧人,易

<hr />

①　沃丘仲子:《徐世昌》,1918年版,第27页。

②　张一麐:《心太平室集》附录,第7页。

③　《周学熙密呈》(1915年9月6日),中国社会科学院近代史研究所藏原件。

于驾驭,利二。开国守成,政策一致,利三。以国为家,关系密切,利四。综此四利,既有君主之实而避其名,天下之人复晓然于国体之不更,储君之确定,皆可以相定无事。事关宪法,亦无外人干涉之端,且与大总统先后誓令尤无违反。解除危险,绥靖人心,长治久安,莫善于此。敢撮所见,质诸高明。"①对黎元洪和周学熙的密呈,袁世凯均令密存,留中不发,无任何表示。在他看来,京官赞成与否,影响不大,对手握兵权的地方军帅则不能不特别注意,他们的拥戴与否才是至关重要的。

　　筹安会开始活动不久,段芝贵就密电各省将军、巡按使说:多数讨论趋重君主立宪,望熟筹电复。外省第一个直接上密呈给袁世凯的是奉天张作霖。他要求袁"速定国体,以安大局",并说"关外有异议者惟作霖是问,作霖一身当之。内省若有反对者,作霖愿率所部以平乱,虽刀锯斧铖加身,示不稍有顾怯也"。他还发誓说:"若有二心,天实殛之。身既许国,即赴汤蹈火亦所甘愿,区区血诚,惟期与我大总统一效驰驱。"②许多将军、巡按使唯恐失此攀附机会,至9月2日已有十九人回电,一般地表示赞成变更国体。段芝贵即据此缮写密呈,当面递交给袁,说"合词恳请元首改君主国体,以固根本,而救危亡"。除领衔人段芝贵外,被列名的有龙济光、赵倜、靳云鹏、王占元、倪嗣冲、陈宦、李纯、唐继尧、陆建章、张广建、汤芗铭、朱瑞、阎锡山、孟恩远、朱庆澜、张怀芝、潘矩楹、李厚基。这就是当时盛传的"十九将军联名劝进电"。值得注意的是:直隶朱家宝、江苏冯国璋、广西陆荣廷等都无表示。徐州张勋的态度暧昧,他密电袁说:"近闻各界人士讨论国体,滋事体大",希望袁"折衷群言,扶植正论,庶中国前途尚克有长治久安之望"③,对拥戴

---

　　①　《黎元洪呈袁世凯文》,中国社会科学院近代史研究所藏原件。该呈不著年月,从内容看,当在筹安会出现至9月6日之间。
　　②　《奉天二十七师师长张作霖密呈》(1915年8月),中国社会科学院近代史研究所藏原件。
　　③　《张勋致袁世凯密电》(1915年8月29日),中国社会科学院近代史研究所藏原件。

袁做皇帝事,未提一字。特别是坐镇南京的冯国璋,"态度不甚明了",使北京"要津之人甚为廑虑"①。为了迫使张勋、冯国璋等人表示拥戴,在递上十九将军呈文的当天,段芝贵串通梁士诒、朱启钤、周自齐、张镇芳、唐在礼、雷震春、江朝宗、吴炳湘、袁乃宽等十人,联名再次密电各省将军、巡按使说:"共和不能适用,亟应改为君主立宪,以救危亡","望熟筹解决电复"②。这十人都是在京军警政三界要人、袁世凯的心腹。此电的用意所在,十分明显。不少将军、巡按使立即密电政事堂或统率办事处,再次明确表示赞成君宪。但是筹安会所遭到的反对,和北京袁政府的动荡,不能不影响一些地方官吏的态度。首先起来反对帝制的是贵州巡按使龙建章。9月1日,他密电徐世昌"请求中央取消筹安会,以释群疑",又痛陈变更国体的危险,不下数千言。他接到段芝贵等人的密电后,9月6日再次密电说:"人心可静不可动,若既动矣,静之甚难",目前应"群策群力,聚精会神",解决"军国民及人民生计等类"问题,"至国体问题并无研究价值,俟天下太平再行提议"。最后他说:"建章赋性愚戆,不识时务,以为今日天下正大有可为之时,若因此停顿,殊为可惜,故期期以为不可。狂夫之言,圣人择焉。"③同日,直隶将军朱家宝致电政事堂表示:筹安会发生之初,他不知其详,认为"兹事体大,不得不审慎,故迟迟未复";对段芝贵等人的主张虽"极表同情",但见于"民国建设之始,外人赞成之难",此次统筹全局自不能不先办妥外交,否则"友邦一日不承认,国势一日不能定"④。

冯国璋于6月间亲耳听到袁世凯决不做皇帝的谈话,以为帝制近

①　《恽宝惠致冯国璋函》(1915年9月7日),《大树堂来鸿集》。

②　《段芝贵、梁士诒、朱启钤、周自齐等致各省将军巡按使密电》(1915年9月2日),中国社会科学院近代史研究所藏原件。

③　《龙建章致徐世昌密电》(1915年9月1日6日),中国社会科学院近代史研究所藏原件。

④　《朱家宝致政事堂密电》(1915年9月6日),中国社会科学院近代史研究所藏原件。

期不会发生。筹安会的突然出现,使他感到寒心,曾气愤地对亲信说:"我跟老头子这么多年,牺牲自己的主张,扶保他做元首,对我仍不说一句真话,闹到结果,仍是帝制自为,传子不传贤,像这样的曹丕(指袁克定),将来如何侍候得了。"①因此,他对筹安会不予理睬,暂作壁上观,同时派人入京探听消息,又与驻徐州的张勋联络,希望持一致态度。张勋倾向清室复辟,对袁世凯帝制自为有反感。冯国璋和巡按使齐耀琳接到段芝贵等人的电报后,便推张勋领衔,密电政事堂各部及统率办事处说:"近日京中有人发起筹安会,意在变更国体,一再通电各省,并要求派员入会讨论。勋等因此种举动仅由三五私人立会号召,何敢率行附和,致蹈越职违法之嫌,故未复电派员。静候中央办法。"电文接着说,段芝贵等人的联名电,"自与私人发挥己见冀倾众听者不同。大势所趋,风云一变",但此事"当如何定计决疑,必早权衡至当,应请统筹立断,由国务卿定稿领衔,联合京外文武长官列名陈请,提交参政院代行立法院公议,以召公正,而免参差"②。他们还将此电咨发各省征求同意。云南唐继尧和任可澄本来于5日已复电段芝贵等表示赞成君主,次日接张勋和冯国璋的电报后,又急电政事堂,表示对由徐世昌等"挈衔联陈,提交议院一节","极端赞成",而且说如此才能"释群疑,而定国是"③。陆荣廷接到段芝贵等人的密电,正愁难以应付,突然收到张勋、冯国璋的电报,便致电政事堂说:冯"持论正大,先获我心,应请国务卿立断定夺,领衔陈请交议,以昭详慎"④。张、冯、唐、陆等封疆大吏采取推托态度,目的虽不能说完全一样,但对帝制运动的普遍不满是非常

---

① 恽宝惠:《说袁克定》,《文史资料选辑》第26辑。

② 《张勋、冯国璋、齐耀琳致政事堂密电》(1915年9月3日),中国社会科学院近代史研究所藏原件。

③ 《唐继尧、任可澄致国务卿左右丞各部总长密电》(1915年9月6日),中国社会科学院近代史研究所藏原件。

④ 《陆荣廷致政事堂密电》(1915年9月9日),中国社会科学院近代史研究所藏原件。

明显的。

帝制运动开始时,袁世凯及帝制派对地方封疆大吏已做了反复考虑和安排,认为不成问题。直隶、山东、河南、陕西、甘肃及热察绥三区(今内蒙古及河北、辽宁一部分)都是北洋旧部,或已变为北洋系。山西阎锡山虽革命出身,但无实力,又在北洋势力包围之内。新疆杨增新地处边远,只能听命中央。东北三省关键在张作霖,早由段芝贵极力拉拢,最后又以段督理奉天,节制吉、黑两省军务。南方各省,江苏、江西、安徽、湖北、福建都是北洋旧部,浙江朱瑞表示输诚。湖南、四川都是袁的亲信,又有曹锟第三师驻岳州,威镇西南。广东龙济光和龙觐光兄弟,早已俯首中央。广西、云南、贵州兵力都不多,并有北洋官吏王祖同、龙建章等监视之。他们以为布置已极为周密,万无一失,没料到问题正出在北洋派身上。

对于龙建章,帝制派没有给予特别重视,因为龙手中没有军队,不敢造反,所以不仅断然拒绝他的请求,而且指斥他受"乱徒唆使,首鼠两端"。龙被迫很快改变态度,随声附和。云南起义后,他又电请另行表决国体,再次遭到训斥,及至贵州独立前夕,被迫离任。经过一番疏通,朱家宝也改变了态度。冯国璋和张勋两员上将,拥重兵坐镇江淮,一举一动,事关大局,又有陆荣廷、唐继尧附和其说。袁世凯及帝制派虽然认为他们的"电文语含讥讽,皆不甚满意"[1],但也不敢施加压力,鲁莽从事,只好采取"调停"态度,以避免事态扩大。他们认为此种"波折"处理不当,"对内对外均足惹起误会","涓涓不绝,将成江河",大局不堪设想[2]。"调停"的办法有三点:一、放慢了帝制运动的步伐,这就是9月6日袁世凯突然宣布要征求"多数国民公意"的真实原因。二、派袁乃宽劝说徐世昌领衔劝进。三、急派阮忠枢南下,调解矛盾,消除"误会"。

---

①　《恽宝惠致冯国璋函》(1915年9月7日),《大树堂来鸿集》。

②　《陆建章致徐世昌电》(1915年9月13日),中国社会科学院近代史研究所藏原件。

袁乃宽的活动不成功，徐世昌不仅仍然拒绝领衔劝进，而且提出辞职。袁世凯亲自挽留，他答复说："举大事者不可不稍留余地，若使亲贵悉入局中，万一事机不顺，无人以局外人资格发言以谋转圜。某当此时而求去，非为自身计也。"①由于他坚持离开北京，袁世凯只得允许他请假，而派陆徵祥代理国务卿。阮忠枢到南京和徐州反复陈说北洋团结的重要性，并允许冯、张保留他们的意见，对帝制"虽不必明白赞成，亦不必正当反对"。不久，冯国璋探知帝制已是大势所趋，无法挽回，也就不顾"悠悠毁誉"，一面派亲信入京"切为解说"，一面公开发电"辟谣"，说明他对袁以公谊论则"心悦诚服"，以私情论则"受恩深重"，"分虽僚属，谊犹家人"。至9月下旬，冯国璋、张勋先后密电袁世凯表示，各省人民业已争先上书请愿，请袁世凯"俯同民好，早定大计，而奠久安长治之基"。冯电还解释说：以前未能及时电复，因考虑"职在镇抚地方，未便轻率建议"，密电堂部领衔，目的是"商询办法"，并无他意。②

北洋派内部的一次政治危机表面上过去了，请愿帝制的活动便迅速进入一个新阶段。

三　帝国主义列强对帝制态度的变化

从帝制运动开始发动，袁世凯及其党徒就一边处心积虑地制造民意，一边秘密地乞求帝国主义各国承认即将出现的新王朝。在他们的眼里，取得列强的支持，比制造民意更重要。他们之所以以少数人之私心，诈称全国之公意，而且一定要逼出民意来，才肯改行帝制，除了欺骗和压抑国内人民的一层用心外，更重要的是向帝国主义列强显示自己得民心，统治稳固，以便取得各国对袁氏王朝的承认。袁党给各省将军

---

① 　徐一士：《谈徐世昌》，《越风》第4期，1936年1月。

② 　《冯国璋致袁世凯密电》（1915年9月21日），中国社会科学院近代史研究所藏原件。

的密电中将这个意图讲得十分清楚:"此次国民代表大会之设,对外之意实较之对内为重,本局曾经迭电特别声明。"又说:"自国民代表大会组织法公布以后,各国驻使以我国采用文明制度,颇示赞成之意,如果各地方监督均能依法运用,以济事实之穷,是对内多一分斡旋,即对外少一层棘手。目前虽稍有困难,而于国本将来之利益实巨。前日大总统交令,谆谆以依法举办为言,其中具有深意。"①

由于欧战的影响,列强对袁世凯推行帝制的态度是不一致的,有的前后变化很大。德皇威廉二世在二年前接见中国驻德公使梁敦彦时,就表示共和不适中国国情,应当建立强有力之君主制。当时袁克定正在德国养病,威廉赐宴便殿,也有类似的"劝告",并"亲书长翰,密贻项城"。袁世凯从小站练兵时就崇拜德国的政治和军事制度,对德皇的"劝告",当然不会无动于衷。在按新约法改革政府机构时,他就常常对文武要员说,要以德国为榜样。帝制发动之初,欧战激烈,德军强横,大有席卷全欧之势,帝制派深受鼓舞。帝制发动后,德、奥两国已暗中表示愿意给予承认,特别是德皇威廉二世,为了争取袁世凯倾向同盟国集团,不仅多次表示支持,还答应"财政、器械给予大力援助"。

袁政府的外交活动,主要是乞求协约国日本、英国的承认。袁世凯认为,"有力挟制中国者,厥惟日本"。但日本已从《民四条约》中取得了巨大利益,短期内不致再有更多的要求。其实日本政府的野心极大,并不认为《民四条约》是一份厚礼。所以其政府一些要人,如首相大隈重信、外相石井菊次郎、伊集院等,对袁世凯称帝忽而表示不干涉,忽而改口说不赞成,忽而又怂恿,始终不肯作出承认的具体许诺,其目的是以承认帝制为诱饵,索取更多的报酬。驻日公使陆宗舆于9月6日密电外交部说:"顷见大隈总理,谈及帝制。渠言:'中国民主君主本非日本所问,惟万勿因此致乱,有妨邻国商务。余深佩大总统实有统治之能力,但只望中国有实力之政府以图治。现正渐见治安,似不须于名义多

---

①　黄毅编:《袁氏盗国记》,上海国民书社1916年印,第99、109页。

所更换。'"9月10日陆又密电说："伊集院密告帝制尚非其时，即欲改制，亦以取法尧舜，示人无家天下之心为佳。"①日本人在中国办的《顺天时报》，也极力反对帝制。袁世凯认为日本政府要人的表示是表面文章，只要给予一定的权益，不难取得承认。他指示曹汝霖和陆宗舆同日本秘密接触，并派日本顾问有贺长雄前往东京，对日本政府要人说明改行帝制的必要性，和探听他们的态度。有贺于1915年9月下旬返回北京，转达大隈的口信："如果中国人觉悟了，他们恢复君主制是很自然的"；"只要恢复帝制，当然期望袁大总统当皇帝"。稍后，陆宗舆从东京也送来重要"情报"：9月23日（阴历中秋节）晚，大隈以赏月为名，邀陆宗舆至其官邸，正式告以可就承认问题举行会谈。次日，陆电告曹汝霖说："昨晚大隈总理晚宴，舆与并坐密谈，多方颂仰此老，并告以大总统实欲极诚联日。渠甚悦，并谓大总统如果诚意联日，日本国自努力为援助，可除一切故障。如有密谈，可由高田达我。"②高田是大隈的亲信，新出任内阁文部大臣。这个电报无异为袁的皇帝欲火上浇油，他得到电报，就急不可耐地要以庆贺大正天皇加冕为名，派特使赴日，与大隈直接密谈。陆宗舆回电说，如派特使，只有徐世昌和曹汝霖一起来"于事方济"。陆还建议授予他权力，"将改制意见先与大隈商得近情后，方以大员前来正式商办为宜"，并表示似不可就之太骤，以免日本要价过高③。从以上两电报可见，袁政府为了帝制事，曾与大隈政府秘密交涉，而且在9月下旬已有进展。

　　英国对帝制的态度，前后有明显的变化。开始，袁曾派政事堂参议伍朝枢探询过英国公使朱尔典的意见。当时欧战激烈，英军处于被动地位，英国无暇顾及远东。朱尔典担心恢复帝制会引起中国政局动荡，

---

　　①　《六十年来中国与日本》第7卷，第2、3页。

　　②　《驻日本陆公使致外交部电》(1915年9月24日)，转引自《中日二十一条交涉》(上)，第249页。

　　③　《驻日本陆公使致外交部电》(1915年9月24日)，转引自《中日二十一条交涉》(上)，第249页。

影响英国在华的权益,曾表示"甚不赞成"。后来,他又直率地告诉梁士诒说:"外国人完全知道整个(帝制)运动是由北京暗中操纵的。"袁世凯的政治顾问莫理循也认为改行帝制是"一个扰乱人心的运动"①。所以,筹安会成立时,英国人办的《京津泰晤士报》和上海《字林西报》都公开唱反调,担心袁的行动太冒险。《字林西报》8月29日的北京通讯写道:"袁氏之得以巩固其地位者,多赖外人精神上、财政上之助力,外人于此又乌可无言? ……今若以帝制而改良时局,则非此间多数欧人所敢信者也。不独信其不能改良时局,且恐时局反因此而愈恶。"但是,当朱尔典得悉帝制已取得大隈的支持时,为与日本竞争,遂改变了态度,急忙对袁表示,英国"亦赞成帝制"。10月2日,袁约见朱尔典,由蔡廷幹做翻译,两人在居仁堂促膝密谈。朱尔典问:"君主立宪实行之日当不远矣!"袁世凯答道:"近二年来,各省将军、巡按使及文武行政各官,或面陈,或电陈,皆言非君主立宪不能巩固国基,维持大局。近数月以来,各省商会民团亦频频来电,主张其事,甚至少年军官、革命伟人提倡以强力解决,而所谓老成之政治家,因墨国乱事,亦以为强行共和非永久之计。所以至于今日全国赞成君主立宪,且主急速进行。余费尽心力,对付各方,令其不必多事,然各人主意甚坚。倘以力制之,或有别出情形,则又不得不将此问题取决于民意,乃得正当办法。"接着他又说:"大隈伯对我驻日公使言,关于君主立宪事,请总统放心去做,日本甚愿帮助一切。由此观之,即于表面上日本似不再行渔人政策。"朱尔典立即表示:"若中国无内乱,则随时可以实行,此系中国内政,他人不能干涉。"他又进一步鼓励说:"共和政体,华人未尝研究,君主政体或稍知之。当辛亥革命之日,华民醉心共和,以此口号推翻满清,是时大总统以为君主立宪近于中国人民理想,尔典与美使嘉乐恒亦曾主张君主立宪,即前驻京美公使柔克义亦屡言之。南北讨论之时,唐绍仪因一时之

---

①　《莫理循致朱尔典函》(1915年8月20日),《莫理循通信集》(*The Corre-spondence of G. E. Morrison*)第2册,剑桥大学1978年版,第453页。

感动,未察国家万年之计,主持共和,不可谓非失策矣。"①

美国对帝制采取了所谓不干涉态度,认为承认新王朝的诸条件中包括帝制"是否为人民所接受以及由此产生的维持秩序的能力"②。美国驻华公使芮恩施返美述职后于 1915 年 10 月 1 日回到北京,周自齐和许多政府要人都对他说:各省纷纷发生强烈呼吁,要求袁赞同帝制。如不顺应这种要求,将会遇到很大麻烦,甚至发生军事暴动。芮恩施虽不完全相信周自齐等人所说的一切,但看出"共和变帝制是势在必行的事情"③。10 月 4 日,袁世凯又接见他,谈到不久将举行的公民投票。芮恩施表示:"政府要真正发挥代议制机关的作用和鼓励地方自治,以加强自己的力量,赢得国内外的尊敬。"④

会见朱尔典、芮恩施以后,袁世凯以为帝制可以取得英、美、德等强国的承认,日本也不至于阻挠,外交上"自有把握",便将与朱尔典的谈话记录整理油印,作为"严密"文件,发给高级文官武将传阅,借以证明外交问题已经解决,促使爪牙放手大干。同时,袁政府御用报纸连篇刊载英美公使晋见袁的事,"谓恢复君政之议,为外国政府所赞成,英美尤无异词",以此来压制人民的反抗情绪。

四 "国民代表大会"的骗局

由于帝国主义列强态度变化和北洋派内部风波的平息,袁世凯及其党徒乃悍然不顾人民的抵制和反对,决定尽快实行君主制。他们认为时间越拖,天下越乱,这种乱不是由于帝制运动引起的,而是因为没有皇帝,只要有了皇帝,就可以稳定人心,出现安定的局面。于是,由梁

---

① 《袁世凯与朱尔典密谈记录》,油印本原件。
② 芮恩施:《一个美国外交官使华记》,商务印书馆 1982 年版,第 138 页。
③ 《一个美国外交官使华记》,第 138 页。
④ 《一个美国外交官使华记》,第 138 页。

士诒、杨度等人指挥,"全国请愿联合会"向参政院呈上第三次请愿书,推翻了原来召开国民会议的成案。他们说:"国体问题发生以来,至今已有悬崖转石不至地不止之势,四民百业延颈以待久矣。"他们以原来召开国民会议的方法"过涉繁琐","而大势所趋又难久持"为理由,要求参政院本"立法贵简,需时贵短"的精神,"另设机关,征求民意","以定国体,而固邦基"①。同时上请愿书的还有"全国商会联合会"、"教育会联合会"等团体。参政院便以"尊重民意"为名,于 10 月 6 日开会,决定不再召开国民会议,而"以国民会议初选当选人为基础,选出国民代表,组成国民代表大会,决定国体"。袁世凯接到参政院咨文,于 10 月 8 日公布了国民代表大会选举法,并于 10 日申令说:"本大总统受国民之付托,以救国救民为己任,民所好恶,良用兢兢,惟有遵照约法,以国民为主体,务得全国多数正确之民意,以定从违";又命令京外文官武将"保全地方","静候国体之最后解决"。

所谓"保全地方",就是无情地镇压反对帝制的活动。关于这一点,在内务部 10 月 3 日致各省的密电里说得最为露骨:"清除乱党,严防煽动。"各地文武官吏心领神会,纷纷回电表示效忠:奉天段芝贵保证境内治安,"可负完全责任"。上海镇守使郑汝成说:"汝成之力足以担任维持",望"俯顺舆情,速定大计"。湖北王占元保证"力任地方治安"。张勋复电说:"勋军驻扎地点均已布置严密,务使跳梁之辈无隙可乘。"安徽倪嗣冲保证:"凡所以维持秩序,防患未萌以及保护外人生命财产,自应担负完全责任,并另筹马步炮十五营派皖北镇守使倪毓棻统率驻蚌埠,以备缓急,而资调遣。"湖南汤芗铭说:"倘有阻挠救国大计,誓当为王前驱,除此公敌。"四川陈宧表示:"我军人以定乱保安为天职,但知效忠元首,不识其他……袍泽同行,馨香祷祝,所愿中原有主,保我黎民世世子孙免沦异域。"②

---

① 黄毅:《袁氏盗国记》上篇,第 60 页。
② 陈宧等致统率办事处转呈袁世凯密电,中国社会科学院近代史研究所藏原件。

北京为各省作出了"保全地方"的榜样。筹安会出现时，北京报纸如《国民公报》、《新中国报》、《醒华报》、《天民报》等，都抱反对态度。北京警察厅总监吴炳湘等指使爪牙多方对付，软硬兼施，或用金钱收买，或以暴力查封，将反对帝制的舆论摧残殆尽。据上海《申报》报道："京中报纸所载，大都请愿代表等千篇一律之文字，其有载反对言论者仅一二家，然亦时受对方攻击。"①最后，除外国人办的报纸外，都噤若寒蝉，不再出言反对。军政执法处和警察厅的警探，遍布北京城厢内外，滥施淫威。谁若出语反对帝制，即被扣上"乱党"的帽子，逮捕治罪，搜查家宅，连坐亲属，甚至处以极刑。茶馆、饭店、旅社等公共场所大都张贴"勿谈政事，致干严究"的纸条。上海、天津、汉口、广州、开封、长沙、西安等大城市，都有密探四出侦查，迫害商民。上海名流中被列入"罪榜"者达七十三人。"国货维持会"和"劝用国货会"因拒绝请愿帝制，被诬为"革命机关"，北京统率办事处密电拟捕两会会员十余人之多。《民新日报》、《民国公报》、《爱国报》、《民意报》、《民信日报》等，或以"防害治安"，或以"造谣煽惑"等罪名，都被取缔。在袁政府的高压政策下，一时竟使"共和国体下之人民，罔敢拥护共和国体"。人人"心实非之，而口又不敢不是，心口相背，率天下人以假"②。就是在这种恐怖的气氛里，袁记国民代表大会吹吹打打拉开了帷幕。

全国各地于10月25日开始选举国民代表，从28日起陆续举行国体投票。投票地点规定在将军或巡按使公署内，将军和巡按使是法定的投票监督人。会场内外布满军警，名为保护，实为威胁。票面只印"君主立宪"四字，令投票人写上"赞成"或"反对"字样，再签上自己的姓名。投票前每个代表发大洋五百元，作为"川资或公费"；将军或巡按使还要发表演说，痛诋共和，称颂君宪。在这种情况下，自然没有人敢写"反对"二字了。投票之后，紧接着又推戴袁世凯为皇帝。至12月7

---

① 《申报》，1915年10月13日。

② 《申报》，1915年10月11日。

日,北京及各省投票推戴一律告竣,先后上报参政院,并推定参政院为国民代表大会总代表。

与此同时,各省将军、巡按使,包括对帝制一度持保留态度的冯国璋、张勋、陆荣廷、唐继尧、龙建章等,都有劝进的密呈或密电给袁世凯,报告各地选举投票情形,内容差不多都是"万众欢腾、歌声雷动"之类的话,又都要求袁氏"俯顺民情,早登大位","以承天命,而慰人心",等等。此外,北京及各省商民团体的劝进电报、呈文、奏折,形形色色,成百上千。有的省数十件,有的省一二百件,多者达三百余件。文电的多少,以该省官吏对帝制的态度为转移。不少电文都是数百人签名画押,以示郑重。如奉天商会会长孙百斛等一千铺户,广东七十二行商劝进团五百一十五人,以杨度等"六君子"为首的"宪政协进会"会员一万五千余人(这是帝制运动中列名最多的一个劝进表),等等。袁世凯差不多全部批阅了这些文电,有的还批上"发登公报"字样。段芝贵的代奏文电首屈一指,袁批"奉电甚多,然不宜多发表"。

在文武官吏和"商民"的一片劝进声中,自称国民代表大会总代表的参政院,于 12 月 11 日上午 9 时开会,举行所谓解决国体总开票。由秘书长林长民报告全国国民代表大会之人数与票数。各省国民代表共一千九百九十三人,赞成君主立宪票正好一千九百九十三张,没有一票反对,也没有一张废票。各省的推戴书上一致写着:"恭戴今大总统袁世凯为中华帝国皇帝,并以国家最上完全主权奉之于皇帝,承天建极,传之万世。"当场杨度和孙毓筠提议说:"本院前由各省委托为总代表,尤应以总代表名义恭上推戴书。"秘书长立即拿出早已准备好的推戴书当众朗读,歌功颂德一番之后,要求袁世凯"俯顺舆情,登大宝而司牧群生,履至尊而经纶六合"。参政全体起立,一致通过。11 点半,在欢呼声中散会。当天中午,袁世凯接到推戴书,立即发回,并申令"另行推戴"。他首先表示:"查约法内载民国之主权,本于国民之全体,既经国民代表大会全体表决,改用君主立宪,本大总统自无讨论之余地。"他明明是"同意"推翻民国了,但接着他又故作谦辞说:"惟推戴一举,无任惶骇。天生民而立之君，大命不易，惟有丰功盛德者始足以居之。本大总统从政垂三十年，迭经事变……辛亥之冬曾居要政，上无裨于国计，下无济于生民，追怀故君，已多惭疚，今若骤跻大位，于心何安，此于道德不能无惭者也。制治保邦，首重大信。民国初建，本大总统曾向参议院宣誓，愿竭力发扬共和，今若帝制自为，则是背弃誓词，此于信誉无可自解者也……望国民代表大会总代表等熟筹审虑，另行推戴，以固国基。"①

另行推戴是假，要党徒为他背誓失信进行洗刷是真。按照预谋，同一天下午5点，参政院再次开会，由秘书长报告袁氏咨文，孙毓筠等提议说，此事既属全国一致，元首亦未便过拂舆情，理应由本院以总代表名义呈递第二次推戴书，仍推秘书厅起草。众赞成，退席休息。

秘书厅仅用15分钟就拟成二千六百余字长文。参政院继续开会，众人对推戴书均无异议，乃于当晚进呈给袁。在这个推戴书里，称颂袁有经武（练新军）、匡国（屠杀义和团）、开化（办新政）、靖难（绞杀辛亥革命）、定乱（镇压"二次革命"）、交邻（承认日本"二十一条"要求）等六大"功烈"。不仅"功烈""迈越百王"，而且"德行"也"复绝古初"。其理由是："清室鉴于大势，推其政权于民国，今则国民出于公意，戴我神圣之新君，时代两更，星霜四易"，"兴废各有其运，绝续并不相蒙"。"至于前此之宣誓，有发扬共和之愿言，此特民国元首循例之词，仅属当时就职仪文之一。当日之誓词根于元首之地位，而元首之地位，根于民国之国体。国体实定于国民之意向，元首当视乎民意为从违。民意共和，则誓词随国体而有效；民意君宪，则誓词亦随国体为变迁。今日者，国民厌弃共和，趋向君宪，则是民意已改，国体已变，民国元首之地位已不复保存，民国元首之誓词当然消灭。凡此皆国民之所自为，固于皇帝渺不相涉者也"②。

有了参政院的无耻诡辩，袁世凯自以为便可掩尽天下人耳目，把背

---

①　《政府公报》，1915年12月12日。

②　《政府公报》，1915年12月12日。

叛民国的罪恶一笔勾销。因此,第二天(12日)一早,他就发下冠冕堂皇的申令,引述了推戴书全文后,公然厚着脸皮说道:"天下兴亡,匹夫有责,予之爱国,讵在人后? 但亿兆推戴,责任重大,应如何厚利民生,应如何振兴国势,应如何刷新政治,跻进文明,种种措置,岂予薄德鲜能所克负荷! 前次掬诚陈述,本非故为谦让,实因惴惕交萦,有不能自己者也。乃国民责备愈严,期望愈切,竟使予无以自解,并无可逭避。"这就是说,他为了"救国救民",只好当皇帝了①。

经过请愿、选举、推戴三个步骤之后,袁世凯才肯称帝,无非是想要说明他当皇帝是人心所向,天命所归。可是,没过多久,他导演这出丑剧的密电就被披露出来,彻底暴露出所谓天命人心,不过是他一人的野心罢了。这类密电共有五十余件,有用政事堂名义发出的,有用"办理国民会议事务局"名义发出的,有由朱启钤、周自齐、梁士诒、张镇芳、阮忠枢、唐在礼、袁乃宽、张士钰、雷震春、吴炳湘等联合署名的,有由孙毓筠、顾鳌、段芝贵、朱启钤个人署名的。据唐在礼后来回忆说:文电多由杨度起草,经朱启钤、梁士诒点头后,再由朱启钤和袁克定、段芝贵商量;重要文电还一定要经袁世凯看过②。现择录其中数件,以便具体地了解这个骗局的内幕:

关于袁世凯直接操纵:

国民会议事务局于10月17日发密电:"迭奉主座面谕,本局将各地方办理情形,随时详报。""望贵监督将办理情形随时电知,以便遵办。"

关于选举国民代表:

国民会议事务局于10月10日所发密电称:"此次国体请愿,其请愿书不下百起,请愿人遍于全国,已足征国民心理之所同。故此次所谓以国民代表大会决定云者,不过取正式之赞同,更无研究之隙地。将来投票决定,必须使各地代表共同一致主张改为君宪国体,而非以共和君

---

①　《政府公报》,1915年12月13日。

②　唐在礼:《辛亥前后的袁世凯》,《八十三天皇帝梦》,第157页。

主两种主义听国民选择自由,故于选举投票之前,应由贵监督暗中物色可以代表此种民意之人,先事预备,并多方设法使于投票时得以当选,庶将来决定投票不致参差。"同日又电:"应请贵监督迅即密饬所属各初选监督,对于该县之初选当选人应负完全责任。尽可能于举行初选当选之前,先将被选资格之人详加考察,择其性情纯和,宗旨一贯,能就范围者,预拟为初选当选人,再将选举人设法指挥,妥为支配,果有窒碍难通,亦不防隐加以无形之强制。"

10 月 11 日,朱启钤等十人发密电:"每县初选当选人来省报到,必须设招待员接洽,疏通意见,再由监督长官以谈话宴饮为名,召之至署,将君宪要旨及中国大势,并拟定充选之人名示之,须用种种方法,总以必达目的为止。"

关于推戴:

朱启钤等十人 10 月 23 日发密电:"国民推戴书文内必须照叙字样曰:国民代表等谨以国民公意恭戴今大总统袁世凯为中华帝国皇帝,并以国家最上完全主权奉之子皇帝,承天建极,传之万世。此四十五字万勿丝毫更改为要。"26 日又电:"国体投票开票后,当即行推戴,无须再用投票手续,即由公等演说应推戴袁世凯为中华帝国大皇帝,如赞成,应起立。表决后,即将拟定之国民推戴书交请各代表署名。事毕再由公等演说推戴及催促大皇帝即位之事,可用国民代表名义委托代行立法院为总代表,即将预拟之国民代表致代行立法院电稿交请各代表赞成。"11 月 7 日又电:"某国近藉口中国人心不一,恐有变乱,强拉英俄随同劝告。此事万无缓办之理,各省票数全体推戴齐至时,政府自当稍取委蛇逊让态度,以表示重视邦交之意。而在国民一方面,则宜表示决心,有进无退,使外人见我万众一心,则日之劝告自归无效而消灭矣。此事务须万分秘密。"

关于收买代表用款:

国民会议事务局 10 月 29 日发密电:"前次电达以后,尊处用款有无窒碍情形,统希随时密示。本局谨当竭诚相助,以便尊处放手办事。"

关于销毁密电：

国民会议事务局 10 月 11 日发密电："京外官署往来密商之件实为治乱安危所系，设或稍有泄漏，转蹈事机不密之嫌，而事关国本，密件若传于道路，尤恐贻政治历史之污点。此节对内对外，动关国家威信，务望特派亲信人员严密保管。"12 月 21 日又电："此项电文无论如何缜密，终贻痕迹，倘为外人侦悉，不免妄肆品评，更或史乘流传，遂留开国缺点。中央再四思维，以为不如一律查明烧毁。""为此，电请贵监督凡关于此次国体问题一应文件，除法律规定应行存案者外，无论中外各地方所来公私文电信函一律查明，由贵监督眼同烧毁……并于烧毁后将烧毁件数电知本局，以便查核。……万望赶速慎密办理。"①

这些密电的公开，使人们认清了袁世凯所谓的民意究竟是什么货色。正如梁启超于反袁之后所说："自国体问题发生以来，所谓讨论者，皆袁氏自讨自论；所谓赞成者，皆袁氏自赞自成；所谓请愿者，皆袁氏自请自愿；所谓表决者，皆袁氏自表自决；所谓推戴者，皆袁氏自推自戴。举凡国内外明眼人，其谁不知者。""此次皇帝之出产，不外右手挟利刃，左手持金钱，啸聚国中最下贱无耻之少数人，如演傀儡戏者然，由一人在幕内牵线，而其左右十数嬖人蠕蠕而动。此十数嬖人者复牵第二线，而各省长官乃至参政院蠕蠕而动。彼长官等复牵第三线，而千七百余不识廉耻之辈冒称国民代表者蠕蠕而动。"②这确是对帝制运动的最生动的写照。

五　洪宪皇帝

1915年12月13日，即袁世凯承认帝位的次日，他在居仁堂接受百官朝贺。上午9时，被召去朝贺的有大总统府、政事堂、大元帅统率办事处及各部司局长以上各员，军队警察师长以上各员。北京附近地方的大员

---

① 《袁氏盗国记》上篇，第 90—113 页。
② 《饮冰室合集·专集》之三十三，第 99、103—104 页。

也有来参加的。朝贺者有的着戎装，有的着袍褂，有的着便服，形形色色，无奇不有。段芝贵传袁世凯的话，说朝贺时行三鞠躬，但届时大家仍旧跪拜，很多人如见前清皇帝一样，行三跪九叩首大礼。袁世凯站着对行礼者不时点头，表示接受。由于当时帝国主义列强已经提出"警告"，朝贺显得十分局促草率，"大有坐在家里称天子，不敢公开的模样"①。

当天，各省请愿团头目和北京"绅商耆民"共四百余人麕集于新华门前，跪求皇帝即时正位，群呼"中华帝国万岁！"并唱新"国歌"②。结束以后，各代表团头目回到请愿团联合会总部。孙毓筠宣布请愿代表任务已完，根据路程远近，每人赠送路费大洋一至二百元，请暂回本省，朝廷如有需要，再行召集。各代表要求增加路费。孙说领款已用尽。众乃大哗，说："大家抬你做龙灯头，我们连龙灯尾巴都够不上，今日事不决，都不出门。"各代表狂骂不已，进而捣毁物件。孙以电话招警察宪兵，维持秩序。众益愤怒，与警宪相持不下。后经朱启钤等出面调解，每代表增路费二百元，一场闹剧才算结束。

经过这次朝贺，在政府内部算是换了朝代。此后，北洋派给袁世凯的"呈"都改为"奏"，抬头均称"大皇帝陛下"。新王朝的年号取名"洪宪"，12月31日袁世凯正式下令，改民国五年为洪宪元年。所谓"洪宪"二字，原本意味着宪政时代的开始，袁世凯称帝后也曾颁布过准备制宪的命令，但他并无诚意实行。12月13日，他颁布的第一道申令，仍然重弹"国民趋向君宪、厌弃共和"的老调，主旨是严禁人民反对皇帝，令文说："因思宵小金壬，何代蔑有？好乱之徒，谋少数党派之私权，背全体国民之公意，或造言煽惑，或勾结为奸，甘为同国之公敌、同种之莠民，在国为逆贼，在家为败子，蠹国祸家，众所共弃，国纪具在，势难姑

① 《辛亥革命前后的袁世凯》，《八十三天皇帝梦》，第163页。
② 歌词为："帝国数万年，一脉延，文明莫与肩。纵横数万里，膏腴地，独享天然利。国是世界最古国，民是亚洲大国民。懿欤大国民，休哉！惟我大国民，今逢盛德主，琳琅十倍增声价。吾将骑狮越昆仑，驾鹤飞步太平洋。谁与我，仗剑挥刀，懿欤大国民，谁与我，鼓吹庆升平。"

容。予唯有执法以绳，免害良善。"最后，还严令"各省文武官吏剀切晓谕，严密访查，毋稍疏忽"①，这就是说，谁要反对他当皇帝，谁就是"公敌"、"莠民"、"逆贼"、"败子"，他就要把谁无情地推进血泊里。由此可见，新王朝的头等要政就是镇压人民的反抗。

为了扩大新王朝的统治基础，袁世凯滥授爵位，广布"恩德"，用以牢笼庞大的官僚阶层和争取人心。

身为副总统的黎元洪，因不赞成君主制，已辞参政院院长和参谋总长，并从中南海瀛台迁到东厂胡同，名义上虽是副总统，实际上已成为一个在野人物。但他还有很大的政治影响，一些湖北籍的官吏仍在他周围活动。袁世凯有意要笼络他，所以于12月15日下达的第一个赐爵令，就是册封他为武义亲王，这是当时最高的封爵。当天，以陆徵祥为首的简任以上文武官吏数百人，前往黎宅"致贺"。陆捧着策令封诰，鹄立门口，企图强迫黎接受，但黎拒不接见。前此，黎得到要封他为王的消息，即召集左右研究对策。有的说不能不接受，否则会有危险；有的说要为湖北起义的人留脸面，应坚决拒绝。最后，黎赞同后者的意见，并表示"牺牲个人，亦所愿意"。于是，黎断然拒绝封号，上辞函说："武昌起义，全国风从，志士暴骨，兆民涂脑，尽天下命，缔造共和。元洪一人受此王位，内无以对先烈，上无以誓明神，愿为编氓，终此余岁。"19日，袁又申令"毋许固辞"，并派九门提督江朝宗等前来，直入黎宅大厅，"手捧诰令，大呼'请王爷受封！'黎在内大怒，骂逐出之"②。

清室对袁世凯称帝，惶恐不安，准备让出故宫，迁往颐和园。为了安抚清室，使散处各地的遗老不致反抗，袁世凯于16日申令所有清室优待条件永不变更。当天，清室内务府表示："推戴今大总统为中华帝国大皇帝，为除旧更新，作长治久安之谋，凡我皇室，极表赞成。"③

①　《政府公报》，1915年12月14日。
②　刘成禺、张伯驹：《洪宪纪事诗三种》，上海古籍出版社1983年版，第185页。
③　《政府公报》，1915年12月17日。

18日，袁世凯申令："所有满蒙回藏待遇条件载在约法，将来制定宪法时，自应一并列入，继续有效。"同日，又申令说："近见各处文电，纷纷称臣，在人以为尽礼，在予实有难安。"此后，"凡旧侣及耆硕故人，均勿称臣。"①经政事堂议定：黎元洪、奕劻、载沣、那桐、锡良、周馥、世续七人列为旧侣，徐世昌、赵尔巽、李经羲、张謇四人列为故人，王闿运和马良列为耆硕。隔了一天，袁世凯认为对故人的礼遇不够，又申令以徐、赵、李、张四故人为"嵩山四友"，各颁嵩山照片一帧，"用坚白首之盟"，"同宝墨华之寿"②。

对为袁世凯效命的北洋派文武官吏，袁一向是慷慨的。21日，他颁布"赐爵令"说："今之渐就安定，全赖文武将吏深明大义，保国卫民。或屡建殊勘，或力戡变乱，或防守边塞，或保护地方，使国家得以安全，人民得以苏息。予甚嘉之，允宜特沛恩施，论功行赏。"③21日和23日，他两次电传策令，封公、侯、伯、子、男共一百二十八人。受封者大都是各省将军、巡按使、护军使、镇守使及师旅长等握军政实权者：一等公有龙济光、张勋、冯国璋、姜桂题、段芝贵、倪嗣冲。被他毒死的赵秉钧也被追封为一等忠襄公。次年2月又晋封龙济光为郡王。二等公有刘冠雄。一等侯有汤芗铭、李纯、朱瑞、陆荣廷、赵倜、陈宧、唐继尧、阎锡山、王占元。一等伯有张锡銮、朱家宝、张鸣岐、田文烈、靳云鹏、杨增新、陆建章、孟恩远、屈映光、齐耀琳、曹锟、杨善德、雷震春。一等子有朱庆澜、张广建、李厚基、刘显世、陈光远、米振标、张文生、马继曾、张敬尧。二等子有倪毓棻、张作霖、萧良臣。一等男有许世英、张怀芝、徐邦杰等三十七人。二等男有王祖同、王怀庆、刘存厚、周骏等十九人。三等男有何丰林、臧致平、马福祥、李长泰、杨以德等三十人。还有一、二等轻骑都尉世职七十人。此外，又封孔丘七十六代孙孔令贻袭衍圣公，

---

① 《政府公报》，1915年12月19日。
② 《政府公报》，1915年12月21日。
③ 《政府公报》，1915年12月22日。

并加郡王称号。以上这些人都有谢恩呈电致袁世凯。

　　袁世凯登极的准备工作，早在 10 月下旬就开始了。12 月 1 日，登极大典筹备处在中央公园来今雨轩举行开幕礼，以朱启钤为办事员长。到会者有周自齐、贡桑诺布尔、梁士诒、唐在礼、杨度及政事堂各局长等二百余人。至 19 日，袁世凯正式下令成立筹备处，该处共四百余人。由于事关"旷代盛典"，该处经费充足，事事讲究排场。办公房屋之华丽，饮食之讲究，虽最阔绰之交通部，也无法比拟。对于大典筹备工作，袁世凯指示部院说："务以简略撙节为主"，"用副归真返朴，轸念民生之至意"①。然而，据当时报纸所载：登极大典预算达五百九十余万元，其中祭典费二十六万，修理大殿工程费一百零五万，调度费一百一十七万，飨宴费二十二万，接待费五十一万，犒赏费六十九万，大礼关系费一百六十六万，等等。袁世凯就是这样的"归真返朴"和"轸念民生"！

　　政事堂礼制馆早已将皇帝登极、臣下朝贺、祭天祀孔、临朝仪仗等制度拟好。袁极力表示自己是一个开明君主，申令臣下觐见免除跪拜。"所有从前太监等名目，著永远革除，悬为厉禁；内廷供役酌量改用女官"。"挑选宫女之例，著永远革除，以袪秕政，而重人权"②。

　　袁世凯下令改总统府为新华宫。又发行纪念金币，一面以他身着海陆军大元帅服的头像作图案，一面以象征封建帝王的龙作图案，并有"中华帝国"、"洪宪纪元"八字；还派人赴景德镇烧"洪宪"瓷器。此外，册封皇后和嫔妃，立皇储以及选拔女官等皇家事务，都在进行，计日程功，只待择吉日加冕登极了。

　　洪宪帝制是袁世凯推行反动政治的必然结果。但是，历史潮流却和他的主观愿望相反。当他倒行逆施达到顶点的时候，南方各省反帝制的烈火也就熊熊地燃烧起来了。

---

①　《政府公报》，1915 年 12 月 23 日。

②　《政府公报》，1915 年 12 月 26 日。

第八章 中华革命党和欧事研究会坚持反袁斗争

第一节 二次革命后的国民党

一 国民党人坚持讨袁活动

二次革命中，国民党军队溃散，地盘沦丧，所有的军事、政治、经济实力几乎损失殆尽。袁世凯乘势大兴党狱，诛锄异己，国内笼罩着一片搜捕国民党人的恐怖气氛。国民党籍议员经此惨重打击，内部的分化尤为激烈。国民党内各色人物原形毕露，各种思想暴露无遗。

支持举兵讨袁的激烈派议员，被袁氏视为附乱分子，而遭通缉，被迫亡命海外。稳健派议员力主以法律限制袁氏，希望借政治竞争，图谋挽救，但这点微弱的抵抗，也遭到袁氏无情的打击。失望之余，他们纷纷出逃，各奔东西。其余的议员则各自为谋，有的登报申明脱离党籍，但图苟全；有的避祸离京，销声匿迹；有的临时转舵，改入他党；有的卖身投靠，堕落为袁氏的爪牙。鱼龙混杂、精神涣散的国民党，已成四分五裂的局面。

二次革命中被击散的党人，在国内一部分匿居上海租界，一部分潜赴东北几省，以大连为据点，南方数省也有部分党人在继续活动。1913年8月中旬，季雨霖、殷汝骊、夏杰唐、程潜、汪精卫、刘艺舟、胡经武等十余人，在上海静安寺路沧州别墅八号楼上开秘密会议，商议今后进行方法。季雨霖提出应有长远的规划和部署。经大家商议决定，今后分

"一、实行部；二、继续部；三、暗杀部"①，三部之间相互配合，开展活动。实行部支撑此次军事；继续部择党内表面平和稍有政治能力者，阳与袁党联络，实则布置民党实力，万一此次失败，这些人尚可留在中国作后起之备；暗杀部择最有毅力决心者，阳与袁党联络，以便实行暗杀。又经反复商议，决定"一面由陈其美、王金发、钮永建图湖州、宁波各处；一面由戴季陶、刘艺舟潜赴大连组织机关部"②，在奉、吉两省展开活动；林虎等潜入湖南，联合该省青、红帮，并运动军队，谋二次独立。

　　9月初，陈其美、王金发、蒋介石潜赴宁波，"拟以宁波为根据地"③，并派姚某等十余人前往杭、嘉、湖，"分头起事"④。同时，雷铁生、方继英、沈凤祥等在上海英租界天津路生泰客栈收集炸弹武器，拟推举雷铁生为浙江都督，组成浙江讨袁军，"赴浙江起事"⑤。陈其美等在宁波的活动，因浙督朱瑞态度有变而受阻。雷铁生派炸弹队长方济清运入千余枚炸弹至董家渡，途中被郑汝成部发觉，所运炸弹连同秘密机关一同被破获，雷铁生不幸被捕入狱。陈其美图浙未成，便改变方针，再次计划"以一半经长崎联合日人，筹饷购械，以台湾为根据，从闽、浙进行；复遣同志多人，赴大连联络胡党英杰与宗社党人，在北方定期起事"⑥。这次计划在实行中也因力量不济而被迫中辍。此后王金发继续在上海筹备武器弹药及军服，冒充长江水师，招募军队，于静安寺路"设立机关"⑦，准备再举。

　　戴季陶、刘艺舟从上海出发，8月27日抵大连，寓辽东旅店⑧。他

---

①　《京华新报》，1913年8月28日。

②　《国民党之回顾录》第5卷，萃文社1915年3月版，第20页。

③　陈果夫：《癸丑讨袁》，《民国陈英士先生其美年谱》，第349页。

④　《时报》，1913年10月5日。

⑤　《时报》，1913年9月2日。

⑥　日本外务省档案：《各国内政关系杂集·中国部分·革命党关系》（以下简称日本外务省档案），机密第4号：《陈其美致赵平信》。

⑦　《乱党机关》，《新闻报》，1913年11月16日。

⑧　日本外务省档案：高秘特收第1464号，大正二年9月16日。

们联络日本浪人及东三省绿林及阿城、伊通、双城、长春一带黄天教，"预定阴历八月十五日举事"①，图谋奉天独立。此外，吉林省纪东流、林文美等人，也在暗中组织机关，并密派人至天津购买快枪，运往公主岭，筹组东北讨袁军，"而备大举"②。还有一部分党人，或潜伏于朝鲜北境，或隐蔽于南满沿线各站，暗组机关，伺机进行。

除民党较集中的江浙与东三省外，还有不少流散党人自动聚集在一起，暗中发展组织，图谋再起，在各地孤军奋战。

广东讨袁事败后，避居港澳的党人问邓铿"将来以何法从事？"邓铿坚定地回答："仍以炸弹从事。"③11月初，朱执信等曾潜回广东，筹备起事，但为敌探跟踪，只得暂返香港。到港后，朱执信、邓铿召集党人，继续筹划广东独立，派任鹤年在澳门设立机关；刘龙标、葛宝成，运动高州军队；黄世棕、周玉堂，运动阳春、阳江军队；尹俊卿运动各赋闲军官；朱执信、邓铿计划"由外间运动军队，由高州来收省城"④。湖北党人潜匿汉口租界，组织"救国社"⑤，拟从武汉着手，暗杀黎元洪，拔除障碍，再图举事。同时，南漳县国民党分部长张正楷秘密招集党员，在袁氏下令解散国民党时，准备约期发动。但因走漏消息，县知事有所察觉，张迫不得已，率众数百人仓猝举事。起义队伍大呼"斩民贼，杀卫队"⑥，持械围攻县署。但力量过于悬殊，不久即被镇压。

同时，一些地区相继成立了暗杀组织和机关。天津暗杀机关，企图暗杀袁政府之重要人物，"破坏京津之秩序，以图再行举事"⑦。上海、浙江等地有人组织了新同盟会，其宗旨是"实行暗杀手段，铲除专制魔

---

① 日本外务省档案：机密第112号，大正二年9月9日。
② 《东省破坏党之死灰犹燃》，《时报》，1913年9月9日。
③ 《南洋总汇新报》，1913年11月22日。
④ 《南洋总汇新报》，1913年12月4日。
⑤ 《乱党又在汉口组织机关》，《南洋总汇新报》，1913年10月11日。
⑥ 《南漳县乱党暴动始末》，《时事新报》，1913年11月5日。
⑦ 《时事新报》，1913年10月11日。

王及一切强权,组织完全共和"①。该会在组织上实行等级制,按参加革命先后,将会员分为大字辈、议字辈、光字辈、明字辈四等,并明确规定了各等的权限与义务。在行动上分:一、暗杀,二、游说,三、交际,四、刺探,五、运动,六、制造,七、秘录,共七个部②,并以上海为总部,另在浙江、广东、湖北、大连、奉天等地建立秘密机关。他们多活跃于沿海地区。上海新同盟会机关,秘密设于民国政法大学,由校长龚荫槐主持。龚借学校名义,"发行股票,散布简章,网罗金钱,暗收死士为诸先烈复仇"③。另有一部分会员,密赴内地发展组织。但新同盟会组织屡遭破坏,首领多被捕。上海还有侠义铁血团、大同民党、社会改进团等秘密组织,坚持斗争。革命志士的活动,使得袁政府惶惶不安,曾严令各省都督"通饬所属,严行侦缉,如有乱党私立新同盟会名目,散布牌记,一经拿获,立即就地严惩"④。

国内各地国民党人的革命活动,虽给袁政府以打击,但从全局来看,难成大业。他们的努力,只是二次革命的余波,无力重卷巨澜。

除上述部分党员在国内坚持斗争外,绝大部分党员亡命海外。孙中山、黄兴等多数党员流亡日本;蔡元培、吴稚晖、汪精卫、王有兰、石瑛、马君武等去了欧洲;陈炯明、何子奇、彭程万、徐维扬、姚雨平、古应芬等则逃往南洋群岛。

孙中山、胡汉民一行,1913 年 8 月 4 日由福州马尾乘日轮抚顺丸去基隆,5 日从基隆换乘日轮信浓丸赴日本神户。孙中山于途中致电萱野长知说:"文如远去欧美,对我党前途实多影响,故无论如何,希在日暂住,俾便指挥。"⑤请其在日代为疏通,协助入境。经萱野长知、头山满、犬养毅等与日本山本首相交涉后,日本当局勉强同意孙中山等人

---

① 《新同盟会会章》,《时事新报》,1913 年 12 月 20 日。
② 《新同盟会组织草案》,《申报》,1913 年 12 月 21 日。
③ 《许元度寄龚植三荫槐信》,《申报》,1913 年 12 月 25 日。
④ 《政府公报》,1914 年 2 月 5 日。
⑤ 萱野长知:《中华民国革命秘笈》,第 198 页。

上岸,但考虑到孙中山等此际来日本居住,鉴于内外种种关系,"于帝国不利"①,不愿他们在日本久居,决定"促其另赴他国,并不许其在日本设立机关"②。孙中山 9 日到达神户,8 月 18 日转抵东京,寓赤坂区灵南坂二十七号海妻猪勇彦宅③。黄兴继孙中山之后,8 月 4 日由香港出发,乘云海丸经日本门司于 27 日到达东京,化名冈本义一,寓芝区高轮南町。先后到达日本的国民党人还有李烈钧、柏文蔚、居正、谢持、许崇智、田桐、廖仲恺、熊克武、李根源、钮永建、林虎、冷遹、程潜、耿毅、章梓、方声涛、邹鲁、谭人凤、李书城、覃振、杨庶堪、周震鳞、何成濬、陈强、程子楷、王统等人。陈其美、戴季陶、朱执信、邓铿等,在国内坚持斗争失败后,也相继到了日本。

国民党人的出逃,得到了一批意在以"援助"南方革命党人来牵制袁政权的日本军人的协助。日本驻华武官陆军少将青木宣纯曾致电参谋总长说:"无论是站在人道上或道义上,均应同情南方国民党,并尽可能予以援助,至少应给予充分方便。"④长江上的日本军舰,不顾外务省的制止,帮助国民党人潜往上海或香港,然后转赴日本。倪嗣冲为此致函日本驻南京领事,要求派兵到日本商船搜捕李烈钧等。日方表示,"碍难认可"⑤,拒绝了倪嗣冲的要求。

然而,日本当局对接踵而至的大批国民党人,却是忧心忡忡。他们既顾虑收留国民党人会引起袁政府的不满,也担心国民党人影响日本国内政局的稳定。日外务大臣牧野伸显说:"鉴于国内外形势,帝国政

---

① 《日本外交文书》大正二年第 2 册,第 397 页。

② 《京华新报》,1913 年 8 月 19 日。

③ 日本外务省档案:乙秘第 1326 号:《在本部亡命中国人名簿》,大正二年 9 月 23 日。

④ 栗原健:《满蒙政治史之一面》,第 338 页。

⑤ 日本外务省档案:机密第 67 号,《日本驻南京领事船津复倪嗣冲电》,大正二年 9 月 22 日。

府认为,以防止与此次中国骚乱有关之领袖来本国为上策。"①但另一方面,日本当局也看到,国民党虽已失败,潜在势力仍不可忽视,因此也不愿轻易舍弃国民党人。再加上与国民党有密切关系的日本各界人士从中斡旋,日本当局表示,党人既已前来,"强行驱逐亦非上策"②,于是采取了既不舍弃国民党,又不致激怒袁世凯的折衷办法:一面对国民党人"严加监督,以免使日本成为邻国动乱之策源地";一面对国民党人的安全"予以适当保护"。虽然袁世凯派陆军少将刘茂曾率探缉队前往日本,专事"侦察亡命民党之行动"③,但却不能得逞。孙中山等人仍可"自由来往,并无危险"④。同时,日本当局派出警探严密监视孙中山、黄兴、胡汉民等人,将他们每日每时的行动及来往人员的活动详细记录后,密呈外务省备案。

孙中山等国民党人暂借日本为安身立足之地,一面活动于日本政界、军界、财界,争取他们在经济上和军事上的援助;一面总结经验教训,整顿内部,筹备"三次革命"。

国民党新败,多数真正支持中国革命的日本友人,也认为"三次革命时机尚不成熟"⑤。其他财、军界人士,更不愿在无把握的情况下轻率提供援助。日财界巨头涩泽荣对孙中山说:"贵国目前虽不完备,但形式上已是立宪国,如议会机关完备,则不战自胜之日不久就会到来,所以目前举兵不合时宜,我不表赞成。"⑥为筹集起事经费,孙中山打算与日商合办中国实业。他一面与国内实业界联系,一面与日企业界人

---

① 《日本外交文书》大正二年第2册,第392页。

② 《日本外交文书》大正二年第2册,第400页。

③ 日本外务省档案:乙秘第1572号,《刘茂曾组探缉队有关情况》,大正二年11月4日。

④ 《党人在东之旅况》,《时事新报》,1913年11月5日。

⑤ 日本外务省档案:乙秘第1790号,《海妻猪勇彦之谈话》,大正二年12月21日。

⑥ 日本外务省档案:乙秘第1415号,《孙文之行动》。

士洽谈，欲成立中日实业协会。但此事为袁政府探知，立即致函日外务大臣牧野伸显说："中国乱党运动日本实业家合办中国内地实业，政府概不承认。"①日企业界因此改变态度，此事也跟着搁浅。此外，孙中山为购军械与日本军部的交涉，也遭挫折。孙中山与日本陆军省经理局局长过村进行商谈，并通过与军界关系密切的坂野吉三郎运动军界。为此，孙中山还特意与坂野主持的精神团立约："一、孙文为改变中国现状，在进行时期，与贵团体协力合谋；二、中国现状改变后，若在借款或其他政治上必须与外国交涉时，当先通告贵团而后行。"②但日本军界仍不愿提供援助，声言目下发动三次革命"不合时宜"。坂野吉三郎也劝孙中山"暂时忍耐，静待时机"③。孙中山等人所做的一切努力，收效很小，想再举革命，面临着种种困难。

与此同时，亡命海外的国民党人，在生活上也陷入困境。多数人在失败之后，仓促出逃，身无分文，连食宿衣被的费用都成问题。时逢冬季，饥寒交加。有的人只得向所熟识的官费学生乞贷，"买点熟红薯充饥"④。有的为生活所迫，"流为苦工，其苦乃不堪言状"⑤。他们过着困苦颠连的流亡生活，又感前途渺茫，悲观失望情绪滋长，思想极度混乱。于是"有信赖袁氏，而策其后效者；有以为其锋不可犯，势惟与之委蛇而徐图补救者；有但幸目前之和平，而不欲有决裂之举者"⑥。还有一部分人认为："当二年前，吾党正是成功，据有十余省地盘，千万之款可以筹集，三四十万之兵可以调用，尚且不能抵抗袁氏，今已一败涂地，

---

①　日本外务省档案：外癸字第18号，《中华民国临时代理公使马廷宽致日外务大臣函》，1913年10月21日。

②　日本外务省档案：乙秘第1594号，《孙中山与精神团誓约书》，大正二年10月8日。

③　日本外务省档案：乙秘第23号，《孙文之行动》，大正二年1月8日。

④　杨思义：《二次革命后国民党人的形形色色》，《文史资料选辑》第48辑，第127页。

⑤　容恢：《南游琐记》。

⑥　《讨袁宣言》，《孙中山全集》第3卷，第283、284页。

有何势力可以革命?"①因而不复过问政治。也有少部分激烈分子认为:"异地不宜久处,领袖不能长靠,革命又不可中断,唯有自己结合组织团体,再回内地去进行革命。"②更多的人则感到,失败之余应及时总结教训,确定下一步进行的方针。然而,在这个问题上,又因看法不一,存在着严重的意见分歧。"二十年来之革命精神与革命团体,几于一蹶不振"③,革命进入了最艰难困窘的时期。

二　孙黄分歧

"辛亥言功,癸丑言过。"每个人都从不同角度总结二次革命失败的原因。孙黄重逢于东京,即因在这一问题上意见不同,发生了争执。

孙中山认为战事失利的主要原因,是"不服从,无统一"两大端④,其中最重要的是"不肯服从一个领袖的命令"⑤。他指出,许多同志把以前同盟会时候的纪律完全抛弃,首领的命令既不服从,旧日的主张也不遵照,人人在那里自由行动,使革命主义无从贯彻,因而失势力,误时机不少。战事已起,国民党籍各省都督不听号令,以致坐失良机。其次,在于党内不能统一。在组织上,国民党改组以来,"徒以主义号召同志,但求主义之相同,不计品流之纯粹。故当时党员虽众,声势虽大,而内部分子意见分歧,步骤凌乱,既无团结自治之精神,复无奉令承教之美德,致党魁则等于傀儡,党员则有类散沙"⑥。自精神上言之,投机分

---

①　《孙中山全集》第8卷,第434页。

②　杨思义:《二次革命后国民党人的形形色色》,《文史资料选辑》第98辑,第127页。

③　《孙中山全集》第3卷,第112页。

④　《孙中山全集》第3卷,第213页。

⑤　邵元冲:《中华革命党史略》,《革命文献》第5辑,第98页。

⑥　《孙中山全集》第3卷,第92页。

子涌入党内,"将吾党之本来主义抛弃,对于国家不敢直负责任"①。这样的党,敌人不攻也会自破。因此,这次失败是"自败也,非袁败之也"②。

黄兴不同意孙中山的看法。他认为"此不得已之战争,实袁氏迫成之耳",战争失败的主要原因,是革命党在各方面缺乏足够的准备。战争前,袁世凯早有布置,当袁氏公开挑战时,民党已进退维谷。战争之初,南京已非完全革命党的势力;在广东又有江孔殷、梁士诒等走狗用金钱收买,军队不尽可靠。加之迫不得已,仓促应战,遂致湖口失败,死战而不得上海,南京亦难于坚守。因此,从根本上说,这次失败只是"正义为金钱、权力一时所摧毁,非真正之失败"③。

革命党内部,对战争失败的原因产生不同看法,本是正常现象。只要客观地总结失败的教训,痛定思痛,团结协力,共谋恢复,认识是不难统一的。但如果过多地追究个人的责任,陷入互相推诿的争执之中,则会适得其反。

孙中山强调宋案发生后,他即力主开战,但黄兴想以法律解决,以致贻误战机。战争发生,黄兴又以"文不善戎伍",阻拦他"亲统六师,观兵建康",使其正确策略得不到实行,结果"措置稍乖,遗祸匪浅"。孙中山还责备黄兴不坚守南京,"贸然一走,三军无主,卒以失败"④。

黄兴身为三军主帅,对战争的失败,理应负较大的责任。关于这点,黄兴本人也不否认。他说:"南京事败,弟负责任,万恶所归,亦所甘受。"⑤但对孙中山一些过分的指责,黄兴也作了一些解释。他说当时战争胜负未知,自己决定去南京代替孙中山指挥战斗,"实重爱先生,愿

① 邹鲁:《中华革命党》,《邹鲁全集》(三),第 272 页。
② 《总理致邓泽如论统一事权与统一筹款书》,《革命文献》第 5 辑,第 20 页。
③ 《黄兴集》,第 357 页。
④ 《孙中山全集》第 3 卷,第 166 页。
⑤ 《黄兴集》,第 357 页。

留先生以任大事"①。

应当说孙中山对黄兴过分地指责是不正确的,这不但不能消除在癸丑之役中产生的不同意见,反而加深了彼此之间的隔阂。在这次争执之后,"孙黄裂痕显然"②。日本友人宫崎寅藏在1913年9月间"几乎每天往访孙黄,以缓和他俩对立"③。但两人各持己见,互不相让。两大领袖的矛盾,对党内的团结不能不产生直接影响。拥护孙中山的人认为,宋案发生,黄兴欲待法律解决,"乃迁延时日,逡巡不进,坐误时机,卒鲜寸效"④。战斗中,黄兴指挥的南京军队未战先溃,轻弃其地,并两次阻止孙中山出奇制胜的良谋,因此,"赣宁之役,南京方面的失败,黄克强不能卸脱责任"⑤。支持黄兴的人,以孙中山词锋所指,"大抵责难黄克强招致失败"⑥,而深表不满。他们认为,黄兴赴南京代孙中山亲征,其爱护领袖的苦心,真是可白天日。南京失利,不但黄兴无法挽回,就是孙中山也一样,因此苛责黄兴是不恰当的。由于上述原因,流亡海外的革命党人内部,又出现了新的裂痕。

由于在检讨二次革命失败原因时发生的争执,没有能正确处理,因此,孙黄对当时政治形势的看法,及以后斗争所采取的战略策略,也出现严重分歧。

孙中山对形势的估计是乐观的。他认为袁世凯表面气焰嚣张,不可一世,实际上内外交困,危机四伏。"北有蒙古兵逼长城,西有回民揭旗关外,而宗社党亦蠢焉思动,徒党辈复各争权,时局若此,乌能久

---

① 《黄兴集》,第357页。

② 石陶钧:《六十年的我》。

③ 宫崎寅藏:《宫崎滔天全集》第5卷,第308页。

④ 陈其美:《致黄克强劝一致服从中山先生继续革命书》,《陈英士先生纪念全集》上集,第233页。

⑤ 程潜:《护国之役前后回忆》,《文史资料选辑》第48辑,第3页。

⑥ 章士钊:《欧事研究会拾遗》,《文史资料选辑》第24辑,第264页。

哉!"①与此相反,革命党遭此失败,"自表面观之,己党势力全归乌有,而实则内地各处,其革命分子较之湖北革命以前不啻万倍。而袁氏之种种政策,尚能力为民国创造革命党"②。因此,在这种形势下,"革命运动决非极难",如果从现在准备,"一两年中一定可以造成一番新的形势"③。孙中山号召革命党人,当此四方不靖之时,惟有聚精会神,一致猛进,持积极主义,共图三次革命。

黄兴则认为,革命党新败,袁世凯依恃重兵,进步党又拥护他,正值盛时;更何况袁氏野心还未暴露,普通国民被袁氏政府之伪共和招牌所惑,过于信任袁氏。在此形势下,如若再举,多数人不肯赞同,不免再败。再则,二次革命时,革命党拥兵数万,可据之地不止一省,尚且失败,今天亡命海外,"无尺土一兵,安敢妄言激进"?如果这时和袁硬拼,只能徒然白送了一些热血青年的性命,于事又无所补。因此,当前革命时机还未成熟,应从长远计议。他强调,今后"非有社会真切之要求,决不轻言国事"④。等待袁氏野心暴露,国民回头思念我们,拥护我们,我们再举义讨袁,只有这样才能成功,所谓"蓄之久而发之暴也"。

陈其美、戴季陶、许崇智、廖仲恺、朱执信、谢持、居正等人支持孙中山的激进主张。朱执信认为袁世凯之施政"酷虐数倍前清,民积怨于政府,而无一之德泽可以讴歌也。其助寡于前时,而毒深于万姓"⑤,这样的政府难以长久。再从当前形势来看,革命党人"固难免于虎口矣"⑥,莫如再举反抗,"将来犹有望也"。陈其美四处奔走,力劝革命党人拥护孙中山的主张。他说:"机会必须由创造而来,决不能由等候而来,我们若能努力创造机会,则虽然本身不能坐收成功,也可以造一大潮流,以

---

① 《孙中山全集》第 3 卷,第 75 页。

② 《孙中山全集》第 3 卷,第 75 页。

③ 邵元冲:《陈英士先生革命小史》,《陈英士先生纪念全集》上集,第100 页。

④ 《黄兴集》,第 398 页。

⑤ 《朱执信集》上集,第 214 页。

⑥ 《朱执信集》上集,第 163 页。

促进社会的进步。"①

　　李烈钧、陈炯明、柏文蔚、熊克武、李根源、钮永建、林虎、程潜等则赞同黄兴的缓进主张。李根源说："三次革命谈何容易,恐非十年后不能见诸实行。有主张急进者,以余观之,实无急进之余地。"②陈炯明更激烈地批驳激进派是"以冒进突击为能,对于昔年经过之困难毫不计虑,而目无障碍,向壁猛撞,迨烂额而踣,尚不知返"③。其他人也觉得再举革命的时机尚未成熟,主张"要过五年、十年再来筹备革命的事业"。革命党内部以这两种截然不同的观点为界线,日见分明地分成了"激进派"和"缓进派"。

　　"主张既歧,着手各异。"双方策略方针不同,在具体问题上的做法,自然相去甚远。

　　流亡海外的革命党人,当前应该做些什么? 这是首先要解决的问题。孙中山强调:更应该鼓起从前的勇气,勇往直前。为此,目前当务之急应立即纠合同志,组织机关,再图进行,"务以武力削彼暴政"④。

　　黄兴主张不能盲动,必须"从根本上做去"。因此目前所应做的事情是:一、宣传党义,"本吾党素来所抱之主义发挥而光大之"⑤,把前期所为的是非,披露于国民面前,以求恢复国民党的信用;二、广泛团结,"宽宏其量,受壤纳流,使异党之有爱国心者有所归向"⑥,以结成更广泛的讨袁战线;三、组织干部,计划久远。黄兴准备设军官研习所,培养一批军事人才。他还强调,将来共和世界是以法治国,"今乘此修养时

---

① 《陈英士先生革命小史》,《陈英士先生纪念全集》上集,第101页。
② 《申报》,1915年5月11日。
③ 《吴稚晖先生文件》,《传记文学》34卷,第5期,第66页。
④ 《孙中山全集》第3卷,第147页。
⑤ 《黄兴集》,第357页。
⑥ 《黄兴集》,第357页。

代,宜培植法律人才,亦为今时不容或缓之事"①。他鼓励同志,"趁这亡命期间,大家偷闲去研究学问,多造就一些人材"②。

其次,孙黄在是否要重新组党的问题上,意见也截然相反。孙中山痛感二次革命失败,"非袁氏兵力之强,实同党人心之涣"③。失败后的国民党,"袁氏即不迫令解散,亦已名存实亡"④。流亡海外的党员,又因"意见不齐,缺乏统一"。显然,这样的政党不可能再继续领导革命了。他决心从整顿党务入手,解散国民党,重新组党。

黄兴则坚持要继续保全国民党。他说:"当时亡命日本的国民党员,都是参加讨袁,且被通缉的,不应该这时对他们严加整肃"⑤,并劝孙中山"不可因噎废食,使党有所分化"⑥,而应从维持固有的党势入手,"仍用旧党加以整理,力求扩充之"⑦。黄兴同时还指出,今则袁氏独断专行,政党失其效力,且排斥而消灭之,若吾党不与他党联络,则势力既嫌单薄,且将多己之敌。在此形势下更应"广通声气,团结感情,庶同舟共济,奋力与专制魔王搏斗"⑧。

因是否要重新组党的问题,事关重大,李根源、程潜、熊克武特邀在长崎的柏文蔚等人到东京面商此事。柏文蔚提出,国民党内部已欠纯洁,官僚政客投机加入,势有重新整顿的必要,但是"另组新党,要特别

① 天忏生:《黄克强轶事》,沈云龙主编:《近代中国史料丛刊》第50辑,第35页。
② 杨思义:《二次革命失败后国民党人的形形色色》,《文史资料选辑》第48辑,第126、127页。
③ 《孙中山全集》第3卷,第165页。
④ 《孙中山全集》第3卷,第147页。
⑤ 周震鳞:《关于黄兴、华兴会和辛亥革命后的孙黄关系》,《辛亥革命回忆录》(一),第329页。
⑥ 柏文蔚:《黄克强手札·跋》,《近代史资料》1962年1期,第13页。
⑦ 李根源:《雪生年录》。
⑧ 天忏生:《黄克强轶事》,沈云龙主编:《近代中国史料丛刊》第50辑,第35页。

慎重"①。谭人凤对此意见表示赞成。程潜、熊克武、冷遹等则主张仍旧"保全国民党"。李烈钧亦深表赞同地说："国民党堂堂正正，国内国民党机关虽被袁贼解散，而海外之国民党，居留政府从未干涉"，如孙中山另组新党，"岂不是又将海外之国民党而取消之，是以绝不赞成"②。

孙黄两派在一系列重大问题上各持己见，甚至互相攻讦，终于由思想上的分歧，导致组织上的分化。孙中山坚持自己的主张，重组中华革命党；黄兴等人不愿加入，其中一些人随后成立了欧事研究会。

第二节　孙中山与中华革命党

一　中华革命党的成立

多年革命斗争的经验，使孙中山日益明确地认识到：革命事业要者有三，即立党、宣传、起义③。其中首要是立党。他坚信，只有以革命党为根本，才有希望重振精神，拯救革命于危难之际，完成铲除民贼、还我共和的重任。为此，孙中山不顾面临的种种困难，倾全力于创建中华革命党的事业之中。

鉴于前车之失，孙中山提出了三条建党方针：一、改变不服从领袖的心理，绝对服从党魁命令；二、使以前散漫的组织，变得严密起来，团结起来；三、把党内一切不革命的分子、不纯粹的分子排除出去，正本清源。在孙中山的理想中，新生的中华革命党是一个"有统一的组织，坚固的宗旨，党员有纯洁的志趣"④，朝气蓬勃，具有旺盛战斗力的党。

1913年9月27日，孙中山亲手拟定入党誓约，在东京"发起重新

①　柏文蔚：《从辛亥革命到护国讨袁》，《江苏文史资料选辑》第6辑，第29页。

②　邓泽如：《中国国民党二十年史绩》。

③　《孙中山全集》第7卷，第63页。

④　邵元冲：《陈英士先生革命小史》，《陈英士先生纪念全集》上集，第100页。

党帜"①。他严格规定,凡欲加入中华革命党者,无论其在党的历史及资格如何深久,皆须重写誓约,加按指模,以示坚决。这天,王统、黄元秀、朱卓文、陆惠生、马素首立誓约,成为中华革命党第一批党员②。其誓约全文如下:

> 立誓人某某,为救中国危亡,拯生民痛苦,愿牺牲一己之生命、自由、权利,附从孙先生,再举革命,务达民权民生两主义,并创制五权宪法,使政治修明,民生乐利,措国基于巩固,维世界之和平,特诚谨矢誓如左:
>
> 一、实行宗旨;
>
> 二、服从命令;
>
> 三、尽忠职务;
>
> 四、严守秘密;
>
> 五、誓共生死。
>
> 从兹永守此约,至死不渝。如有二心,甘受极刑。
>
> 　　　　　　　　中华民国　　省　　县(捺指模)
>
> 　　　　　　　　中华民国　　年　　月　　日

孙中山特别在誓约中提出,"附从孙先生"及每人加按指模,本意想借此加强党的集中统一,纯洁党的组织。他说:"立誓约,订新章,一切皆有鉴于前车,而统一事权、服从命令为主要。"③入党者在誓约上打指模是克服异党入据、以伪乱真的现象,同时也表示加入革命的决心④。但是,由于孙中山片面地总结了二次革命失败的教训,甚至错误地认为服从他,就是服从他所主张的革命,服从他的革命,自然应服从他。这种思想驱使他固执地改变了同盟会时期民主选举的组织原则,而且还

---

① 《孙中山全集》第3卷,第81页。

② 《中华革命党党员名册》,罗家伦:《国父年谱》增订本上册,第540页。

③ 《孙中山全集》第3卷,第184页。

④ 《孙中山全集》第3卷,第142页。

借用了旧式会党的落后组织手段。其结果使秘密发展中的中华革命党染上了宗派主义的色彩，这不但对他党有讨袁之心又有所归向者，表现为简单排斥，就连许多昔日风雨同舟的人也难以接受。一些老同盟会员指出，以党魁统一事权，则近于专制。中华革命党的发展，因此而受到了严重的影响。但是也应看到，孙中山强调树立领袖的权威，同封建意义的独裁专制毕竟有着本质的区别。孙中山在革命处于低潮时这样做，也是用心良苦。正如他自己所说："那时我没有法子，只得我一个人肩起这革命的担子，从新组织一个中华革命党。凡入党的人须完全服从我一个人。其理由既是鉴于前次失败，也是因为当时国内的新思想尚未发达，非由我一人督率起来，不易为力。"[①]他主动挑起再举革命的重担，希望最大限度地发挥领袖的作用。在近似于"专制"的落后形式后面，仍不难看出他为国为民的一片忠心。

　　孙中山在开始发展党员的同时，在东京组织了通信机关，以调查亡命客人数，联络革命党人；随后又成立了"亡命客救护团"，办理流亡日本党员的登记、济助及归队工作。亡命客中，尤以下级军官为多。在失去组织联系、四散各方的情况下，时间一长，多数同志衣食无着，借贷无门，时逢冬季大雪，甚至有"不能向火而致疾者"[②]。孙中山下令择最困窘者，每人送学生装二套，按月发给津贴日币十五圆[③]，同时致函邓泽如，请南洋同志筹集资金相助解决。经孙中山等人的努力，多数亡命党人生活有了基本保障，精神也为之一振。孙中山激励大家："猛力向前，应乎世界进步之潮流，合乎善长恶消之天理，则终有最后成功之一日。即使及身而不能成，四亿万苍生当亦有闻风而兴起者，毋怯也！"[④]

　　在孙中山的感召下，越来越多的人增强了再举革命的信心。他们

①　《孙中山全集》第9卷，第137页。

②　《孙中山全集》第3卷，第75页。

③　施方白：《中华革命党时期见闻录》，《革命文献》第46辑，第551页。

④　《孙中山全集》第3卷，第74页。

认识到"革命无领导,怕牺牲,不服从领袖,是断难成功的"①,大家的认识日渐统一,履行入党手续的人不断增多。继第一批入党同志之后,1913年10月陈其美、戴季陶等二十二人,11月邓铿等五十七人,12月夏重民等一百一十三人,在东京先后入党②。在国内,中华革命党在大连和上海建立了两个发展党员的据点。1913年10月,张人杰(静江)、蒋介石在上海入党。12月陈德出等六人在大连入党。此外,在菲律宾的吴宗明、郑国梁与在美洲的谢英伯,以及12月途经日本赴美的林森,也相继入党③。中华革命党不断发展扩充,三次革命的火种从日本逐渐向国内和海外蔓延开来。

当时,国民党海外支部多还存在。孙中山初意将海外支部也一律改为中华革命党。1914年初,他发给美洲支部三项指示:一、各埠党部取消国民党名目,自后一律须改称中华革命党;二、海外国民党员须一律重新填写中华革命党誓约及加盖指模;三、海外各党部应即设筹饷局④。后因美洲支部提出,为便利筹饷,须沿用国民党名义。孙中山接受了这个建议。4月18日,他致函邓泽如,阐述立党宗旨,委托邓泽如在南洋各埠,"本此宗旨,设各埠支部,以张党势"⑤。

经孙中山等人几个月的宣传活动,流亡海外的革命党人,闻风倾慕,纷纷聚集到中华革命党的旗帜之下。至1914年四五月间,入党者"先后已得四五百人"⑥。为此,孙中山深感欣慰地说:"吾党分崩之象悉已消灭。"⑦他指示陈其美、居正、胡汉民、田桐、杨庶堪、周应时等人成立筹备委员会,讨论组织机构、干部选举、党员大会等问题,为成立中

---

① 仇鳌:《辛亥革命前后杂忆》,《辛亥革命回忆录》(一),第454页。

② 《中华革命党党员名册》,《国父年谱》增订本上,第543页。

③ 冯自由:《林故主席与美洲国民党》,《革命逸史》第3集,第368页。

④ 冯自由:《林故主席与美洲国民党》,《革命逸史》第3集,第371页。

⑤ 《中国国民党二十年史迹》,第124页。

⑥ 《孙中山全集》第3卷,第81、82页。

⑦ 《孙中山全集》第3卷,第81、82页。

华革命党总部作准备。

　　为进一步扩大宣传，5月10日在孙中山的主持下创办了《民国》杂志。胡汉民任总编，朱执信、田桐、苏曼殊、戴季陶、邵元冲、邹鲁、叶夏声为编辑。《民国》杂志发表文章，揭露袁氏"袭民主之名，行帝制之实"①的阴谋，并且针对革命党内一部分人存在的消极情绪，激励党员，应"发挥其能力，斩除其惰性，遇艰险而益厉，更丧败而益前"②。《民国》杂志社不但是舆论机关，也是中华革命党人的活动中心。孙中山等人经常在这里召开会议，讨论党内的重大问题。5月14日，孙中山指示："本党干部未成立以前，组织一筹备委员会。"③16日，孙中山委任的筹备委员会委员柏文蔚、周应时、陈其美、刘承烈、邓家彦、胡汉民、杨庶堪、居正、侯度生、张肇基、凌钺、文群、陈扬镳、张百麟、田桐等，在《民国》杂志社召开第一次筹备委员会议。6月6日、孙中山在此召集陈其美、田桐、胡汉民等人讨论了中华革命党的干部人选，初步商定总理及各部部长名单④。21日，在《民国》杂志社召开了筹备成立中华革命党的党员大会。陈其美逐条说明了中华革命党总章，介绍了各部部长的人选，与会党员对上述问题也发表了各自的意见。经过半年多的努力，中华革命党正式成立的条件日趋成熟。

　　1914年7月8日，中华革命党在东京筑地精养轩举行成立大会，首由居正说明成立中华革命党总部的理由和大会宗旨，接着孙中山当众入盟，宣誓就任总理，并发表了近二小时的演说。他激励大家"发挥爱国之心，舍弃私心私利，专心为民国谋取福利"⑤。最后孙中山号召全体党员："在第三次革命兴起之际，务必团结一致，亲爱精诚，统一步伐，以国家

---

　　①　《发刊词》，《民国》第1卷。

　　②　《民国》第1卷。

　　③　《党史会藏史料原件及中华革命党筹备委员会人员名单》，《中华民国史事纪要》1914年，第823、824页。

　　④　日本外务省档案：乙秘第1152号，《孙文动静》，1914年6月17日。

　　⑤　日本外务省档案：乙秘1320号，《中国革命党员聚会一文补报》。

百年大计为念,努力奋争。"①经过半年多流亡生活的革命党人,又重新聚集在一起,聆听孙中山的演讲,无不倍感振奋。随后陈家鼐、蔡锐霆、田桐、熊尚文相继发表演说,与会同志也都纷纷表示坚持革命的决心,会场出现一派热烈的气氛。大会结束时,一致通过了《中华革命党总章》。

9月1日,中华革命党发布成立通告,将重整革命阵营的消息及该党的宗旨布达于世。总部陆续颁布了七十九次委任令,先后委任了八百三十二名各级干部②,其中总部各部部长人选为:总务部正副部长陈其美、谢持;党务部正副部长居正、冯自由;军务部正副部长许崇智、周应时;政治部正副部长胡汉民、杨庶堪;财政部正副部长张人杰、廖仲恺。在总部直接指导下,国内十八个省成立了支部。孙中山亲自委任了各省支部长,同时派遣党内骨干到海外各埠筹建支部。通过他们的努力,先后在海外建立了三十九个支部和四十五个分支部。中华革命党在海内外组织系统建立后,新党员也不断增加,逐渐发展到了一万多人。

《中华革命党总章》是指导党员进行革命实践的纲领性文件。其中对党的宗旨、进行程序、组织等问题都作了具体规定,集中体现了孙中山在政党建设方面的探索,有些方面较之国民党的纲领也有所前进。

一、重申民权主义。孙中山在最初阐述三民主义时,把推翻满清暴政,建立共和国作为民权主义的主要内容。辛亥革命后,孙中山曾沉浸在民主战胜专制的喜悦之中,以为从此共和国将植根在中国的土地之上。然而,袁世凯"以一姓之尊而奴视五族"的惨淡的政治图景,无情地改变了他民族、民权二层已达,唯民生未做到的天真想法③,迫使他重新作出为实现民权主义而奋斗的决定。孙中山在总章中再度提出"本党以实行民权、民生两主义为宗旨"④,这并非是简单的重复,而是集十

---

① 日本外务省档案:乙秘1320号,《中国革命党员聚会一文补报》。

② 《委任令第七十九号》,《革命文献》第45辑,第159页。

③ 《孙中山全集》第3卷,第90页。

④ 《中华革命党》,《邹鲁全集》(三),第161页。

几年革命成功与失败的经验,赋予了民权主义更深刻的内容。在总结辛亥革命失败原因时,孙中山惋惜地指出:"吾人虽革去满洲皇统,而尚留陈腐之官僚系统未予扫除。"①因此,孙中山在发动三次革命,为实现民权主义而斗争时,不仅揭穿了袁世凯独裁专制的实质及其帝制自为的阴谋,同时还告诫人们,只除去袁世凯一人,并不能完成再造共和的重任,只有同时清除其属下的全部官僚,才能保证中国不再蒙受此辈邪恶的影响。孙中山的这一思想,加深了民权主义的内在含义,使其有了更现实的社会意义。

中华革命党各省主盟人、筹备处长、支部长、司令长官表

省　别	主盟人	筹备处长	支部长	委任日期	司令长官
湖　北	田　桐	刘　英	田　桐	1914,10,7	蔡济民
云　南	邓泰中	黄嘉梁	杨益谦	1914,10,7	黄毅生
江　西	周道万		徐苏中	1914,10,7	夏之麒
安　徽	范光启	张汇滔	张汇滔	1914,10,12	
陕　西	焦易堂	徐朗西	宋元恺	1914,10,12	
江　苏	周应时		吴藻华	1914,10,12	周应时
河　南	凌　钺		凌　钺	1914,10,12	
浙　江	陈其美	戴季陶	戴季陶	1914,10,22	夏尔玙
山　西			阎崇义	1914,11,19	
湖　南	陈家鼎		陈家鼎	1914,12,18	林德轩
甘　肃			张宗海	1914,12,18	
广　东	何天炯	谢良牧	何天炯	1914,12,18	邓　铿
山　东		邱丕振	刘　光	1915,1,5	居　正
贵　州	张士麒		凌　霄	1915,1,22	安　健
福　建	许崇智	万黄裳	许崇智	1915,4,29	黄国华
四　川	谢　持	杨庶堪	龙　光	1915,5,1	卢师谛
东三省		徐东园	刘大同	1915,11,10	
广　西			苏无涯	1914,11,2	刘　崛

注:一、本表只录第一任支部长。
　　二、资料来源:《干部委任令》,《革命文献》第45辑,第213页;《总务部收信簿第一号》,《总务部机要处文件分发簿》,引自《近代中国》第22期。

---

① 《孙中山全集》第5卷,第141页。

实现民权主义的根本问题,是掌握国家政权。孙中山在总章中把《同盟会宣言》中所规定的革命程序,重新划分为军政、训政、宪政三大阶段,并统称为"革命时期",目的在于改变过去《约法》之治"时造成袁氏篡权,约法却无能为力,反被袁氏废弃的被动局面。为避免历史悲剧重演,总章强调,训政时期不再以《约法》为依据,而是"一切军国庶政悉归本党负完全责任"①。以此加强党在巩固政权时的地位和领导作用。虽然这些规定存在着轻视人民群众力量的消极方面,但在探索如何巩固政权,如何实现民权主义的道路上迈出了可贵的一步。

二、在思想上,强调恢复同盟会时的革命精神;在组织上,强调党的集中统一。孙中山认为,国民党丢掉了同盟会时代的革命精神,致使内部鱼龙混杂,组织涣散,不攻自溃。所以,孙中山在重建新党时特别指出:政党中最要紧的事,是各位党员有一种牺牲精神②。当革命处于艰苦时期,立志加入中华革命党者,"只有牺牲,没有权利"③。因此,入党本身就是能否保持革命精神的一次严峻考验。孙中山强调指出:"中华革命党唯一宗旨,是以革命精神图主义之实现者"④,谁志愿加入中华革命党,必须明确地表示他是革命党员,"如果不愿意挂革命党党员的招牌的人,尽管不进党好了"⑤。为此,总章中明确规定:"凡进本党者,必须以牺牲一己之身命、自由、权利,而图革命之成功为条件,立约宣誓,永远遵守。"⑥只有每个党员真正具备了这样的革命精神,才能有效地保证党内纯洁,使新党具有旺盛的生命力和战斗力。

在组织上,孙中山把革命党能否统一,看作革命事业能否成功的关键。他说:"革命党能统一,则革命事业已成功过半矣;不能统一,则即

---

① 《孙中山全集》,第3卷,第97页。

② 《孙中山全集》,第3卷,第105页。

③ 邵元冲:《中华革命党略史》,《革命文献》第5辑,第105页。

④ 《孙中山全集》,第8卷,第435页。

⑤ 《革命文献》第5辑,第98页。

⑥ 《孙中山全集》,第3卷,第98页。

使成功,等于第一次,其结果亦必如今日矣。"①为改变前期内部意见分歧的弊病,孙中山规定加入中华革命党者,"首以服从命令为唯一之要件,凡入党各员,必自问甘愿服从文一人,毫无疑虑而后可"②。值得惋惜的是,孙中山从痛苦的失败中换取的正确认识,却以绝对服从领袖个人的落后形式表现出来。目的和手段的矛盾,正是孙中山建党时矛盾思想的反映。孙中山为建立资产阶级民主共和国而奋斗,但又痛感西方的议会民主在中国难以抵御旧势力的冲击。他无法解决这一矛盾,只有以集权于个人的方式,来强化党的统一。正如他自己所说:"吾人亦本素所怀抱平等自由主义,行权于建设之初期,为公乎?为私乎?以待天下后世之论定可耳。"③诚然,孙中山的这种作法是不足取的,但是在建党时,他力图从组织上加强党的集中统一,也是当时斗争的迫切需要,这对于纯洁党的组织,使全党在统一的指挥下发挥更大的作用,有一定的积极意义,这是应当予以肯定的。

三、坚持武装斗争。二次革命失败,使资产阶级革命派深知,欲雪癸丑之耻,竟辛亥之功,只能以武力推翻袁氏的反动统治。孙中山强调"以军事为先决问题",把武装讨袁放在一切工作的首位,十分重视建立革命的武装力量。他说:"国事未定,则吾人须有不可侮之实力,质言之,即是武力。"④《中华革命党总章》中也明确规定,本党"以积极武力,扫除一切障碍,而奠定民国基础"⑤。

为解决中华革命党的建军指导思想及一系列军事问题,孙中山在1914年初便开始编写《革命方略》。4月初,他把已写完的《革命方略》初稿,秘密散发给党内核心人物,并逐条加以说明,征求他们的意见。⑥

---

① 《孙中山全集》,第3卷,第126页。

② 《孙中山全集》,第3卷,第92页。

③ 《孙中山全集》,第3卷,第152页。

④ 《孙中山先生二十年来手札》卷3。

⑤ 《孙中山全集》,第3卷,第97页。

⑥ 日本外务省档案:乙秘746号,《孙文动静》。

从 9 月至 11 月,孙中山在东京召集陈其美、胡汉民、许崇智、戴季陶、廖仲恺等人,开了十七次会议,对《革命方略》进行了逐章逐节的认真讨论。《革命方略》分为六篇,其中对革命军的目的、服制、勋记、饷项,军政府的组织,军律,军法,举义前后之要务,攻取响应之要点等都作了具体规定。这是资产阶级革命党最完备的一部军事著作。《革命方略》指出:"推翻专制政府,建设完全民国,启发人民生业,巩固国家主权"①,是中华革命军的最终目标。为实现这一目标,中华革命党倾全力发动武力讨袁。

中华革命党以不屈不挠的革命精神,坚持民主革命的道路,是其积极的一面。但是,洋溢着革命热情的中华革命党纲领中,同样也暴露了它本身所存在的弱点和错误。

首先,在民族矛盾尖锐之际,中华革命党纲领中却没有提出含有反帝内容的民族主义。孙中山最初提出民族主义时,就忽略了反对帝国主义的内容,民族主义只是排满。因此,辛亥革命推翻清朝,他便认为民族革命已经完成。再则,辛亥革命时期,日本为扩大在中国南方的权益,曾由大陆浪人引线,暗中向革命党提供了武器和贷款。二次革命爆发,日本政府内部又有人主张,以"援助"南方革命党来牵制亲英美的袁氏政权。日本政府虽未采纳这种意见,但其对革命党的政策,比全力支持袁世凯的英美两国要缓和得多。再加上革命党流亡日本,得到了日本浪人及部分主张援助革命党以取得中国南方权益的日本政界人士的支持。这些因素促使孙中山仍然对日本帝国主义抱有幻想,希图"联日讨袁"。他曾对日本财界元老涩泽荣说:"我们这些同志,准备卧薪尝胆,如果军费筹集能获解决,则图再组织讨袁军队。"②并希望涩泽荣说服日本政府,尤其是陆海军省,对此行动给以援助③。同时,他又致函

---

① 《中华革命党革命方略》,《邹鲁全集》(三),第 170 页。
② 日本外务省档案:乙秘 1415 号,《孙文之行动》。
③ 日本外务省档案:乙秘 1415 号,《孙文之行动》。

日本内阁首相大隈重信，要求日本政府支援中国革命，以"救东亚危局"①。

中日交涉事起，民族矛盾骤然激化，国内掀起了声势浩大的反日爱国运动，中华革命党却没有给予积极支持。孙中山指出："袁氏实为误国卖国之魁，设非急速去袁，则祸至无日。"②他只强调内反国贼的一面，而没有鲜明提出反对日本帝国主义侵略的口号。这个方针对急于解除国难的民众缺乏号召力，使中华革命党与国内人民的斗争脱节，在反日爱国运动中影响甚微。相反，袁世凯却乘机散布孙中山为日作伥，"第一次革命后与日本之某某重要人物有最惠之约"③，借以离间中华革命党与民众的关系。中华革命党在国内的威信，也因之受到一定程度的影响。孙中山依赖帝国主义力量进行中国革命的幻想，使他的认识难以升华到明确提出反帝纲领的高度。这不能不直接影响到中华革命党的发展规模和斗争水平。

其次，孙中山在总结教训时，只看到党员脱离领袖的表面现象，却没意识到阶级脱离政党、政党脱离人民的深刻危机。当他准备再举革命时，仍然没把争取国内资产阶级支持作为一项重要任务。中华革命党的纲领虽代表了资产阶级的长远利益，但超出其实际认识水平。它过分地着重于军事，而忽视对群众的发动。孙中山没有针对本阶级和一般人民的迫切愿望，提出维护其切身利益的口号，以吸引资产阶级和广大人民加入三次革命的行列。

再次，中华革命党轻视群众，脱离群众，因此势孤力单。其总章中错误地按入党先后，把党员分为三等，规定在革命军起义以前入党的是"首义党员"，革命时期称为"元勋公民"，"得一切参政执政之优先权

---

① 《六十年来中国与日本》第6卷，第28页。

② 《中华革命党第八号通告》，李希泌等编：《护国运动资料选编》上，中华书局1984年版，第47页。

③ 北京《亚细亚日报》，1915年5月6日。

利"；革命军起义后入党的是"协助党员"，称为"有功公民"，有选举和被选举的权利；革命政府成立后入党的是"普通党员"，称为"先进公民"，只享有选举权利①。而非党员在革命时期内，连公民资格也没有。孙中山如此规定，意在将"革命时期"的政权掌握在忠于革命的"首义党员"和"协助党员"手中，防止革命成果被投机分子篡夺，但客观上则造成党内等级森严，人为地形成一个权力阶层，并在党员和群众中划出一条分明的界线，从而加深了党内外的隔膜，使党脱离群众。孙中山把革命成功的希望，寄托在少数志士仁人身上，认识不到发动、组织群众的力量乃是革命成败的关键所在。

历时三年的白朗起义，把斗争矛头直指袁氏政府，纵横五省。与此同时，群众自发的反袁斗争也此起彼伏，不断出现。中华革命党不但不有效地利用这一局面，领导群众力量共同对敌，却错误地认为国内民众"与政治无争"，唯有等待他们的恩赐；甚至对人民的公民权利，也要待将来革命胜利，"宪政既成，则举而还之齐民"②。结果是把自己孤立于群众斗争之外，孤掌难鸣，只能从帝国主义和地方军阀中寻求援助，或则把讨袁胜利的希望，寄托于孤注一掷的军事冒险行动之上。

综上所述，中华革命党是以反对封建独裁专制，维护民主共和制度为纲领的资产阶级革命政党，并拥有万名以上的党员。它的成立，标志着革命党人在二次革命失败后，重新振作起来，在袁世凯的黑暗统治下，再度举起民主主义的战斗旗帜。

二　武力讨袁活动

中华革命党的武装讨袁活动，与其筹建工作几乎是同时展开的。1914年初，孙中山召集陈其美、戴季陶等人商议回国策动起事的军事

①　《孙中山全集》第 3 卷，第 98 页。
②　《孙中山全集》第 3 卷，第 152 页。

计划。鉴于当前的形势,陈其美建议暂时避开袁军重兵密布的东南,先从敌军力量相对薄弱的东北地区建立革命基础。他说:"辛亥、癸丑二役,皆不能贯彻革命党之三民主义者,以东北各省之根基薄弱,不能直捣北京,以扫专制恶魔之巢穴。自今以往,如徒注重南方,而于北方仍不稍加意,是犹覆其辙而不自悟者也。"因此"谋第三次革命,当于东北数省培植根基,以为犁庭捣穴之计"①。孙中山采纳了他的建议,于1914年1月派陈其美和戴季陶前往大连设立机关,联络东北各省,继续策动讨袁军事②;3月又派夏重民、邓铿等到香港部署南方军事,以为东北声援。

1月23日,陈其美自神户乘船密抵大连,当时在大连潜伏的革命党人有山东的吴大洲、薄子明、刘大同、孙祥夫;东北的刘艺舟、朱霁青、刘纯一、宁武;山西的王庆肇、王殿松及二次革命后到大连的沈缦云等。他们在资金缺乏、衣食不周的困境下正准备举事。陈其美认为起义时机不成熟,一面"力戒大连革命党人不要轻举妄动"③,一面致函孙中山"迅予筹款接济";同时派陈宁等前去运动黑龙江的军队,为配合奉鲁方面发动作准备;并发给宁梦岩手枪二百支,令其带领手下三百余人,活动于公主岭一带,继续扩展力量。此后,他又召集大家商议下步活动计划,决定在大连暂设机关,以吉林、奉天、黑龙江三省为主点,外与东京总部及各省革命党联络,聚集力量,运动军队,等待时机成熟,"关外一动,南京继之,而江北、山东同时并起"④。

但是,陈其美在东北的消息,不久便被吉林护军使孟恩远所探知。

---

① 蒋中正:《陈英士先生癸丑后之革命计划及事略》,《陈英士先生纪念全集》上集,第117页。

② 陈其美遗墨:《抵大连后致诸同志书》,《陈英士先生纪念全集》上集,第117页。

③ 日本外务省档案:乙秘第289号,《在大连之革命党员及宗社党员等的动静》。

④ 《总务部第二局来件存稿》,引自《近代中国》第22期,第42页。

他密报袁世凯说："陈其美、戴天仇、宁秉然、谢宝轩共同谋乱,扰害治安。"①袁世凯闻悉,大为震动,即命各省都督、民政长令饬所属各营队"严密查缉,勿令煽乱"②,并与日本政府交涉,"以陈其美有刺杀商务印书馆经理人夏粹芳等嫌疑,要求引渡到案"③。张作霖奉命向满铁副总裁伊藤大八秘密表示:"大总统有命令,不论用任何手段,都得要将陈其美逮捕。"④日本关东都督府对陈其美等人的态度也发生变化,对革命党人的行动百般干涉,甚至下令逐客。在敌人严密的监视下,革命党人难以立足,开展工作更是困难重重。孙中山了解到东北进行情况,也认为在没有足够实力的情况下轻率举事,反倒造成不利局面。于是,他密电陈其美,嘱其"暂缓进行"。陈其美见在东北一时难于进展,便将东北举兵事宜划归刘纯一负责,山东举兵事宜划归刘大同负责,交给他短枪四十只,命其编队回鲁。3月15日,陈其美、戴季陶乘船离开大连。

在东北进行的同时,湖南、浙江、广东等南方几省的中华革命党人,也在加紧筹划武装起事。

6月初,中华革命党总部接到贵州的报告,得知袁世凯为提防革命党在湘、粤、桂之间发展势力,将贵州前都督杨荩诚在沪所购大批军械取道湘西运往贵州,调拨给护军使刘显世。总部决定派凌霄秘密赴湘,招集同志及黔军旧属截劫军械,就地起义。凌霄奉命赴常德,计划起事成功,便占领湘西,再图进展,如起事不成,便将军械炸毁,削弱敌人力量。但因准备时走漏了风声,欧阳煜、李贵成、田文魁三党人遇难。凌霄被捕,死里逃生。7月,王伯乔、陈元霆、周永广在浙江台州筹划攻占临海,也因计划败露而被包围。王伯乔等率众与敌军激战,不得脱身,多数人在战斗中牺牲。同月,夏之麒在浙江筹备起事。有人劝夏之麒

---

① 《孟恩远致大总统电》,中国第二历史档案馆藏件。
② 《统率办事处致各省民政长电》,中国第二历史档案馆藏件。
③ 《蒋总统秘录》第4册,第102页。
④ 《蒋总统秘录》第4册,第104页。

为自己前途考虑，不要轻举妄动。他当即回答："诸君为我谋善，然我不更为我四万万同胞乎？"①遂决定加紧在杭垣设立机关，计划7月24日举事。起事发动之前，不幸密设机关被破获，三十余名党人被捕遇难。夏之麒、黄化宙等再次逃往日本。

上述几次准备发动的起事，都因事漏而夭折。二次革命失败后，首次爆发的武装起事，是1914年6月李国柱在湖南郴县发动的。

李国柱字石琴，湖南嘉禾人，1913年二次革命失败后去日本，在东京加入中华革命党，奉孙中山之命回湘起兵讨袁。回湘后，他立即召集同志，重组力量，在宜章、临武、郴县、零陵等处暗设机关，以联络各县驻防军、团防局、警备队为主要策略。数月间，各县的运动工作颇见成效，军中"歃血订盟，誓志讨袁者，日有所闻"②。起事准备日渐成熟，起事地点确定郴县。恰逢汤芗铭正在湖南调动部队，办理守备队退伍事宜。李国柱决定趁部队换防、裁撤人员的混乱时机发动起事。

1914年6月28日，李国柱在郴县组成讨袁军，旗书"中华民国民主孙"③，布告远近，宣布讨袁。讨袁军骤起，敌军措手不及，五营营长吴万春当场被击毙。三营长企图调兵抵抗，"而兵不用命"④，义军很快占领了县城。袁世凯电令汤芗铭"厚集兵力，迅即荡平"，"勿任乘虚响应，致启燎原"⑤。汤芗铭迅疾调兵前往郴县一带，但并不能阻止义军的发展。义军一路由邝云陞率领，挥戈北进，"突袭耒阳、永兴，图攻衡阳，声势颇盛"⑥。另一路由陈广章率领，进兵宜章，在刘延扬等人的接

①　《夏之麒烈士事略》，《革命文献》第46辑，第232页。

②　邹永成：《湘南讨袁之役》，《革命文献》第46辑，第234页。

③　《张福来致曹锟电》(1914年7月)，《北洋军阀统治时期的兵变》，第94页。

④　《汤芗铭致参谋本部陆军部密电》(1914年7月20日)，《北洋军阀统治时期的兵变》，第80页。

⑤　《统率办事处致汤芗铭密电》(1914年7月18日)，《北洋军阀统治时期的兵变》，第79页。

⑥　《东方杂志》第11卷，第4号。

应下,义军迅速占领宜章。

与此同时,雷瀛、雷英等人率众于7月1日在桂阳起兵。雷瀛继李国柱之后,奉孙中山之命回国,在湖南策动武装讨袁。他先赴保定,邀雷英一道回湖南,以办理矿务为名,在桂阳城内设置"协记矿务公司",作为联络各地民军的总机关。他们利用建立县警大队的机会,密选地方壮丁充任警兵,逐渐将县警两连掌握在自己手中,又到粤桂边境的大山中,联络潜伏在当地的一千多民军。雷瀛派人到韶关、坪石一带,向驻军购买枪支装备民军。经过近半年的筹划,组成了以雷英为司令、雷瀛为参谋长的湖南讨袁军。义军在桂阳起事,约定义旗一举,粤桂边境民军即攻占临武、蓝山、嘉禾等县,然后至桂阳集合,南下袭击衡阳。

7月26日,陈校经、陈应品、邓蔚林一路在临武县起事。义军杀官据城。陈校经率队出西门入嘉禾,击毙清乡委员汤勋等数人,占领嘉禾县,随后又率军进攻蓝山。

不到一个月内,各地接踵而起,"各县纷纷告变"①。汤芗铭调集重兵"围剿"义军。汤军营长贾凯率领一路,由耒阳、永兴至郴县,以郴县为根据,扼守东路;团长赵锡龄由常宁出发,以桂阳为根据,扼守中路;营长罗先闾由蓝山进行,"三路会剿,以期包击"②。同时,北洋军王承斌、张福来、伍祥祯部溯江进击,进驻衡州,以便指挥东中两路。汤芗铭仍感力量不足,急电袁世凯,"令饬广东、广西、江西各省一体防堵,俾免溃窜蔓延"③。袁世凯电令广东龙济光、广西陆荣廷"遣得力军队,联络

---

① 《伍祥祯致统率办事处密电》,(1914年7月28日),《北洋军阀统治时期的兵变》,第82页。

② 《汤芗铭致袁世凯电》(1914年7月28日),《北洋军阀统治时期的兵变》,第90页。

③ 《汤芗铭致袁世凯电》(1914年7月21日),《北洋军阀统治时期的兵变》,第84页。

湘军越境协剿"①；又命江西李纯"迅饬所属，妥为防堵"②。龙济光派陆军四营由坪石出境，开赴宜章、桂阳一带；派驻防军三营由连县出境，直向临武，援蓝山、嘉禾等地。陆荣廷也派兵入湘增援，以期各路夹击，"剿灭"义军。

在敌军强大的攻势下，义军虽顽强抵抗，但因交通不便，呼应不灵，各路之间缺乏联系，不能互相支援，配合作战，陷于孤军作战的境地。再加以饷械不足，难以坚持。始则败退于永兴、耒阳之间，后撤往临武、蓝山、嘉禾交界处的部队，又遭宁远、蓝山知事率部伏击。陈校经被捕遇难，其余人多数也当场阵亡。攻占宜章一路，则在敌军的夹击下撤出宜章，曾纪光在战斗中牺牲，余部向广东境内撤退。

雷瀛、雷英一路起兵占领桂阳后，原计划粤、桂民军集合响应，但时隔半月，粤、桂民军仍无消息。经派人急往探询，才知道民军误向零陵方面前进，路遇零陵镇守使望云亭派往桂阳攻击讨袁军的一团兵力。民军不敌，多被缴械，余众败退山区。雷瀛所部正待行动，衡阳镇守使赵春霆的部队一团已开到了距桂阳仅六十余华里的郴州附近。义军基本部队不过五六百人，一部分开赴郴州，途中与袁军遭遇，寡不敌众，顿告溃败。其余部队更觉势单，挡不住敌军的进攻，遂一哄而散。雷英往汉口转赴上海走日本，雷瀛由坪石走韶关，经广州往香港避难。

李国柱、雷瀛发动的武装起义，经过近二个月的激战，死伤二千余人，在袁军几省力量联合进攻下失败了。这是中华革命党在革命低潮时发动的第一次起义。这次起义的枪声，表明革命党人又重新拿起武器投入战斗，打破了二次革命后的沉闷局面。

中华革命党正式成立不久，正值欧战爆发。孙中山认为："刻下欧

---

① 《统率办事处致龙济光、陆荣廷电》(1914年7月27日)，《北洋军阀统治时期的兵变》，第99页。

② 《统率办事处致李纯电》(1914年7月30日)，《北洋军阀统治时期的兵变》，第83页。

州战乱,确为中国革命之空前绝后之良机。"①决定乘时起兵举事。经与陈其美、戴季陶、周应时等商议,他改变了最先在东北建立革命基础的方针,转注全力于江、浙与广东三省。遂派"邓铿图粤,夏之麒图浙,复灵兄弟图宁,互为犄角,策划决定"②。为便于统一指挥,又决定在上海设立总部,并派蒋介石和陆惠生前往筹办;同时派遣大批党员回国,调查情况,运动军队,筹备起事。8月下旬,三百多名党员相继从东京、大阪、长崎回国。

8月17日,哈在田等人在江苏南通率先举旗讨袁。革命党人获悉袁军在南通戒备稍弛,哈在田招集吴俊、陈强等人在上海法租界恺自尔路瑞康里273号召开紧急会议,决定组织力量在南通举事,并推选哈在田为总指挥。

17日半夜12时左右,哈在田等三十余人,一部分身着便服,一部分换上日本学生服,暗中携带武器弹药,搭乘吉和轮由上海开赴南通。

翌晨9时许,哈在田一行抵芦沟港时,得知革命党在南通的秘密机关已被破获,原定在港口接应的同志一无所见。港口已戒备森严,港警严密检查登岸同志的行装,当场"搜出凶器"③。哈在田见事已败露,不得不拼死一击,遂掏出手枪、炸弹向港警发动攻击,其他同志一齐发动,击退港警,夺得枪支,整队分三部向城中进发。行至城下,见城门紧闭,革命党人以万死一生之计,以手枪、炸弹攻城,在城下与袁军激战数小时,党人受伤者十余人。此时敌人援兵又至,革命党人力不能支,哈志才、李广生、姚文等相继阵亡,其余二十四人因弹尽被捕。起事在仓猝中发难,迅速失败了。

邓铿回到广东与朱执信商议,由邓铿负责惠州、潮州、韶州、增城、

---

① 日本外务省档案:乙秘1651号,《犬养毅与孙文会见之事》。

② 《中华革命党上海支部新华社史略》,《革命文献》第46辑,第177页。

③ 冯国璋致袁世凯电(1914年8月20日),中国第二历史档案馆藏件。

龙门东北方面与香山、江门两处；朱执信负责南海、顺德、番禺、花县、清远、新会、高州、恩平、开平、阳江、阳春西南方面。他们决定派革命党人分赴各县，以在南洋、香港、安南、东京筹得的捐款，分头联络绿林，运动军队，待活动成熟，即同时并举，合攻省城，根除龙济光，在广东建立革命根据地。

东北一路，邓铿派邓国平负责增城、龙门，洪兆麟负责惠州，陈景桓、林景云两人负责香山，约定 10 月 27 日同时发动。

10 月 27 日，邓国平集众于增、龙，如期发动。但本已答应同时举事的两营军队临时变化，拒不响应。义军击溃驻军一连后，改变计划，转攻东莞、石龙。在东莞与敌军激战一日，义军因子弹已尽，又得不到石龙增援，遂败。

洪兆麟在惠州运动军队，驻军两营长应允相助。绿林听说有军队相助，也想起义。10 月 27 日，洪兆麟欲率部发动，与增、龙呼应，但驻军不应，举事受阻。11 月 1 日，洪兆麟赴三多祝集众，号称万人，直取平山，实际上义军只有枪一千余支，又缺乏子弹。在平山附近，义军前锋遭到敌军伏击，死伤甚众。11 月 2 日，义军向平山发起总攻，洪兆麟身先士卒，亲自率领部队冲锋，不幸中弹负伤。11 月 3 日，龙济光所派两营援兵到达平山。洪兆麟本约定由陈景桓、林景云举香山之众前来增援，但陈、林二人因炸药案在香港被捕，不能按期发动。义军孤立无援，弹药已尽，被迫退至三多祝。洪兆麟伤势日重，邓铿派邓国平前去代洪指挥。但没等邓国平到达，三多祝的义军在敌军的夹击下已经溃散。

因内地信息不通，朱执信不知东北路成败如何，决定派邓子瑜在博罗起事，以番禺、花县、清远、南海、顺德之众响应。11 月 3 日，邓子瑜集众一千余人，在博罗附近狗仔潭举事，与从省城调往惠州的敌军遭遇。义军见其势大，料不能敌，便转赴增城。但增城守军已有准备，义军见难以攻城，遂各自散去。

11 月 10 日，朱执信、陆领在南海、顺德起兵响应，率领数千人，进攻佛山，与佛山敌兵钟子材部及济军李嘉所部遭遇，"彼此相持，枪弹如雨"①，自半夜战至天明。11日，敌军三千人由省赶到，义军以主力移向火车站迎击，击毙敌军三百余人。下午敌军增兵，义军相持至午后3时，收兵退驻张槎，夜间又转移至沙坑。13日，义军在沙坑拟集大都、濠滘、沙岗等处各队再攻佛山。但敌军贺文彪率部进攻沙岗，打破了义军集中的计划。此时，龙济光又调重兵集中佛山附近，会同原驻军合攻义军。义军急忙向各县求救。但此时博罗之军已散，花县刘济川集众三千余人，苦于经费不足，离去半数，又为谣言所惑，其余亦归散各处，附近几县皆不能发兵增援。义军人困马乏，饷械已竭，虽"党人不顾一切，奋勇向前"②，终因寡不敌众，败退下来。

高山一路，朱执信委李海云、林拯民负责，另由陆志云、许国平往电白县策动。李海云等闻佛山已起事，聚集绿林及退伍士兵准备发动响应。但中途因办事机关被敌人破获，林拯民等十余人被捕，不能应时起兵。先期到达电白县的陆志云不知高山事变，仍决定11月16日举事，进攻电白城。义军虽有三千余人，但发难时有枪者不足二千。陆志云为防备省城驻兵及邻省兵自东面来增援，先以一千余人据守东方之白花山，而以数百人夜袭电白城。在陆志云的策动下，城内陆军营长林成登已约定反正，乡团警察皆同情义军。17日晨，内应陆军开门迎义军进城，义军占领城内各衙署，出告示安民。城内"商民皆燃炮竹、竖旗，表欢迎意"③。18日夜，陆军营长林成登中途叛变，领所部进城后直奔县署司令部，假意要见司令取襟章，进县署第二道门时，便向义军开枪。义军急忙应战，同时派一支部队绕道去夺济军枪械。两军遭遇，激战至天明，击毙济军连长一名及数十名士兵。驻白花山部队知城内有变，急忙前来增援，路遇敌军拦击，因而不能入城。城内义军连续奋战两昼

①　《申报》，1914年11月19日。
②　《朱执信经营粤事史略》，《革命文献》第47辑，第353页。
③　《朱执信集》上集，第248页。

夜,弹尽粮绝,又无增援,只得放弃县署,退到白花山、望夫山一带。他们凭借易守难攻的有利地形,多次击退敌军的进攻。在此连战十余日,敌军死伤数百,义军伤亡也不小,守住了阵地。他们在广东讨龙之役失败的情况下,保存了这支力量,等待新的机会到来,再度举旗起事。

与江苏、广东发动武装起义的同时,东北、江西等地革命党人也在积极策动武力讨袁。1914年7月,邱丕振在东北组成关外讨袁军总司令部。9月,邱丕振以关外讨袁军总司令名义发布借券,筹集军费,准备起事。借券写明:"袁贼无道,本司令兴师问罪,伐暴救民,军需不足,不得不就地筹措,以充军用。"①讨袁军联络绿林数百人,计划先攻下昌图,以南满为根据,然后第一军占领营口,第二军占领安东,第三军占领铁岭。9月5日,邱丕振以昌图敌军戒备甚严,拟改攻通江口。但敌军先闻风声,迅速调集各路巡警赴通江口要道,"扼要设卡,以图邀击"②。这天又逢暴雨,各路讨袁军与绿林不能按期会合。9月6日,讨袁军驻孙家站机关被破获,整个讨袁计划由此而失败。邱丕振一路刚刚失败,活动于本溪的革命党人紧接着又发动了起义。9月8日革命党人联合绿林,树起讨袁军旗帜,向县署警署进攻③,迅即占领了本溪县城。义军捣毁衙署,打开监狱,释放囚犯。省中闻知,即派重兵"驰剿"。义军力量单薄,又无支援,很快就被击败。零散的义军多潜入抚顺境内十金寨地区。陈中孚、刘廷汉继续联络绿林,策动矿区工人共同起事,谋再进攻本溪。但此事为抚顺县知事侦知,刘廷汉等人不幸被捕,起事又遭顿挫。

在徐州方面,韩恢于9月1日在宿迁颍口一带联络绿林,集众八百余人,高举讨袁军大旗,发动起义。义军初发,声势颇大,当地知事惊恐

---

① 《关外讨袁军借券》,中国第二历史档案馆藏件。
② 奉天巡按使张锡銮致总统办事处函(1914年10月14日),中国第二历史档案馆藏件。
③ 《东方杂志》第11卷,第4号。

万分,急忙向省中发电求援说:"该处兵力单薄,民穷思乱,风声甚为吃紧。"①徐州即派兵增援,义军因寡不敌众而失败。在上海方面,由范鸿仙主持,运动上海及附近的北方部队。范鸿仙等人通过一段时间的秘密活动,"运动北军过半"②,准备以此力量攻取制造局。但走漏了风声,范鸿仙于9月20日被刺身死,革命党人前功尽弃。12月,江西南昌革命党人筹划运动省城驻军、退伍士兵组织决死队③,1915年1月范玉田、张拱民在江苏南通再次筹划起义④,同月,广东刘光、蔡苏在横江组织讨袁军筹备起事⑤,都因事泄,半途而废。各地起义纷纷失败。孙中山利用欧战爆发之机,在国内重组力量发动武力讨袁的计划,再度受挫。

1915年1月,中日交涉事起,国内形势发生巨大变化。孙中山召集会议,分析时局,商议对策。与会同志认为,"二十一条"交涉势必产生两种不同的结局。其一,袁世凯政府拒绝接受"二十一条",日本为达到目的,必将以武力迫使袁政府就范。袁政府外强中干,又失民心,不堪一击,那时由谁出面支撑政局难于料定。其二,袁世凯接受"二十一条",必将激怒国人,引起全国上下的反袁怒潮。若出现前一种局面,应采取的策略是"待时机之到来,一旦机会成熟,便随时起事,不可蹰躇"⑥;若是后者,则应"乘此趋势,一面非难日本之要求,一面极力攻击袁政府此次措施,大力鼓吹反袁,使中国人心更加激烈。同时努力怀柔民心,待时机成熟后,再举旗起事"⑦。中华革命党总部决定,在"二十

① 《申报》,1914年9月2日。
② 《孙中山全集》第3卷,第132页。
③ 《洪兆麟等为请江西政府发还邓承防余款上总理呈》,《革命文献》第48辑,第149页。
④ 《中华革命党军事部日记》,《国父年谱》增订本上册,第579页。
⑤ 《神州日报》,1915年2月4日。
⑥ 日本外务省档案:乙秘第840号,《中国流亡者王统一谈时局》。
⑦ 日本外务省档案:乙秘第955号,《关于中国革命党之事》。

一条"交涉之时,进一步揭露袁世凯卖国称帝阴谋,再次发起武力讨袁的高潮。

1915年3月10日,中华革命党发布第八号通告指明:"此次交涉之由来,实由夫己氏欲称帝要求日本承认,日本政府欲先得相当之报酬,要求夫己氏,夫己氏隐许诺之,故有条件之提出。"①通告向全国人民揭示出"二十一条"交涉与袁氏帝制阴谋的关系,号召人们"不为浮言所动,不为外表所摇,本坚忍不拔之精神,冀除卖国之蠹"②。4月9日,中华革命党又发布《中华革命党本部为揭破中日黑幕以告国人书》,指出袁世凯企图让日本政府援助其二事,一、称帝,二、平"内乱",袁氏为达此目的,终将承认"二十一条"。因此,"党人于此际,除力行革命,推翻袁氏恶劣政府外,再无可以容喙之余地"③。告国人书发布一月后,袁世凯正如党人所预料,基本接受了"二十一条"。顿时,举国激愤,国内掀起一股巨大的反日爱国热潮。孙中山指出,这股风潮,"比较满清末年铁道国有风潮,尤易激动全国,为吾党不可失之时机"④。

为抓住时机,在全国各省组织力量策动武装起义,孙中山在1915年春派遣军事指挥骨干分任各省司令官,负责发动起事工作,其中有广东朱执信、邓铿,广西刘崛、刘玉山、苏无涯,四川卢师谛、向传义,湖北蔡济民,湖南林德轩、郭庞,贵州安健、张百麟,浙江夏次岩,江苏周应时,江西董福开,云南董鸿勋。他们奉孙中山之命,分赴各省组织军队,制定具体的讨袁计划,并根据中华革命军司令部通则第二条,在省中分若干区,各设司令官一人,综理区内军务,以形成省与各区的严密的组织和指挥系统。蔡济民调整了湖北革命军各分区,重新任命了各区司

---

① 《中华革命党第八号通告》(1915年3月10日),《中央党务月刊》第4期。

② 《中华革命党第八号通告》(1915年3月10日),《中央党务月刊》第4期。

③ 《中华革命党本部为揭破中日黑幕以告国人书》,《革命文献》第46辑,第11页。

④ 《孙中山致区慎刚等函》(1915年5月10日),《护国运动资料选编》上,第49页。

令官,以赵鹏飞、熊炳坤、刘英、曾向武、王华国分任一、二、三、四、五各区司令。卢师谛在四川也作了相应的部署,命吕超、石青阳、丁泽煦、刘国佐分任川南、川东、川西、川北区司令。此外,各省负责人还把分散在各地区现有的小股力量统一组织起来。左景阳、符言一、丁士杰、张孟介在沪、宁、浦口、蚌埠四处设立的秘密机关,宋拼之、刘本、庞三杰等组织的丰、沛、砀地域秘密团体,范庆升、丁少春等在福建设立的机构,廖海楼、吴家东等经营的安徽凤阳县境三埔及小蚌埠地方的机关,黎尊在广东运动的绿林,徐天复、周永广等组织的浙江台州、温州等地的军队,张宗海、李子和等经营甘肃地区的机关,都与本省司令部取得联系,听命于中华革命军总部的指挥,深入到各地活动。

革命党人正在各地加紧活动之时,又传来了筹安会出笼的消息。中华革命党立即发表通告说"数年来蓄志以亡民国者,袁氏实为第一人"[1],指出筹安会受袁氏主使,是"一种主张变更国体,改民主为君主之政治法社也"[2]。通告向国内同胞呼吁:"千钧一发,时不我与,惟我内外诸同胞速图之。"[3]12月,孙中山发表了第一次《讨袁宣言》,历数奸雄窃国的种种恶行,愤怒指责袁氏政府是"世界自有共和国以来,殆未有此万恶之政府,危亡祸乱至于此极者也"[4]。孙中山向国人坚决表示,"誓死戮此民贼,以拯救吾民",为此,虽"肝胆涂疆场,膏血润原野",也在所不辞。

为进一步加强国内发动武力讨袁的组织与领导,建立一支中华革命党自己的军队,孙中山决定组织中华革命军东南军、东北军、西南军、

---

① 《中华革命党第十六号通告》(1915年9月18日),《护国运动资料选编》上,第52页。

② 《中华革命党第十六号通告》(1915年9月18日),《护国运动资料选编》上,第52页。

③ 《中华革命党第十六号通告》(1915年9月18日),《护国运动资料选编》上,第52页。

④ 《孙中山全集》第3卷,第130页。

西北军四个总司令部。1915年夏末,孙中山在东京委任陈其美为中华革命军东南军总司令,在上海设筹备处;居正为东北军总司令,在青岛设筹备处;胡汉民为西南军总司令,在广州设筹备处;于右任为西北军总司令,在陕西省三原县设筹备处。10月,居正、于右任分赴各省招兵买马组织军队,筹建司令部。孙中山以"举义要件,不外乎兵力财力"①,又派胡汉民、许崇智、杨庶堪、宋振、郑鹤年、邓铿分赴南洋筹募起义军饷。

中华革命党美洲、南洋所属海外支部,都以"筹募第三次革命军饷为唯一急务"②。随着国内武力讨袁的兴起,海外各支部不断以巨款支援国内起事,许多爱国侨胞一再慷慨解囊,热情支持国内的讨袁斗争。与此同时,海外各支部还纷纷组织军事团体,聘请教官进行军事训练,准备随时回国,以尽杀贼救民的责任。美洲支部组织"美洲华侨军事研究社",其宗旨在于"养成美洲民党热血健儿,有指挥队伍,驱除国贼之学识"③;并组成了"加属华侨敢死先锋队",延聘党员中受过军事教育者为教员,逐日操练,为回国讨袁加紧准备。美洲同志还组织了"中国民智航空社",在革命青年中培养航空人员,志在应用最新的航空技术,为铲除民贼,维护共和出力。中华革命党无论在国内还是海外,都全力以赴,积极进行,筹备发动武力讨袁,以期"一举即达吾党素志"④。

在大兴讨伐之前,孙中山特将陈其美从上海召回东京,与居正、许崇智、周应时等举行军事会议,商讨大举计划。他们一起研究了袁世凯的兵力布置及革命党在国内力量的分布,考虑到袁氏以皖、粤、湘三省为民党势力的根据地,特派心腹镇守,并遣北兵驻防,而且汤芗铭、龙济光、李纯、倪嗣冲等又极力趋合袁氏旨意,残酷镇压革命党人。在这几

---

① 《孙中山全集》第3卷,第194页。

② 林森:《美洲三藩市民国维持总会征信录序》,《革命文献》第45辑,第415页。

③ 《美洲华侨军事研究社简章》,《革命文献》第45辑,第425页。

④ 《孙中山全集》第3卷,第194页。

省内，革命党的力量几于尽绝，一时恐不易发动。相比之下，袁世凯的势力在西南一带比较薄弱，特别是云南"自辛亥以后，袁家势力未曾侵入"①。因此，陈其美提议先从西南入手，"尤其是云、贵两省，乘隙抵虚，较易为力"②。孙中山深表赞同，当即决定派陈其美到西南主持，并在香港设一办事处，加强与西南几省的联系，积极策动云、贵起事，"先从西南造我根据"③。

10 月，陈其美回国到上海准备南下。因袁氏卖国，人心激愤，在革命党的活动下，上海一带海陆军归附日众。当地负责人认为机不可失，要求陈其美留沪主持。陈其美请示孙中山，征得同意后，取消了西南之行，云、贵的策动工作改由安健、张百麟、黄毅先负责。

早在 1915 年初，孙中山曾任命杨益谦为云南支部长，陆亚夫为干事，回滇组织支部，发展党员，活动讨袁。但因唐继尧从中阻挠，党务工作被迫停顿。之后，杜去恨、蔡济旺等人入滇秘密组织讨袁机关，运动学生及滇军，筹备发动起义。滇中董建章、罗海峰、赵飞凤等配合活动，组织军、政等各界人士响应④，但因中途事泄而失败，蔡济旺被捕遇难。吕志伊回到云南，继续活动于军、学、绅界之间，策划倒袁。

在贵州方面，张百麟与安健、杨荩诚、席正铭、凌霄共同主持。他们集中力量在黔省各路军中运动起事。黔北路陆军中有部分辛亥革命时随张百麟起义人员，还有革命党前期所办法校学生二千余人。张百麟利用这一有利条件，委托凌霄等人前往运动。黔南路铜仁、思南方面，由席丹书主持，运动知事、连长等接应策反，援为起事内应。另外，革命党人在黔东路和黔西北路的陆军中也有一定的基础，张百麟派人前往运动，期望黔省一旦发动，即可支持响应。张百麟等人在黔军各路都作

---

①　《护国军秘密运动史》，《革命文献》第 47 辑，第 49 页。

②　潘公展：《陈其美传》，《民国陈英士先生其美年谱》，第 486 页。

③　《孙中山全集》第 3 卷，第 203 页。

④　《云南讨袁党人被捕或殉难概况》，《近代中国》第 22 期。

了布置,计划各路在黔省发动,"牵制黔贼,使不寇川、滇,俾以揭晓后,再以兵力为黔革军声援,内外相应,黔事本可传檄可定"①。

除西南以外,中华革命党的武装讨袁斗争,在全国其他各省也在蓬勃兴起。1915年5月,革命党人金鼎隆在东北开原县聚众五百余人,占据孙家站,在南满铁路沿线开展讨袁活动。6月,孔庆平、钟鼎飞在河南开封运动军警,联络会党,策划举事。同月,前绍兴府都督王金发在浙江发动反袁斗争。刘文艺、刘石裕、魏珍在汉口法租界印湖北官钱票,筹集起义经费,联络绿林,筹备起事。7月,姚庭、杨海在浙江嘉兴组织救亡会,准备发动。9月,司徒权在广东江门运动军队,密谋讨袁。10月,陕西革命党人在三原、泾阳一带起事,攻占数县。接着,四川革命党人也在成都附近聚众举义。11月,居正到青岛建立起中华革命军东北军总司令部。他召集吴大洲、薄子明、邓天乙、尤超凡、庞子舟、吕子人、赵中玉、尹锡五、马海龙及朱霁青、刘廷汉诸部,并招募各乡的民团、退伍士兵、青年学生及警察,组成东北军二个纵队、五个支队,拥有数千人的队伍。同月,金维系在安徽集合同志,筹备发动;曾跃廷在湖北京山、应山、天门、汉川等县招集四千余人,并运动军队,策划攻署劫狱,发动起事。

中华革命党在各地策动的武装起义,此起彼伏。孙中山对讨袁的胜利充满了信心。他认为:"现在海内风云,以袁氏称帝之故,愈趋愈急,夫己氏股肱诸将亦有土崩瓦解之势,乘时蹶起,机不可失"②;"袁氏末运,去兹不远矣"③。

三　暗杀活动

中华革命党发动三次革命,在致力于以武力讨袁的同时,还采取了

---

①　《张百麟致陈其美报告策动黔省革命情形函》,《革命文献》第47辑,第308页。

②　《孙中山全集》第3卷,第210页。

③　《孙中山全集》第3卷,第210页。

暗杀行动。狙击暗杀，往往是革命党人用来作为军事冒险的补充手段。特别是当革命处于低潮，发动起义困难重重，一筹莫展之时，暗杀活动更被视为快速有效的歼敌捷径。许多党人认为，通过暗杀，"既可以促成反动统治内部之混乱，又可以振奋民心士气"①。为此，中华革命党人组织了"中华铁血模范新军炸弹暗杀团"②，还在广州成立了敢死队、炸弹队，进行了多次暗杀活动。

1. 钟明光行刺龙济光

自1914年末中华革命党发动了"讨龙之役"后，袁世凯恐革命党在广东再举暴动，一再电令龙济光"严加防缉，而杜祸萌"。龙济光乘机大肆搜捕党人，并再三表示："乱党之谋，注重在粤，诚如钧示，济光仰蒙付托之重，敢不殚诚竭虑，力保治安。"③龙济光媚袁惟恐不周，当袁氏承认"二十一条"后，他竟不顾举国一致反对，仰承袁氏意旨，电请"提灯庆贺"。革命党人闻龙此举，"愤不欲生，切齿誓杀龙以儆凶顽"④。再加上龙济光督粤多年，苛捐杂税，贩烟开赌，纵兵淫掠，杀戮党人，无所不为。革命党人李作汉、罗划湖、李稚陶、钟明光与丘汉苗女士等结义，组成暗杀团，专以刺杀龙济光为己任。他们最初计划采用手枪为狙击武器，但钟明光认为手枪远程射击，命中困难，主张采用炸弹，并慷慨表示："必要时愿与龙贼同归于尽。"⑤

5月末，暗杀团准备就绪，开始侦查龙氏行踪，伺机进行。但龙济光自知在粤与民结怨甚深，党人必欲先除之而后快，因而行踪诡秘，深居简出。革命党人潜伏多日，也未得手，便改变主意，先杀龙氏之兄龙觐光。龙觐光任广惠镇守使兼陆军一师师长，是龙济光的主要帮凶，先

---

①　罗翼群:《中华革命党活动回忆》,《广东文史资料选辑》第25辑,第77页。

②　《总务部复曾集棠铁血团应经过入党手续函》,《革命文献》第45辑,第67页。

③　《龙济光致袁世凯电》,中国第二历史档案馆藏件。

④　《邹鲁全集》(五),第1060页。

⑤　罗翼群:《有关中华革命党活动之回忆》,《广东文史资料》第25辑,第97页。

杀他即是断其左膀右臂。暗杀团乔装成小商贩,肩挑瓜果、杂货,将炸弹藏在箩筐中,在将军署镇守使署一带叫卖,但在外巡候数日,仍未得时机。

7月11日,广东大水成灾。15日,油行又起大火,火苗随着漂在水上的浮油,顺河而下,延及船艇,惨声四起。龙济光深恐局势生变,在严密的保卫下,前呼后拥,到龙觐光处察看。暗杀团利用这难得的机会,由钟明光"托名摆卖卤酸菜为业"①,潜伏在龙济光必经之路。17日,龙济光一行路经积厚坊时,钟明光从容扔出炸弹。炸弹威力巨大,当场炸死炸伤龙氏卫士及路人各十余人②。遗憾的是龙济光在护卫包围之中,仅伤其左足。钟明光不幸被执,凌迟而死。

2. 杨玉桥行刺薛大可

北京《亚细亚报》是帝制派的御用宣传机关,平日鼓吹帝制,不遗余力。该报总理薛大可为进一步扩大帝制宣传,特在上海筹设该报分馆,定于9月10日出版。革命党人杨玉桥闻讯,怒不可遏,欲置薛大可于死地,以张正义。

9月11日晚7时许,杨玉桥携炸弹潜至报馆,向馆内投掷炸弹,当场炸死三人,伤数人,但薛大可未被炸死。杨玉桥被英捕抓获,后由上海镇守使郑汝成引渡入狱。革命党人萧美成急欲营救,亦因走漏消息而被捕。12月23日,两位志士在沪殉难③。

3. 吴先梅行刺蒋士立

袁世凯以中华革命党为心腹大患,特派变节分子蒋士立携巨款五十万元到东京,与驻日本公使陆宗舆共商分化瓦解中华革命党的对策。他们以资送回国、予以政治地位、送到国外休养、予以优裕生活费和补给留学官费的办法来引诱革命党人叛变自首,并规定凡党人前来办理

---

① 《神州日报》,1915年7月27日。
② 《东方杂志》第12卷,第8号。
③ 《袁氏盗国记》上篇,第30页。

自首手续,须检讨过去讨袁大逆不道,写下"犯上作乱,天诛地灭"①的誓词,还要定期汇报党内消息及党人行踪。

当时麇集东京的革命党人,多数生活贫困,在敌人金钱收买之下,一些意志薄弱之徒堕志变节,奔走于蒋士立的门下。叛徒的出现,搞得中华革命党内气氛紧张,人人自危,甚至隔几天未见面的朋友,也怀疑是否被收买了。孙中山也觉察到,"吾党秘密事,何以袁政府总能得消息?"②为制止这种腐蚀剂在党内蔓延,孙中山召集居正、田桐、廖仲恺、谢持、覃振商讨对付办法。这时湖南青年党员吴先梅自告奋勇,向覃振提出,愿负除害具体责任。覃振赞同吴先梅的意见,决定派其刺杀蒋士立。

覃振的同乡湖南岳阳人周鳌山是蒋士立的爪牙,为蒋收买党人四处奔走,深得蒋的信任。某日周往访覃振,因覃振不在,便留下一张便条。覃振就仿效周的字体,假冒周的名义写一便条伪称向蒋引见自首党人。1915年10月17日晚9时许,吴先梅持便条赴蒋士立赤坂寓所,诡称有要件面交。蒋以为是党人前来自首,同秘书一起下楼会见。吴先梅因事先见过蒋的照片,蒋刚进接应室门口,即拔枪射击,一弹贯通蒋的右胸,一弹伤腹,蒋应声倒地③。吴先梅见目的已达,快步走出蒋宅,并举枪大呼:"杀袁探,我革命党也。"④随即趁雨夜飞驰而去。事后,在孙中山、陈其美等人的掩护下,吴先梅顺利地回到了国内。

4. 王晓峰、王明山行刺郑汝成

袁世凯深知上海为全国重镇,又向为"乱党"发源地,特派心腹大将郑汝成任上海镇守使,坐镇东南。郑汝成"权谋诡谲,干练多才"。帝制

---

① 杨思义:《二次革命失败后国民党人的形形色色》,《文史资料选辑》第48辑,第137页。

② 谢持:《总理嘱件记录》,《国父年谱》,第543页。

③ 《中华新报》,1915年10月19日。

④ 《中华革命党》,《邹鲁全集》(三),第274页。

发生,郑极力赞助,声言:"一身独当东南各省反对之冲。"①为防备暴动,郑大肆捕杀革命党人,仅以 1914 年 9 月计,即"杀害党人八十七名之多",成为革命党的凶恶敌人。

1915 年末,陈其美与杨虎、孙祥夫等策划在上海举事。他们认为,上海为东南第一要区,吴淞要塞扼长江之口,制造局为后方重地,都是军事上的必争之地。但海军不得,则上海难下,上海不下,则东南难图。要想取上海,须先除去郑汝成,"逆酋不杀,则上海与海军二者皆不能急图也"②。为此,第一目标是刺杀郑汝成。

11 月 8 日,陈其美获悉日本大正天皇于 10 日举行加冕典礼,驻沪日总领事署将开会庆祝,郑汝成必定要亲往祝贺。陈其美认为这是绝好的机会。9 日,他召集党人在法租界萨坡赛路十四号开会,周密安排了狙击郑汝成的具体方案。凡郑可能经过的地方,都派同志埋伏于路口:吴忠信领安徽同志在十六铺,江、浙同志在跑马厅,谢宝轩等在黄浦滩,马伯麟、徐之福等广东同志在海军码头,各路分头前往,准备伺机伏击。英租界外白渡桥是最重要一处,不但离日署近,是郑汝成必经之地,而且车辆在此须转弯慢行,最利于伏击。陈其美考虑再三,决定派干练沉勇、射击术娴熟的王晓峰、王明山担此重任。因这次行动事关重大,陈其美特于 11 月 9 日会见他们二人,问道:"欲在沪发难,必先杀郑汝成,故杀郑既所以倒袁,亦既所以存民国也,二君之意谓何?"二人慨然许诺,表示:"郑不诛,袁不孤","必誓死以奉公命"③。

10 日上午 10 时半,各路伏击人员携炸弹、驳壳枪与五百发子弹分头出发。王晓峰、王明山与孙祥夫潜伏于白渡桥北墩三四丈处。郑汝成知近期风声甚紧,出动倍加警惕,故意改变原来路线,绕道乘汽艇至

①　《国士王晓峰、王明山略传》,《民口》,第 129 页。

②　蒋中正:《陈英士先生癸丑后之革命计划及事略》,《陈英士先生纪念全集》上集,第 120 页。

③　《国士王晓峰、王明山略传》,《民口》,第 129 页。

汉口路外滩登岸,换乘汽车。因此,各路均未遇到郑的车队。11时许,郑的汽车行至白渡桥北墩,车速转缓,将上桥脊,孙祥夫认定身着黑披肩、大礼服者是郑汝成,急发令执行。王明山立即向郑的汽车投去一枚炸弹,但因用力过猛,炸弹落在车后。郑的司机见事危急,想加速急驶而逃。王明山眼明手快,又冲上前去,投出第二枚炸弹,命中车的后身,郑汝成在车中被震得失去知觉。王晓峰趁势跳上车缘,左手握车栏,右手提驳壳枪,对准郑的头部连发十枪。因射击距离近在尺寸,郑汝成立刻脑浆迸裂,头若蜂巢,当场毙命。王晓峰将郑击毙后本可逃脱,他却再次验明正身,见目的已达,放声大笑,立桥头演说一分钟,从容被捕。受审时,二位壮士侃侃而谈:"郑汝成辅袁世凯叛反民国,余等为民除贼,使天下知吾人讨贼之义,且知民贼之不可为。"①但当法官再三盘问主使人及同党时,二人"坚不吐实"②,只是自豪地说:"吾为祖国立一大功,虽死无憾。"③12月7日,二人在上海被害。

　　由于阶级和时代的局限,资产阶级革命党人往往以暗杀作为打击敌人的一种手段。虽然靠暗杀不可能从根本上推翻袁世凯的反动政权,暗杀的作用也远不如革命党人想象的那样巨大,但从客观上看,成功的暗杀的确打击了敌人,鼓舞了士气,为武装起义创造了一定的有利条件。对郑汝成之死,袁世凯"大为伤感,辍会终日"④,并下令"追赠郑汝成一等彰威侯"⑤。而革命党人却为之振奋。孙中山深表敬佩地说:"此等气魄,真足令人生敬,沪去此贼,事大可为。"⑥

---

① 《邹鲁全集》(五),第1054页。
② 《神州日报》,1915年11月15日。
③ 《国士王晓峰、王明山略传》。
④ 《洪宪纪事诗本事簿注》卷2,第167页。
⑤ 《政府公报》,1915年11月12日。
⑥ 《孙中山全集》第3卷,第205页。

四　肇和之役

郑汝成被诛,敌人在上海的部署已乱。袁世凯惊恐之余,急忙遣将调兵,撤除上海镇守使一职,改派杨善德为淞沪护军使,卢永祥为淞沪护军副使,何丰林为上海防守司令。为加强东南地区的力量,袁世凯致电冯国璋说:"迭据各地探报均称,多数乱党窥伺东南甚急,苏省极关重要,非有得力活动军队随时应付,不足以资防范。希即编两混成支队,以备相机策应,遇有警报,即分头迎剿,迅即扑灭。"①他并答应给这支部队筹备费二十万元,先拨十万元,促冯国璋加紧筹备;同时又令张勋协助防守上海。张即"特派专员率同侦探多名,常以驻沪,调查协缉"②。袁世凯想借此巩固淞沪重镇,稳住阵脚。

新任淞沪护军使杨善德平庸无能,在军内毫无威信,人心浮动。革命党人趁时加紧运动,长江及江浙各省同志亦纷纷前来敦促,表示:"苟上海能任发难,则各省必可克期响应。"③再加上袁氏帝制阴谋暴露,"全国人心愤激,均属望于革命党"④。孙中山等人遂决定首先在上海发难。

孙中山委任陈其美为淞沪司令长官,主持策划上海义举。原主持上海军事的吴忠信及蒋介石、杨庶堪、周淡游、邵元冲、丁景良、余建光等人,共同辅助陈其美,分任军事、财政、总务、文牍、联络等职务。他们一起为筹备起义,反复磋商,认为上海起事必须有充足的准备。当时有"肇和"、"应瑞"、"通济"三艘海军战舰在长江停泊。陈其美命杨虎加紧

①　《袁世凯致冯国璋电》,中国第二历史档案馆藏件。
②　《张勋致大总统府电》,中国第二历史档案馆藏件。
③　邵元冲:《肇和战役实纪》,《陈英士先生纪念全集》上集,第129页。
④　《陈其美致邓泽如报告刺郑汝成及肇和失败情形函》,《革命文献》第46辑,第170页。

运动这几艘军舰的官兵响应起义,以期"舰队为主,炮队营为副,同时并举"①。因得"肇和"舰长黄鸣球的支持,该舰策动工作成效最著。其中实习生陈可钧最为积极,主动担负起倡导起义的任务。舰上大多数官兵同意响应起事。在"应瑞"、"通济"两舰上,赞成起义的官兵也逐渐增多。此外,运动陆地军警的工作,进行得也颇为顺利,"陆军及警察,已多表同意于我党"②。指挥总部认为时机已渐成熟,计划在12月中旬发动。

　　此时,情况突然发生了重大变化。因在运动海军时,走漏了风声,袁世凯当即采取措施。他对陆军采取分而治之的办法:命所疑陆军分别驻扎,将一部分调往北方,一部分则索性解散。对海军中有不稳定动向的"肇和"舰,则采取了"隔离战术",并派萨镇冰以检阅海军为名,命令各军舰出海。12月1日,萨镇冰乘宁沪专车来沪检阅海军③,他命"肇和"舰12月6日出航外海,开赴广东,俾使革命党人鞭长莫及。

　　突然的变化,打乱了革命党人原先的部署。"肇和"舰内革命党人认为:"我党联络'肇和'之成绩为各舰之冠,今若听其开去,则将来发动尤困难"④,要求总部决定于6日提前发难。总部举行紧急会议商讨对策,经反复思考,多数认为:"肇和"、"应瑞"、"通济"舰俱泊上海,皆海军的精华,根据当时党人的力量和进行的情况,再加上内应,一旦发动,这几艘军舰定会同时得手,然后再用军舰的威力对付陆军,陆军必定溃败。当即决定趁各舰长公宴萨镇冰之日,即12月5日午后4时发动。

　　这次上海发动的战略目标是:"袭击海军,后即攻制造局,再取吴淞要塞,然后图浙攻宁,以为东南之根据。"⑤

---

① 《肇和发难纪实》,《革命文献》第46辑,第161页。

② 邵元冲:《肇和战役实纪》,《陈英士先生纪念全集》上集,第128页。

③ 《神州日报》,1915年12月2日。

④ 邵元冲:《肇和战役实纪》,《陈英士先生纪念全集》上集,第129页。

⑤ 《陈英士先生癸丑后之革命计划及事略》,《陈英士先生纪念全集》上集,第123页。

在战术上,总部拟定了详细的作战方案,具体分配了任务。陈其美任淞沪司令,吴忠信任参谋长,黄鸣球任海军司令,杨虎任海军陆战队司令,孙祥夫任副司令。作战计划如下:

一、海军以"肇和"舰为海军司令部,杨虎率一部分人占领"肇和",占领后即开炮猛击制造局;孙祥夫等率一部分部队分别占领"应瑞"、"通济",以为"肇和"之辅助。

二、制造局同意之军队及城内闸北等所联络之军警,闻军舰炮声,即同时响应。

三、夏尔玛担任于城内各城门举火响应。

四、薄子明等率领山东部分同志攻击警察局。

五、阚钧、沈侠民、朱霞、谭斌等担任攻击电话局、电灯厂。

六、陆学文担任攻击警察第一区工程总局。

七、姜汇清、曹叔实、杨靖波、余建光等担任攻击闸北方面军警,余建光并任散布告示檄文。

八、杨庶堪、周淡游、邵元冲等担任留守总机关部,并办理后方勤务。

约定以海军炮声为号,各路同时并举。

5日下午3时,杨虎率领海军陆战队三十多人,暗藏手枪、炸弹,装作游客,乘汽艇由黄浦出发,直奔"肇和"。途中,汽艇上悬起"青天白日旗"。因此旗与当时海军旗近似,"肇和"舰上官员误以为有人前来校阅,乃集合官兵在甲板上列队欢迎。当汽艇靠近"肇和"船舷时,陈可钧按计划率众响应。因事先已有默契,响应者颇众,其余的人也随声附和。杨虎顺利地登上"肇和",当众宣布中华革命党的讨袁宗旨及起事目的,舰上水兵欢呼赞成。接着杨虎命令发炮。傍晚6时许,水兵们射向制造局的炮声,拉开了起义的战幕。

另一路由孙祥夫率领海军陆战队三十多人,由杨树浦乘小汽船出发,以夺取"应瑞"、"通济"两舰为目标。但当孙祥夫一行接近"应瑞"时,即被巡捕发现,索阅出港护照。革命党人因款绌与时间紧迫,于5

日晨才购得这艘小艇,这天海关不办事,未能注册领牌,取得护照。这突如其来的变化,使他们束手无策。孙祥夫等被巡捕所阻,被迫折回。夺取"应瑞"、"通济"的计划流产,使"肇和"陷入孤立无援的局面。

"肇和"舰炮声骤起,潜伏于陆地租界的数百名革命党人闻声而动,在总部的指挥下分兵几路,向预定目标进发。

谭斌、朱霞率数十名革命党人,身着便衣,手持短枪,冲入南市电话局。局中人皆徒手,无从抵御,革命党人"立悬三色旗及海陆军总司令旗"①,占领了电话局。党人迫令该局长陶菊如交卸职务,控制接线人员,使敌人断绝联系。不一刻,敌军即从制造局派兵反击。革命党人只执短枪,弹药也不充足,两军相持良久,党人终因力量不支而退,电话局复为袁军所占。

薄子明率所部二百余人,潜伏于警察局附近的隐蔽地,候炮声起,即向警察局发起进攻。但因"袁军密布,尽扼要衢"②,再加武器精良,机关枪封锁要道,薄所部皆持短枪,难于和敌军抗衡,同样不支而退。

吴忠信部下陆学文率数十名党人,各持炸弹、手枪,向淞沪警察第一署及工程总局猛攻,打算夺得军械,占据局署,设置起义前线指挥部。革命党人冲至警察署,为门岗所阻,党人即以炸弹摧毁该署大门,同时手枪齐鸣,向顽抗的警察射击。警察抵挡不住,全体溃散。党人攻入警察署,缴获枪支、弹药若干。时近拂晓,袁军重新组织兵力大举反扑,将警察署团团围住。双方展开激战,终因袁军势大,党人死伤过半,损失惨重,不得不撤出阵地。

还有一路由姜汇清、曹淑实率四五十人,于夜半攻击闸北四区警察二分署。革命党人一与警察遭遇,即"开枪击伤警察二名"③,尔后也因实力悬殊而失败。

---

① 《神州日报》,1915年12月7日。
② 《山东革命党讨袁史略》,《革命文献》第46辑,第249页。
③ 《神州日报》,1915年12月6日。

革命党人各路并起,"分途并进,声势甚张"①。但淞沪护军使杨善德依恃雄厚实力,急忙组织反攻,下令一体戒严,派兵把守关卡要地,又将城内巡警一律召回,"每岗另派出十余人,均各荷枪实弹,严密梭巡"②。同时法租界捕房派出巡捕沿界防守;英租界捕房口也拖出大炮两尊;西门方板桥则由巡长带领全班巡士会同宪兵阻断交通。另外,江苏冯国璋亦"分电该地方官警益加戒备"③。

在袁军的反扑下,义军多因寡不敌众而溃败。本拟夺取制造局的计划,也因联络不周而落空。"应瑞"、"通济"两舰又未能附和起义。在前线指挥战斗的陈其美见此局面,急回总部,商议再取"应瑞"、"通济"舰及陆地各路重新组织进攻的方案。正在计议之中,忽有法捕房侦探和巡捕十余人破门而入,当即逮捕了在楼下望风的陈果夫、丁景良二人。陈其美、吴忠信、杨庶堪等人听得楼下骚动,迅速登上屋顶,潜入邻舍,得以逃脱。革命党的指挥系统,因总部机关遭到破坏而陷于瘫痪,不能有效地控制局面继续指挥战斗。只有"肇和"舰仍在孤军奋战。

"肇和"舰在 5 日 6 时发出第一炮的同时,即向"应瑞"、"通济"两舰发出信号,问其"是否同意"④。两舰皆发回信号,称:"正在会议,当可赞同,请勿攻击。"⑤"肇和"舰上得此信号,皆"坦然无虑",安心等待两舰策应。

夜半 1 时,杨善德、萨镇冰与海军司令李鼎新、参议杨晟赶到制造局,商议对付"肇和"舰的办法。因"肇和"是海军中装备精良的主力舰,是否下决心对它开炮轰击,"众说莫决"。最后只得电请袁世凯指示。

---

①　《淞沪护军使保奖戡定肇和舰变乱出力人员电》(1916 年 2 月 17 日),中国第二历史档案馆藏件。

②　《神州日报》,1915 年 12 月 6 日。

③　《冯国璋奏平定上海叛乱情形并查明防御出力人员请奖电》,中国第二历史档案馆藏件。

④　《肇和战役实纪》,《陈英士先生纪念全集》上集,第 134 页。

⑤　《肇和战役实纪》,《陈英士先生纪念全集》上集,第 134 页。

袁命令"将该舰击毁"①。于是李鼎新决定以离"肇和"最近的"应瑞"、"通济"两舰承担攻击任务。

李鼎新等人对"应瑞"、"通济"舰中有革命党人暗中活动,早有耳闻。为抵消革命党的影响,约束舰上官兵,他决定"厚贿海军",并立即派人到交通银行提现金十万,分别运往两舰,还答应在事成后"许以一百万元犒赏费"②,并以封官许愿相诱,促两舰官兵立即攻击"肇和"。

"应瑞"、"通济"舰上革命党人接到"肇和"的信号,本想立即响应,但又顾虑舰中将士意见不一,便继续在舰内说服官兵,动员举义。正在这时,上海当局的大批贿款运到,舰中气氛顿时为之一变。一些原已答应响应起义的官兵得到厚贿,又垂涎于今后的高官厚禄,纷纷改变主意,转而赞成攻击"肇和"。革命党人虽竭力从中阻拦,但经不起金钱利诱的官兵占了多数,革命党人也就无能为力了。

6日拂晓4时许,"应瑞"、"通济"两舰突然发炮,向"肇和"猛攻。正在静等两舰响应的"肇和"舰,在毫无思想准备的情况下,急忙发炮还击。但由于慌乱,多数炮弹都未能命中敌舰。战斗持续将近一小时,"肇和"屡屡中弹,舰上死伤枕藉。杨虎打算将舰开出吴淞口,避其锋芒。但起义人员不懂电气起锚法,无法开船,唯一的出路,只能是据守"肇和"应战到底。此时"肇和"前身起火,锅炉房又被"应瑞"的炮弹击中,锅炉炸裂。杨虎见败局已定,不得不下令弃舰撤退。杨虎等凫水脱险,舰上陈可钧等数十人因伤势严重,行动不便,被袁军捕获,英勇就义。义军仅存的一支力量也被击溃,"肇和"起义失败了。

起义虽然很快失败,但"肇和"军舰鸣炮发难,举国震惊,其意义是不可低估的。

首先,"肇和"之役给了袁世凯及其帝制追随者一个打击。起义刚

---

① 《神州日报》,1915年12月7日。

② 《陈其美致邓泽如报告刺郑汝成及肇和失败情形函》,《革命文献》第46辑,第171页。

刚结束,全国各大报即纷纷发表评论。12月8日,《申报》指出:"上海事件突发,帝政问题之进行大受影响,今后帝政热心者之运动,不问取何手段,必含危险,须加注意,此一般之观测也。"①《神州日报》载济南来电说:"上海乱事之警报传来,此间大受影响,尤以附和帝制者经此意外之反动,颇为震骇。"②《中华新报》在起事的第二天,即发表了《沪乱与帝制》的社论,指出:"沪上有乱,在当局心目中最所深恐。"③号召人们奋起讨袁。全国舆论鼎沸,对袁世凯及其追随者形成了巨大的威胁和压力,使他们感到日益被国人唾弃而惶惶不安。袁世凯唯有一再严令:"各省文武官吏剀切晓谕,严密防查,毋稍疏忽"④,以掩盖其内心的恐惧,为其追随者壮胆。

其次,"肇和"之役暴露了袁氏军心浮动,内部虚弱,并显示出反对帝制已是人心所向,增强了人们对讨袁的信心。虽然袁世凯在淞沪一带密布重兵,海军主力一半以上亦在附近,但革命党人仍能在敌人全力防守的重镇组织起义。起义初发,革命党人登上海军的主力战舰,舰上官兵立即响应,调转炮头,向制造局开炮。可见袁军内部多数官兵亦痛恨帝制。

再次,"肇和"之役向列强揭穿了袁氏所谓帝制运动出于真正民意的谎言。11月20日,袁世凯刚刚演完一幕"国民代表大会"全体投票赞成"改民主共和为君主立宪"的丑剧。未及数日,"肇和"之役爆发,使真相大白。《中华新报》发文对袁氏假托民意的做法,进行了尖刻的讽刺。文章指出:"政府答复五国警告,谓帝制运动出于真正民意。若逆民意,必生内乱。今则此次动乱之生,实由帝制运动当无疑义。不知政府又何以答外人?"⑤外报也为此发表评论说:"协约国前致袁总统之劝

---

① 《申报》,1915年12月8日。
② 《神州日报》,1915年12月10日。
③ 《中华新报》,1915年12月7日。
④ 《政府公报》,1915年12月14日。
⑤ 《中华新报》,1915年12月8日。

告,苟欲证明其言之正当,则今之事变可为充分之物证矣。"①

"肇和"之役在全国反帝制斗争中具有重大意义。对此,孙中山曾给予高度的评价。他说:"'肇和'一役,事虽未集,然挽回民气,使由静而动,实为西南义军之先导。"②

二次革命失败之后,在袁世凯专制独裁的黑暗统治下,唯有中华革命党首举讨袁义旗,孤军奋战,虽屡起屡败,而志不稍衰。它先后发动起义四十余次,这些起义虽然由于脱离群众、有冒险盲动的弱点,没能从根本上动摇袁氏反动统治的根基,但在国内重新点燃讨袁的火种,"渐以拥护共和,反对谋帝之义灌输于各省人民之中,而促以实行"③。他们作出的巨大努力和牺牲,鼓舞和激发了国内人民的反袁斗志,加速了进步党人的转变。在整个反对帝制的斗争中,中华革命党人的倒袁先锋作用是不可磨灭的。

第三节　黄兴与欧事研究会

一　欧事研究会的成立

欧事研究会是一部分国民党人以继续反袁为目的而组成的政治团体,它是全国反袁斗争中一支重要的力量,1914年8月在日本东京成立。

如前所述,孙黄两派观点不同,分歧日深。黄兴等人终因反对中华革命党入党手续和誓约及党章中关于非党员在革命时期内没有公民资格和元勋公民的规定,拒绝加入中华革命党,因而两派在组织上形成了

---

① 《申报》,1915年12月7日。

② 孙中山:《致各总长各议员请国葬陈英士书》,《陈英士先生纪念全集》下集,第416页。

③ 朱执信:《论中华革命党起义之经过》,《革命文献》第5辑,第76页。

公开分裂的局面。陈其美全力支持孙中山,"力排众议,主亟进"①,对持反对意见者大加攻击。一些人对陈之所为不以为然,遂散布陈是青帮首领,"在新党未宣布成立,就以青帮身份窃取组织部门要津"②。再加上陈其美误认为黄兴携巨款在东京建造私宅,无理指责黄兴,许多人对陈更表恶感,孙黄两派对立情绪加剧。黄兴认为这是因他不同意孙中山的主张而对他施加的压力,十分恼火。他在给宫崎寅藏的信中气愤地说:"然以弟不赞成中山之举动,以是相迫,不但非弟所乐闻,且甚为弟所鄙视。"③黄兴觉察到"近日造谣倾轧之机已露"④,因而对党事更觉灰心,心情十分沉重。他说:"国事日非,革命希望日见打消,而犹自相戕贼若是,故日来悲愤不胜。"⑤这时,国民党中一些官僚党员乘势到处活动,主张"拥黄克强先生另行组党"⑥。

在这种复杂的形势下,黄兴处境十分为难。他目睹党内已成分裂的局面,感到非常痛心,但又无力改变这种状况。他既不肯违心地改变自己的观点,屈从孙中山的做法,也无法说服孙中山改变主张,更不愿另树一帜,与孙中山对抗。因为黄兴虽然与孙中山的意见经常针锋相对,甚至争论得面红耳赤,不可开交,但在坚持民主革命立场这个根本问题上始终是一致的。1914年初春,黄兴为新成立的浩然庐学校题匾额时,愤然挥笔写下"大盗窃国,吾辈之责"⑦。这充分表明,黄兴虽身处逆境,但与孙中山一样,讨袁救国的壮志未衰。再则,尽管孙黄之间出现裂痕,黄兴仍然视孙中山为革命党中唯一的领袖。因此,当一部分人想拥他另行组党时,他毫不犹豫地回答:"党只有国民党,领袖惟孙中

---

① 邵元冲:《陈英士先生行状》,《革命文献》第46辑,第133页。

② 程潜:《护国之役前后回忆》,《文史资料选辑》第48辑,第12页。

③ 《黄兴集》,第355页。

④ 宫崎寅藏:《宫崎滔天全集》第4卷,第314页。

⑤ 《黄兴集》,第358页。

⑥ 柏文蔚:《从辛亥革命到护国讨袁》,《江苏文史资料选辑》第6辑,第30页。

⑦ 《黄兴集》,第352页。

山，其他不知也。"①

　　孙中山见和黄兴意见无法一致，便不再谈合作问题。1914 年 6 月
3 日，他给黄兴去信说："兄所见既异，不肯附从，以再图第三次革命，则
弟甚望兄能静养两年，俾弟一试吾法。"②既然孙中山已表明将独立进
行，黄兴也不想从中阻拦。他认为长在东京相持下去，不但对党事无
补，反会使"同志之间意见日深，将自行削弱革命力量，给敌人以挑拨离
间的机会"③，不如离开日本。这样既可以"避免党内纠纷"④，又可以
向孙中山"表明心迹"，以便使孙中山可行其所是，各不相妨。于是，黄
兴给孙中山回信说："弟如有机会，当尽我责任为之，可断言与先生之进
行决无妨碍。"⑤同时决定离开日本，前去美国。6 月 27 日，黄兴在寓
所宴请孙中山叙别。30 日，他在李书城等人的陪同下，由横滨乘轮船
赴美。

　　黄兴离日，并没有缓和革命党内部孙黄两派的对立情绪。追随黄
兴的一些革命党人，见东京僵持的局面，无所作为，也纷纷出走。李烈
钧离日赴法，漫游欧洲；柏文蔚转道香港，去了南洋；钮永建经美转赴伦
敦⑥。在南洋的陈炯明也宣称"不问国事"⑦。

　　仍留在日本的一些人群龙无首，主张各异。一些人不愿加入中华
革命党，仍想"别树一帜，与孙对抗"⑧；一些人不赞同这种做法，但又不
知如何进行。李根源、程潜等人则进入早稻田大学学习政治、经济，以
等待时机。总之，追随黄兴的部分国民党人，既拒绝加入中华革命党，

　　①　柏文蔚：《〈黄克强手札〉跋》，《近代史资料》1962 年第 1 期，第 13 页。
　　②　《孙中山全集》第 3 卷，第 91 页。
　　③　李书城：《辛亥前后黄克强先生的革命活动》，《辛亥革命回忆录》（一），第
212 页。
　　④　柏文蔚：《五十年经历》，《近代史资料》1979 年第 3 期，第 41 页。
　　⑤　《黄兴集》，第 358 页。
　　⑥　杨恺龄：《民国钮惕生先生永建年谱》，第 34 页。
　　⑦　《陈炯明历史》。
　　⑧　章士钊：《欧事研究会拾遗》，《文史资料选辑》第 24 辑，第 264 页。

又没有自己的组织，形同一盘散沙。

恰逢此时，爆发了第一次世界大战。留在日本未加入中华革命党的部分国民党人，认为时局紧张，便经常聚集在一起，讨论世界大战与中国革命的关系和应付方针。这种机会使他们得以常常聚会，以前那种无组织的状况，多少有些改变。1914年8月，由李根源等人倡议，以讨论欧事为名，把散居各地的人组织起来。大家都赞同这个建议，并在一起反复磋商了确定组织名称的问题。多数认为：一、应和一般政党的性质区别开来，这样可以避免发生和中华革命党对立的误会；二、可以借此联络侨居日本的同志，随时随地，相互商榷；三、这个名称不显眼，一时不致为袁政府所忌，国内的人士也可以借此联络，互通声气①。从上述几方面考虑，最后决定将新成立的组织取名为"欧事研究会"。

欧事研究会的参加者，多数都是没有参加中华革命党，但在政治上坚持讨袁，又赞成黄兴"缓进"主张的国民党人，欧事研究会在日本成立后，美国、南洋、欧洲及国内上海的一些人相继加入，共有会员一百多名，其中基本上由国民党内两部分人组成。

一、追随黄兴的革命党人。他们大多数是同盟会的军事骨干，所谓"黄派军人"或"士官生"。这部分人是欧事研究会的核心力量。二次革命时，他们在各省讨袁军中担任着重要的军事职务，其中有江西都督李烈钧，广东都督陈炯明，安徽都督柏文蔚，四川军长熊克武，还有担任江苏或上海讨袁军高级将领的钮永建、李书城、冷遹、章梓、赵正平、方声涛；江西讨袁军将领林虎、李明扬；安徽将领龚振鹏；湖南将领程潜、张孝准、陈强、程子楷等。他们在二次革命的战场上，直接带兵与袁军短兵相接，浴血奋战。然而，惨败于袁军手下的沉重打击，却使他们走向了另一个极端。他们普遍认为，讨袁之役，各自手下都有不少兵将，仍致失败，现在无一兵一卒，何能妄言激进？因此，对孙中山提出要重组军事力量，继续发动武装讨袁，更觉得是纸上谈兵。另外，黄兴是三军

---

① 《护国之役前后回忆》，《文史资料选辑》第48辑，第12页。

主帅，他们跟随黄兴征战多年，从感情上也多和黄兴接近，"皆愿以黄克强的进退为进退"①。孙黄之争中，他们在观点上也都倾向于黄兴，因而也都拒绝加入中华革命党。

二、国民党中的稳健派。其中主要是前统一共和党的成员，如谷钟秀、殷汝骊、彭允彝、吴景濂、欧阳振声、张耀曾等，还有杨永泰、徐傅霖、韩玉辰等人。二次革命后，他们分别任参议院议员或众议院议员。宋案发生后，他们留恋议员职位，不希望以武力方式解决，主张依据法律，制成完备宪法，以限制袁氏职权。1913 年 7 月上旬南北交战之际，宪法起草委员会仍积极进行。自各路讨袁军相继失败，他们"更欲据宪法起草委员会孤军奋斗，以期最后之法律胜利"②。讨袁事败，他们也遭到袁世凯通缉，被迫流亡海外。当两军兵戎相见时，他们仍幻想以法律解决；战事失利后，对孙中山继续以武力讨袁的激进主张，"自然多不能接受，乃至大有抵触"③。还有部分国民党议员自辛亥革命之后身居显位，被袁世凯逼迫亡命，实出无奈，"只要能够逸居东瀛，坐待东山再起，于愿已足"④。因此，黄兴的缓进主张，正合他们的意图。

革命党黄派军人和国民党稳健派的结合，也并非偶然。他们都反对袁世凯独裁专制，坚持讨袁，在策略上赞同黄兴的缓进主张。政治观点的基本一致，是他们结合的基础。在组织上，他们原来同处于国民党之中。孙中山成立中华革命党，把这批坚持反袁的国民党稳健派排斥在外；黄派军人又因和孙中山意见分歧，拒绝加入中华革命党。于是，由于不同原因没有参加中华革命党的两派，便以讨论欧战为名，很快就

① 《二次革命失败后国民党人的形形色色》，《文史资料选辑》第 48 辑，第 126 页。

② 谢彬：《民国政党史》，第 57 页。

③ 陈劲先：《辛亥革命后孙中山在广东的几起几落》，《文史资料选辑》第 24 辑，第 2 页。

④ 《二次革命失败后国民党人的形形色色》，《文史资料选辑》第 48 辑，第 127 页。

结合起来。

欧事研究会的主要组织者和实际负责人是李根源。李根源(1879—1965)字印泉,号雪生,云南腾越人,毕业于日本陆军士官学校第六期步兵科,在东京加入同盟会。云南光复,任云南军政府参议院院长,并受中将衔兼军政部总长,1913年任国会众议员。军人和议员的双重身份,使他和两派人都有密切的联系,成为联络两派的重要人物。他在欧事研究会成立的过程中,集合同志,或协同章士钊草拟对外文字,衡量局势,斟酌词句,或发函联系国内、欧美、南洋各地同志,在筹划和组织上都起了重要作用①。

欧事研究会在东京成立后,李根源、彭允彝、殷汝骊、冷遹、林虎、程潜等连名致函在美国的黄兴、李书城等人,告知成立欧事研究会的目的和具体做法,请他们加入。黄兴认为欧事研究会的宗旨,没有违背其一贯的主张,又能组织同志图谋进行,便欣然赞同,回信表示:"知公等设立欧事研究会,本爱国之精神,抒救时之良策,主旨宏大,规画周详,其着手办法,尤能祛除党见,取人材集中主义,毋任钦仰。又承决议认弟为本会会员,责任所在,弟何敢推辞?"②欧事研究会没有严密的组织,也没有设最高领导职务。但是,它的成员多是黄兴的部下和追随者,黄兴的思想对欧事研究会也具有实际的指导作用。因此,黄兴是欧事研究会成员心目中的领袖。

欧事研究会没有系统的政治纲领性文件,只留下了一份该会发起人于1914年8月13日起草的"协议条件",内容如下:

一、力图人才集中,不分党界;

二、对于中山先生取尊敬主义;

三、对于国内主张浸润渐进主义,用种种方法,总期取其同情为究

---

① 《欧事研究会拾遗》,《文史资料选辑》第24辑,第265页。

② 《黄兴集》第388、389页。

竟①。

　　"协议条件"比较全面地反映了欧事研究会力图联合各派,以"缓进"的方针坚持讨袁的政治主张和斗争策略。从中可以看出,在革命危难之际,欧事研究会仍然坚持了资产阶级民主革命的立场,在根本点上和中华革命党是一致的,两者的分歧主要是在斗争策略上各持所见。在欧事研究会"缓进"的方针中,存在着过高地估计敌人力量,对再举革命缺乏信心的消极因素。但是,他们反对以"少数人之激烈心理,逞一时之愤"②的做法,提出"蓄远势毋狙于目前,计全局毋激于一部"的主张③,则是对中华革命党军事上冒险盲动的否定。再则,欧事研究会反对中华革命党在组织发展上的宗派主义倾向,主张应不分党界,联合一切能够联合的力量共同讨袁。这在当时无疑是正确的斗争策略。

二　欧事研究会的反帝制活动

　　欧事研究会的反帝制活动,经历了三个不同的阶段。在这三个阶段中,随着国内外形势的变化,指导方针也几经变动。因此,其活动的范围、特点、作用在每个阶段中也都不尽相同。

　　第一阶段(1914 年 8 月—1915 年 2 月)

　　这个时期欧事研究会在"缓进"方针的指导下,主要从事反袁的宣传活动,同时逐步聚集人力、物力,为将来的发动作准备。活动地点以海外为主,集中在美国、日本和南洋。在国内,则集中在上海。

　　上海方面的活动由谷钟秀、欧阳振声、杨永泰、徐傅霖、殷汝骊主持。1914 年冬,谷钟秀等人在一起分析国情,商讨今后进行的方针和活动计划。

---

① 《吴稚晖先生文件》,《传记文学》第 34 卷第 5 期,第 64 页。
② 《黄兴集》,第 390 页。
③ 《黄兴集》,第 389 页。

他们讨论了国内政局与各界人士的动向，认为："全国之中，有政治智识，有政治能力，而又一趋于正轨者，仅此少数之人才，分则势孤，或更生有力之敌。"①因此，目前必须尽量联络各界人士，集中人才，在全国发展、扩大反袁势力。为达此目的，需要积极扩大联络范围，应当"不分党派，即前为敌党，但有可以接近之道，即极力与之接近"②，"感情融洽，主张自易一致"。

另外，谷钟秀等人通过对国民心理及舆论界状况的分析，提出国内辛亥、癸丑两次动乱，人人皆喘息不遑，故无论政府如何可恶，激进之主张则不能唤起国人之同情。因此，要促进舆论的转变，当务之急是"鼓吹共和国家组织之原则，共和国民应具之智识"③。人们增强了民主观念，对当局实行专制的所作所为，便可借鉴返观，由此便不难形成健全的舆论。

鉴于以上认识，他们把在上海的活动计划归结为二个重要方面：

一、对于当代有望人物，取广义的联络主义，使人才集中，主张一致；

二、对于现今之政局，取缓和的改进主义，使人心渐入舆论同情④。

谷钟秀、杨永泰等人一面将计划送至东京，与在那里主持工作的李根源等取得联系，求助海外的经费支援，一面按计划在上海开展活动。

为便于与各界人士联络，欧阳振声等曾与北京丁佛言、刘松计划发起一个学会，以聚集当代有望人物。但刚着手进行，丁佛言即被政府派探尾随。这使他们警觉到，突起一学会，会遭到政府怀疑而难以发展，只能以迂回的方法进行联络。他们决定"纳学会于学校之中"，这样事易成而且不至招忌，在学校中还可以培养无数青年，为将来政治上之臂

① 《吴稚晖先生文件》，《传记文学》第34卷第5期，第66、67页。
② 《吴稚晖先生文件》，《传记文学》第34卷第5期，第66、67页。
③ 《吴稚晖先生文件》，《传记文学》第34卷第5期，第66、67页。
④ 《吴稚晖先生文件》，《传记文学》第34卷第5期，第66、67页。

助。于是,他们筹备在上海办一政法专门学校,延聘有名而为当局所不忌之人才,共襄其事。开学后,每个学科都可以发起各自的学会,既能培养学生,又便于联络活动,可谓一举两得。

与此同时,谷钟秀、欧阳振声、彭允彝、殷汝骊设立了明明编译社和泰东书局。泰东书局撰译法政、哲学、文学各种书籍,"欲以牖进社会文明,隐力商贾之间,密图改革"①。泰东书局还作为联络海外同志的机关,被称为"国内民党之重镇"②。谷钟秀等仍觉联络范围狭小,"不足以容纳众流"③,便着手合并泰东书局、明明编译社,重组一大图书公司,打算以公司为基础,作为实业上的根据地,与活动的退藏之所,为今后的扩展打下基础。他们自称这种办法是:"似迂缓而实迅速,且可以立于不败之地位。"④

谷钟秀等人还敏感地察觉到:"现今民党之新闻,一家无存,然除政府直接收买之报馆听其命令外,余皆时露攻讦之态度,此正舆论变转之机会。"⑤为此,他们创办了《正谊》杂志,由谷钟秀主笔,其目的在于宣传民主共和思想及共和国家的组织原则。谷钟秀在《发刊词》中激愤地写道:"民国自成立以来,掷数十万之头颅,糜恒河沙之金钱,墟沼无数有名之城镇市埠,所汲汲购得者,迄今不过共和两字之虚名,与五色旗飘扬于空中而已。而环顾吾人民,不殰于水火,即死于刀兵,幸而生存,颠沛流离。"⑥他明确指出,这是袁氏破坏共和,政治腐败所致。他说:"共和为人民谋幸福云云者,毫不相属,则不得不归究于政治之窳败。"⑦他提出:"对于政府,希望其开诚心,布公道,刷新政治,纳入共和

---

① 《护国军秘密运动史》,《革命文献》第47辑,第44页。
② 《护国军秘密运动史》,《革命文献》第47辑,第44页。
③ 《吴稚晖先生文件》,《传记文学》第34卷第5期,第67页。
④ 《吴稚晖先生文件》,《传记文学》第34卷第5期,第67页。
⑤ 《吴稚晖先生文件》,《传记文学》第34卷第5期,第67页。
⑥ 《发刊词》,《正谊》第1期。
⑦ 《发刊词》,《正谊》第1期。

立宪之轨道；对于人民，希望其发展政治上之智识，并培养道德，渐移易今日之不良社会。"①当时，在袁世凯黑暗的文化专制下，全国报纸、杂志多谄媚袁氏，抨击民党。唯独《正谊》杂志金鸡独鸣，首先打破了舆论界沉闷的气氛，"敷陈正论，为神州放一线光明"②。

在美国，黄兴一行先后到檀香山、旧金山、洛杉矶、芝加哥、纽约等地，每到一处便召集或参加各种集会，发表演说，或撰著文章，进行反袁宣传。

黄兴宣传的主要目的是："将袁氏罪状节节宣布，使世界各国皆知袁氏当国一日，即乱国一日，欲保东亚之和平，非先去袁氏不可。"③黄兴在多次演讲中，着重揭露了袁氏在国内破坏共和、实行独裁专制的罪恶行径。他说："我国名为共和，乃袁世凯所行暴政，犹甚于专制君主。"④他列举了袁世凯祸国殃民的五大罪行，"一、弃灭人道；二、违背约法；三、破坏军纪；四、混乱财政；五、扰乱地方"⑤，形象地勾画出袁世凯这个"专制的、狂妄的、叛国的独裁者"的嘴脸。他号召所有海外侨胞"同心合力，拥护共和，将袁氏驱除"⑥，并坚决表示："我们将奋斗到底，使中国成为一个实至名归的共和国。"⑦

黄兴的宣传鼓舞了革命党人的斗志，也在美国各界人士中引起了极大的反响，争取了美国人民对中国革命的同情。

在东京，欧事研究会以《甲寅》杂志为喉舌，开展反袁宣传。《甲寅》创办于 1914 年 5 月，章士钊主笔。《甲寅》的宣传，最初言词并不激烈，而以生动流畅的文笔，从理论上阐明必须维护民主共和的道理。它在

① 《发刊词》，《正谊》第 1 期。
② 《护国军秘密运动史》，《护国军纪事》第 5 期。
③ 《黄克强先生书翰墨迹》，第 288 页。
④ 《黄兴集》，第 380 页。
⑤ 《黄兴集》，第 367 页。
⑥ 《黄兴集》，第 378 页。
⑦ 《黄兴集》，第 363 页。

前几期中,发表了《政本》、《国家与责任》、《开明专制》、《中华民国之新体制》、《调和立国论》等文章,指出:"开明专制者,人治政治也"①,并深入地剖析了专制对中国社会带来的危害,同时阐明了建立法制的重要性。文章指出:"专制国之法则不然,举所谓法,不越一人之意,即意即法,莫能明之。果兹一人者,亦落形气之中,则意决无衡,而法因靡定。"②与"人治"相反,"今之文明国所有法者,其性公,其质固,审判有定员,解释有定义,所用者法也,而非用法之人。人唯用法而不能自用,故行之而无弊"③。因此,要实现民主共和,就必须否定"人治"思想,建立法制观念。文章在批判"开明专制"论时,虽然过分强调和夸大了资产阶级法制的作用,甚至对以法律限制袁世凯仍抱有不切实际的幻想,但是,文章对封建的"人治"思想进行了深刻的批判,对提高人们的民主意识,坚定人们实行民主制度的信心,起到了促进作用。文章在否定"人治"的同时,也使更多的人认清了袁世凯托共和之名,行专制之实的本质,这对唤起国民的反袁情绪,扩大讨袁的力量和声势,产生了潜在的作用和深远的影响。

在南洋,欧事研究会的活动以筹款为主。1914年冬,李烈钧由巴黎抵南洋。不久,他联合柏文蔚、陈炯明、谭人凤、宋渊源、周震鳞、熊克武、龚振鹏、冷遹、耿毅等人,组织了"中华水利促成社"。其对外宗旨称"拟兴办水利,并计划在南洋设立世界轮船大公司,分劝募股"④,还声称要"办邮船,并派学生赴欧美留学,习飞机"⑤。其实,他们只是用"中华水利促成社"之名,避开居留政府的干涉,而真实目的在于"筹备大款,然后举事"⑥。该社成立之后,柏文蔚、白楚香、宋渊源等人四处奔

---

① 秋桐:《开明专制》,《甲寅》第1卷第2号。
② 秋桐:《调和立国论》,《甲寅》第1卷第4号。
③ 秋桐:《调和立国论》,《甲寅》第1卷第4号。
④ 《时报》,1915年9月17日。
⑤ 《中华革命党在东南亚之党务》,《革命文献》第45辑,第593页。
⑥ 《中华革命党在东南亚之党务》,《革命文献》第45辑,第593页。

走,赴各埠募款。但因南洋华侨中,信仰孙中山者居多,中华水利促成社的筹款活动,成效甚微。柏文蔚等奔走半年,只得"荷兰纸币九万三千余盾,英纸币一万余镑,共合中国钱十二万数千元"①。为改变这种局面,李烈钧、陈炯明商议,改用公司集资办法,给以股票,俟成功付息清偿,由出名人签名负责。

中华水利促成社想尽办法在南洋筹款,必然和中华革命党发生冲突。为此,邓泽如、郑螺生、王慎刚找陈炯明等到槟城,与该埠同志陈新政共同会商。邓泽如劝陈炯明、李烈钧服从孙中山主张,一致革命,以免分歧②。但陈、李却推说:"对先生十分爱戴,断无不从之理,惜乎总章不善,易惹国人反对,未敢妄从。总之,宗旨既同,异途同归,虽未加入本党,系形式上不同,其实精神如一,将来得以倾袁,仍欲辅助先生,施展救民政策。"③李、陈借词推托,拒绝与中华革命党合作。他们单独进行宣传和筹款活动,为了争取款项,有时甚至对中华革命党进行攻击。

革命党内部的分裂,对海外华侨的反袁热情是个打击。有些人认为讨袁事败,现内部又不能统一,有何东山再起的希望,因而灰心丧气,"不愿出钱出力"④。更严重的是,革命党内部矛盾外露,使袁世凯有了可乘之机。袁派人到南洋,混称革命党,四处募捐,"藉敛华侨之金钱,捣毁吾党之信用,挑拨华侨对于吾党之恶感"⑤。此时,一些投机者也乘势招摇撞骗,私自募捐集资,以为己用。中华革命党的声誉因此受到严重影响,筹款工作阻力重重。中华革命党总部不得不发出通告:"以后凡属筹款各项,须奉有总理及各部长委任证书者,方生效力"⑥,并增

① 柏文蔚:《从辛亥革命到护国讨袁》,《江苏文史资料选辑》第6辑,第31页。
② 《中华革命党在东南亚之党务》,《革命文献》第45辑,第594页。
③ 《中华革命党在东南亚之党务》,《革命文献》第45辑,第594页。
④ 《有关中华革命党活动之回忆》,《广东文史资料》第25辑,第77页。
⑤ 《华侨与中国革命》,第235页。
⑥ 《革命文献》第45辑,第640页。

派骨干力量到南洋协助筹款，以求改变被动局面。

由上可见，欧事研究会另立"中华水利促成社"在南洋筹款，虽意在积蓄力量，但实际上与中华革命党分庭抗礼，使革命力量相互抵消。特别是当中华革命党提出合作建议时，遭到了陈炯明等人的拒绝，这种不顾大局、不利于团结的做法，客观上起到了加剧内部矛盾的消极作用。

第二阶段（1915 年 2 月—1915 年 5 月）

1915 年 1 月 18 日，日本当局向袁世凯提出了"二十一条"要求，消息传出，举国惶然。国内外形势的激剧变化，使尖锐的民族矛盾和反对袁世凯专制独裁的斗争交织在一起，形成更为错综复杂的局面。在这种形势下，能否处理好反侵略和反国贼的关系，作出正确的决策，对于资产阶级革命派来说，是一次严峻的考验。

欧事研究会以国家将亡，民族受辱，强调一致对外，反对日本侵略。他们改变了以往缓进的讨袁方针，倾注全力于反日救国斗争。1915 年 2 月 11 日，李根源、程潜、熊克武、陈强等在东京最先联名通电申明："吾人第一主见，乃先国家而后政治，先政治而后党派，国若不成，政于何有？"[1]之后，黄兴、钮永建与在南洋的李烈钧、柏文蔚、陈炯明也于 2 月 25 日联名通电指出："一族以内之事，纵为万恶，亦惟族人自董理之。倚赖他族，国必不保。"[2]他们反对借助外力进行革命，提出暂时停止革命活动，以免妨碍袁政府之对日外交[3]，希望以此为条件，联合袁政府，共同对外。

国难当头，号召人们反对侵略，维护国权，本是革命者义不容辞的职责，何况每当民族矛盾尖锐之际，人们也往往要求调整各种关系，以求共同对敌。欧事研究会从这个愿望出发，号召人们携手共进，抵御外侮，他们反对日本侵略的爱国主义精神，是值得肯定的。但是，在外有

---

① 《林虎、熊克武等联名通电》，《正谊》第 1 卷，第 7 号。
② 《黄兴集》，第 397 页。
③ 《欧事研究会拾遗》，《文史资料选辑》第 24 辑，第 275 页。

强邻紧逼、内有国贼当权的复杂形势下,欧事研究会只强调外御侵略,忽视内反国贼,甚至提出停止革命,则是顾此失彼,其客观后果只能是助纣为虐,适得其反。欧事研究会的错误首先在于,混淆了国家和袁氏政府这两个截然不同的概念。钮永建在美国发表演讲时说:"本党向以反对恶政府为宗旨,然尤以国家之利益为前提。"因此,"如国家遇危则当先其所急,即暂时中止革命"①。有人更直接地说:"吾党革命本缘内政不良,国若不存,命于何革?"②在他们看来,只有停止反袁,支持袁政府,才能抵制侵略,维护国权。

再则,欧事研究会只看到了"此次外交受侮,举国惊惧,虽由国之积弱,而亦中央失政所招,能发能收,责在当局"③,但却对袁世凯为自己黄袍加身,不惜出卖国家和民族利益的本质,缺乏深刻认识,因而就不免产生联袁反日的幻想。钮永建于2月28日在纽约第二次救国大会上呼吁:"一、全国人民,不论何党何派,应协力一致为政府之后援,俾政府得以全力为对日之交涉;二、我民党中人,亦勿于此对日期内为掣肘政府之动作,且当善劝国民实行右第一项之义务。"④爱国热情的冲动,使他们不能理智地看到,袁氏独裁政权,就是丧权辱国的根源。与他们的认识相比,孙中山的看法要高明得多。孙中山明确指出:"袁世凯蓄意媚日卖国,非除去之,决不能保卫国权,吾党继续革命,即如清季之以革命止瓜分。"⑤

值得惋惜的是,欧事研究会并没有接受孙中山的正确主张。他们在错误的道路上走得愈远,对讨袁救国斗争带来的损失也就愈大。袁世凯利用欧事研究会停止革命的时机,分化瓦解革命队伍。在黄兴等

①　旧金山《少年中国报》,1915年5月2日;杨恺龄编:《民国钮惕生先生永建年谱》,第46页。

②　《申报》,1915年7月4日。

③　《欧事研究会拾遗》,《文史资料选辑》第24辑,第271页。

④　《申报》,1915年4月7日。

⑤　《林故主席与美洲国民党》,《革命逸史》第3集,第382页。

通电发表后,袁党大肆宣扬:"黄兴与柏文蔚一派,因孙文为日作伥,已与孙反对,不日将宣告与孙离脱"①,并攻击孙中山等人企图"利用外力,以为第三次革命之举"②。袁世凯乘势宣布"宽赦党人",加紧劝诱党人停止讨袁。他在给驻日公使陆宗舆的电文中说:"此次政府宽赦党人,务令迅速回国自首,共济时艰,以卫祖国。"③同时又密令各省将军,防范党人以"二十一条"交涉为借口闹事,"应即严督所属各军警严行侦察缉办,以资防范"④。袁世凯对内想方设法打击革命力量,稳住政局;对外则卑躬屈膝,以"二十一条"换取日本对其帝制的支持。事实说明,欧事研究会的行动,不但没起到御侮救亡的作用,反为袁世凯所利用。

第三阶段(1915 年 5 月—1915 年 12 月)

事实比语言有更大的威力。孙中山的劝说没能使欧事研究会改弦更张,而袁世凯卖国的事实,却使他们豁然醒悟。无情的事实毁灭了欧事研究会联袁反日的幻想。他们看到的是,袁世凯不但不拒绝日本的无理要求,而且"忍心迎受,反以见好邻国之意图谋称帝"⑤。失望之余,主张缓进者于是重树讨袁旗帜,急起直追。

1915 年 5 月 9 日,黄兴与李烈钧、陈炯明、柏文蔚、钮永建、林虎、熊克武、程潜、李根源等十七人联名通电,斥责袁世凯置国家利益于不顾,接受辱国丧权的"二十一条"。文中指出:"当此举国听命,内讧尽熄之时,政府膺四亿同胞付托之重,一味屈让,罔识其他,条约既成,国命以绝。……今兹结果,实由吾国自始无死拒之心,而当局尤有不能死拒之势。"⑥电文向全国表明,欧事研究会再次向袁世凯公开宣战。

袁世凯并没有把欧事研究会的通电放在眼里,于同年 8 月在北京

① 《神州日报》,1915 年 3 月 4 日。
② 《神州日报》,1915 年 2 月 18 日。
③ 《大公报》,1915 年 3 月 14 日。
④ 《大公报》,1915 年 2 月 9 日。
⑤ 《护国军秘密运动史》,《革命文献》第 47 辑,第 44 页。
⑥ 《与陈炯明等十七人联名通电》,《中国最近耻辱记》,第 295 页。

成立筹安会,悍然公开进行帝制。消息传至海外,恰似火上浇油。在南洋的柏文蔚、林虎愤怒地说:"袁氏帝制自为,无论我党,全中国国民均必起而反对。"①李根源参加了在日本神田举行的留学生侨属演说会,认为形势所迫,必须抛弃前日所坚持的观点,"主张非革命不可"②。身居海外的欧事研究会会员,看到袁世凯怙恶不悛,日甚一日,一致表示不能再事优容,必须立即回国,武装讨袁。

李烈钧、陈炯明、柏文蔚、熊克武、龚振鹏、但懋辛、陈泽霈、曹浩森、何子奇、方声涛等人,在槟榔屿开会,商议对策。李烈钧激昂地说:"君等皆系军人,自应速回东方。"③多数人赞同他的意见。经大家最后商议决定:尽快回国,分途筹划举义④。在日本,由李根源、程潜召集欧事研究会成员开会,详细研究了回国的具体步骤。会上有人提议:程潜和李根源是欧事研究会的干事,应首先回国了解情况,考虑下步进行办法。其余的人根据情况的发展和工作需要陆续回国⑤。与会者都认为这样办比较稳妥,遂决定李根源和程潜先行回国。

1915年11月3日,李根源和程潜由横滨出发,乘船直赴上海。先后抵达上海的还有从美国回来的钮永建,从南洋回来的林虎、章梓、冷遹、陈强、程子楷、耿毅、章士钊。他们又会晤了上海的谷钟秀、杨永泰、欧阳振声、张季鸾等人。欧事研究会分散在海外的各路人马聚集上海,一起分析了当前的局势和事态的发展,共同感到,欧事研究会以往的方针已经不能适应新形势的需要。于是,他们重新制订了下一步的行动方针:

一、全国各界人士,凡秉爱国热忱和救国愿望,挺身而出,反对袁世凯卖国称帝者,我们都愿与之合作,采取一致行动;

---

① 《时报》,1915年9月1日。

② 《申报》,1915年10月19日。

③ 李烈钧:《李烈钧将军自传》。

④ 《中华革命党在东南亚之党务》,《革命文献》第45辑,第607页。

⑤ 《护国之役前后回忆》,《文史资料选辑》第48辑,第14页。

二、国内平日与我们不同宗旨的党派,只要真心反对袁世凯卖国称帝,我们也愿与之合作,采取一致行动;

三、反袁斗争主要是武装对抗,但也不排斥其他方法①。

欧事研究会这个新的方针,断然抛弃了"停止革命"的错误政策和"缓进"主张,保留了他们联合各派力量,共同对敌的策略,确定了武装讨袁的正确道路。在这一方针的指导下,欧事研究会成为讨袁斗争中一支不可缺少的生力军,发挥了巨大的作用。这个时期,欧事研究会的讨袁活动,主要有以下几个方面:

一、宣传

欧事研究会重举讨袁大旗,他们的宣传活动也更加富有生机和战斗力。在欧事研究会的宣传阵地上,除了《甲寅》、《正谊》杂志以外,又新出了《新中华杂志》。为进一步扩大影响,让宣传更迅速、更直接地在实际斗争中发挥作用,1915 年 10 月 5 日,谷钟秀、杨永泰、徐傅霖等在上海创办了《中华新报》。该报作为全国讨袁阵营中第一家报纸,很快产生了广泛的影响。如果说欧事研究会前期的宣传,重在阐明民主共和的理论,以启迪民智,那么,这时的文章就恰似一篇篇战斗檄文,以犀利的笔锋,咄咄逼人的气势,揭露袁氏的种种阴谋,号召人们起来斗争。

1. 揭露袁氏卖国与帝制的关系。

袁世凯几无保留地接受了"二十一条",却四处宣扬是"双方交让,东亚幸福",甚至还开会庆祝所谓的外交胜利。对此,《甲寅》、《中华新报》连续发表了《时局痛言》、《国耻》、《中日交涉谈》、《纪中日交涉》等文章,披露了"二十一条"交涉经过,让世人皆知,此次外交受辱,实由袁氏一手造成。这些文章切中要害地剖析了袁氏急欲称帝的心理,指出:在袁氏看来,"国无大小,皇帝之尊荣则一,故领土固不欲弃,皇帝又所乐为,二者不可得兼,姑舍领土而取皇帝矣"②。这些文章深刻地揭示出

---

① 《护国之役前后回忆》,《文史资料选辑》第 48 辑,第 15 页。

② 《交换条件》,《中华新报》,1915 年 10 月 19 日。

袁氏为图谋称帝,不惜出卖国家利益的本来面目。

"二十一条"交涉时,广大民众纷纷捐赠爱国储金,诚心支援政府,抵御外侮。袁世凯却企图将这笔储金变为帝制活动的经费。《中华新报》为此发表社论指出:"本为储金以救国,岂知竟储金以制造皇帝,并间接以此亡国,初心所期,适得其反。"①同时,他们还注意从理论上向国人阐明"爱国不等于爱袁氏政府"的道理,指出:"谓吾有国而不知爱,是谓大瞀;谓吾于恶政府而宜爱,是谓大愚"②,并提醒大家,"决不能使此倚国为崇之恶政府,并享吾爱也"③。他们引导人们看清袁政府的本质,把蕴藏在人民中间的爱国主义激情,吸引到反帝制复辟的斗争中来。

2. 反对帝制,痛斥筹安会。

欧事研究会宣传内容的核心是"反对帝制,维持共和"④。他们猛烈抨击袁氏政府"大权集于一人,外虽有民主之名,而内实有君主之实"⑤,并向国人呼吁:"共和既立,不得复建君主。"⑥谁若妄想拨弄专制的死灰,必定为民心所不容。

筹安会成立,袁氏窃国之心大白于天下。谷钟秀、欧阳振声、杨永泰等人立即组织了"共和维持会",发布"维持共和国体宣言",最先出来公开驳斥筹安会的谬论。宣言指出杨度鼓吹变更国体,目的是将"国家移诸一姓子孙之手"⑦。他们发誓说:"某等不忍乱亡惨祸之将至,重念缔造共和之艰难,誓发鸿愿,力予维持。"⑧

---

①　《呜呼！救国储金》,上海《中华新报》,1915 年 10 月 31 日。
②　《爱国储金》,《甲寅》第 1 卷第 8 号。
③　《爱国储金》,《甲寅》第 1 卷第 8 号。
④　北京《中华新报》,1916 年 12 月 25 日。
⑤　《复辟平议》,《甲寅》第 1 卷第 5 号。
⑥　《帝政驳义》,《甲寅》第 1 卷第 9 号。
⑦　《维持共和国体宣言》,《顺天时报》,1915 年 8 月 26 日。
⑧　《维持共和国体宣言》,《顺天时报》,1915 年 8 月 26 日。

　　随后,《甲寅》和《中华新报》也连续发表了观点鲜明、言词锐利的文章,猛烈抨击筹安会的种种谬论。文章指出:古德诺在既不了解中国国情,自身理论又陷于混乱的情况下,仓促抛出所谓"君主实较民主为优,而中国则尤不能不用君主国体"的理论,其用心真可谓"司马昭之心,路人皆知"。《甲寅》论坛的文章中,还列举了大量事实说明:"中国今日时势不可变共和为君主。须知一变共和为君主,其恶影响所及,足以覆国而痛民。"①《中华新报》也发表社论坚决表示:"对于共和主张到底,宁死勿退,宁辱勿改,今日于共和之下主张之,他日于君主之下亦主张之。"②这些文章不仅从理论上揭示了筹安会妄图复辟帝制的实质,还向国人表明了与筹安会势不两立,坚决反对帝制的决心,给宣传赋予更大的感召力。

　　3. 号召民众加入反袁斗争。

　　与以往的宣传相比,欧事研究会宣传的一个突出特点是,既深入而又广泛。他们把宣传触角直接深入到各个阶层,特别是面对广大民众。他们既注意揭穿袁氏的种种阴谋,又重视由此而唤醒国民;既从大义上申明复辟帝制对国家和民族带来的危害,又从群众的切身利益出发,分析帝制发生对他们带来的损失,激励他们去斗争。《中华新报》说:"自运动皇帝之开始,至制造皇帝之始终,统合费用,撙节图之,总额当在万万元以上。人祸天刑,外患内忧,交起并作,民穷财尽,析骸剥肤,试问款从何来? 曰地丁钱粮耳,储蓄票、印花税、土膏捐耳,及傥来之救国储金耳。吸吾民之膏血,以为帝制之供张,剥吾民之资财,以发扬一姓之私业。"③他们还在醒目的位置,破例登载了一则小百姓的怨言:"新皇帝登基,一切铺张扬厉之费,一般百姓莫不蹙额相告,种种需费,又将在

---

① 《中国国体论》,《甲寅》第 1 卷第 9 号。
② 《筹安会之所示教于国人者》,上海《中华新报》,1915 年 10 月 18 日。
③ 《所谓国民代表大会组织法之精神》,上海《中华新报》,1915 年 10 月 13 日。

吾民头上打主意矣。"①宣传直接反映了民众的呼声,自然就容易引起民众的共鸣。

欧事研究会的主要宣传阵地《中华新报》,不仅时常发表社论,对一些重大问题阐明自己的观点,还开辟专栏,报道全国各地反帝制斗争的最新消息,刊登短小精悍的时评,痛快淋漓地道出"国民心中所欲言而不敢言者,对于袁逆之举,无不直揭其隐"。因此,报纸一出,风行中外,"不一二月,销数达至万余份"②。有人曾评价说:"推倒满清,得力于《民立报》;摧灭洪宪,得力于《中华新报》。"③

二、联络各派力量共同讨袁

当时,最大的几支反袁力量,中华革命党、欧事研究会、进步党以及倾向讨袁的西南地方实力派,都是各自独立活动。全国讨袁斗争形势的发展,日益迫切地需要联合一切反袁力量共同对敌。欧事研究会洞悉到斗争进程中出现的转机,主动地担负起了联络各派力量的使命。

与其他各派相比,欧事研究会更多地具备了完成这一使命的有利条件:一、欧事研究会在指导思想上,十分重视联合各派共同讨袁。黄兴一再强调:"不论各党派政见如何不同,不论他们以前与国民党有何种嫌怨,只要他们现在反对帝制,肯出力打倒袁世凯的,都要与他们合作。"④二、欧事研究会的活动和宣传,在全国产生了较大的影响,在各党派中已具有一定的威信和号召力。三、欧事研究会有别于政党的组织形式,有利于他们的活动;其组织中包容了各派人士,也为他们四方联络提供了方便条件。另外,欧事研究会和讨袁的其他三大派别——中华革命党、进步党、西南地方实力派,都有十分密切的联系。这些有利条件,使它在联合各派结成讨袁联合战线的过程中,起到了其他各派

①　《帝制声中之南京面面观》,上海《中华新报》,1915年11月9日。
②　《上海中华新报与护国军》,北京《中华新报》,1916年12月25日。
③　曾毅:《护国军秘密运动史》,《革命文献》第47辑,第48页。
④　李书城:《辛亥革命前后黄克强先生的革命活动》,《辛亥革命回忆录》(一),第215页。

所难以起到的作用。

欧事研究会和中华革命党是在思想认识趋于一致的基础上,重新携手合作的。袁世凯接受"二十一条"后,黄兴深感形势危急,一改缓进观点,主张立即发动革命。他让其子黄一欧马上赴日,带给孙中山一信说,袁世凯必将称帝,三次革命的发难时机已届成熟,如有所命,极愿效力[①],表示了与孙中山重新合作的愿望。孙中山也强调,应利用当前的大好时机,联合一致,共同讨袁,希望黄兴早日去日本,共商讨袁大计。

欧事研究会的其他成员,也日感与中华革命党重新联合,共谋三次革命的必要。他们说:"当兹国势危殆,吾党仍分缓急两派,各自为谋,实于国家大大不利,宜设法早日团结一致,共谋国事,庶不致被内奸外患所乘。"[②]于是,钮永建等人一起商议,委托冯自由赴日本向孙中山表明联合对敌的想法。1915年7月,冯自由赴东京面谒孙中山,详述了希望实现各派大团结以推翻袁世凯的愿望。孙中山对他们的这一表示深为嘉许,愉快地和他们一起商讨了合作的办法。

聚集在南洋的欧事研究会成员,也希望尽早和中华革命党建立合作关系。他们派章士钊、周孝怀到日本见孙中山,表示愿捐弃前嫌,共图进行。孙中山接受了他们的意见,并在灵南坂寓所宴请章、周二人,冯自由、胡汉民、戴季陶、居正、廖仲恺、谢持、邓铿等人在宴会上作陪,席间欢谈甚洽。

在湖南,程潜联络中华革命党杨王鹏、廖湘芸,"以大敌当前,正义所在",表示应联合对敌,杨、廖欣然同意。他们一起商量了在湖南的进行方法,决意从湘西宝庆边远地区着手,组织队伍作为根据,等云贵军队出兵湘西,一同奋斗,以图恢复湘南。程潜答应帮助杨、廖解决在上海的活动费用及回湘的旅费。不久,程潜便集资一千多元给杨王鹏等

---

① 黄一欧:《护国运动见闻杂忆》。
② 《林故主席与美洲国民党》,《革命逸史》第3集,第383页。

作活动经费①。

在筹款问题上，双方也开始互通声息，合作进行。黄兴在美国积极筹备讨袁经费，要华侨把捐款"随集随汇"回国，或直接寄给孙中山支配。张继、李根源欲向上海外商借款二百万元，以作西南起义之用。外商所敬仰者唯黄兴，声明非黄兴签字不可。张继电告黄兴后，黄兴立即致电孙中山商议办法。孙中山亦觉此事应加紧办理，乃电托张孝准代表签名，随后又电促李烈钧、柏文蔚在南洋筹饷，以资接济②。中华革命党和欧事研究会在各方面的合作，结束了革命党内分裂的局面，增强了讨袁的力量。

与此同时，进步党也完成了由拥袁到反袁的转变，从而使欧事研究会和进步党的联合成为可能。袁世凯公开进行帝制后，进步党既痛恨袁氏之所为，又忏悔前日之谬误。为此，1915 年 11 月 7 日孙洪伊等发表了《进步党反对帝制之通电》，愤然指出："帝制发生，人心愤恨，若不即此终止，灭亡之祸，无可幸逃。"③第二天，他们又立即通电各省分支部，表示"当此存亡危急，一发千钧之际，吾党力障狂澜，义无旁贷，请诸公及时奋起，共谋补救"④。对于进步党的转变，欧事研究会予以充分的肯定和热情的支持。他们发表了《对于进步党通电感言》，赞扬进步党在关键时刻作出的利国为民的义举。文章指出，进步党"挟全党之势，大张反对，则影响所及，必能昌明吾国人真正之民意，不使彼野心者之妄假民意，以欺天下。一方面可使倡帝制者，不得援君宪以欺国人"⑤。欧事研究会和进步党以相互支持的形式，迈出了合作讨袁的第一步。1915 年 12 月 18 日，梁启超自天津抵沪，以便和上海的欧事研

---

① 《癸丑失败后湘中革命党史概略》，《革命文献》第 47 辑，第 480 页。

② 《黄兴》，《革命人物志》第 5 辑，第 456 页。

③ 《进步党反对帝制的通电》，上海《中华新报》，1915 年 11 月 7 日。

④ 《孙洪伊等反对帝制致各省分支部电》，上海《中华新报》，1915 年 11 月 8 日。

⑤ 《对进步党通电感言》，上海《中华新报》，1915 年 11 月 9 日。

会成员取得联系,"思与提携进行"①。欧事研究会当即表示,对志在讨袁者都推诚结纳,不存党见。双方开始共谋讨袁良策。为解决筹款购置武器及对日外交等事,李根源、杨永泰、程潜、林虎等六人联名致函梁启超,说明岑春煊须赴日活动外援,希梁协助进行②。梁启超本主张岑赴滇,以壮军威,但他还是接受了李根源等人的意见,帮助岑赴日活动筹款。欧事研究会与进步党的合作,在护国战争高潮阶段,就更加密切了。事后,梁启超总结说:"两派合作,是当时成功主因。"③这是很有道理的。

武装讨袁,必须以军事实力为基础。西南地方实力派拥有兵权,可以说是举足轻重的势力,所以欧事研究会十分重视联合他们的力量。

曾经效忠袁世凯的广西都督陆荣廷,因袁在洪宪封爵时,将其爵位置于龙济光之下而大为不满。欧事研究会认为,这是促陆反袁的大好时机。遂决定钮永建、林虎两人冒险潜入南宁,联络陆荣廷起兵讨袁。1915年12月,钮永建和林虎分两路入桂。钮永建由香港搭轮直到梧州转南宁,林虎从安南由海路绕道越南,经镇南关到南宁。钮永建到南宁后,即与护理陆荣廷职务的第一师长陈炳焜密谈。陈代表陆荣廷向钮表示接受"海外同志对桂今日的要求"④,所虑者"龙济光冥顽,非以兵力平之不可"⑤。林虎抵南宁,即致书陆、陈。陆派其亲信马济会见林虎,向林表示:所有海外同志要求广西应负的责任,绝对尽力做到⑥,只是目前因袁氏在粤拨给桂省的军费一百万元、步枪五千枝,须下个月始能领到,为缜密计,拟请钮、林两人先回港,尽管进行其他工作⑦。陆

---

① 《护国军纪事》后编。
② 《梁任公先生年谱》下,第469页。
③ 《松坡军中遗墨》,1926年8月,松坡学会重印版,第1页。
④ 林虎:《往事片断》,《广西文史资料选辑》第1辑,第102页。
⑤ 《护国军秘密运动史》,《革命文献》第47辑,第50页。
⑥ 林虎:《往事片断》,《广西文史资料选辑》第1辑,第102页。
⑦ 林虎:《往事片断》,《广西文史资料选辑》第1辑,第102页。

并派曾其衡、雷殷随同到港，以便于相互之间的通讯联络。随后，陆荣廷还下令"悬五万金购拿李根源、钮永建、林虎"①，以遮掩袁氏耳目。

黄兴在美国亦感到促陆倒袁事关大局。他于1915年12月22日致函陆荣廷，促其兴师讨贼。信中说："今袁逆谋叛民国，公然帝制，不忠不信，不仁不义，人民痛恨，外邦非议，内援外助，俱已断绝，此其自亡之日也。弟知足下素富爱国之热忱，且智勇冠绝一时，临兹事变，必有宏谋伟略百倍于弟之所期。……望足下节丧明之痛，兴讨贼之师，发扬奋迅，激励国民之气，勿使时机坐失，贼势日张，则国家之福，亦足下之所赐也。"②在陆荣廷和袁世凯矛盾加剧时，钮永建、林虎冒险入南宁与黄兴致书劝说，对坚定陆荣廷讨袁的决心，是起了作用的。

除上述几支主要的讨袁力量外，凡倾向于反袁的党派、团体与个人，欧事研究会也都尽可能与他们联合。李根源、程潜、钮永建等人到上海后，主动找唐绍仪、王宠惠、温宗尧等交换对时局的看法，并邀他们在杨永泰住宅共商讨袁之策。康有为、郑孝胥、沈曾植、瞿鸿機等人"骂袁最痛切"，与欧事研究会在倒袁这一点上具有某种一致性。李根源等人特登门相访，但在谈到联合问题时，康有为却提出："是否请宣统皇帝出来？"③李根源策略地回答："倒袁为一事，复辟又为一事，余革命党人，复辟未敢苟同。"④尽管在政见上相差如此悬殊，但欧事研究会仍表示愿与他们在反袁的共同点上联合起来。康有为等人对此也表赞同，他们说："君等戮力倒袁，后事再说。"⑤

为联合张謇、赵凤昌、汤寿潜、伍廷芳、唐绍仪、庄蕴宽等有声望、有影响的人物共同讨袁，黄兴于1915年12月21日特意致函给他们说："今兹共和废绝，国脉将危，泣血椎心，哀何能已！先生等负国人之重

①　李印泉：《护国军始末谈》，京华印书局1917年版，第8页。
②　《黄克强先生书翰墨迹》，第301—303页。
③　《雪生年录》。
④　《雪生年录》。
⑤　《雪生年录》。

望,往时缔造共和,殚尽心力,中复维持国体,委曲求全。今岂能掉心任运,坐视而不一顾乎?……贤者不出,大难终不可平,国之存亡,系于今日。"④

由上可见,在反袁斗争进入高潮之时,欧事研究会奔走于各派之间,呼吁所有反袁力量通力合作,共讨国贼。中华革命党、进步党、西南地方实力派以及各种反袁政治力量,正是以欧事研究会为纽带,实现了直接或间接的联合。

三、策动武装讨袁

在国内发动武力讨袁,是欧事研究会的中心任务。他们反复商议了各省的武装策动计划,并决定相应的部署:由耿毅担任北方同志的联络工作;熊克武回四川,组织地方讨袁军;柏文蔚、钮永建、冷遹策划苏皖浙地方军队的发动;林虎担任广西的联络⑤,程子楷、杨永泰也负责广西之事⑥;李烈钧担任筹划粤赣军事;程潜和张孝准布置两湖军事及湘省义军的发动;谷钟秀、欧阳振声等人任长江之事。他们相约,组织发动起来的力量有大有小,但是每个同志都必须努力去完成自己分担的任务,在讨袁斗争中尽量发挥作用。

为确定发动武装讨袁的突破口,欧事研究会的主要负责人在一起深入地分析了国内形势,认为西南五省的袁氏力量相对薄弱,其中尤以云南起事的条件最为成熟。其原因是:一、云南地处偏僻险阻的边区,在军事上扼险要优胜之势,且四川地方军队既杂又乱,陈宧一时统一不起来,可以作为云南的有力屏障。二、云南两师陆军的素质,大大超过北洋军队,所有中下级军官都是讲武堂的学生,学术优良,思想纯正,并曾受到李烈钧、李根源等教官的影响。三、云南陆军所使用的军械精良,超过南方各省的军队。四、云南当时几个主要当权人物如唐继尧、

---

④　《黄兴集》,第 414、415 页。

⑤　《护国之役前后回忆》,《文史资料选辑》第 48 辑,第 15 页。

⑥　《雪生年录》。

罗佩金等,原来都是同盟会员或有革命倾向的人①。因此,他们决定以云南作为起事反袁的基地。

李烈钧曾任云南讲武堂教官,在滇中不乏故旧,和唐继尧也颇有交情。他曾多次与柏文蔚秘商回滇策动举义之事,认为利用和唐继尧的关系,在云南活动十分有利。1915年10月,李烈钧托人送给唐继尧一幅刺绣,上面绣有"西南保障"、"国家柱石"等字样,以试探唐的态度②。当李烈钧得知唐继尧对赠品甚为满意,对本党主张不表反对,即与唐"密函往来相通候"③,商讨回滇起事。与此同时,李烈钧等人共同筹划了回滇的具体步骤。由于方声涛和云南的中级军官谊属师生,进行工作诸多方便,决定方声涛先赴昆明探明情况,进行一些联络策动工作;如进行得顺利,其他人就立即动身回国,共策进行。

10月,方声涛率学生邹以庄、周汝康二人抵昆明,密隐于骑兵教官黄毓成家④。他们利用和云南军人的密切关系,进行策动工作。当方声涛等了解到云南军界人士也反袁甚烈,大为高兴,立即报告李烈钧说:云南的两师陆军团、营级的主要骨干,如邓泰中、杨蓁、刘云峰、华封歌、董鸿勋、黄永社、赵钟奇等四十余人,都极端反袁,久已跃跃欲试⑤。李烈钧得到消息,决定立刻动身入滇。12月初,李烈钧、陈泽霈、曹浩森、吴吉甫、周世英等至香港,向云南富滇银行香港分行的行长张木欣借到大洋十万元,作为回滇策动的活动费用⑥,然后经海防、河内进入滇境,12月17日到达昆明。欧事研究会成员相继入滇,不仅为发动起事做了诸多组织工作,也鼓舞了滇军将士讨袁的斗志,增强了他们首举义旗的决心。

黄兴也极为关注云南讨袁事态的发展,他认为凭借蔡锷辛亥前后

①　《护国之役前后回忆》,《文史资料选辑》第48辑,第13页。
②　柏文蔚:《从辛亥革命到护国讨袁》,《江苏文史资料选辑》第6辑,第32页。
③　北京《中华新报》,1916年12月25日。
④　《李烈钧自传》。
⑤　《护国之役前后回忆》,《文史资料选辑》第48辑,第15页。
⑥　熊达成:《熊克武十年军政工作回忆录》,未刊稿。

在云南蓄积的革命力量,以及他与进步党及一部分国民党人的密切关系,云南发难是较有把握的①。因此,他积极设法帮助蔡锷回滇,为此特意致函张孝准,嘱其"速与松坡先生密切联系,相助进行"②。黄兴还考虑到蔡锷在滇声望甚高,恐唐继尧对蔡入滇产生其他顾虑而影响大局,便写信向唐继尧说明"蔡只借滇军讨袁,不为都督,不留滇,到即率兵出发"③,以消除唐继尧的疑虑。

此外,在上海的谷钟秀、彭允彝、何成濬等人也与唐继尧的联络员李宗黄建立了联系,共同筹商发动长江上游各省起义,以扩大讨袁力量,减轻袁军对云南的压力④。《中华新报》在云南起义前,"亦直接间接相与筹划一切"⑤。因云南地处西南边陲,与国内外消息多不灵通,《中华新报》社便成为联络各方面的据点,传递消息,"对外之交涉,对内各方面之运动接洽进行,亦多以《中华新报》负其责任"⑥。上述事实说明,云南起义的发动是和欧事研究会的努力分不开的。

综观欧事研究会讨袁活动的三个阶段,当革命转入低潮时,它虽然主张缓进,但并没有与反动势力妥协,而坚持开展反袁宣传活动,在国内外产生了一定的影响,成为当时除中华革命党外另一支坚持反袁的政治力量。中日"二十一条"交涉开始,欧事研究会提出了"联袁对外"、"停止革命"的错误主张,虽然其中含有坚决反对日本帝国主义侵略的积极因素,但客观上毕竟对袁氏有利。欧事研究会的一些成员虽一度陷于迷途,但当袁世凯卖国行径暴露之后,他们便断然抛弃了错误的主张,立即展开了各种方式的讨袁活动,为全国大规模武装讨袁斗争的爆发作出了积极贡献。

---

① 《护国运动见闻杂忆》。

② 《护国运动见闻杂忆》。

③ 《陈嘉全日记》,1937年1月13日条。

④ 李宗黄:《云南首义身历记》,《传记文学》第14卷第2期,第31页。

⑤ 北京《中华新报》,1916年12月25日。

⑥ 北京《中华新报》,1916年12月25日。

第九章　护国战争的发动与帝制取消

第一节　云南首义

一　梁、蔡拥袁立场的转变

随着袁世凯帝制活动的加紧，梁启超及其门生蔡锷等原进步党人的拥袁立场也起了根本的变化。

如前所述，梁启超本是拥袁派。至于原云南都督蔡锷，他领导过云南的辛亥"重九"起义，且在南北议和期间，对袁世凯的阴谋活动曾有所揭露。但是不久，随着清帝宣布退位和袁世凯的上台，他的态度也为之一变，与他的老师梁启超完全一致了。1912年2月，南北争都事起，他是袁世凯建都北京的支持者。六七月间，同盟会为组阁问题与袁世凯发生一系列冲突，他以政府拥护派自居，积极作袁后盾。在地方，他支持唐继尧控制贵州，联络黔、蜀、桂各都督为袁"保障西南"①。在中央，他先后倡议军人不入党和解散一切政党，以瓦解同盟会，并且极力反对《临时约法》，主张予袁以自由解散议会和任命国务员之权。次年三四月，"宋案"和"善后大借款"事件相继发生，他无视全国舆情，为袁多所辩护。及至"二次革命"爆发，他又不顾孙中山、黄兴等国民党人对他的善意争取，公然奉袁世凯之命派兵入川，参加镇压重庆熊克武的起义。10月，蔡锷奉调入京，临行前，他当众宣布：衡量中国现在形势，非袁"不能维持。我此次入京，只有蠲除前嫌，帮助袁世凯渡

---

① 《蔡松坡集》，第548页。

过这一难关"①。到京后,他接受袁的任命,先后担任过政治会议委员、约法会议议员资格审定会会员、参政院参政、将军府将军、全国经界局督办等职。

总之,直至筹安会发生前,无论是梁启超还是蔡锷,都没有公开揭出反袁的旗子。

但是,梁、蔡拥袁也是有一定条件和限度的。首先,他们拥袁,最终还是为了改良政治。而改良政治,他们认为只有战胜"官僚社会之腐败的势力"和"莠民社会之乱暴的势力"(指官僚派和革命派)才有可能。但是,这两大敌人"各皆有莫大之势力蟠亘国中",以"极孤微之力与之奋斗",欲同时"战而胜之",实在是"力所不能逮"。于是,他们不得不急其所急,"认祸国最烈之派为第一敌,先注全力以与抗。而于第二敌转不得不暂时稍为假借"②。这便是他们在一定时期内拥袁的基本原因。

大体说来,1913年孙中山"二次革命"失败前,梁、蔡"先注全力以与抗"的第一敌,是"莠民社会之乱暴的势力";"二次革命"被镇压后,由于革命派在国内已无立身之地,他们的注意力便开始转向先前的第二敌——"官僚社会之腐败的势力"了。蔡锷在1913年10月5日离滇前的一次演说中,曾明确说过:"暴烈派之失败,虽以兵力为之,而进步党之鼓吹社会扶助政府者,其功亦诚不小。今后进步党之所虑,惟在官僚派耳,诸君尚其注意。"③这表明梁、蔡与官僚派头子袁世凯的矛盾和冲突,有其不可避免的根源。

其次,梁、蔡并未因拥袁而放弃自己的政治理想。诚然,他们对民国成立后的政治多所不满,但却从未对共和国体提出异议。不仅蔡锷如此,即如民国成立前曾倡议过"虚君共和"的梁启超,也当众宣布过

---

①　《云南文史资料选辑》第10辑,第16页。
②　《饮冰室合集·文集》之三十,第19—20页。
③　《蔡松坡集》,第768页。

"拥护共和国体"为其"理论上必然之结果"①。1914年11月,他甚至在参政院与蔡锷等人一起,联名向袁世凯提出建议案,要求对淆乱国体的清室复辟派,"照刑律内乱罪从重惩治,以期消弭祸患于无形"②。他们始终坚信立宪制度是近百年来"一切政治之原动而国制组织之根本者"③,为世界各国"早晚必须采用之制度"④。因此,他们虽然同意袁世凯停止国会议员职务,但并不认为可以从此不要国会。1914年1月8日,蔡锷在政治会议茶话会上就特别强调:处置国会一事,只能按当时各都督原电所云,"给资回籍,另候召集","不能越其范围"⑤,言外之意就是不能因此取消国会。梁启超1915年7月20日发表的《复古思潮平议》一文,也明确指出:"民国初元之政,诚尤不足以餍人望也,然岂必其政之本体绝对不适用于中国?毋亦行之非其道非其人耳。既察某制度为今后所万不可不采行,前此行之而有弊,只能求其弊之所在而更张补救之耳。若并制度其物而根本摧弃之,天下宁有此政猷?例如民选议会制度,既为今世各国所共由,且为共和国体所尤不可缺,前此议会未善,改正其选举法可也,直接间接以求政党之改良可也,厘定其权限可也,若乃并议会其物而去之,安见其可?"⑥梁后来回忆说:他和蔡锷当时"很有点痴心妄想,想带着袁世凯上政治轨道,替国家做些建设事业"⑦。他所谓的"上政治轨道",就是依照他的主张实行立宪政治。

再次,梁、蔡始终坚持以爱国为其拥袁的前提。梁启超不止一次地说过,他所以翼赞袁世凯,原因之一就是惧"邦本屡摇",想借他的势力以"奠定国基,振兴中华"。至于蔡锷,直到1915年5月9日中日"二十

①　李华兴等编:《梁启超选集》,上海人民出版社1984年版,第621页。
②　《参政院建议书》,《申报》,1914年11月24日。
③　《蔡松坡集》,第1278页。
④　《饮冰室合集·文集》之三十三,第72页。
⑤　《八号政治会议之茶话会》,《时报》,1914年1月13日。
⑥　《饮冰室合集·文集》之三十三,第72页。
⑦　《饮冰室合集·文集》之三十九,第86页。

"一条"签字后,仍向人表示:"中日交涉,不出吾人所料,可为慨叹。来日方长,真不知税驾之所。""主峰(指袁世凯)曾语兄(蔡自称):交涉完,须咬定牙根,思一雪此耻。此言若信,诚吾国无疆之福,兄誓以血诚报之;如仍旧贯,则惟飘然远引,打个人之穷算盘已耳。"①

以上事实表明,梁启超、蔡锷虽然也拥袁实行开明专制,但同时却具有自己的政治理想和思想品德,这就决定了他们在一定的条件下,是会与袁世凯分道扬镳的。

梁、蔡对袁世凯的疑虑始于1914年下半年。正如前面所述,这年5月,袁世凯非但没有重开国会之意,而且公开宣布废除国务院,设立政事堂,改国务总理为国务卿,种种复古举动,实在使他们"越看越不对了"②。于是,一种"时事日非"、"国事不可论"的感觉渐渐在他们心头萌生、郁结、滋长起来。开始还只是二三朋辈间的窃窃私语,不久便公开见之于参政院了。他们不仅就外交、财政和军政问题向袁政府提出质问,梁启超还公开号召各参政不能"纯粹作政府一留声机器",对其"不是之处",应根据民意"立即纠正",以利国计民生③。

蔡锷这时与梁启超的态度大致是相同的。1915年1月16日,袁世凯特任蔡锷为经界局督办,命令发布前,蔡曾以"对于此事素少研究"为词,向袁力辞④。命令发布之日,他正在天津。次日,他急忙赶回北京,再次具呈表示"不愿身预其事"⑤。然而,一次又一次的辞呈均为袁世凯所拒绝。蔡锷无奈,只好勉强于22日就任,以便将计就计,从清理经界入手,解决征兵退伍后的移垦屯殖问题,为将来军事上改行征兵制度,增强国防力量准备条件。所以他在短短两个月的时间里,使所有筹

---

① 《蔡松坡集》,第797页。
② 《饮冰室合集·文集》之三十三,第88页。
③ 《参政院代行立法院会议速记录》第17册,1914年。
④ 《经界局有派人消息》,北京《群强报》,1915年1月12日。
⑤ 《蔡督办辞职与经界之前途》,《时报》,1915年6月8日。

办事宜"均粗具规模"①。接着，又于局中设立编译所，"督率各员搜集中外专籍，悉心探讨，编成《中国历代经界纪要》暨《各国经界纪要》各一册"②。蔡锷就任后，为贯彻己意，态度固然积极，但对袁的种种不满，也屡有流露。当有人问他："各省设立经界行局，何时始有眉目？"他无可奈何地说："如此办去，恐民国十年亦无何等效果。"又说："当初李仲仙(李经羲)等再三不肯担任，我就知道此事不容易办。现在非但不容易办，而且办了也不讨好。任公先生办币制局毫无结果，将来恐怕我师生同一命运。"③至6月初，他又一次向袁具呈，请求解职。

　　不过，这时梁、蔡都没有想即起反抗。甚至到1915年1月，袁克定宴请梁启超透露变更国体后，梁还认为"改号事并非如此哑哑，尚有余日回旋"，仍按原定计划，"二月半南下，在沪小作勾留，便归粤为老亲介寿"④。他们对袁的所作所为，仅仅是失望而非绝望，在相当长的时间里，仍只"思所以匡救之，阻止之"，而不"思所以裁制之，惩治之"。他们幻想袁世凯能在某天早上，接受他们的忠告，悬崖勒马。用蔡锷的话说，就是"竭忠尽智，希冀感格"⑤。这年6月底，梁启超匆匆离粤，随江苏将军冯国璋入京，还是抱着这样的目的。他回忆道："那年阴历端午前后，我又出来，到南京玩耍，正值冯华甫做江苏将军，他和我说，听见要办帝制了，我们应该力争。他便拉我同车入京见袁世凯，着实进些忠告。"⑥如前述，当梁氏听到袁世凯信誓旦旦地诡称：他绝无帝制自为之意，甚至说他，"已备数椽之室于英伦，若国民终不见舍，行将以彼土作汶上"⑦。梁便相信了他的鬼话，"以为他真没有野心"，而回天津继续

---

① 《经界局经过情形之报告》，《时报》，1915年4月14日。
② 北京《爱国白话报》，1915年7月28日。
③ 《无声无臭之经界局》，北京《群强报》，1915年5月4日。
④ 梁启超致何擎一函(1915年3月8日)，中华书局藏抄件。
⑤ 《蔡松坡集》，第882页。
⑥ 《饮冰室合集·文集》之三十九，第88页。
⑦ 《梁启超选集》，第677页。

过其书斋生活了①。

　　然而不久，袁世凯就自揭假面。8 月 14 日，由他一手操纵的筹安会，在共和国的废墟上破土而出。梁启超、蔡锷数月来力图"匡救"和"阻止"的帝制，终于不以其意志为转移而发生了。这使他们受到一次莫大的嘲弄。多年来，针对革命派人士对袁世凯称帝野心的揭露，他们一直为袁向国人保证："今日大势，子孙万世之业，决无人敢作此幻想。"②现在袁世凯却无视他们的体面，公开打出帝制旗号，还有什么比这更为难堪的呢，他们在革命派面前又输了一着。面对当时"普天同愤"、"党人思逞"的形势，无论为公为私，都不容许他们继续缄默了。于是，梁启超、蔡锷从此走上积极反袁的道路。

二　京津策划军事讨袁

　　筹安会发表宣言后不久，蔡锷匆匆赶到天津，在汤觉顿寓所与梁启超等共同商定：为争四万万人的人格起见，非拼着生命与袁世凯干一场不可。具体步骤是：1. 由梁启超作篇文章，迅速打出鲜明的反袁旗帜，切实掌握舆论主动权，并力争通过推心置腹的规劝，促袁世凯自行停止帝制，以免干戈四起，生灵涂炭；2. 由蔡锷秘密联络云、贵旧部和各方反袁势力，以便规劝无效时，得以立即发动军事讨袁；3. 由于军事讨袁尚需一定准备时间，而梁、蔡师生间的特殊关系又为众所周知，为使蔡锷不致因梁启超发表反袁文章而遭袁世凯忌恨，他们约定在一定时期内，表面上要装成"分家的样子"③。

　　此后，梁、蔡二人便各依计而行。8 月 21 日，梁启超用一夜的功夫，写成了《异哉所谓国体问题者》一文，交汤觉顿带京登报。梁在这次

① 《饮冰室合集·文集》之三十九，第 88 页。
② 《蔡松坡集》，第 717 页。
③ 《饮冰室合集·文集》之三十九，第 89 页。

行动中表现了近年来少有的果敢精神和坚决态度。属稿之时,虽说也"痛楚不能自制,废然思辍者屡矣"①,但主导思想还是如他对女儿梁思顺所说:"吾实不忍坐视此辈鬼蜮出没,除非天夺吾笔,使不复能属文耳。"②至于这篇文章发表前所经受的各方面的压力就更多了。先是筹安会打电报给他,直言"勿将此文公布"③;继而袁世凯又亲派内使夏寿田赴津,贿以"二十万元,令勿印行"④;但都被他严词拒绝。9月1日,他干脆呈明袁世凯:"近顷变更国体之论,沸腾中外","窃不敢有所瞻忌,辄为一文,拟登各报,相与商榷匡救,谨先录写敬呈钧览"⑤。袁见后更加恼怒,复遣人威胁道:"君亡命已十余年,此中况味亦既饱尝,何必更自苦?"没想到这时的梁启超还是不怕死,他笑笑说:"余诚老于亡命之经验家也,余宁乐此,不愿苟活于此浊恶空气中也。"⑥不少好心的朋友恐他招祸,特派代表二人"赶至天津,劝其少安"。但他的回答是:除原文语气可略改婉转外,其他一概不改。他对来人说:"诸君虽爱我,但一息尚存,不能使自由二字扫地以尽。"⑦随后,他遵循友人劝告,删去了"由此行之,就令全国四万万人中三万九千九百九十九万九千九百九十九人皆赞成,而梁某一人断不能赞成也"那一段痛斥帝制的文字,其余各段"亦改就和平"⑧。为避免他人受累,又特地声明脱离进步党,以示纯为个人行动。经此周密布置后,《异哉所谓国体问题者》一文终于发表出来,表现出进步党人反帝制运动的鲜明态度。

与此同时,蔡锷依约装出与梁启超分家的样子。8月25日,不等

---

① 梁启超致袁世凯函(1915年9月1日),中华书局藏抄件。
② 《梁启超年谱长编》,第720—721页。
③ 《是是非非之变更国体谈(十二)》,《神州日报》,1915年9月5日。
④ 《饮冰室合集·专集》之三十三,第143页。
⑤ 梁启超致袁世凯函(1915年9月1日),中华书局藏抄件。
⑥ 《饮冰室合集·专集》之三十三,第143页。
⑦ 北京通信:《筹安会最近之写真》,《神州日报》,1915年9月9日。
⑧ 《梁启超年谱长编》,第721页。

梁文发表,他便约集袁世凯心腹原统率办事处总务厅长、新任参谋次长唐在礼和其他在京高级军官蒋尊簋、孙武、蒋作宾、陆锦、覃师范、张士钰、张一爵、姚鸿法、蒋方震、陈仪等十二人举行赞成帝制的签名活动。他不但亲书了"主张中国国体宜用君主制者署名于后。八月二十五日"题款一行,并带头签了"昭威将军蔡锷"六个字①。随后,又以经界局督办身份代表全局与陆军训练总监蒋雁行等八人呈请袁世凯"乾衷独断,迅予施行"②。9月16日,他还与田中玉、蒋尊簋、张士钰、唐在礼、蒋雁行、陆锦、蒋作宾、袁乃宽、张凤翙、马龙标、傅良佐、雷震春、孙武、丁槐、蒋廷梓、张钫、刘基炎等军界要人在东厂胡同将校联欢社,设筵款待由各省应筹安会请来的赴会代表八十余人,"要约始终抱定君主立宪主义"③。不仅如此,他对所任各职,也较前更为主动和积极了。他按时出席参政院会议,充任帝制请愿案审查员,赞同由立法院向袁世凯提出建议案。在将军府,他继段祺瑞之后为"暂代主席",主持讨论划分军区案及统一军械各项事宜。对于入值统率办事处,他奉命唯谨,从不渎职。他的这些表现,与梁启超长期蛰居天津,拒不出席参政院会议,甚至请求辞职的态度,形成鲜明对照。他逢人便说:我们先生(指梁启超)是"书呆子",不识时务。此外,他还在生活上"姑从事妇人醇酒",示人以"乐不思蜀"的样子。曾经传诵一时的真假掺杂的他与京中名妓筱凤仙的故事,便发生在这个时期。

　　然而,所有这些都不过是"带些权术作用"的斗争策略,签名赞成帝制尤其是这样。正如蔡锷后来答复统率办事处责难时所说:"国体问题,在京能否拒绝署名,不言而喻。若问良心,则誓死不承。"④他支持经界局秘书长周钟岳拒入筹安会,便证明了这一点。8月30日,唐继

----

① 中国社会科学院近代史研究所藏原件影印件。

② 蒋雁行等呈袁世凯文(1915年9月),中国社会科学院近代史研究所藏原件。

③ 《是是非非之变更国体谈(二十七)》,《神州日报》,1915年9月20日。

④ 《蔡松坡集》,第864页。

尧、任可澄在蔡锷的督促下,致电筹安会,称:"已派杨晋、赵鹤龄、周钟岳、杨本礼等四人充滇省军政商界代表就近赴会。"①但周不欲"觍颜入会,与此辈同流合污",请蔡准其"先行辞职"。他当即表示:"吾事尚须相烦料理,此时未便遽离,如不肯入会,吾可电夐公,谓此间已派惺甫(周钟岳字)赴东三省调查经界事宜,请另派代表,并将此情通知筹安会可也。"②果然,9月1日蔡即致电唐、任,谎称周"已派赴东省调查经界事宜,刻难回京,筹安会代表请另派替员"③。可见,蔡锷反对帝制的态度,在"自己人"中是毫不隐瞒的。

实际上,即在他赞成帝制的背后,一场以云贵为中心的军事讨袁战争,已在有计划有步骤的酝酿着。8月20日,蔡锷致电贵州护军使刘显世,一面告以"京中近组织筹安会,研究国体问题";一面表示拟派人"前赴滇、黔,切商一是"④。不久,原云南军官、经界局评议委员殷承瓛便奉命出发了。9月3日,他又致电前贵州巡按使戴戡,促其早日入京。一星期后,戴即登程离筑,并于10月中旬抵京。这就是梁启超所说:"一面要蔡公先派人去,一面要打电报把重要人叫来。"他们预订的计划,正在具体实施。随后,由于帝制"迫速",蔡锷不等殷到达云南,便不顾袁探检查邮电的危险,径直"用经界局关防发一密电往滇",鼓动"人民反对帝制"⑤。

但是,他也清醒地意识到:袁世凯正在密切注视着京外各省,特别是云、贵对帝制的反映,而他与云、贵的关系又是人所共知的。因此,他又频频指使云、贵随波逐流,尽可能向袁表示忠顺。8月26日,他复电贵州刘显世:"筹安会发起后,京外多主张赞同,军界重要诸人亦皆预闻其事","该会即有电相嘱,仍以推举代表为宜"。28日,他同时致电云

① 　北京《爱国白话报》,1915年9月1日。
② 　《云南文史资料选辑》第5辑,第192页。
③ 　《蔡松坡集》,第821页。
④ 　《蔡松坡集》,第810页。
⑤ 　蒋雁行致冯国璋函(1915年11月27日),《近代史资料》1982年第4期。

南将军唐继尧和刘显世："筹安会各省代表均将派齐,尊处希早日指派为要。"9月6日,又电刘显世："至电呈一节,各省已大半照办,尊处似亦不妨以同。"18日,再电刘："国体事现仍进行,各省军、巡来电,主张均归一致,尊处尽可电院表示赞同。"①刘显世颇有感慨地说:国体问题,承"松公随时赐电,俾不致茫茫无主,感激何似"②。

当然,蔡锷的策略也是灵活的,只要有机可乘,就绝不放弃宣传反对帝制。例如,9月6日,袁世凯派政事堂左丞杨士琦至参政院发表国体意见后,袁的意图已尽人皆知。用当时人的话说,就是"词意赞成改革,实已昭然若揭"③。其实,蔡锷对此也是明白的。当参政院指定他为帝制请愿案审查员时,他就和其他审查员一样,表示"各请愿书可以成立"④。但是,他在会后分别打给云贵的电报中却说:"主峰今日(派员)到参政院宣示意见,有维持共和,为其职责,更改国体认为与时事不合等语。"⑤这表明他是在利用袁世凯的语言,合法地暗示云贵不可不反对帝制。

为使讨袁战争更有把握,蔡锷还在京内外进行了一系列的联络准备。如:9月29日,他在己宅与黑龙江将军朱庆澜"畅谈半日,叩其对于帝制问题,沉吟者久之","知其已有会心"⑥。差不多同时,又与前四川都督胡景伊"熟筹川事,密约南旋"⑦。他还了解到山东靳云鹏于筹安会发生时"颇形反对",沿江各省如江苏、江西皆持异议。此外,筹安会初起,他便嘱经界局评议员袁家普"与上海民党暗通消息,得其真相

①　《蔡松坡集》,第 814、816、829、832 页。

②　刘显世致陈国祥函(1915 年 9 月 7 日),中国社会科学院近代史研究所藏原件。

③　恽宝惠致冯国璋函(1915 年 9 月 7 日),《近代史资料》1982 年第 4 期。

④　《公民请愿之审查》,北京《爱国白话报》,1915 年 9 月 13 日。

⑤　《蔡松坡集》,第 829 页。

⑥　《蔡松坡集》,第 1084 页。

⑦　《蔡松坡集》,第 850 页。

报告之"①。9月底，又派专人给远在美国的黄兴，送去一封长达十七页的密信，"谈到当时国内形势以及袁世凯阴谋称帝的种种活动，并提出他自己准备潜赴西南发难的计划"②，等等。

　　然而，袁世凯也没有睡大觉。他既早就认为蔡锷有阴谋，所以把他调来北京，现在冒险实行帝制，自然不能对他没有防备。果然，不久他便接到报告，据云南人说，京中有重要人物致密电该省，唆使人民反对帝制。经向电报局详细调查，此人用的是经界局关防③。接着，路孝忱又报告说滇省反对帝制，蔡锷等人也"通信与谋"④。为了拿到真凭实据，10月14日，他令军警进一步搜查棉花胡同蔡宅。这天上午10时，"有着军服者五人贸贸然来，声称系军政执法处卫队，奉处长谕：有大总统令，命查抄盐商何姓寄存之赃物。蔡宅家丁方欲拦阻，已排闼而入，翻箱倒笼，颇极骚扰，其势汹汹，不可理论。后闻者约集多人壮胆向前语之曰：'此系昭威将军蔡大人住宅，汝等奉命有何凭据？何得无故动蛮？速言其故！'"军警见搜查无所得，这才顺水推舟，"云系奉总统令，查抄福宅寄存之何姓赃物。既现在为蔡宅，我等另向旁处搜查可也。遂相率驰去"⑤。

　　至此，梁启超、蔡锷深感北京已不可久留，军事讨袁应从速作为主要方针提上议事日程。蔡宅被搜后三天，梁启超便退了北京正阳门内前细瓦厂的租屋，一切器具悉运天津。蔡锷也随即"称病，云非有温泉地方，不能适养身体"，为出京制造借口。但老奸巨猾的袁世凯却认袁克定常住的"汤山合宜，令其养病"⑥。其时，适贵州戴戡、王伯群到达

---

① 《记袁厅长所述蔡公遗事》，《长沙日报》，1916年11月11日。

② 《湖南文史资料选辑》修订合编第4辑，第92页。

③ 蒋雁行致冯国璋函(1915年11月27日)，《近代史资料》1982年第4期。

④ 《云南文史资料选辑》第5辑，第192页。

⑤ 《北京新发现之大劫案详记》，《时报》，1915年10月25日。

⑥ 蒋雁行致冯国璋函(1915年11月27日)，《近代史资料》1982年第4期。

北京。经过密议，都认为"欲活民国，非出京不可"①。随后，他们密约至天津，与梁启超、汤觉顿、蹇念益、陈国祥等，就起义事作进一步研究。"初议以梁任公往日本办报鼓吹，蔡、陈、戴、蹇与伯群或往云南，或往两广运动起义。讨论多时，佥谓办报东京，袁不许入口，无益于事，不如分头运动"。"蔡自担任云南，戴与伯群担任贵州"②。他们计划滇、黔两省同时起义，具体步骤是先发一警告电，要求取消帝制；袁不应，再发最后通牒；又不应，即通电全国，宣告独立。为了出其不意地打击敌人，他们并决定："由云南潜运军队到四川境后，乃始宣布独立。"③最后，还深入讨论了不发军用票，通过扩大富滇银行解决财政问题，以及梁启超在外策应，暂不赴滇、黔等一系列具体措施。会后，王伯群带着蔡锷的密信直奔云南，梁启超留在天津准备各种起义文告，蔡锷回京做好出走准备。

三　云南反帝制斗争的酝酿

辛亥革命以后，云南当局曾经一度追随袁世凯反对同盟会和国民党。首任都督蔡锷是这样，继任都督唐继尧也不例外。唐本是蔡锷的部下。蔡任云南新军三十七协统领时，他是七十四标第一营管带。辛亥"重九"起义后，经蔡一手提拔、保荐，他一路顺风，由北伐军总司令而贵州都督，而云南都督。1913年11月，蔡虽然调离云南到了北京，为确保唐在云南的地位，仍不断为他向袁世凯说项。唐因此大受感动，他致电蔡说："奉梗、有两电，公为滇计，划一事权，实佩远谟"④，并且"萧规曹随"⑤，在云南继续奉行蔡锷先前确立的方针。他虽早年在日本参

---

① 《志各界欢迎王伯群先生》，《贵州公报》，1916年6月7—10日。

② 《志各界欢迎王伯群先生》，《贵州公报》，1916年6月7—10日。

③ 《饮冰室合集·专集》之三十三，第144页。

④ 唐继尧致蔡锷电(1914年4月1日)，云南省档案馆藏原件。

⑤ 《唐继尧祭蔡锷词》，刘达武编：《蔡松坡先生遗集·祭词》，1943年版，第17页。

加过同盟会,这时却操着袁世凯的腔调,咒骂企图重返云南组织反袁起义的李烈钧、李根源等为"乱党",一面通令本省文武"严密防范",一面电请袁世凯商请法国驻京公使"迅电越南总督转饬海防、河内法官,于火车船站严密查拿"①,甚至亲自审讯并杀害过孙中山派到云南的革命党人。

但是,云南毕竟不是袁世凯直接控制的地区。它经过辛亥革命血与火的考验,同盟会的影响根深蒂固,民主共和观念深入人心。正如唐继尧和云南巡按使任可澄向袁政府所报告的:"滇中军学界人士众多,十九为国民党籍,反正以来,嚣张已极,近虽潜伏,遗孽实多。故报馆论调,几全属于激烈一派。"②广东巡按使张鸣岐和将军龙济光也说:滇军"将士自辛亥以来习于骄抗,即无国体问题发生,亦必乘机谋变"③。因此,袁世凯帝制阴谋日益公开以后,不少云南籍或与云南有某种历史关系的革命党人,都利用云南富于革命传统而又地处边陲等有利条件,纷纷假借各种名义奔赴云南,从事反袁秘密活动。首任云南同盟会支部长吕志伊就以"创办纱厂,以塞漏卮"为名,于1915年春回到昆明。他在翠湖边赁住小楼一幢,表面"日以莳花种竹,饮酒赋诗为事",暗中却与军学绅界,特别是军界的罗佩金、李曰垓、杨蓁、邓泰中等旧同盟会同志密筹反袁方略,并议定由他和邓泰中、杨蓁联络上中级军官,由日本回滇的老同盟会员杜韩甫、马骧和滇军营长田钟谷、李文汉等联络中下级军官和士卒。经他们多方活动,"滇中军界全体已隐有共同一致之轨道矣"④,从而为日后云南的反帝制斗争奠定了坚实的基础。

8月,袁世凯使人组织筹安会鼓吹帝制的消息传到了云南。首先

---

①　唐继尧致沈汪度等电(1914年4月29日),云南省档案馆藏原件。

②　唐继尧、任可澄致顾鳌电(1915年11月4日),中国社会科学院近代史研究所藏原件。

③　张鸣岐、龙济光致政事堂电(1915年12月29日),中国社会科学院近代史研究所藏原件。

④　《护国运动资料选编》,第104页。

揭起反对旗帜的是昆明的言论界。当时,昆明的《滇声报》、《共和滇报》和《觉报》和《崇实报》等四种报纸,几乎没有不公开反对帝制的,其中尤以《觉报》为最激烈。《觉报》创刊于 1915 年 7 月 30 日,由徐篡武、唐质仙、杨光庭、张子琴分任总编辑、副编辑、总经理、总发行,主要编辑有罗小池、龚荫轩、徐虚舟等人。他们宣布:《觉报》所持言论、所持宗旨,"以造福国家、有益社会为目的,其他强权暴力,一概置而不计"①。这是它敢于进行反帝制宣传的根本原因。

《觉报》的反帝制宣传,主要有以下几方面的内容:

首先,它对筹安会进行了公开的揭露与批驳。9 月 28 日,《觉报》发表了反对筹安会的第一篇社论《对于筹安会之商榷》,紧接着又连续发表《驳筹安会》、《驳君宪救国论》、《辟筹安会所谓势力说之谬》等一系列社论,揭露筹安会头目杨度等人"阳借筹安之名,阴行劝进之术"②,并不点名地把攻击矛头指向袁世凯,说:"信誓旦旦不许帝制复活之×××,对此紊乱国宪之妖人,不惟不予以刑法制裁,甚至闻以大宗款项补助筹安会经费,司马昭之心,路人皆见之。"③它斥责筹安会鼓吹"共和不洽国俗民情"是一派胡言,认为"吾国人备受君主专制之流毒,其厌专制而喜共和也久矣"。"现在五族之中,除宗社党仍思复辟,库伦④一隅妄冀独立外,夫谓共和制与国俗民情不洽者,吾始未之或闻"⑤。文章并指出:我国衰弱到现在这地步,"实出数千年专制流毒之所赐,绝非共和之所致"⑥,并以世界历史为证,说明只有由专制变为立宪,由君主立宪变为民主共和的先例,"从未有立宪而专制,由共和而君主也"。而且"旷观全球,横览五洲,几无一非共和国也。即有一二君主国,将且不

---

①　《异哉封禁报馆之奇闻》,《觉报》,1915 年 12 月 16 日。
②　《驳筹安会》,《觉报》,1915 年 10 月 2 日。
③　《驳君宪救国论》,《觉报》,1915 年 10 月 11 日。
④　库伦,今蒙古人民共和国首都乌兰巴托,当时为我国领土的一部分。
⑤　《驳筹安会》,《觉报》,1915 年 10 月 2 日。
⑥　《为国体问题事誓告同胞书》,《觉报》,1915 年 10 月 9 日。

能存在,归诸淘汰矣"。因此,筹安会此举"究非世界大势趋向之所宜",将来"难免天演之公例"①。对于筹安会的前途,它作了令人信服的预言:"以此孤独之势力而欲以之宰治天下,抵抗国民,岂能始终必其足以制人而不为人所制耶? 恐狼狈周章、众叛亲离之变即随之于其后也。"②

其次,《觉报》还积极与国内其他反帝制派别或个人互为声援,"或传播其言论,或表彰其事迹"。例如,梁启超发表《异哉所谓国体问题者》一文后,它不惜篇幅,于 10 月 1 日全文转载。原进步党党务部副部长孙洪伊致电袁世凯,斥其"妄行帝制"。它为此发表题为《此之谓大丈夫》的时评,称赞孙"正直不阿,清高自爱","真可谓富贵不能淫、贫贱不能移、威武不能屈之大丈夫也"③,等等。对于帝制派,特别是云南人士的劝进活动,它却报以无情的嘲讽和抨击。10 月间,原云南民政长、滇军第二师师长李鸿祥在京以云南代表名义屡上劝进书,《觉报》立即发表《可笑哉李鸿祥》的专题短评,斥其无权代表云南④。不久,各省奉命举办所谓国体投票、征求民意的把戏,它又发表时评指出:"各省之投票解决国体问题也,除赞成二字外,不闻有若何之音响"⑤,并抨击云南议员对此国家安危大计,采取不负责的态度,"以有用之金钱,作无益之报效"⑥。

最后,号召人民"举大名",推翻帝制,是《觉报》反帝制宣传的又一重要内容。《觉报》认为"姑今无论渠等发起之筹安会为学理的研究,抑非学理的研究,要之,欲破坏共和制,即为共和之蟊贼,民国之公敌,不问汉满蒙回藏人,咸当急起而攻,伸罪致讨,维护此共和之雏,以尽国民

① 《对于筹安会之商榷》,《觉报》,1915 年 9 月 28 日。

② 《辟筹安会所谓势力说之谬》,《觉报》,1915 年 10 月 19 日。

③ 《觉报》,1915 年 12 月 11 日。

④ 《觉报》,1915 年 11 月 4 日。

⑤ 《赞成,赞成》,《觉报》,1915 年 12 月 8 日。

⑥ 介唐:《鸣乎议员,鸣乎国民代表》,《觉报》,1915 年 12 月 8 日。

之天职"①。它激励人民为保卫共和奋起战斗,号召人民"振衣千仞,倒挽狂澜。或著书立说,触破奸邪;或鼓吹嘘唏,唤醒国民"②。它更鼓吹"壮士不死则已,死则举大名耳! 彼王莽、杨雄今安在耶? 惟忠臣义士斯不朽耳"③!

与言论界公开倡言反对帝制的同时,军界也在加紧密筹武装讨袁。

自筹安会发生,滇军各中下级军官愤慨异常,酝酿武装讨袁。起初,他们"三五组集",各自为谋,互不通问。李曰垓与赵又新、黄毓成"同为一组";罗佩金、顾品珍、邓泰中、杨蓁、董鸿勋、吕志伊等又"各有组集"④;而李文汉、田钟谷、金汉鼎等则"每星期日到景虹街杜韩甫家讨论"⑤。后经彼此"相聚倾吐",知道宗旨大同,目的一致,逐渐形成有组织有计划的统一行动。

当时,他们以唐继尧身居将军要职,由他出面领导反帝制斗争,不仅可收省内一致之效,而且在省外也有一定的号召力。因此,他们不约而同地都把争取唐继尧列为首要任务。他们推举1912年曾随唐赴黔任过旅长、时正在家闲居的黄毓成和唐最信赖的两位团长邓泰中、杨蓁为进言代表,屡促他早下决心,速定讨袁大计。但由于唐一不了解蔡锷等人的"意向",二不熟悉各省各方"真相"⑥,加上"云南只有两师兵力,尚不及北洋十分之一"⑦,且财力也很匮乏,因此,他虽然私下表示过不愿"臣袁"⑧,然而真要他公开宣布,却也不免顾虑重重。9月,他在征求对筹安会意见的军政会上,告诫首先表示反对意见的杨蓁:"宜量力,

① 《驳筹安会》,《觉报》,1915 年 10 月 2 日。
② 《觉报》,1915 年 12 月 13 日。
③ 大觉:《慨言》,《觉报》,1915 年 11 月 6 日。
④ 《护国运动资料选编》,第 97 页。
⑤ 《云南文史资料选辑》第 10 辑,第 126 页。
⑥ 《蔡松坡集》,第 879 页。
⑦ 《云南文史资料选辑》第 10 辑,第 38 页。
⑧ 《护国运动资料选编》,第 105 页。

无易言。"①10 月，又在中下级军官会上提出"一、须有数百万外款接济；二、须得三两省同意"等等条件，方可宣布独立，始终未能"斩截决定"②。

唐继尧的暧昧态度，激起了中下级军官的强烈不满。在北京又传来蔡锷被抄家的消息。在这些刺激下，他们愤怒地议决："一、于适当时期，要求唐氏表示态度；二、如唐氏反对帝制，则仍拥其为领袖；三、如中立，则将彼送往安南；四、如赞成帝制，则杀之。"③当然，他们的立足点仍在促唐反袁。他们认为：以大局而言，仍以促唐早下决心为上策，"因发之自上，秩序井然；如发之自下，秩序难免紊乱，反为不利"④。为使唐继尧早日宣布讨袁，他们采取了通过董鸿勋"佯言先解决滇局，以耸人听"⑤的策略。董到处扬言："如唐不反袁，我们就倒唐。"⑥至 11 月上旬，唐继尧通过明察暗访，发现如再不宣布宗旨，两师滇军就不是他所能掌握的了。于是，他不得不向驻省连长以上军官表示：对国家大事，等时机成熟，他"自有决定。一旦国家有事，使用军队，最低限度如投石入水，要激起一个波浪"，并命令他们"好好练兵，好好掌握部队"⑦。话说得虽然含蓄，但"安定军心"的意思，却是人人都理解得到的。从此，中下级军官的情绪逐渐稳定下来。11 月 25 日贵州刘显世函告北京陈国祥、戴戡说："滇事至唐开武（唐继尧被袁世凯授为开武将军）宣示宗旨后，军界已大定。"⑧

随着唐继尧的转变，军界的反帝制斗争，开始进入一个新的阶段。

―――――――

① 《护国运动资料选编》，第 105 页。
② 《护国运动资料选编》，第 97 页。
③ 《昆明文史资料选辑》第 1 辑，第 10 页。
④ 《云南文史资料选辑》第 10 辑，第 126 页。
⑤ 《护国运动资料选编》，第 97 页。
⑥ 《云南文史资料选辑》第 10 辑，第 49 页。
⑦ 《云南文史资料选辑》第 10 辑，第 50 页。
⑧ 刘显世致陈国祥、戴戡函（1915 年 11 月 25 日），中国社会科学院近代史研究所藏原件。

中下级军官的活动已不再限于"进言于冀督，并探询主张，以定进止"，而是公开地抵制帝制和具体地进行反帝制准备了。当任可澄派人向省议会商借会场，以选举所谓国民代表，投票取决国体时，董鸿勋决然通知省议会："不许借与。"①当袁世凯派宣讲官至滇军各部队宣传袁是"真命天子，有百神庇护"等谬说，并散发袁的所谓训令、训条，以灌输拥袁思想时，杨蓁断然拒绝到他步七团"演说"②。在反帝制的具体准备方面，他们一面嘱吕志伊"出外联络"，一面密请唐继尧"为各种之筹备，如退职军官之起用，铁路存款之保留，兵工厂、制革厂等之加工赶造"③，等等。为厚集军费，杨蓁还与任可澄针锋相对，坚持暂时缩减教育经费④。

与此同时，唐继尧也化被动为主动，转而积极与中下级军官合作。他虽屡向袁世凯奏报云南国民代表大会的召集、选举是在他与任可澄的"亲临监视"下进行的⑤，但实际情况并非如此。据巡署内务科主事李子辉后来回忆说：这是任可澄在唐继尧"置之不理"的情况下，由"巡署单独办理"的⑥。其实，唐继尧这时所最关心的已不是怎样为袁制造民意，拥戴他为"中华帝国皇帝"，而是如何顺从民意反对帝制，巩固自己的统治问题。因此，他接受中下级军官的建议，于11月下旬颁布了第一号饬令，要求历年来曾在各军队充任中下级官长，或因过撤销差使，或因故自请长假，而现愿报效的赋闲人员，迅即照表填注履历，限十日内详报到署，听候定期查验；如果才质可取，过差可原，即"分别酌予任用，俾得及时自效。其有赋闲日久，学术荒疏者，应令补习学术，亦着

---

① 《云南文史资料选辑》第 10 辑，第 60 页。
② 《云南文史资料选辑》第 10 辑，第 214 页。
③ 《护国运动资料选编》，第 105 页。
④ 《云南文史资料选辑》第 10 辑，第 213 页。
⑤ 唐继尧、任可澄致统率办事处等电（1915 年 11 月 10 日），中国社会科学院近代史研究所藏原件。
⑥ 《云南文史资料选辑》第 10 辑，第 59 页。

听候传取入校,授以相当教育,以备异时补充之选"①。接着又先后采取:1. 召集退伍士兵;2. 编练警卫二团;3. 招添讲武学员;4. 添练新兵;5. 征补各团营缺额;6. 筹备军需军械等多项措施,以扩充和加强军队。为了解省外形势和取得外援,他还与中下级军官议定:"一、密与贵州军界约,二、招纳海内外同志,三、派员赴各省联络,四、派员侦察各省军情。"②

此后,吕志伊、李宗黄、刘云峰等在唐继尧的支持下,纷纷离滇前往港、沪等地,从事反袁联络活动。方声涛、张煦、李烈钧、熊克武、但懋辛等大批欧事研究会成员,被陆续迎到昆明。同时,"得力可靠军队"奉唐继尧之命开始"集中省城",其中两营并在"协捕匪徒,助铲烟苗"的旗号下向川边进发③,至12月中旬,云南已是一座即将爆发的火山,即使政治盲人也能感到地火的奔突和大地的微微颤抖了。14日,任可澄致电袁世凯,建议他"立下取消帝制之命",或"申明延期,俟数年后斟酌国势,再议实行",使"乱党无可藉口,外人无从置词"④,就是这一政治形势的反映。

四 蔡锷抵滇与云南宣布独立

正当云南军事讨袁一触即发之际,1915年12月19日,蔡锷历尽艰险,胜利到达昆明,给云南人民特别是中下级军官带来了新的希望和信心。

蔡锷自10月下旬在天津与梁启超等人具体议定军事讨袁计划后,

① 《云南将军行署饬第一号》,《觉报》,1915年11月23日。
② 《护国运动资料选编》,第109页。
③ 唐继尧致参谋部电(1915年12月21日),中国社会科学院近代史研究所藏原件。
④ 任可澄致袁世凯电(1915年12月14日),中国社会科学院近代史研究所藏原件。

一直在京寻机南下。他自知恶网四布，一举一动都有密探监视。要脱离虎口，不但需要勇敢，更需要机智和谋略。其时，他恰巧喉病初起，于是便将计就计，以此为借口，于28日试探性地呈请袁世凯给假五天。袁不知是计，据呈照准了。11月3日，假期届满，蔡锷一面"遵即销假，趋公照常办事"，一面又以"病势日益加剧，精力实有难支"为由，再上一呈，要求续假，"赴津就医"。袁仍不疑，欣然批道："准予续假七日，俾资调治矣。"①蔡于是名正言顺地到了天津②，顺利地实现了南下计划的第一步。帝制谋士杨度听说蔡锷已引病出京，连忙提醒袁世凯说："此人一去，无异纵虎归山，放鱼入海，从此我华无宁日矣。"③袁急饬"派人察视"。但侦探回报说：蔡锷在津，"时赴病院，时或不往"④，有时还"溷迹于娼寮中"⑤。这才使袁世凯一块石头落了地。其实，这正是蔡锷为逃离虎口而精心设计的"误侦者耳目"的骗局。待监视稍懈时，他却"旋移德义楼，由该楼茶役夜间送其登火车站"⑥，转乘日轮山东丸破浪而去。这一天是11月18日⑦。袁世凯虽然目睹这一切，却始终"不知其意何居"⑧。

蔡锷安全逃出京、津后，不由得深深地舒了一口气。他在山东丸上致书友人说："脱离故国，心绪少定，现食能下咽，夜能获睡矣。"⑨然而，

---

① 《水利与经界两局之现状》，《时报》，1915年11月25日。

② 近人多云蔡锷是在筱凤仙的帮助下离京的，其实不过是哈汉章等人为掩饰他们与蔡锷的关系而虚构的故事（见《洪宪纪事诗三种》，上海古籍出版社1983年版，第170页）。

③ 《蔡灵到埠后之续闻》，《晨钟报》，1916年12月12日。

④ 蒋雁行致冯国璋函（1915年11月27日），《近代史资料》1982年第4期。

⑤ 《滇人反对帝制之蛛丝马迹》，《神州日报》，1915年12月29日。

⑥ 蒋雁行致冯国璋函（1915年11月27日），《近代史资料》1982年第4期。

⑦ 《记袁厅长所述蔡公遗事》，《长沙日报》，1916年11月11日。关于蔡锷离津日期，无一致说法，笔者认为这一天比较可靠。

⑧ 蒋雁行致冯国璋函（1915年11月27日），《近代史资料》1982年第4期。

⑨ 《蔡松坡先生之略史》，《长沙日报》，1916年11月15日。

要到云南，海天万里，潜在危险依然存在，为防不测，袁世凯的护身符仍不可不备。19日，蔡锷按事先约定先斩后奏之计，电告北京经界局周钟岳他已上船离津，可速拟续假三月赴日就医之文代呈袁世凯。22日，周代蔡呈袁续假三月，并请派员代理经界局督办和参政院参政职务。袁当即批令给假两月，并于24日特任龚心湛、张元奇分别代蔡锷兼署督办经界局事务和署理参政院参政。周见事顺利，随又代上一呈，径直呈明："锷病根久伏，殊非旦夕所能就痊。而北地严寒，亦非羸弱之躯所能耐……查日本天气温和，山水清旷，且医治肺胃设有专科，于养病甚属相宜。兹航海东渡，赴日就医，以期早痊。"袁见木已成舟，虽不情愿，也只好假惺惺地批道："呈悉。一俟调治就愈，仍望早日回国销假任事，用副倚任。"①

12月初，蔡锷安抵日本东京。他事先曾派殷承瓛赴日与欧事研究会成员石陶钧、张孝准等联络，请设法避去新闻记者。但还是引起了社会各界的注意。据当时报载："留东人士闻之，一如飞将军从天而下，争往探问。即日本官场中及新闻界亦多有来访者。"②蔡锷深知，东京虽比北京安全，仍不可不谨慎从事。因此，当有人问其抵日后意欲何为时，他只答以"吾辞呈内本曰迁地调理，此行当往热海避寒"③。"有叩以时局上之意见者，则但答以多病之人，不欲多谈耳"④。"同学之往见者，皆不肯见。住所亦无一定，往来飘忽，不可捉摸"⑤。直到离日前夕，他才致袁一电，"切词披布腹心"⑥，首次对帝制提出异议。随后，即在石陶钧、张孝准等人的周密布置下，悄悄离开日本，经上海、香港转赴越南河内，直奔云南。

---

①　《蔡松坡临去之辞呈》，《时报》，1915年12月7日。
②　《蔡将军东游之近讯》，《香港时报》，1915年12月18日。
③　《蔡松坡变服出京之秘幕》，《香港时报》，1915年12月8日。
④　《蔡将军东游之近讯》，《香港时报》，1915年12月18日。
⑤　《蔡松坡变服出京之秘幕》，《香港时报》，1915年12月8日。
⑥　《蔡松坡集》，第851页。

　　袁世凯接到蔡锷东京来电，大吃一惊。明知上当，却也无可如何，唯一的希望是唐继尧能践其拥护帝制的诺言，拒之于外，或击之于途。19日，他致电唐说："蔡锷、戴戡偕同乱党入滇，应严密查访。"①并于越南海防、河内、老街一带广布密探，以求截杀。然而，他哪里知道，这时的唐继尧已非两年前甚至两月前可比。就在他下令严防蔡锷入滇"煽乱"时，蔡锷一行即在唐继尧所派委员唐继虞、邓泰中的严密保护下，有效地挫败了蒙自道尹周沆、阿迷（今开远）知事张一鹏的行刺阴谋，安全到了昆明。唐却于次日复电给袁说："皓两电均悉。昨据探报：蔡锷、戴戡到港，似有赴滇之意。当以两君行踪倏忽，莫测其情，经即飞电劝阻，昨复加派委员驰往探阻，未据报告。倘两君径行到滇，当确探其宗旨，如果有密谋情事，当正言开譬，竭力消阻。否亦令其速即离滇赴京，勿稍逗留。"并信誓旦旦地表示："继尧宗旨夙定，布置周密，但得生命不受危险，绝不致有变故发生。"②这对奸诈过人的袁世凯，真是莫大的捉弄。

　　蔡锷二次入滇，受到云南人民的极大欢迎。正如他自己所说："锷经越入滇，注意颇属周到，不欲以色相示人。乃此秘密消息，不瞬息而传遍，盖船埠、车栈、旅馆均有人坐候，遂至无可避匿。抵滇之日，儿童走卒群相告语，欣然色喜。不数日，金融恐慌为之立平，物价亦均平静。"③云南人民的信赖，增强了蔡锷反袁的信心和力量。抵滇当日，他便不顾旅途劳顿，立即开始了各项准备工作。他一面致电上海梁启超、贵州刘显世、川军第二师师长刘存厚和四川将军陈宧的参谋雷飙等，或报告情况，或请示方略，或授以机宜；一面据京津所议，与唐继尧具体安排了先出兵后宣布，出其不意打击袁世凯的作战计划。按照这个计划，

<hr />

　　①　《护国运动资料选编》，第110页。

　　②　唐继尧致唐在礼电（1915年12月20日），北京《爱国白话报》，1915年12月29日。

　　③　《蔡松坡集》，第879页。

滇军一旅将于 23 日向四川进发,待其抢占川南各战略要地后,滇、黔同时通电全国,宣布独立。这中间,大概需要二十天时间。

　　但是,刚于 12 月 18 日秘密到达上海的梁启超突接有关情报说:袁世凯将以补贺日皇加冕为名,派周自齐为贺礼赠勋特使,赴日洽谈条件,以换取日本承认帝制。紧接着,江苏将军冯国璋又派人至沪传言,说他"盼滇速起",且将"立应"①。在这外交紧急、内助得人的情况下,梁启超感到有必要打破京津成议,提前发难;何况蔡锷、戴戡现已抵达云南,"滇局亦不能久持秘密"②。于是,他一面通过日本驻华公使小幡运动日本政府拒绝周自齐赴日③;一面于 20 日托南京友人代发一电至唐继尧代转蔡锷:"外交紧急,袁将卖国,请即发动。"④唐、蔡以为梁"已经在南京,冯华甫准备着就要响应了"⑤,加上袁世凯又严电唐继尧查缉蔡锷,一时"风声大起,迟恐生变"⑥,遂决定改变计划,及早发动。

　　21 日,唐继尧在其寓所召集有蔡锷、李烈钧、任可澄、罗佩金、刘祖武、张子贞、方声涛、顾品珍、熊克武、黄毓承、殷承瓛、由云龙、籍忠寅、刘云峰、杨蓁、唐继虞、李曰垓、戴戡、孙永安、龚振鹏、戢翼翘、但懋辛、周官和、王伯群、李雁宾、庾恩旸等云南省内外重要人士参加的紧急会议,当众宣读了梁启超的来电,指出:"宣布举义日期,不可再缓。"⑦接着,蔡锷介绍了袁世凯阴谋称帝的经过和各方面反对帝制的情况。他说:"大家都是抱心非的态度,都怀疑这个皇帝是否做得成。至于一般的人,则没有不反对的。所以,只要云南起义,闻风响应者必多,袁氏一

①　《梁启超年谱长编》,第 737 页。
②　《饮冰室合集·专集》之三十三,第 144 页。
③　唐继尧复李宗黄函,云南省档案馆藏原件。
④　墨江庾恩旸著:《云南首义拥护共和始末记》上册,第 19 页。
⑤　《饮冰室合集·文集》之三十九,第 92 页。
⑥　《护国运动资料选编》,第 107 页。
⑦　《云南首义拥护共和始末记》上册,第 19 页。

定被打倒。我们必先出其不意,从速发动。"①与会者一致赞成,并共同议决举义步骤如下:1. 先以唐继尧、任可澄名义致电袁世凯,令其取消帝制;2. 届时无圆满答复,即以武力解决之。随后,蔡锷命戴戡宣读梁启超早在天津就起草好的讨袁通电,征求同意。多数人认为,由于袁世凯已于12月12日宣布接受帝位,因此原稿中"幸大总统始终持稳重冷静之态度,未尝有所表示,及今转圜,易如反掌"以下一段文字已不切时宜,须略加删改,方可为用。但戴戡坚持任公文章,他人不得更改一字,要改也要电请任公自己改。后经李烈钧调和折中,方同意由隶籍进步党的任可澄代笔。这表明以梁启超为首的进步党人在这次护国起义中的确具有较大的权威性。接着,又讨论了军队命名和出兵方略等具体问题。对军队命名,蔡锷欲袭明永乐靖难之例,命为"讨贼军"或"讨逆军",而吕志伊、李根源方面人士却提议"护国军"或"共和军"。李烈钧以元、二年有"共和党"之故,为避免误会,反对用"共和军"。李曰垓则从反对帝制和救国救民双重意义出发,主张采用"护国军"。讨论结果,一致采纳了李曰垓的意见。对于首脑机关,戴戡根据天津成议,提议设立元帅府,但遭到多数与会者的反对,认为如此即近于竞争权利,殊失大公。蔡锷也坚持应"力事谦抑,以待来者",主张暂时"从缓"。最后议决仍采民国元二年旧制,"合并军、巡两署,恢复都督府,召集省议会"②。至都督人选,因唐、蔡推让不止,只好公决唐留守,任中华民国云南都督府都督,兼中华民国护国军第三军总司令官;蔡出征,任中华民国护国军第一军总司令官,并推李烈钧任中华民国护国军第二军总司令官兼筹饷总局总办。其出兵总方略是:第一军北出四川,第二军东进广西,第三军居中策应,以四川为战略进攻的重点。

次日晚10时,唐继尧、蔡锷、李烈钧、戴戡、王伯群、殷承瓛与上校以上军官及各机关长官在将军署举行宣誓典礼,一致表示:"拥护共和,

---

① 《四川文史资料选辑》第3辑,第59页。

② 《蔡松坡集》,第880页。

吾辈之责。兴师起义，誓灭国贼。成败利钝，与同休戚。万苦千辛，舍命不逾。凡我同人，坚持定力。有逾此盟，神明必殛。"[1]23日夜11时，唐、任署名的首通反帝制电报正式发出。电报操着进步党人的老腔调首先指出："窃惟大总统两次即位宣誓，皆言恪遵约法，拥护共和。皇天后土，实闻斯言，亿兆铭心，万邦倾耳。记曰：'与国人交止于言。'又曰：'民无信不立。'食言背誓，何以御民。纪纲不张，本实先拨，以此图治，非所敢闻。计自停止国会，改正约法以来，大权集于一人，凡百设施，无不如意。凭藉此势，以改良政治，巩固国基，草偃风从，何惧不给，有何不得已而必冒犯叛逆之罪，以图变更国体。"要求立将杨度、孙毓筠、严复、刘师培、李燮和、胡瑛、段芝贵、朱启钤、周自齐、梁士诒、张镇芳、袁乃宽等十二人"即日明正典刑，以谢天下；涣发明誓，拥护共和"，并以云南军民"痛愤久积，非得有中央永除帝制之实据，万难镇劝"为词，限25日10时以前答复[2]。同日，唐继尧、任可澄、刘显世、蔡锷、戴戡等人并联名照录此电通告全国，请"一致进行"。24日，蔡锷、戴戡二人再电袁世凯，促其"迅予照准"唐、任"所陈各节"[3]。

当然，唐、蔡等人十分清楚，袁世凯早已利令智昏，仅凭一纸通电，是休想让他取消帝制的。因此，电报发出后，他们并没有坐待袁的答复，而是加紧作武力解决的准备。24日，唐继尧继21日之后，再次任命了一大批下级军官，并放饷发械，积极做好出征准备。同日，又推吕志伊撰就对外照会五款。及25日期满，未见袁世凯的答复，唐继尧、任可澄、刘显世、蔡锷、戴戡遂联名发出二次通电，称袁世凯既为"背叛民国之罪人，当然丧失总统之资格"，并宣布他们"深受国恩，义不从贼，今已严拒伪命，奠定滇黔诸地，即日宣布独立"[4]。

----

[1]　云南、贵州两省社会科学院历史研究所编：《护国文献》，贵州人民出版社1985年版，第72页。

[2]　《护国运动期间唐继尧等文电一组》，《历史档案》1981年第4期。

[3]　《蔡松坡集》，第851页。

[4]　《护国文献》，第74页。

　　次日下午1时,唐、任召集省会所有各机关科长、各学校校长以上人员于第一师部大礼堂庄严宣告:为反抗袁世凯称帝,云南已宣布独立,希各照常办事。27日,唐继尧、蔡锷、任可澄、刘显世、戴戡及军政全体发布讨袁檄文①,历数袁世凯辛亥革命以后不仁、不义、不智、不信、不让等等丑行。31日,唐、蔡、任、刘、戴与张子贞、刘祖武联名发表梁启超手撰通电,宣布护国军的最终目的是:1.与全国民戮力拥护共和国体,使帝制永不发生;2.划定中央、地方权限,图各省民力之自由发展;3.建设名实相副之立宪政治,以适应世界大势;4.以诚意巩固邦交,增进国际团体上之资格。同日,唐、任并照会英、德、法、俄、日等国驻华公使、领事,发表类似辛亥革命时期湖北军政府所发的五点声明:1.帝制问题发生以前,民国政府及前清政府以前与各国所定结之条约均继续有效,赔款及借债均仍旧担任;2.本将军、巡按使占领地域内居留之各国人民,其生命财产力任保护;3.自帝制问题发生以后,袁世凯及其政府与各国所订结之条约、契约及借款等项,民国概不承认;4.各国如有助袁政府以战时禁制品者,查出概行没收;5.如各国官商人民有赞助袁政府为妨害本将军、巡按使之行为时,即反对之②。蔡锷等人向全世界宣布:护国战争爆发了。

第二节　护国军分路出征和黔桂响应

一　第一军北攻四川和贵州独立

　　云南宣布独立后次日,即12月26日,护国军第一军总司令部在昆明八省会馆正式成立。其主要成员除总司令官蔡锷外,还有参谋总长

---

①　有些论著说同时列名的还有李烈钧,据中国第二历史档案馆所藏原件没有李名,见《护国运动期间唐继尧等文电一组》,《历史档案》1981年第4期。
②　《护国运动资料选编》,第133页。

罗佩金、参议处长殷承瓛、秘书处长李曰垓、副官处长何鹏翔、军需处长陈之阶等。总司令部下辖三个梯团，每梯团两个支队，刘云峰、赵又新、顾品珍各为一、二、三梯团长，邓泰中、杨蓁、董鸿勋、何海清、禄国藩、朱德各为一、二、三、四、五、六支队长。此外尚有耿金锡炮兵一大队、贾紫绶警卫一大队和宪兵一中队、骑兵一连。第一军虽是云南护国军的主力，但其总兵力也不过三个旅，约计九千人，武器装备仅一、二支队较为精良，配有德造管退炮四门、机枪四挺，其他支队多为旧式九子枪，甚至还有没有枪的士兵。

　　蔡锷的战略目标，首先在夺取四川。如前所说，这是他与梁启超等人早在京津密谋时就确定了的。当时，他们不仅密与云南联系，且与黔、桂暗通声息，深知两省必可于云南发难后继起响应；而四川雄踞长江上游，进可沿江东下，直取武汉，或北出秦、晋，直捣幽燕，退可以"天府"的富力，扼险自固，与袁世凯长期抗衡。这是他们以四川为战略进攻目标的主要根据。这一战略选择，得到唐继尧、罗佩金和多数滇军将领的赞同和支持，他们"扫境内之甲兵，以属之锷"①，就是证明。然而，对具体的进军路线却存在分歧。罗佩金等人原拟"总大军，取道会理，袭成都"②，而蔡锷则认为欲图四川，最重要的是占领其门户重庆，截断长江援路；否则即使侥幸取得成都，袁世凯也仍可利用长江水道源源派兵入川，成都便没有保障。因此，他主张：由他亲率赵又新、顾品珍二、三两梯团为主军，出永宁，取泸州，然后东下重庆；左翼由刘云峰率第一梯团出昭通，取叙州（今宜宾市），占领川南富庶之区，相机进迫成都；右翼由戴戡回贵州联络护军使刘显世驱逐巡按使龙建章，率黔军出綦江，会攻重庆。比较而言，蔡锷的主张是正确的。

　　总司令部成立后，所辖各部队依集中之迟速，分路向四川进发。左翼刘云峰率邓泰中、杨蓁两支队于 27 日首先出发。次年 1 月 2 日，右

---

①　《蔡松坡集》，第 866 页。

②　李曰垓：《云南护国军入川战史》，《护国军纪事》第 5 期，1916 年 12 月。

翼戴戡随护国第三军先遣纵队长徐进,离滇向贵阳前进。接着,刚从临安(今建水县)调省的中路先锋董鸿勋支队也于10日离省。但是,由于军队分驻各地,相距遥远,事前又无充分准备,加上交通不便,动员集中,极为濡滞,以致朱德支队延至1月28日才得以离开昆明。从上年底刘云峰率部出发起,出师先后延续近一月,这样迟缓的动作,加上过早宣布独立,给以后的战局带来了极为不利的影响。

为鼓舞士气"而促进行",蔡锷在兵力"不厚"的情况下,提前于1月16日向四川泸州进发。出发之际,他发表《告滇中父老书》,表示要"竭股肱之力,济之以忠贞,以求勿负我父老之厚望"①,并率全体官兵宣誓,誓词为:"谁捍牧圉?曰维行者。与子同仇,不渝不舍。严尔纪律,服我方略。伐罪吊民,义闻赫濯。汝惟用命,功懋懋赏。违亦汝罚,钦哉弗谖。"②这篇庄严的誓词对护国讨袁表现了高度的责任感。为避免辛亥年"滇川交恶"历史悲剧的重演和争取战争的胜利,他还特地发布《谕四川同胞文》等一系列告示,一面说明云南出兵讨袁是为了"永护中华民国",护国军所以起于云南而先到四川,不过是为"补助四川同胞赶速举义",并将"处处申明纪律,不许有丝毫扰害民间,若有不守规则之人骚扰民间,一经查出,或被告发,必定从严惩治,决不宽贷",希望四川人民"切勿轻听谣言,妄相揣测,致有误会,转多妨碍"③;一面宣布:1."本军所至,所有应用夫役,应专雇觅闲人,并照给资力,勿使人民感其苦累"④;2."各属人民如有能侦获逆军实情及擒获逆军间谍,或截获逆军军械、辎重,送交各该部队、县署者……自应权衡轻重,酌予优奖"⑤。对各属原有地方官吏则要求:1. 本军到后仍应一律照常供职,若有擅离职守及卷款潜逃情事,通缉拿获,均照军法从事;2. 暂行直接受命于

---

①　《蔡松坡集》,第866页。
②　《蔡松坡集》,第901页。
③　《护国运动资料选编》,第151—153页。
④　《护国运动资料选编》,第177页。
⑤　《护国运动资料选编》,第176页。

护国军总司令部,不得私通伪廷,违者重办;3.各属钱粮、税课、厘金及一切杂项收入应行报解者,统由各该经收人查照向章,按月解缴永宁道署,不得拖欠挪移,违者究办着赔;4.维持地方安宁秩序,如有土匪盗贼抢劫滋事,扰乱治安,或持械拒捕者,准予便宜行事,但办后仍应据实详报查核;5.皆应奉民国正朔,一切公文程式均仍用中华民国字样,不得稍有歧异,违者以叛逆论。此外,他还规定不准虐杀战俘,对"不甘从逆,自愿归诚,查无反复情事及间谍行为者,尤应优加待遇,俾得自效"①。这些政策和措施,在争取川省人民的支持,瓦解敌军,推动护国战争的发展方面,起了一定的积极作用。

蔡锷出发之日,左翼刘云峰两支队已进抵驻川北军川南镇守使伍祥祯旅设防的新场附近。1月17日晨,首战告捷,逼敌退守燕子坡。接着,刘命邓泰中作正面佯攻,自己与杨蓁率部"绕道许堰,突击敌军后路"②,出其不意地击败了燕子坡守敌,然后又乘胜追击,连下黄泡耳、凤来场、棒印村。18日晨,刘部向横江挺进,下午2时,在黄果铺与敌展开激战。守敌以混成一团和巡防数营的优势兵力,依仗山高路险,企图俯击制胜。刘云峰仍采迂回包抄战术,以邓支队突入峡谷,猛攻敌之左翼,命杨支队绕出右翼,由山后冲上山顶,给敌以猝不及防的打击,当晚11时占领横江。19日,刘部乘胜向安边前进。安边地处金沙江北岸,背后是巍巍群峰,守敌高踞峰巅,以机枪、大炮严密封锁江面。刘云峰见正面进攻不易取胜,乃命邓支队以少数兵力留在南岸牵制敌军,自率主力从上游罗东地方渡江,直插安边后方。下午3时半,刘督队蜂拥登山,直扑守敌之背,击毙敌军营长戴鸿智一员,杀伤敌兵,缴获军械无数,次日晨终于攻占了安边这个通往叙州的要津。自此之后,伍旅将无斗志,兵无战意,竟弃柏树溪、三关楼、叙州城而走。汉军(巡防军)统领张占鸿败归叙城,见伍祥祯已去,也率残兵三十余人一走了之。21日

---

① 《蔡松坡集》,第176页。

② 《刘云峰占领叙州之详报》,《中华新报》,1916年2月25日。

夜10时,在叙城绅商各界代表的欢迎下,刘云峰率部进驻叙州,取得护国战争的头一个重大胜利。

叙州失守后,四川将军陈宦十分恐慌。他急忙悬赏五十万元,命冯玉祥率第十六混成旅两个营由泸州出发攻叙东,败将伍祥祯率残部由自流井回攻叙北,朱登五统汉军由犍为、屏山攻叙西,又由泸州别派两营经高、珙两县绕攻叙南,企图乘护国军立脚未稳之机一举夺回叙州。于是,紧接叙州克复,一场激烈的保卫战又开始了。26日,刘云峰命邓泰中支队开赴叙北宗场迎击伍旅,27日战于斗牛岩,30日再战于宗场,将敌全数击溃。接着,杨蓁支队也开赴叙东白沙场作战,31日与冯旅相遇,大战三昼夜,击杀、溺毙、捕获敌军无数,冯玉祥率残部遁去。南路敌军见北、东两路连遭惨败,不战而退。唯西路朱登五仍率众自柏树溪前进,遭刘云峰所派游击队痛击后,又绕出叙西牛喜场与陈宦所派亲军二营及新增北军倪文翰一混成团继续向叙州推进。2月7日,刘云峰一面以少数兵力在正面相持,一面由宗场分兵包抄其后,经五小时前后夹击,朱等兵败不支,亡命奔逃三十余里。至此,陈宦四路围攻叙州的计划遂告破产。

在左翼刘梯团节节胜利的鼓舞下,中路前锋董鸿勋支队也顶风冒雪,以每天八九十里的速度向泸州疾进。1月26日,董部抵达贵州毕节,遇川军师长刘存厚所派军事特派员,告以刘将"在彼内应","请滇军速进",并共同约定:滇军一入蜀境,两军则伪装对垒,刘军"诈败而退",滇军"步步尾追,迨抵泸州,则两军一合,直捣州城"①。29日,董支队进至川边赤水河,30日在雪山关与刘军相会,依据前约,两军"佯作战争",自雪山关至纳溪,不费一枪一弹,逐"敌"四百余里。在此过程中,尽管刘存厚、蔡锷采取了种种掩人耳目的措施,今日由刘电奏统率办事处,报告正与滇军"激战"②,明日由蔡锷通电各方,鼓吹战胜刘部的"血

---

① 《董鸿铨入蜀讨袁日记》,《中华新报》,1916年5月6日。
② 《护国运动资料选编》,第243页。

战"①之功,但由于刘存厚先前所发约请滇军速行入川的电讯为敌人所截获,泸州已严加戒备。刘存厚不得不于 2 月 2 日在纳溪提前宣布起义。刘、董合军巧取泸州的计划化为泡影。

2 月 4 日,董支队到达纳溪,当晚即与刘存厚部署强攻泸州南大门蓝田坝事宜,并决定由刘部川军陈礼门团攻正面,董部绕牛背石向南寿山前进,攻其侧背。5 日晨,陈、董两军分头出发。下午 2 时,董支队占领南寿山附近的烟墩山,陈团也进抵预定位置。6 日黎明,两军同时向蓝田坝发起进攻,守敌稍事抵抗,便纷纷渡江逃命,仅用半个多小时就占领了蓝田坝和月亮岩。7 日,董鸿勋将两地交陈礼门镇守,自率所部由泰安场渡江,占领大龙山、罗汉场一带,从东面完成了对泸州的包围。

至于右翼戴戡所部,直到贵州宣布独立后才正式组成,因此其进军速度自然也远不及左翼刘梯团和中路董支队敏捷。

如前所说,依梁启超、蔡锷等人原来的设想,贵州应与云南同时宣布独立。事实上,贵州护军使刘显世在云南宣布独立前夕,态度也是明朗而积极的②。他曾毅然复电云南,表示"赞成独立",使蔡锷禁不住"距跃三百"③。然而相比之下,贵州独立的困难却比云南大得多。从外部条件来说,贵州东接湖南,北邻四川,一旦宣布独立,即面临汤芗铭、陈宧的两面夹攻。就内部而言,一方面黔军只有步兵六团、旧式炮兵一营、未经改编的巡防军四、五营,总兵力不及云南三分之二,而且军械陈旧,又不及云南有自己的兵工厂可资补给和更新;另一方面耆老会刘春霖等又公开鼓吹反对独立,"倡言保全地方,不能因附和云南独立而首先受祸"④;特别是巡按使龙建章仰承袁世凯旨意,"多方扩张势力,各县知事,胥其羽党",并借梁士诒交通系势力,完全控制着"黔省之

---

① 《护国运动资料选编》,第 244 页。

② 《蔡松坡集》,第 880 页。

③ 徐进:《贵州独立记》,第 1 页;《蔡松坡集》,第 847 页。

④ 《贵州独立记》,第 1—2 页。

交通机关"①,以致云南致电刘显世也只能由兴义转电贵阳。加上"各省意存观望,甚至倡言立异",袁政府又"虚声恫喝"②,终于使贵州未能与云南同时宣布独立。

但是,贵州人民是拥护共和,反对帝制的。早在筹安会发生之初,贵州达德学校教员凌云、黄鲁连、聂正邦等十七人就旗帜鲜明地致电筹安会说:"君主之说,适足惑乱人心,甚非国家之福,望速解散。"③云南独立后,又有爱国志士不受耆老会的鼓惑,上书刘显世说:"将军、巡按可欺,广大人民不可欺","滇中首义,海内同声,七百万黔民喁望弥殷,请讨尤急",要求他步滇后尘,"以爱国之热忱,问其滔天之罪恶,相率骈洞子弟,还我河山"④。至1916年1月17日,更发展到贵阳绅、商、农、工各界数千人在省议会举行联合大会,一致议决"为身家计,为地方计,为国家前途计,皆非先由本省亟谋自主不可",并公推刘显世为"贵州军都督,与各省联合一致,乘方新之民气,振必胜之军威,驱彼北军,御之境外"⑤。会后,各界举代表数百人齐赴护军使署,恳刘"承认"⑥。

在贵州人民反对帝制的活动中,黔军中下级军官堪称为急先锋。黔军六团本由唐继尧督黔时的基干改编而成,军官大多为云南讲武堂毕业生,与滇军关系密切。"及闻云南举义,群情踊跃,咸有磨砺以须之势"⑦。其中尤以刘显世外甥第一团团长王文华"主张最力"⑧。最高军事当局刘显世,这时虽不能与中下级军官相提并论,但也多少还有一点军人的爱国心。当日本提出灭亡中国的"二十一条"时,他密函参政

① 《贵州独立记》,第1—2页。
② 《蔡松坡集》,第880页。
③ 云南特别通讯:《黔中之反对帝制声》,《中华新报》,1915年11月27日。
④ 《贵州文史资料选辑》第2辑,第124页。
⑤ 《护国运动资料选编》,第341页。
⑥ 《护国运动资料选编》,第339页。
⑦ 《贵州独立记》,第4页。
⑧ 《贵州独立记》,第4页。

院参政陈国祥说："此次交涉，若第损失利权，不至箝束国权，国体勉可图存，尚可承认。若必满其所欲，则战而亡与不战而亡等耳，岂甘心束手待毙，坐听宰割！"并表示："弟十余年前即忧吾国之将沦，抱定必死之意。今忝列军人，若至国交决裂，将以求吾死所矣。"[1]后来刘虽遵命以军民长官和国民代表两种名义通电赞成过袁世凯称帝，但他解释说，这是为了"塞外人之口"[2]。这些事实说明他在袁世凯不惜以出卖国家、民族利益换取帝国主义支持，和七百万黔民"咸思奋袂"的条件下，与人民一道采取反对帝制的态度，不是偶然的。

因此，贵州虽未能与云南同时宣布独立，但早"已有义不返顾之决心矣"[3]，一切部署和准备都在着着进行。首先，为争取准备时间，刘显世先后于1915年底及次年初多次通电全国，声明"所有滇省通电列有显世衔名者，均系由滇冒列"[4]，并摆出"双方调处，委曲求全"的姿态，鼓吹"滇军北军均不入黔之说"[5]，以暂时稳定袁世凯及其在贵州的代理人龙建章。其次，为防止北军进攻，他借口"滇变"，宣布全省戒严，派兵进驻龙建章一手控制的邮电机关，并严密封锁湘、蜀边境。湖南将军汤芗铭密告袁政府说：云南独立不久，贵阳便派出大批军队进驻黔东铜仁、镇远、天柱等地，"邮局、电局均派有兵"[6]，"通湘各路隘口，黔军均驻扎两边，中间仅留一小隙"[7]。四川南川县知县王承梁也报告："黔省于交界地方有加重兵力之事"，"探问称系防备北军。凡有由川入黔之

---

① 刘显世致陈国祥函（1915年4月1日），中国社会科学院近代史研究所藏原件。

② 刘显世致陈国祥戴戡函（1915年11月25日），中国社会科学院近代史研究所藏原件。

③ 《蔡松坡集》，第880页。

④ 《护国运动资料选编》，第336页。

⑤ 《护国运动资料选编》，第349页。

⑥ 《护国运动资料选编》，第337页。

⑦ 《护国运动资料选编》，第342页。

人,盘诘尤严,军警团练无论人数多寡,均不许过境"①。但是,与此相反,对于经黔入川的云南护国军,他却大开方便之门,任其通过。唐继尧电告蔡锷说:"毕节及界连川边一带黔军概行撤往他处。所有军粮等项早经聂知事陆续预备,我军可以畅行。"②其三,为加强经济和军事实力,刘显世宣布禁止现银出省,并一面向云南请兵,一面大力扩充黔军。据南川县知县王承梁调查,黔省"桐梓境内正在大招军队",其"县属挨连黔边一带乡民,均有前往应募者,各处土匪投效更多"③。

　　至1916年1月中旬,刘显世的"附滇"之心,已是路人皆知的了。龙建章见势不妙,于14日借出巡之名,潜离贵州。17日,刘接受贵阳绅、商、农、学、工各界的讨袁请求,表示"愿与父老昆季共生死,虽成败利钝不可预卜,但有一弹一刀,决不使其存在"④。19日,戴戡及徐进所率护国第三军先遣纵队,经易资孔、两河头到达郎岱,贵阳鼎沸。刘显世以时机成熟,催他们兼程赴筑。24日,戴戡率二十骑先行驰抵贵阳。26日,绅、商、农、学、工各界千人在原省议会举行欢迎大会,主席吴协安致词说:戴戡回黔"不仅为黔人治安欢迎,且为中华民国之国家欢迎"。接着,戴戡发表长篇演说,揭露"袁世凯之在今日,岂惟帝制问题足以亡国,即以之充共和国行政首长,亦觉国无不亡"。"今日之事,非袁世凯死,即我等死而已,岂有他哉"⑤。他表示这次回黔,一不占各机关重要位置,二叫作何事便作何事,叫在何处死便在何处死,唯诸同志及共和国家之命是听。到会群众报以热烈的掌声。第二天,即1月27日,刘显世发布一号布告,宣布贵州响应云南独立,"同心巩固共和",并升任王文华为东路司令,率吴传声、彭文治等团攻湘;任戴戡为护国第一军右翼总司令,统熊其勋梯团两支队及原徐进所辖炮队、机枪

---

① 《护国运动资料选编》,第337—338页。
② 《护国运动资料选编》,第341—342页。
③ 《护国运动资料选编》,第337—338页。
④ 《护国运动资料选编》,第340页。
⑤ 《护国运动资料选编》,第343、345页。

队北取川黔门户綦江。刘自居都督，统辖全省军民两政。

2月4日，戴戡率炮队、机枪队离筑北进，省内各机关自刘显世以下各长官、职员以及绅、商、农、学、工各界各团体，一齐出郊欢送，道旁环列至十数里。13日，经遵义抵松坎。次日拂晓，即命熊其勋及总司令部副官李雁宾亲往前线督率三路大军，向綦江境内之敌发动全面进攻：右路攻青羊寺，中路攻九盘子，左路攻东溪。战线宽约四十里，纵长约八九十里。经半天激战，下午2时，中路首传捷报，有炮二门、机枪二挺以及坚固防守工事的天险九盘子宣告攻克，并歼敌三十余，俘虏六十多人枪。紧接着，右路也攻占青羊寺，缴获机枪二挺，其由新州向南川方面进攻之部相继占领沙溪、大锅场、马桑等地。至晚9时，中路再奏凯歌，夺取赶水。15日，左路在中路友军的支援下攻克东溪。之后，三路大军乘胜前进，连占分水岭、柑子垭、马口垭等地。至18日，前锋直抵桥河场、鸡公嘴，距此仅一二十里的綦江，"大有朝不保暮之势"[1]。

二　北军南下和川南、湘西之战

袁世凯历来是迷信武力的，对这次云南护国起义自然也不例外。事实上，从他获悉云南要求取消帝制的第一天起，就已下定了"荡平"云南的决心，并即向驻守湖南岳州（今岳阳）的第三师师长曹锟下达了备战密令。12月29日，曹致电参政院代行立法院等处，自称曾奉"讨贼"之令，就是证明[2]。无奈云南道路险远，交通不便，兵难遽达，加上战争舆论尚未造成，尽管袁很不情愿，也只好采取"晓以情理，动以利害"的分化政策，以便拉拢唐继尧等人，妄图坐收不战而胜之功；同时鼓动各省军民长官，大造"讨伐"舆论，为其武力进攻制造"民意"。

---

① 《护国运动资料选编》，第319页。

② 曹锟致参政院代行立法院等电（1915年12月29日），中国社会科学院近代史研究所藏原件。

12月25日，袁世凯以政事堂名义致电唐继尧、任可澄说："本政事堂实不信贵处有此极端反复之电，想系他人捏造，未便转呈。请另具印文，亲笔签名，迅速寄示，以便核转。"①无中生有地硬把唐、任从云南反帝制领导集团中分割出去。26日，他虽强词夺理地通电逐条反驳唐、任首次讨袁通电，但最后又说："纵有政见不同，尽可从容讨论。"为了加强"动以利害"的效果，并在结尾之处亲笔添了如下一段话："尤可异者，立限答复，率部待命，慢上藐法，服从全无。倘滇之军民相率效尤，官将何以驭下？变恐生于肘腋，明哲当不出此。"②

当然，袁世凯深知策反唐、任，谈何容易，因此，更要紧的是加紧准备武力"讨伐"。27日，他致电云南以外各省军民长官说："唐继尧等曾迭电劝进，今忽反复，请取消帝制。诸长官有何意见，望速据实陈述，用备采纳。"③其用意一在试探他们的忠诚，二在挑起战争。

果然，自28日起，各省军民长官请袁速行"天讨"的电文，纷纷而来。奉天将军段芝贵奏称："现在国体已定，奚能为一二叛徒所动摇"，"芝贵等不敏，愿率所部将士驰赴云南，殄此凶顽。"④安徽将军倪嗣冲也表示"愿整备三军，听候驱策"⑤。山东将军靳云鹏、巡按使蔡儒楷则"请宣布该逆等罪状，俾与国人共弃，一面迅速进兵，以彰天讨"⑥；等等。接着，岳州曹锟又报告说："锟奉令讨贼，誓将出师，前队已拔，大军

---

① 中国社会科学院近代史研究所藏原件。

② 中国社会科学院近代史研究所藏原件。

③ 袁世凯原电未见，转引自朱瑞致袁世凯电（1915年12月29日），中国社会科学院近代史研究所藏原件。

④ 段芝贵致袁世凯电（1915年12月28日），中国社会科学院近代史研究所藏原件。

⑤ 倪嗣冲致袁世凯电（1915年12月29日），中国社会科学院近代史研究所藏原件。

⑥ 靳云鹏等致袁世凯电（1915年12月29日），中国社会科学院近代史研究所藏原件。

继发，天心既顺，荡平可期。"①

在这"民意"大顺，战备告成以后，29日袁世凯通电全国，宣布唐、任、蔡"构中外恶感"、"违背国民公意"、"诬蔑元首"等三大罪状，令"开武将军唐继尧、巡按使任可澄均着即行褫职，并夺去本官及爵位勋章，听候查办；蔡锷……应着褫职夺官，去勋位勋章，由该省地方官勒拿来京，一并听候查办"②。同日，又采汉高祖以金钱爵禄收买陈豨部将的策略，下令加滇军第一师师长张子贞将军衔，暂代督理云南军务；加第二师师长刘祖武少卿衔，代理云南巡按使。但是，仅仅两天之后，张、刘二人便与唐继尧、蔡锷等人联名发表讨袁檄文，宣告了这一策略的破产。随后，袁世凯一面于31日正式发布训令，"特派虎威将军曹锟为行军总司令，马继增为第一路司令官，督率第六师及第五旅由湖南经贵州向云南进发；张敬尧为第二路司令官，督率第七师及第六旅由四川向云南进发。该总司令由四川前进，务激厉将士，联合进行，早奏肤功"③；一面命"近滇各省将军、巡按使，一体严筹防剿，毋稍疏忽"④，并在新华宫丰泽园设立由他亲自主持的征滇临时军务处。稍后，又令保定李长泰第八师和南昌第六师齐燮元第十一旅入川增援张敬尧作战，奉天范国璋第二十师第二混成旅、河南唐天喜第七混成旅加入第一路作战。

1916年1月17日，第一路前锋进至黔边，第二路前锋行抵重庆。19日，曹锟遵命乘舰驶离岳州，西上入川督战。2月6日，所部吴佩孚旅王承斌团首先到达泸州。四天之后，张敬尧率十四旅一团也相继赶到。至此，第二路抵渝、泸兵力已超过一师以上。当时，泸州、纳溪一带形势，正如重庆镇守使周骏向袁世凯所报告的那样："刘逆（指刘存厚）

① 曹锟致参政院代行立法院等电（1915年12月29日），中国社会科学院近代史研究所藏原件。

② 《政府公报》，1915年12月30日。

③ 袁世凯原令未见，转引自曹锟致参政院代行立法院等电（1916年1月17日）。中国社会科学院近代史研究所藏原件。

④ 《政府公报》，1916年1月6日。

现据江(安)、纳(溪),截断攻叙军冯(玉祥)旅后路。此时若不派兵荡平江、纳,北岸冯旅危险实甚。现泸城西则敌已据方山,本军与冯旅联系既失,而距城东二十里之大安桥(疑指泰安场)敌又占领,泸(州)、合(江)之交通已断。城南即为刘逆主力,并裹胁滇、黔逆军及土匪,约计不下二万人。北则隆(昌)匪复窜入嘉明镇附近。距泸二三十里内均系敌兵,四面受敌,危状莫名。"[1]因此,解救泸州之围便成了曹锟、张敬尧的燃眉之急。

2月9日下午2时,守泸旅长熊祥生以所部二营和驻川北军李炳之旅一营,在炮火掩护下,由泸南沙湾渡江,占领南岸营盘山。10日拂晓,即向刘存厚部据守的蓝田坝阵地发起攻击,并于午后6时占领了蓝田坝、月亮岩。护国军团长陈礼门退至纳溪斑竹林忧愤自戕,刘存厚退往江安。反攻泸东南董鸿勋支队的任务由新到曹军吴佩孚旅和李炳之旅一部担任。10日晨,吴及其所部团长王承斌分别由罗汉场、特凌场向中兴场进攻,李旅则直趋泰安场。由于兵力过于悬殊,且川军刘湘一团又有由合江绕向纳溪后方,截断护国军退路的企图,董鸿勋在大龙、高楼、高果等山顽强抗敌两天之后,遂于11日夜悄然渡江南撤。12日,熊、李两部占领泰安场等长江南岸各要地,泸围立解。

接着,曹锟又命张敬尧率所部三团会合熊祥生一旅直扑纳溪。但张敬尧在双河场被刚刚赶到的何海清支队打得大败。眼看护国军叙州增援部队又源源开到,北军不得不暂停攻势,转而与护国军相持于纳溪四围的深沟高垒之中。

为了打破北军的围攻,蔡锷于19日指挥全军分三路进行反击:一路由禄国藩率一营"由黄土坡向蓝田坝进攻";一路由何海清率两营由永宁河"右岸向双河场进攻";一路由朱德率两营附炮兵一连、机枪队一排,由"棉花坡向菱角塘进攻";同时命刘存厚以一部"担任纳溪城内外

---

① 《护国运动资料选编》,第246页。

及其附近市街之警戒及掩护"，一部北渡长江，"对龙透关急作佯攻"①。战斗持续了三天三夜，各路皆取得一定胜利，有时且"颇占优势"②。如朱德等部曾迫使菱角塘之敌"退据原阵地之后"③；何海清支队"毙敌十四名，捕虏二名，夺获枪枝、子弹甚多"④；义勇军张煦支队甚至于22日黎明占领了张敬尧设在牛背石的司令部⑤。但总的说来，敌人仍占有极大的优势，而且敌第七师又源源开到泸州，投入战斗。加上护国军自身伤亡颇众，曹之骅、雷淦光等营排长相继阵亡，后方弹药补充也难以为继，蔡锷不得不命令各部队自23日起暂取防御，整顿队伍，待转攻势。

28日，经过五天休整和部署，蔡锷再次发动反攻，并带病亲往前线督战。这次反攻，主攻部队由何海清支队担任，其任务是"从侧面攻击逆军阵地据点之石色沟、七块田等处"；朱德、王秉钧支队和刘存厚部均属"助攻部队"，从正面掩护何支队前进⑥；刚从叙州赶来增援的金汉鼎支队为总预备队。蔡锷对这次反攻抱有很大希望，虽因"地形艰险，守易攻难"，头两天的战果并不理想，因而"其正面尚依然未动"⑦，但他仍决心"继续猛攻"，以图击溃敌军，"转危为安"⑧。

然而就在这时，敌探侦悉叙州护国军"所留与袁军抵抗者，惟少数之部队与新招之士兵数百而已。所有劲旅，悉开赴泸城"⑨。为了夺回叙州，并配合泸州张敬尧作战，陈宦乘机命冯玉祥率所部约五千人和伍祥祯所部赵锡龄一团，向叙州发动猛烈进攻。29日，冯旅声势汹汹，

---

①　《护国运动资料选编》，第254页。
②　《护国运动资料选编》，第256页。
③　《护国运动资料选编》，第255页。
④　《护国运动资料选编》，第256页。
⑤　《护国运动资料选编》，第259页。
⑥　《护国运动资料选编》，第260页。
⑦　《护国运动资料选编》，第261页。
⑧　《护国运动资料选编》，第261页。
⑨　《护国运动资料选编》，第230页。

迫近叙州。当时驻守叙州的护国军仅田钟谷一营二三百人。他们兵力虽单，却毫无惧色。3月1日，田营英勇顽强地在催锅、光斗两山和吊黄楼一带，进行了整整一天的抵抗，虽死伤过半，弹药告罄，仍"有用石而将敌击退者"①。但是，力量对比毕竟过于悬殊，次日拂晓，所剩七十余人不得不撤离阵地，退往安边。3日，冯玉祥侵占叙州。

　　叙州失守，给战斗在纳溪前线的护国军带来了极为不利的心理影响。从董鸿勋2月5日围攻泸州起，他们已在这里战斗近三十个日日夜夜了。由于旷日持久，弹乏饷竭，士气本已不高，现叙州又失，"其颓丧之情，自然益甚于前"。不仅一般将士如此，即如罗佩金、刘存厚等高级将领，也认为"非暂退不足以全师"②。蔡锷虽曾"一意主积极"，"退却之命，缮定不发者屡日，既发复予迁延一日"，但在各方"煎迫"之下，也"不得不以退为进矣"③。3月6日夜，他终于最后决定于次日凌晨分左、中、右三路退出纳溪，南撤至大洲驿、上马场一线，"另择阵地扼守，一以伺敌以制胜，一以迁延时日，用待时变"④，并深为罗、刘"熬不过最后之五分钟"而"扼腕"。7日上午10时，张敬尧进据纳溪。8日，刘湘进驻刘存厚放弃的江安，次日再占南溪。蔡锷的反攻又一次落了空。

　　纳溪本是护国军主动放弃的一座空城，其撤离时，张敬尧也"未发一追兵"⑤。可是事后，他却煞有介事地与副司令熊祥生联名电告袁世凯等人说："今日拂晓……逆势不支，遂向永宁、仁怀方面败退。我军尾随痛追，将逆之坚固堡垒暨最高之无底山、螺丝山全行夺据，稍留防兵，余仍事追击，十时多完全克复纳溪。"⑥

---

①　《护国运动资料选编》，第 232 页。
②　《护国运动资料选编》，第 263 页。
③　《护国运动资料选编》，第 263 页。
④　《护国运动资料选编》，第 261 页。
⑤　《护国运动资料选编》，第 264 页。
⑥　《护国运动资料选编》，第 263 页。

几乎与中路护国军退守大洲驿的同时,分兵略取綦江的右翼戴戡部也因兵力单薄,防守不足,竭力缩小范围,于3月1日退守东溪、赶水一线,不久又遵蔡锷之命退往黔边松坎。

在此形势下,袁世凯得意洋洋地于9日发布申令说:"蔡锷蓄谋作乱,借端称兵,竟敢攻略国土,扰害闾阎,希图割据,破坏统一,实属异常谬妄。现叙州先经克复,纳溪大股悍寇亦经溃败,当不难指日荡平。"①并晋授张敬尧勋三位,升授旅长熊祥生、吴佩孚、吴新田为陆军中将。13日,又以"刘湘奋力督战,连复要邑,肃清江岸,勤勇可嘉,着授为陆军少将,并授以勋五位"②。

然而,袁世凯高兴得太早了。他的申令墨迹未干,泸州前线就又传来了护国军反攻的隆隆炮声。

蔡锷兵退大洲驿后,除留金汉鼎、王秉钧支队在三层铺、白节滩一线轮番警戒外,其余"皆集合后方从事休养"③,并重新调整了部队建制。经过十天的休整和训练,精神面貌,焕然一新。17日,蔡锷乘势对泸州发动第三次攻击。其中路为顾品珍梯团,任务是占领茶塘子高地,以威胁鹧子岩。左路为何海清支队和刘存厚部,由何支队进驻和丰场一带,警戒顾品珍左侧;刘部进驻牛滚场一带,威胁江安之敌。右路是这次反攻的主力,由白节滩向牛背石、纳溪及蓝田坝前进,以扫清长江南岸为目的,参战部队为赵又新梯团的金汉鼎、朱德支队和义勇队的张煦、廖月疆支队,其中朱德支队又担负着右路的主攻任务。15日蔡锷特召朱德到大洲驿总司令部面授机宜④。

自17至23日,三路护国大军"连日激战,大获胜利"。中路顾品珍梯团20日夜袭成功后,"逐次穷追",先后攻占金盘山、龙头铺、大湾坡、

---

① 《护国运动资料选编》,第266页。
② 《护国运动资料选编》,第270页。
③ 《护国运动资料选编》,第269页。
④ 《护国运动资料选编》,第289页。

茶塘子、鹞子岩等地,击落敌人侦察飞机两架,"杀伤逆敌共约五百余人,夺获山炮三门、机关枪四挺、子弹百余箱、饷银粮秣等数船,又虏获总兵站长陈庆周一员",正面之敌"已无反攻之勇气"①。左路何支队和刘存厚部分别收复了江安和南溪。右路金支队从红花地出发,连克沙山、大小山坪、牛背石,前锋直趋双河场;朱支队更是长驱百里,所向披靡,相继夺取五里山、十二湾、鱼登坪、女儿井、背猪坳、白石塔、观音榜等地,像尖刀一样直插张敬尧的大本营泸州。其先头部队甚至到达距离泸州仅仅十余里地的南寿山附近。张敬尧损兵折将,恐慌万状,一面收缩战线,放弃安富街、纳溪等城镇,于双河场、棉花坡、南寿山一带专务"固守";一面飞电各方,请"火速分兵援泸"②。护国军终于化险为夷,胜利地渡过了最困难的时期。

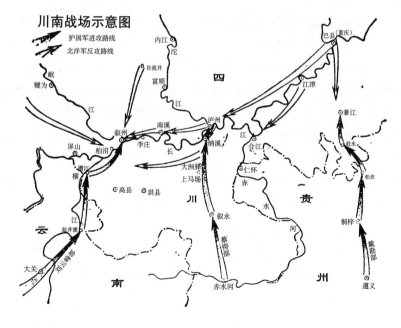

川南战场示意图

① 《护国运动资料选编》,第 301 页。
② 《护国运动资料选编》,第 303 页。

与此同时,由湖南经贵州进攻云南的马继增第一路军,也在湘西被护国第一军右翼东路军王文华部打败,主将身亡,全军上下不可收拾。早在1月17日,第一路军前锋汪学谦旅即已沿沅水西上,抵达湘西芷江(沅州府治所在地)。因贵州刘显世以重兵封锁黔东各要隘,无法继续西进,马继增不得不暂设大本营于沅陵,屯兵黔边。不久,贵州响应云南独立,王文华出任护国军第一军右翼东路司令兼第一团团长,分兵三路,进攻湖南。于是,北起永顺,南至武冈的湘西大地即刻成了埋葬"洪宪"王朝的第二战场。

1月30日,中路王文华率第一团,一马当先,突入湖南晃州属大鱼塘。2月3日晨,激战三小时,占领晃州,毙敌"三十余人,生擒十一人,夺获枪枝、子弹甚多"①。4日下午,又击破晃州败敌及其二营增援部队的悖险顽抗,攻克蜈蚣关。晃州从此成了王文华东路军司令部所在地。右路吴传声第三团,由天柱相机进取圫口寨、黔阳、会同、洪江等地。2月2日,吴率所部到达黔湘边境瓮洞,3日,进入湖南,"在泸平、矿山等处与逆军接战,击毙逆军兵士十四名,生擒数名,击伤逆军连长一名、兵士十余名"②。5日攻克黔阳,俘获敌军二百五十余名,步枪二百余枝,银洋二万余元,其他军用器材、粮秣、辎重无数。经此胜利,士气更旺,吴乘势于6日占领洪江。王文华见洪江克复,芷江后路已断,且守敌为增援麻阳分拨三营而去,内部十分空虚,即于13日命一团二营长胡瑛率部直攻齐天界,并调吴传声团由右翼截出,两面夹攻芷江。吴身先士卒,不幸阵亡。14日午前,在王文华亲率袁祖铭第一营及王天培部的增援下,将芷江"完全占领,逆军纷纷逃溃"③。

左路卢焘第二团由铜仁向麻阳进攻。2月2日,其前锋由漾头司

---

① 《护国运动资料选编》,第353页。

② 《护国运动资料选编》,第356页。

③ 《护国运动资料选编》,第359页。

渡河进驻半坡田,直逼湘西重要门户文昌阁。3日,卢一面致函湘西镇守使田应诏所部文昌阁守军,请"假道进兵,限三日答复"[1],一面派兵进驻牛角坪等地,对文昌阁造成四面包围之势。田为保存实力,主动撤防。卢部遂于5日进逼麻属咽喉要隘小坡,威胁麻阳。芷江汪学谦闻报,大惊失色,一边急电马继增、周文炳火速派队"救应麻阳",一边请湖南将军汤芗铭飞电田应诏"无分畛域,加兵速救"[2]。当日,马继增所部殷本浩营赶到麻阳,分兵把守童湘溪。10日,卢焘于童湘溪相持数日后,改采声东击西之法,以一部与童湘溪之敌周旋,大部分路投入麻阳攻城战。13日,王文华发动芷江战役,麻阳之敌分兵回援,卢乘机向麻阳发动总攻击。经三天激战,敌营长赵景忠身负重伤,士卒死伤数百,其余纷纷向凤凰、江口、高村败退。17日晨,恶战兼旬的麻阳战役,以护国军的最后胜利而告终。

此外,2月12日,游击队统带王华裔联络湘军进攻靖县,也获大胜。"逆军两营抗战一夜,天明时仓皇奔逃。我军追击,连占通道、绥宁诸城"[3],残敌退入武冈一带。

马继增见所部连连败北,晃州、黔阳、洪江、会同、麻阳、芷江等县相继落入护国军之手,难向袁世凯交差,遂于2月29日服毒自杀,所遗司令一职,由周文炳代理。袁世凯为掩饰败绩,稳定军心,却发表策令说"该中将……忧愤成疾,军中暴卒"[4],并追赠他为上将,从优议恤,颁发治丧银一万元。

为了挽回败局,周文炳亲率大军自3月3日起向王文华部进行反扑。他由辰溪出发,先占高村,然后分三支队向麻阳进攻。团长毕化东率右支队向岩门推进,团长宋大需率左支队沿麻阳河右岸推进,旅长张

①　《麻阳战事之实况》,上海《民意报》,1916年3月25日。

②　《护国运动资料选编》,第355页。

③　王文华致唐继尧等电(1916年2月25日),《民意报》,1916年3月18日。

④　《护国运动资料选编》,第372页。

中和率中支队由麻阳河左岸推进。4 日,中、左支队猛攻江口,下午进抵心仁溪,右支队占领岩门。5 日,左、中支队侵占江口,右支队逼近麻阳东。6 日,三支队会攻麻阳。王文华在敌我兵力异常悬殊的情况下,顽强抵抗一天后,向铜仁、芷江撤退。下午 6 时,麻阳失陷。8 日,武冈一带也遭到周文炳所部刘跃龙旅的猛烈攻击,高沙、渡头桥、曹家巷等地先后被占。13 日,花园、武阳相继失守。不久,绥宁、洪江、黔阳、罗旧、巴州塘、怀化、芷江皆失。数月来愁肠满肚的袁世凯以为皇帝梦又可继续作下去了,忙发申令嘉奖,授周文炳为陆军中将,并给予二等文虎章;张中和授为陆军少将,并给予三等文虎章;卢金山给予二等文虎章,毕化东授为陆军少将①。

但是,王文华并未被周文炳的嚣张气焰所吓倒。3 月 10 日,麻阳陷落仅四天,他即调集兵力举行反攻。激烈的战斗进行了四天,虽未能最后收复麻阳,但其英勇顽强的精神,连敌人也不能不叹服。周文炳在其作战报告中写道:"我军克复麻阳后,正分兵预备进剿,寇调铜仁六股及晃、芷一带溃寇约近万人,携管退山炮及机关枪多尊,于三月初十晚七时向麻阳猛袭","至十一日拂晓,寇三面包围我之左翼","下午六时,寇始暂却,仍激战终夕。十二日,又相持竟日。……是役连战数昼夜之久,肉搏十余次"②。此后,王文华便主要不以攻取北军集结的县城为目标,而将部队化整为零,"每起至多不过十数人,占据要路山顶等处",并与所谓"土匪及下等社会"的人民反袁力量相结合,利用湘西山路崎岖的有利条件,广泛开展灵活多变的游击战争,专袭敌人"兵力单弱之处"③,如此一直坚持到袁世凯命四川将军陈宧与蔡锷谈判议和。

---

① 《护国运动资料选编》,第 366 页。
② 《护国运动资料选编》,第 370 页。
③ 《护国运动资料选编》,第 358 页。

湘西战场示意图

三　第二军东出桂粤和广西独立

　　按护国军最初所拟出师计划,第二军的战略目标是东出桂、粤,转道入赣。1916 年 1 月,以李烈钧为总司令,何国钧为参谋总长(未到任)的第二军总司令部在昆明成立。该军由两个梯团、一个警卫大队组成。第一梯团长为驻防开化(今文山)的原云南陆军迤南边防第一旅长张开儒,参谋长为成珖,第一、二支队长为钱开甲和盛荣超。第二梯团长为新从海外抵滇的方声涛,参谋长为李炳荣,第三、四支队长为黄永社和马为麟。2 月 21 日下午,李烈钧率总司令部和第二梯团部乘滇越铁路火车离开昆明前往广南,准备与张开儒梯团会合后向广西进发。这一天,全城商民一律悬挂五色国旗,军、政、绅、商、学各界齐赴火车站送行,“军容甚壮,观者如流,极一时之盛”①。

①　《云南快信》,《中华新报》,1916 年 3 月 9 日。

这时，广东振武上将军龙济光正奉袁世凯之命，派其兄兼代广东巡按使、广惠镇守使、广东陆军第一师师长龙觐光为云南查办使，督师由广西进攻云南，并密使其子龙体乾与侄龙毓乾潜回云南老家蒙自犒吾卡等地，组织力量为内应。1月30日，龙觐光行抵南宁，2月下旬分兵五路向云南发动进攻。第一路以署广东陆军第一混成旅旅长李文富为司令，出百色攻滇边军事重镇剥隘；第二路以虎门要塞司令黄恩锡为司令，间道入广南，以遏援剥之师，并相机会攻剥隘；第三、四两路分别以广西将军陆荣廷所荐桂林正司令张耀山、田南道尹兼陆军游击副司令吕春瑄为司令，作一、二路后援；第五路以朱朝瑛为司令，直趋黔边，阻贵州方面的护国军南下，以保后路。

2月29日，李文富进至百色，3月1日驰赴罗村口，晚8时开始攻击剥隘。当时，李烈钧大队尚未赶到，剥隘守军仅两连，约三百人，不及敌军五分之一，虽经一夜的英勇抗击，仍不免寡不敌众，于次日晨为敌所陷。随后，李文富乘势夺取者桑，进据皈朝。龙觐光大本营也由南宁移驻百色。其二路司令黄恩锡2月19日由百色出发，经广西逻里、旧州、八达、古障，于3月上旬进据云南龙潭、石洞一带，离广南已不到五十里。此外，他还派著名匪首唐惠、吴华两人潜入竹园、朋普、弥勒、十八寨等地，或购枪招人，或秘密设立机关，或与地方保卫团首相勾结，妄图里应外合，扰乱护国军后方。与此同时，龙体乾等人在犒吾卡、纳更等地纠集一批土匪、游民、无赖，于3月9日夜间同时蜂起，分扑临安、蒙自、个旧三县，并于次日攻陷个旧县城。在此情况下，迎战龙觐光就成了挥戈东进的护国第二军的首要任务。

3月初，李烈钧率部经阿迷、蒙自、马塘、开化、江那里、阿基街、板郎等地抵达广南后，一面命张开儒、方声涛各率所部开赴皈朝和石洞、龙潭前线，阻击李文富、黄恩锡；一面电请唐继尧急调正经贵州开赴湘西的挺进军司令黄毓成和护国第三军第一梯团长赵钟奇各率所部改道南下，直趋广西百色，协攻敌后。

张开儒奉命后，迅即驰往皈朝，与李文富激战七八昼夜。至16日，渐不能支,有的部队竟未奉命令而自行撤退。面对如此险恶的形势,张开儒镇静如故。他亲临前线,指挥炮兵连长鲁梓材准确地摧毁敌炮阵地,然后趁敌慌乱,命各部队冲锋向前,一鼓作气收复了皈朝,紧接着又乘胜击破者桑、剥隘之敌,夺获大炮二尊、机关枪四挺,其余枪支子弹无算,杀敌千余。在龙潭方面,方声涛所率朱培德、毛本良两营及张怀信警卫大队一个中队与黄恩锡部血战三昼夜,于16日先后夺占石洞、龙潭。黄率残部窜走架衣、丘北、弥勒、竹园、十八寨等地,企图与龙体乾汇合。

其间,奉唐继尧之命援救蒙自、临安、个旧的赵世铭、马为麟两支队,也在南防剿匪军总司令刘祖武的指挥下,于击溃围攻临安、蒙自之敌后,在蒙自境内的鼓山击败龙体乾主力,20日收复了个旧。之后又回师阿迷,配合警卫第四团长李识韩击溃自龙潭败后窜入丘、弥等地的黄恩锡部,先后于4月6、8、12日收复竹园、十八寨、弥勒和丘北,龙体乾、黄恩锡相继败退江外。

赵钟奇、黄毓成所部则依李烈钧所请,分别于3月4、5两日从贵州黄草坝、兴义出发,南下会攻龙觐光大本营百色。他们途经西隆、西林、旧州、潞城等地,一路上龙军望风而逃,未遇什么抵抗,仅仅黄毓成所部于16日在黄南田与其第五路司令朱朝瑛进行过一昼夜的激战。次日,朱部大溃,黄乘势追至距百色不过八十里的塘升,与剥隘东进的张开儒梯团和桂军马济部对百色形成包围之势。龙觐光见大势已去,被迫缴械投降,并于17日发表通电,宣布辞去"云南查办使责任,赞助共和,以谢天下"①。至此,袁世凯企图由广西攻取云南的计划也宣告破产。

导致龙觐光缴械投降的主要原因固然是攻滇军事的失败,然而与3月15日陆荣廷宣布广西独立,其退路被截断,也是密不可分的。

辛亥革命以后,陆荣廷同样是袁世凯的积极追随者和支持者。1913年"二次革命"期间,他不仅残酷镇压了广西革命党人为响应二次

---

① 《云南首义拥护共和始末记》下册,第21页。

滇桂边战场示意图

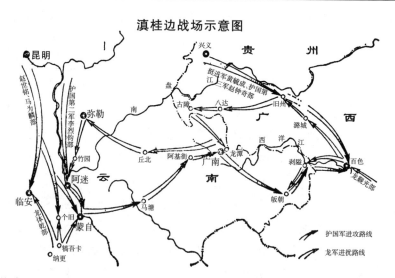

革命而发动的柳州起义,杀害过刘古香、蒋翊武、农实达、李群等大批革命党人,而且在饷械和兵力方面大力支持其儿女姻亲龙济光进攻广东讨袁军。为此,袁于 1914 年 6 月 30 日授以宁武将军,次年 3 月晋升为耀武上将军,督理广西军务。但是,随着陆荣廷实力地位的加强,袁对陆的戒心也愈来愈大。1913 年 8 月 3 日,袁世凯任龙济光为广东都督;1915 年 7 月 13 日,任其心腹王祖同为广西巡按使;接着又以派充侍卫武官为名,调陆荣廷之子陆裕勋入北京,等于人质。凡此种种,无一不是为了控制和对付陆荣廷的。这就不可避免地在陆的心里埋下了对袁不满的种子。因此,陆荣廷在袁世凯卖国称帝,国人"痛心召侮,无地不然"的时候,便下决心与他决裂了。

　　广西独立,酝酿颇早。还在筹安会发生之初,陆荣廷就通过蔡锷所派代表黄实、黄永社与蔡有所计议。嗣后,他又先后接受了革命党人林虎以及老上级岑春煊的进言和劝告,赞成反对帝制。他先以病假为掩护,对帝制"独守缄默"①;继又采取消极态度,暗中抵制。截止 1915 年

---

①　《广西独立记》,《护国军纪事》第 3 期,1916 年 6 月。

11月15日,全国已有二十个省和特别行政区遵命举办国民代表大会,选举代表投票赞成帝制,并推戴袁世凯为中华帝国大皇帝,但陆荣廷却迟迟未动,以致"浮言"四起,"传闻"纷纷,连他自己也感觉到了袁世凯对他已有所怀疑,不得不赶紧与王祖同联名发表一个此地无银三百两的通电,声明广西办理选举稍后于各省,是由于"交通不便",并预先保证:"将来投票结果,必能一致。"①这说明早在云南独立前,陆荣廷的反袁已有所表现。所以蔡锷说,桂省陆(荣廷)、陈(炳焜),"早已决心,业作准备"②。

但是,云南独立后,陆荣廷由于饷械不足和龙济光、汤芗铭逼处东、北,并未立即循蔡锷、唐继尧所请,宣布广西独立,而继续与袁世凯虚与委蛇,佯装拥护帝制。1915年12月26日,他通电各省,说明他已与王祖同会电警告唐、任,"并约川、湘、鄂、粤军巡各帅合词诘责"③。28日,他特电请袁"大伸天讨"④,随后一面派旅长陆裕光、团长李祥禄率步兵两营、炮兵一营先后出发,"防守边地";一面电请龙济光所派征滇军万人迅即出发⑤。次年1月3日,他请袁"早正大位,以定民心"⑥。嗣又于18日公开辟谣说:"近日沪上《中华新报》载有广西独立之耗,似此造谣煽乱,殊堪痛恨。除电请外交部暨冯(国璋)上将军、齐(耀琳)巡

---

① 陆荣廷、王祖同致统率办事处及各省电(1915年11月15日),中国社会科学院近代史研究所藏原件。

② 《蔡松坡集》,第848页。

③ 陆荣廷、王祖同致各省通电(1915年12月26日),中国社会科学院近代史研究所藏原件。

④ 陆荣廷、王祖同致统率办事处电(1915年12月28日),中国社会科学院近代史研究所藏原件。

⑤ 陆荣廷致政事堂等电(1915年12月31日),中国第二历史档案馆藏原件。

⑥ 陆荣廷、王祖同致政事堂等电(1916年1月3日),中国社会科学院近代史研究所藏原件。

按使请向领团交涉，将该报查禁外，特电声明。"①如此等等。

在上述活动的掩护下，陆荣廷悄悄地部署着独立的各项准备工作。他一面"派其义子曾彦至滇接洽"，说明"桂省饷力、械力俱不足以有为，只好暂守中立，待机而发"②；一面"托商会以损害商业为辞"，拒绝袁世凯派北军由桂征滇③。龙济光承担攻滇任务后，陆荣廷明知其为假虞灭虢之计，但也不便再拒，乃遣其子陆裕光、桂军将领张耀山、吕春琯等统兵随行，暗中监视，同时"戒龙少带兵士，多携饷械"。龙济光不知是计，又以粤中党人环伺，兵不敷用，欣然电令陆荣廷所荐张、吕二人就地招兵四千，以候进取，并先后运桂六厘米八无烟枪九千五百枝、七生的克虏伯开花炮六尊、机关枪三十五架、子弹称量、饷银一百五十万元④，成了名符其实的帮助陆荣廷的义务运输大队长。为团结内部，1916 年 2 月 14 日，陆荣廷召集陈炳焜等主要将领二十余人宣誓说："皇天后土，鉴临廷等。一德一心，驱逐国贼。保卫民生，保障共和。如有违异，饮弹而死。"⑤接着，陆一面暗中动员军队，一面派陈祖虞、唐绍慧前往沪、宁，联络冯国璋和迎梁启超入桂。陈、唐向梁启超声称：梁朝至，桂省独立夕发矣。3 月 4 日，梁启超一行七人踏上了艰苦的赴桂征途。

随着时间的推移，陆荣廷不稳的消息渐为袁世凯所知。3 月 7 日，他接过陆自请率师攻黔的饰词，特任陆为贵州宣抚使，"将剿抚事宜，悉心筹画"⑥，妄图调虎离山，另任他人督理广西军务，以便激成变端，继续控制广西。然而，这恰恰为陆荣廷提供了名正言顺向袁索饷要械和

①　陆荣廷、王祖同致政事堂等电（1916 年 1 月 18 日），中国第二历史档案馆藏原件。

②　《蔡松坡集》，第 912 页。

③　《护国运动资料选编》，第 376 页。

④　《护国运动资料选编》，第 376、378—379 页。

⑤　《护国运动资料选编》，第 380 页。

⑥　《政府公报》，1916 年 3 月 8 日。

遣兵北进的借口。陆受命后,张口就索取军饷百万和大批军械,与袁讨价还价。袁世凯有苦难言,只好"如数拨给"①。接着,他领兵北上柳州,屯兵湘桂边境。这时,如前所述,入滇粤军在李烈钧所率护国第二军的攻击下,正节节向广西败退,云南挺进军和护国第三军又从贵州南下,抄其后路,龙觐光困守百色,已成瓮中之鳖。而且梁启超代表汤觉顿已抵南宁,并向陆荣廷报告说:梁已启程,不日即到。于是,陆荣廷一面命令随粤军出发的桂军反戈相向,配合云南护国军围攻百色;一面指使南宁陈炳焜等立即通电讨袁,宣布广西独立。15日,陈等致电陆说:"当经会议表决,即日宣布广西独立,公推我上将军为广西都督。"②同日,陆荣廷继贵州刘显世之后,以都督名义通电反袁,号召"各省文武忠勇志士,协心戮力,诛彼独夫,载宣国威"③。

广西独立,不但直接促成了龙觐光的缴械投降,巩固了护国军的大本营云南,而且有力支援了正在川南、湘西各战线浴血奋战的护国军。当时川南前线一位梯团长说:"设广西再有十天不宣布独立,真不知如何收场。"④同样,它对袁世凯集团的打击也是十分沉重的。广西独立后三天,四川将军陈宧忧心忡忡地致电王士珍说:"陆(指陆荣廷)既如此,龙(指广东龙济光)必可虑","瞻念大局,切抱隐忧"⑤。同日,湖南巡按使沈金鉴在给政事堂和统率办事处的电报中也说:广西独立,致湖南于"四路受敌"之中,"湘危,则大局益不可收拾"⑥。"洪宪"王朝的末日为期不远了。

---

①　《护国运动资料选编》,第376页。

②　陈炳焜等致陆荣廷等电(1916年3月15日),《中华新报》,1916年3月23日。

③　陆荣廷致各省通电(1916年3月15日),《中华新报》,1916年3月29日。

④　《护国运动资料选编》,第332页。

⑤　陈宧致王士珍电(1916年3月18日),中国第二历史档案馆藏原件。

⑥　沈金鉴致政事堂统率办事处电(1916年3月18日),中国第二历史档案馆藏原件。

第三节　反帝制怒潮的高涨和帝制的取消

一　中华革命党军事讨袁活动的进一步发展

与护国军分路出征的同时，中华革命党也展开了全面的军事讨袁活动。如第八章第二节所述，中华革命党是二次革命后继续不屈不挠坚持反袁斗争的唯一政党。还在 1915 年夏秋之交，它已决定组织中华革命军东南、东北、西南、西北四军，进行武装讨袁。但由于经费、人员等条件的限制，云南首义前有重大影响的起义并不多，而且旋起旋败。真正富有成效的全面展开是云南首义以后的事[①]。

云南独立后，孙中山指出"既有首难，则袁之信用已破。此后吾党当力图万全而后动，务期一动即握重要之势力"[②]。当时，江苏、上海、江西、湖北等地的中华革命党人，均纷纷准备发动，但他认为"长江一带敌屯重兵，且有津浦、京汉两线运输之利"，困难较大，主张改变策略，首先"注全力于粤省，旁及福建"，以便"与云贵打成一片"，一旦"军械补足，即图大举北伐"[③]。为此，广东中华革命军在司令长官朱执信的领导下，于 1916 年二三月间先后发动了两次以攻取省城广州为目标的军事行动。

第一次在 2 月上旬。当时，龙济光正奉命派兵西攻云南，广州相对空虚。朱执信及其同志们议定一个三路同扑省城的计划：一路由澳门出发沿增城、罗岗洞、龙眼洞前进，攻小北门；一路由广九路沿途登车，直扑东关；一路由谢细牛统率绿林武装，从城北七十里的番禺县石湖村出发，夺取石井兵工厂，然后分兵夹击西关和大北门，以援应东、北两

---

①　王玮琦著：《中华革命党之研究》，台北正中书局 1979 年版，第 103 页。

②　《孙中山全集》第 3 卷，第 220 页。

③　《孙中山全集》第 3 卷，第 237 页。

军。部署停当后，朱于2月5日夜亲率中华革命党员数十人潜入石湖村，指挥谢细牛所部绿林数百人和其他民军千余人，解除了该乡福军和乡团的武装，占领三座当楼为炮台。次日晨，又制青竹毒签，广布村外要道，准备于9日与其他两路同时举事。不料事为龙济光探悉，8日晨即遭其所派亲军千人的疯狂围攻。石湖军民英勇抵抗一昼夜，击毙龙军团长、营长、排长各一人，重伤营长一人。相持至9日晨，龙军增援炮队赶到，朱执信见敌众我寡，硬拼不利，遂下令撤退。三路进攻广州的计划也临时取消。

3月上旬，朱执信再次对广州发动攻击。这次行动，计分两步：第一步是袭取袁世凯由沪派来黄埔的肇和舰，第二步以所获之肇和舰"驶进省河，谋攻观音山等处"①，进而夺取省城。行动之前，朱与李天德以及上海陈其美所派杨虎、李元箸、马伯麟、余建光、冯启民等人在澳门筹议多次，决定以一部分同志密登澳门开往广州的永固客轮，抵黄埔后，即迫其泊近肇和舰，利用该轮与肇和舰高度相等之便，越舷而过，向敌发起突然袭击，夺取该舰；以另一部分同志在永固轮发难的同时，向黄埔两岸各炮台发起猛攻，牵制陆上之敌。

6日晚9时，一批身怀炸弹和手枪等轻武器的中华革命党人，夹在搭客中登上永固轮由澳门启航，次日晨3时50分驶抵黄埔。他们唤醒酣睡的搭客，向他们宣布："吾人欲借永固以袭肇和而讨袁贼，并非行劫，如有金钱财物，一概保护，请即齐下舱底安息，以免危险。"②接着，便纷起奔向各预定目标，迅速占领了舵房、车房、电灯房、火房以及船首船尾等要害部位，迫船主驶向肇和舰之侧。时值黎明，江面雾气弥漫，肇和舰尚以该轮误驶航线，鸣钟告警。永固轮却不顾水流湍急，多次向其靠拢，且有人企图登舰。这时肇和方知将发生事变，急起向永固轮开

① 《肇和之在粤失败》，《民国日报》，1916年3月17日。

② 《肇和之在粤失败》，《民国日报》，1916年3月17日；李天德述、邓慕韩记：《黄埔谋袭肇和兵舰记》，《革命文献》第47辑，第390页。

火。预伏在东浦墟一带的中华革命党人听见肇和枪声，知轮上同志已经发动，遂向鱼珠等炮台发起攻击。顿时，肇和内外，黄埔两岸，枪声、炸弹爆炸声，响成一片，战斗十分激烈。永固轮上的中华革命党人为夺取肇和舰，不怕牺牲，多次发起进攻，先后有两人为跃过肇和而堕水献出生命。但是，在肇和舰严密炮火的封锁下，永固轮的靠舰企图始终未能实现，而攻击陆上炮台的队伍又被击散，永固轮陷于腹背受敌之中。为了保存实力，中华革命党人不得不迫该轮驶向沙滩，凫水登岸，弃轮而退。

广东中华革命军两次起义虽告失败，但给龙济光的震惊却不小。正是中华革命军和其他民军的频繁起事，才使他有所顾忌，而不敢对云南护国军倾力相加。朱执信指出："石湖一役，歼其团长，激战数日，俾以全力防北江、西江。继以决死之队攻袭肇和，虽其事不成，而龙济光益严于防守。""龙氏在广东有兵五万人，仅以三千往滇者，中华革命军牵制之也。"[1]

与此同时，四川、湖南、湖北等省的中华革命党人也纷纷回籍招集旧部，运动军队，联络会党，组织武装起义，给袁世凯及其各省代理人以沉重的打击。

在四川，自云南护国军攻入后，各地"缙绅耆旧，游侠健儿，闻风群起，动辄千数"，其中不少是中华革命党人直接发动，或接受中华革命党领导的。2月16日，由上海返川的谢兆鸾集合各路民军千余人，快枪七百余支，铜驼十余尊在合州（今合川）首先倡义，宣布成立以他为司令官、黎握中为参谋的中华民国革命军四川第一支队，活动于合州、酆都、万县、云阳一带。3月初，分别由昆明随护国军入川的王维纲和由上海溯江西上的刘伯承等人，运动涪州警备队长杨光烈和哥老会众在涪州（今涪陵）新庙子起义，成立以王维纲为支队长、杨光烈为参谋、刘伯承负实际军事指挥责任的四川护国军第一支队，积极展开讨袁活动。12

---

① 　朱执信：《论中华革命党起义之经过》，《革命文献》第5辑，第77页。

日,刘伯承率队进攻长寿,缴获水警快枪四十余支。14日,在石家沱与北军安庆轮开战,毙其军官一人。接着,王维纲一面命支队大部转扎临江庙,准备进攻酆都;一面分兵一连至马颈子截夺北军船只。其时,恰有名为商轮,实已成为北军兵船的大川号驶至,当即被击伤,搁浅江岸,俘获北军参谋一人,兵士二十余人,快枪三十余枝。16日夜,王维纲再接再厉,亲率全支队由临江庙出发,向有本县警备队和北军第八师第三十二团张福臣营分守各要隘的酆都进攻。次日拂晓,一举突破新城要隘,迅速攻入城内,将张福臣营全部逐出城外,并生擒与处决了为虎作伥的县知事许石生,歼敌八十余人,获快枪五十余枝。王支队除刘伯承右目受伤外,仅伤亡官兵九人。

　　紧接谢兆鸾、王维纲之后,龚天福、周晋敷、杨海清等人也在马尾坝宣布起义,组成以龚天福为支队长,中华革命军四川司令长官卢师谛为司令官的四川中华护国军第三支队,并于3月21日占领石砫。4月1日,以知事附义独立,和平进入忠县,"横断北军交通者十三日之久"①。其间,还有李善波等人于3月11日在酉阳龚滩宣布独立,自称共和革命军司令官,"声言三次革命"②,不及半月,便"陆续攻克酉(阳)、秀(山)、黔(江)、彭(水)四县,筹饷十万,战士盈千"③。颜德基等人则聚兵新宁(今开江),击毙县知事,拥兵五百余人,与北军周旋于云阳、万县间。

　　4月10日,这些名目纷杂、各自为战的讨袁军,正式联合组成以石青阳为司令官的中华革命军四川司令部,暂先编川东、南、北三支队。并于11日以石青阳名义誓告国人:"自今伊始,本军当贯彻唯一之主义:1. 推翻专制政府;2. 恢复完全民国;3. 启发人民生业;4. 巩固国家

---

① 《桓桓赫赫之蜀中民军》,《民国日报》,1916年5月30日。
② 《护国运动资料选编》,第457页。
③ 李善波致唐继尧刘显世电(1916年3月24日),贵阳《铎报》,1916年3月30日。

主权,以期大憝元凶殄而后已。扶持国体,生死同之。"①至于川西,则由卢师谛"指挥孙(泽沛)、吴(庆熙)、丁(厚堂)诸军,运动独立"②。至5月中旬,成都附廓各属,几非陈宦所有。

四川中华革命党人,在袁世凯进攻云南的主要通路川江航道上攻城略地,据山筑垒,劫其军船,歼其兵士,阻其交通,不但扰乱了敌人的后方,而且严重地威胁着泸州北军的安全。第八师师长李长泰对此说得很明白:"当兹逆匪充斥,形势变迁,交通益形梗阻,输送愈觉不灵。职师之新兵及军需物品、炮营驮马,均到万县多日,不能上驶。忠(州)既不守,万亦频惊,邀寄军储,万分危险。"③为了"保护输送,无碍进行",他不得不于涪州留步兵一团、炮兵一连,酆都留步兵一营,并再次向袁提议"由万(县)稍加兵力两营"④,这样就大大分散了直接用于泸州的兵力。四川中华革命党人的这些军事行动,对蔡锷反攻泸州,无疑是最有力的支持。

湖南中华革命党人在军事讨袁中,先主"中心突破",力图在长沙、衡阳、岳州等要冲地方策动军队,树立义旗,以广号召⑤。所以,他们发动的第一次进攻便是长沙暴动。这次行动酝酿于云南独立后不久。当时,杨王鹏、王道、谭蒙、邹永成等人纷纷由日本回国,在上海谋进行倒袁办法,决定:先派廖湘芸回湘,运动长沙三十九混成旅和汤芗铭的模范营为内应,彭泽鸿前往岳州,准备响应;谭蒙、殷之辂负责联络。至2月中,各方筹备已略有头绪,单等沪、汉两地赴湘参战同志全部集齐后即可发动。可是,少数急进分子为了"居功",要"先期举发"⑥,加上汤芗铭搜捕日紧,潜伏同志,隐蔽不易,杨王鹏不得已于2月21日冒险发

① 《中华革命军四川司令石青阳通电》,《民国日报》,1916年6月28日。
② 《熊克武军在川之活动》,《中华新报》,1916年6月17日。
③ 《护国运动资料选编》,第443—444页。
④ 《护国运动资料选编》,第444页。
⑤ 《文史资料选辑》第48辑,第18页。
⑥ 王健:《杨王鹏烈士事略》,《革命文献》第47辑,第500页。

难。杨与廖湘芸、毛邦华等数十人,身怀炸弹,向汤芗铭将军署及其邻近之军械所、警察厅、高等审判厅等目标冲去,毙其卫兵五人,余皆纷纷逃散。据当时报载,汤芗铭与巡按使沈金鉴也由后门鼠窜而逃。不料,杨王鹏等刚抵辕门,因"先所运动之军队忽爽约,助汤抵御"①,旋即失败。杨王鹏、龚铁铮、李岳崧、毛邦华、湛文炳、杨诒庆、陈树生等二十七人惨遭杀害;李泰阶等七人被判徒刑;遭株连而不知姓名者达四十余人②。

经此挫败后,湖南中华革命党人暂时放弃了夺取省城的计划,而开始致力于各地的武装起义。其中比较成功的是湘西罗剑仇、萧英等人领导的起义。3月12日,罗剑仇联络地方保安队和乡团武装三百人,在永顺松柏场宣布起义,成立以他为司令官的中华革命军湖南湘西独立军,号召北伐讨袁。17日占领王村,19日攻克永顺。警备队长谢伯纲正"脱振振军服,着裤布单衫,由民房出走",突为人所识,当即被独立军击毙。县知事车赓与人易服后侥幸保命,于当夜"潜至岳某家,偕其小星,泛艇而逃"③。攻克永顺同日,罗剑仇乘势分军为二:一由石雄指挥攻桑植,一由罗自率攻大庸。24日,桑植克复,知事潜逃。不日,大庸也宣布独立。萧英自称中华革命军湖南湘西讨袁军事筹备委员,所部数千人,不仅活动于大庸、永顺、古丈等地,而且远及辰(州)、常(德)一带,严重威胁北军后方④。北军师长范国璋向袁世凯诉苦说:"本师自出征以来,原以靖寇为目的,嗣奉兹令担任常、辰防剿事宜,乃将兵力分拨各处。现庸、桑、古丈、南县之匪虽稍敛迹,惟兵来则去,兵去复来,若遽将队伍撤回援助前线,不惟克复各县仍为匪有,且恐常、辰亦陷于危险地位。万一后方不保,前方作战更多掣肘。而在后方剿匪各队既

---

①　《癸丑失败后湘中革命党史概略》,《革命文献》第47辑,第480页。

②　《汤芗铭祸湘录》,《近代史资料》1980年第2期。

③　张孔修总纂:《永顺县志》卷26,长沙吟章纸局1930年版,第10页。

④　萧英致唐继尧等电(1916年3月27日),贵阳《铎报》,1916年3月29日。

难撤回，而前方又亟待援助。师长据此地位，万分焦灼，筹思至再，实难兼顾，究应如何办理，恳请迅示方针。"①这是罗、萧等部中华革命军在湘西牵制与打击北军的真实记录。

湖北中华革命党人主要于武昌南湖策动了一次马、炮队起义。自1915年冬以来，中华革命军湖北司令长官蔡济民与刘英、赵鹏飞等陆续回鄂组织军事讨袁，决定先由武昌发难，汉口、汉阳同时响应。经多方运动，他们先后在武昌南湖马队、炮队、城内守军以及汉阳兵工厂卫队播下了讨袁种子。但由于武汉为北军集中之地，且湖北将军王占元已有所闻，正采取措施严加防范，因此，多数同志认为不可操之过急，暂以缓发为宜。可是，蔡济民偏听刘英等人所言，误以为军队运动成熟，发难决操胜算，遂命南湖马队准于2月18日夜10时举义，汇合炮队进攻中和门，与城内军队里应外合，夺取武昌，并约定以放火为号。届期马队虽遵命发难，炮队也同时行动，但因王占元早有准备，旋遭镇压。城内军队则因是夜大雨如注，未见火光，迄未响应。此役固然"误于蔡（济民），幸无大损"②，且"实足以动鄂吏之心。自是以还，鄂兵只自保治安，不复为袁敌滇"③。

至于长江下游陈其美的讨袁活动，更未曾中止过。自1915年12月5日肇和起义失败后，上海虽未再举，但在陈的策动与部署下，江苏、安徽等省却发动过多次起义。江苏中华革命党人于次年4月16日攻袭江阴，一度进据吴江。安徽中华革命党人也于17日联络大通陆路警察，占领榷运局。为此，5月18日，陈其美终被袁世凯派人刺死。

此外，在山东还活跃着一支以居正为总司令的中华革命军东北军和以吴大洲为都督、薄子明为总司令的山东护国军。他们旗号虽各异，却同是中华革命党人组织的讨袁武装。1916年2月，孙中山亲自委任

---

①　《护国运动资料选编》，第467页。
②　廖仲恺致居正函（1916年3月10日），《革命文献》第48辑，第81页。
③　朱执信：《论中华革命党起义之经过》，《革命文献》第5辑，第78页。

的中华革命军山东司令长官吴大洲与薄子明、邓天乙、吕子人等,先后返回青岛,准备组织讨袁军。接着,孙又以云贵护国军局限一隅,且胜败难测,认为要缩短战争期限,保全国家元气,事半而功倍,"非从袁氏根本地推翻不可",因此"特派居正为中华革命军东北军总司令,统筹直隶、山东、山西军事进行事宜"①。3月,居正率朱霁青、陈中孚、刘廷汉等由大连至青岛,设立以许崇智为参谋长、萧汝霖为秘书长、日人萱野长知为顾问的东北军总司令部,编成以刘廷汉、朱霁青为司令的两个本队和以薄子明、马德龙、吕子人、杜仲三、赵中玉、尹锡五为司令的六个支队,积极准备起兵讨袁。

5月4日,东北军分两路展开行动:一路由薄子明率第一支队与吴大洲所部合袭长山县周村;一路由居正亲率朱霁青、刘廷汉、吕子人等部进攻潍县。5日晨,吴大洲、薄子明攻克周村,次日占领长山县城,随后将所部整编为五个梯团,改称山东护国军,连克邹平、淄川、博山等地。居正所部也于4日当夜进抵潍县火车站一带,次日开始围攻县城。为孤敌势,居正同时命吕子人、马德龙、刘廷汉等人分兵袭取高密、安丘、诸城、昌乐、临淄等地。15日,北军第五师长张树元被迫与东北军总司令居正签订退出潍县议和条件十五款。23日,东北军胜利进入潍县县城,并发表宣言说:"本军以袁世凯背誓叛国,违法殃民,认为国民公敌,特与西南各省护国军互相呼应,一致讨贼。"②其后,又遣敢死队百人,与吴大洲所部护国军组成周、潍联军,由邓天乙、陈中孚率领进攻济南。山东将军靳云鹏抵御无力,归降不能,只好弃职出走。

以上事实说明:在反对洪宪帝制的护国战争中,中华革命军同样是一支不可忽视的力量。它在全国范围内牵制了袁世凯的军事力量,在四川、湖南护国战场上与云贵护国军并肩作战,它的功绩将与护国军一样,永远彪炳于史册。

---

① 《孙中山全集》第3卷,第247页。
② 《东北军宣言》(1916年5月25日),《革命文献》第46辑,第285页。

二　各阶层人民对反帝制战争的支援

护国战争的正义性质,赢得了全国各阶层人民的拥护和支持,其首要的表现是云南、贵州两省人民掀起了盛况空前的支前热潮。云南、贵州是护国军的大后方,讨袁战争的根据地,为争取胜利,两省人民除积极支持军政府创设团防组织,维持地方秩序,消除护国军后顾之忧外,还广泛开展了以下支前活动。

(一)踊跃从军。云南独立后,军政府的头一件事就是动员人民参军,先后在省城昆明和云南、楚雄、武定、大理、丽江、曲靖、蒙化、临江、开化等九府设立征兵机构,号召退伍官兵踊跃归队。不到十天,自动报到的"不下五六千人"[①],退伍军官叶荃并致电唐继尧说:"拟就近于顺、云、缅召集义勇乡团一营,躬赴前敌,为国效死。"[②]其他各界人士,也"莫不忿恨袁世凯之帝制自为,均愿慷慨从军,稍尽义务"[③]。其中尤以青年学生最为踊跃。云南省立第一中学校十五个班的学生上书唐继尧,请组织"讨袁学生队"[④]。女子农业学校学生茅极珍、王桂莲等十五人呈请编练女子军北伐[⑤]。云南高等警察学校全体学生,也借口滇垣秩序整然,警员"实成疣赘",请求"派随军队,或充他职",以"效驱于战阵"[⑥]。而要求加入云南讲武学校志愿队的人,则为数更多。

起初,征兵事务所还依据征兵条例,坚持必须持有退伍执照,方可登记收录,但实际上许多报名者根本不是退伍兵士。为此,它不得不临时改申:"只须邀请妥实铺保填具保证书,即准投考分拨",以"免阻其爱

①　从军记者无伪:《云南倡义纪闻》,《护国军纪事》第1期,1916年4月。

②　叶荃致唐继尧等电(1916年1月6日),《时事新报》,1916年2月26日。

③　《民国日报》,1916年3月4日。

④　《云南学生界之请愿从戎》,《中华新报》,1916年1月25日。

⑤　昆明《共和滇报》,1916年2月1日。

⑥　《云南学生界之请愿从戎》,《中华新报》,1916年1月25日。

国热忱。"①然而，即使如此，由于招收名额有限，仍有不少报名者未能如愿。如宪兵队招收八十名，而报名人数多达数百，"其未考取者，皆深以不得从征为憾"②。在这股从军热潮中，随处可见新婚青年"绝裾而出"，与妻子送夫、母亲送儿的动人情景。退伍营长马灿文出发时，他的母亲语重心长地嘱咐道："国家养汝辈，正为今日用力，其速理粮临敌，以快母心。"③

贵州情况，与云南大体相仿。据当时报载："自宣布独立后，无人不愤恨袁氏无道。稍有血气者，均愿从戎北征，而青年学子，尤为有志。"④

（二）积极筹饷。云贵两省，地瘠民贫，平时财政即感支绌，何况战时。因此，竭力从财政上资助护国军政府，乃是两省人民的急务。在这方面率先作个人捐献的是护国第一军参谋总长罗佩金。他承继祖产十余万金，起义之后，即"尽以其田产之契券交与唐都督存储富滇银行，以充军费"，并说："他日共和无恙，己身犹存，或可酌量领回瞻家之费。否则，将演亡国灭种之惨祸，何以家为？"⑤紧接着，绅商农工学各界也纷起效法。据当时报载：滇省由于"民贫地瘠，每届年底，完纳粮税，甚属迟延。近因军兴之故，省内外各县人民输纳粮税，异常踊跃"⑥。滇蜀铁路公司股东会议决随粮附加铁路股百余万元，"全数提充军饷"⑦。昆明群舞、云华两戏园经理、司事以及全体坤伶和男伶为此举办义演，他们具禀警察厅长唐继禹说："滇省地处边僻，军饷甚绌。筹饷之源，端赖国民。毁家纾难，正斯时也。商民等亦系国民一分子，自当勉尽棉

---

① 《昆明政闻录》，《中华新报》，1916年2月14日。
② 《关于云南起义之杂述》，《护国军纪事》第1期，1916年4月。
③ 《滇池一片敌忾声》，《民国日报》，1916年3月5日。
④ 曲斋：《贵筑近事记》，《民国日报》，1916年4月30日。
⑤ 《滇中人物小志》，《时事新报》，1916年3月27日。
⑥ 《滇池一片敌忾声》，《民国日报》，1916年3月5日。
⑦ 《财政纪事》，《护国军纪事》第2期，1916年4月。

薄,为他人倡。拟由群舞、云华两园各演义务戏午夜三日,所售之款,涓滴归公,以助军饷。"①讨袁爱国的热情,跃然纸上。云南商务总会也慨助军饷二十余万元。

贵州人民的筹饷活动主要由征兵抚恤会主持。征兵抚恤会是个拥军优属性质的社会群众团体,为贵州绅、学、农、工、商、报各界所自动发起,正式成立于3月19日,以郭重光为正干事,张彭年、熊述之等为干事。该会劝捐对象初以个人为限,具体办法是:上等月捐一元,中等五角,次等二角,又次等一角,任凭自认,以战事结束之日为止。后贵阳县知事王具光"引身作则,共乐输将",又议定将劝捐对象再扩至以县为单位,并定办法三等:一等县七十元,二等六十元,三等五十元。他一面将本县所捐七十元送交省城征兵抚恤会,一面相应通告各县知事"酌照所议,量予捐助"②。为动员更多群众踊跃认捐,征兵抚恤会于4月3日在贵阳公园举行公民大会,到会者万余人,肩摩踵接,几无隙地。场内并设有收捐处,由中国银行直接派员经手。大会首由郭重光演说征兵抚恤会成立缘起,他说:"袁逆谋叛,致起兵端,出征之军,异常辛苦,盖为保护共和,舍死忘身,吾民应尽抚恤之责,以致其功,是以有征兵抚恤会之设。"继由张彭年等人着重演说护国战争的正义性质,号召各界"有财者输财,有力者出力,俾得早日讨灭袁逆,还我共和"③。演说进行了四个钟头,直到散会时,"光复楼之下,收款处输捐者尚络绎不绝"④。

此外,地方各县还有各自助饷的。紫江县曾竹屏等"闻本省护国军兴,遂与绅、商、学、农各界商议将以前救国储金团改为护国筹饷团,该县人士照常捐输,以为义军后盾"⑤。修文县绅士颜香澄等以黔军讨袁,兵饷为要,发起"护国军饷捐"。"此议一出,乐从者甚众"。息烽僧

---

①　《护国文献》,第125页。

②　《贵州通信》,《民国日报》,1916年6月30日。

③　《征兵抚恤会开公民大会纪实》,贵阳《铎报》,1916年4月5—7日。

④　《征兵抚恤会开公民大会纪实》,贵阳《铎报》,1916年4月5—7日。

⑤　《紫江发起筹饷团》,《贵州公报》,1916年2月19日。

人法瑞等以"袁氏帝制自为,割地售矿,大有害于人民","特召集缁流,发起护国捐金团,以补助军饷"①,等等。

(三)激发民气。云贵人民懂得:"大义以阐扬而益彰,民气以激发而尤奋。"②为此,他们采取了两项重要措施,一是创办报纸,二是组织演说。在创办报纸方面,昆明的《中华民报》、《义声报》和贵阳的《铎报》都是为声援护国军而创办的。《中华民报》发起人陈禹平、邓质彬、罗养如等人说:"窃自我滇起义,声罪讨袁,同人等不自揣谅,奋其忠忱,欲借三寸毛颖,聊助北伐声威。是以集合同志,组织《中华民报》,用以鼓吹共和,扫除专制。"③在组织演说方面,早在1916年1月初,昆明法政、师范两校就曾挑选学生四百余人,组成一团,分往各县、市、乡巡回演说④。但值得特别一提的还是云南护国演说社的活动。

护国演说社是李增、由云龙、倪德隆、杨钟年等二十五人发起成立,并与护国战争相终始的一个社会群众组织,其简章规定:"本社以声明大义,发扬民气,辅助本省政府扫除帝制,拥护共和为宗旨。"⑤它发轫于省城昆明,推广至各府、县、市、埠,每星期三、六、日均派德望素著、通达事理的演说员前往各处演说,曾先后演说过《滇军举义讨袁,实为国民前途造大幸福》、《护国军之责任与身价》等十二讲,主要宣传了以下几方面的内容:1.袁世凯是个抢掳中华民国的大贼,败国害民的祸根,只有并力将他除了,中国才能振兴,人民才能安乐;2.护国讨袁,"一方面是不容皇帝出现,一方面是要保全中国的土地,保全中国的人民,保全中国的主权",从根本上说,就是"要为全国四万万人造将来的大幸福";3.护国军必胜,袁世凯必败;4.全国讨袁形势大好,会师武汉、直捣幽燕的日期不远了;5."唐、蔡诸公既出死力救我们国家的覆亡,保我

①　曲斋:《贵州军事快信》,《民国日报》,1916年5月10日。

②　唐继禹呈唐继尧文(1916年2月7日),云南省档案馆藏原件。

③　《护国运动资料选编》,第412页。

④　《云南共和军纪实》,《护国军纪事》第1期,1916年4月。

⑤　《护国演说社简章》,云南省档案馆藏原件。

们种族的危急,我们百姓也应该出死力帮助,不可袖手旁观","或是直接的捐助些军饷,或是间接的补助些劳力",而最重要的是要履行共和国民最荣耀的当兵义务①。护国演说社的演说不仅战斗性强,而且语言生动活泼,通俗易懂,"甚至妇孺女子,亦有听而不倦者"②,在激发广大群众的讨袁爱国热情方面起了重要作用。

(四)慰劳将士。为了鼓舞士气,两省人民一向十分重视劳军工作。军队出征,有分送手巾、手套各用品的,有置牛酒以饯行的。伤员回省,倍受优待。在贵州,凡负伤官兵到省,征兵抚恤会一律备置火腿、牛乳、川糖、蜜食、藕粉、手巾等物,前往殷勤慰问③。不仅如此,两省人民还多次推派代表,亲往各战地劳军。4月初,贵州征兵抚恤会就曾备置牛酒,派员赍往川南、湘西慰劳各出征将士,并致词说:"袁氏谋逆,志士投袂。图存宗邦,头颅拚碎。天鉴精神,连歼丑类。既固民国,兼保社会。社会中人,敢忘斯忠? 无以酬功,扪心抱愧。远献牛酒,聊供一醉。"④同时前往川南劳军的还有遵义、桐梓各界代表王嘉春、杨崇、王长龄等。他们到达战地,适值大雨,官兵颇受感动。云南劳军代表由唐继尧委派前川军第五师旅长龙灼三等人充任。商务总会闻讯后,立即召集商界会议,提议各商量力捐金,购备物品,托其代赠前敌各将士。会后,又广布《启事》,劝谕各商,"一时认捐者异常踊跃,多者数十元,少者亦拾数元"⑤。当其所购慰劳品运抵战地之时,全军上下,莫不感奋,恨不能即除袁氏,以谢同胞。

全国各阶层人民支持护国战争的另一重要表现是川南、湘西等战区人民展开了如火如荼的支援护国军、打击北军的斗争。关于护国军所受人民欢迎与支持的情况,蔡锷曾不止一次地提到过。他说:当他率

---

①　云南护国演说社讲演稿,云南省档案馆藏原件。

②　《滇池一片敌忾声》,《民国日报》,1916年3月5日。

③　曲斋:《贵州军事快信》,《民国日报》,1916年6月12日。

④　曲斋:《贵州军事快信》,《民国日报》,1916年6月12日。

⑤　《昆明小录》,《民国日报》,1916年4月21日。

部到达川南永宁时，"官绅商民悬旗结彩，夹道欢呼。附近各属亦派代表前来接洽，群称我军之神勇慈惠，情愿编入戎籍，共效前驱"①。随蔡入川的支队长朱德也说："自滇以达蜀地，无不箪食而迎。"②有人还与辛亥以来的几次入川情况相比较，指出："此次入川，对于人民感情，与前大异，每一战争，所有附近村民，箪食壶浆送入阵地者，不可胜数。"③驰骋湘西的东路司令王文华说："我军所至，扶老携幼，壶浆箪食，馈彼前线。"④可见湘西人民对护国军的支持并不亚于川南人民。

川、湘人民也和云、贵人民一样，毁家纾难，踊跃从军。仅四川叙永县就"筹款至三十余万之多"，"乡团之遥为声援者至七千余人之众"⑤。他们还主动向护国军报告敌情，指带道路，甚至拿起武器，直接参战。据护国军营长金汉鼎说：1月31日叙州白沙场之战，就有驮子弹的马哥头，于战斗激烈之时，取"我阵亡之兵之枪，而各击敌人"⑥。支队长华封歌也说：黔军占领九盘子、赶水、东溪等要隘，"多得棒客之力"⑦。湘西民众每当护国军与北军"对垒之际，或至鏖战不休，妇女之属分为炊食以进，男子则持白刃尾随其后，所至成群，杀声雷动，昼为冲锋，夜为劫营，枪林弹雨之中，赤血横飞，犹各贾勇前驱，捐身不顾。因此，陨命者每战实复不少"⑧。可见，护国军的每一胜利，除其自身的英勇牺牲外，也是川湘人民用生命和鲜血换来的。

但是，与护国军相反，北军及其附庸却处处遭到川湘人民的反对。凡是他们经过的地方，家家闭户，人人远避。代理南川县知事颜孔铸

① 《蔡松坡集》，第904页。
② 《护国运动资料选编》，第310页。
③ 《护国运动资料选编》，第233页。
④ 王文华复贵州征兵抚恤会函（1916年4月），《贵州公报》，1916年5月6日。
⑤ 岑炯昌主修、宋曙总纂：《叙永县志》卷5，重庆肇明铅石印刷公司1933年版，第5页。
⑥ 金汉鼎致王诘修函，昆明《义声报》，1916年3月9日。
⑦ 华封歌致华封祝函（1916年3月11日），昆明《义声报》，1916年5月18日。
⑧ 《湘西人民之助战》，《中华新报》，1916年7月4日。

说："春初,北军至南,搜刮奸掠,民不堪命,城乡妇女,转徙流离,县城昼扃,各乡罢市。"①北军兵监监员关洵也供认："沿途经过之地,居民旅店关闭居多,不惟日用物品极其昂贵,且求其有而不可得。"②欲求向导,更"无一应者"③。迫而为之,非"乘间而逸",即"故引歧途,速其被歼"。3月,王维纲进攻酆都时,北军营长张福臣以土人余见龙为向导,欲西出新城,扼王来路,但余却骗他"左出大桥"。结果,王维纲取道大池已抵新城,而张还蒙在鼓里。17日拂晓,"张前队出新城,未戒备,猝与纲遇,枪不及弹,伤数十人,遂溃退不可收拾"④。几乎同时,川南松坎两营北军也因向导略施小计,被护国军打得死伤枕藉,狼狈不堪。其时,松坎北军欲抄袭护国军后路,迫旧时老乡约王思孝为向导。王虽年已七十有余,但"精明谙练,素恨袁兵","因略施诈术以陷之"。他先引北军多人自松坎经蛇皮滩至石壕,"逾沟越岭,绕东转西,其中相距四五十里,逐一指明,又插竹为标。"而真正可以用埋伏、行抄袭、权避让之处,却"秘而不宣"。北军于3月23日派兵两营,携机枪两挺,迫击炮六尊,依竹标所指,向石壕进发。岂知在他们未到石壕以前,护国军已衔枚急走,由小路先行暗抵石壕,对他们实行反包抄了。北军在这突如其来的打击之下,争先沿原路退回。护国军"认标追逐",直至蛇皮滩乃止。一路上,北军"死伤无算",并损失机枪一挺、炮一尊⑤。

然而,这些还不是北军最感困难的问题,最难对付的是那些遍地蜂起的武装民众。

自护国战争爆发后,川湘人民即在护国军的鼓舞下,纷纷组织武装,加入护国讨袁行列。有的隶属于地方政权,有的直接投奔护国军,

---

①　《护国运动资料选编》,第453页。

②　《护国运动资料选编》,第465页。

③　《两军在湘之片片录》,贵阳《铎报》,1916年3月1日。

④　《重修酆都县志》卷14,第2—3页,参见《四川文史资料选辑》第7辑,第236页。

⑤　《乡民之助顺》,《护国军纪事》第4期,1916年10月。

而更多的是散处各地独立从事游击战争。这后一种也就是北军所诬称的"匪"。这些民众武装虽多系山野村夫，武器也窳劣不良，仅有土枪土炮甚至棍棒刀矛之类，又没有什么军事训练，"凡奇正分合之法，条教号令之施，大抵懵然不解"，但本其果勇朴诚之气和熟悉地理、进退敏捷、以主待客、以逸待劳的便利条件，却常给教练有素、器精械利的北军以有力的打击。3月27日，企图进犯赤水的一营北军竟被六十余名乡兵击败，就是一例。这一天，听说北军将至，士民急议守城之策，"有勇者攘臂而前，扬言于众曰：'北军炮巨且利，城不可恃也，不如相机击之，有胆识者能从我乎？'语毕，应之者六十余人。结队而往，散布于鲢鱼溪岸。北军既至，各自为战，殪其前锋十数人，后继者回头急返。时值阴雨霏霏，泥涂滑汰，加以羊肠鸟道，不能星散而奔。于是窜入稻田，困于革履，将前复却，欲速反迟。乡兵四起乘之，刀枪并举，杀北军七十余人，夺获快枪一百七十余件。而乡兵不幸受伤者仅三人焉"①。

　　至于那星罗棋布、左仆右起的所谓"匪"，对北军的威胁就更大了。他们时而攻城池，劫器械；时而砍电线，断交通；时而击步哨，歼溃兵；时而预伏要道，俟北军经过，"啸起抢擒之"；时而伪装采樵妇，乘其不备，"戮其人而夺其枪"②。据蔡锷说，凡口操北音之人，"非十人以上不敢径行乡镇"③。他们时聚时散，出没无常，东奔西窜，飘忽不定，"遇兵力单则抵抗，遇大队则窜匿，追剿无踪，防不胜防，虽有兵力，亦无所施"④。在他们的打击之下，北军上下无不惊呼："最可虑者，现当逆乱吃紧，而匪焰日炽。影响所及，于逆则利，于我则害。""万一连为一气，演成草木皆兵之势，则祸患曷堪设想！"⑤

　　此外，在这期间，袁世凯统治区人民的反袁斗争也有新的发展。距

---

①　《赤水县乡兵之捷》，贵阳《铎报》，1916年4月10—11日。

②　《护国运动资料选编》，第456页。

③　蔡锷致唐继尧等电(1916年3月24日)，贵阳《铎报》，1916年3月27日。

④　《护国运动资料选编》，第431页。

⑤　《护国运动资料选编》，第431页。

离护国军发源地云贵两省较近的四川、湖南、广东、浙江等省固不必说，即使素为袁世凯严密控制的北方各省也不例外。云南起义爆发后，袁世凯为了镇压护国军，除进一步向帝国主义列强乞求借款外，又加紧在国内推行地亩清查，以增加财政收入。因此，反对清丈地亩就成了北方各省人民反袁斗争的主要内容。3月22日，山东肥城县长清农民为此举行暴动，焚毁县署及四乡丈量局。随后，又波及平阴、东平、东阿、新泰等邻近各县，数千农民"袭县衙官署、学校及官绅之住宅而火烧之，势极猛烈"①，旋为当地驻军所镇压。4月，东北奉天、吉林、黑龙江三省农民也掀起大规模的反抗风潮。海龙县乡民三千余人将县署团团围住，要求停止清丈。西安县(今吉林省辽源市)乡民二千余人意欲捣毁清丈局，声势汹汹，延袤百余里。东丰县乡民散发传单，揭露地方当局和官吏借端搜刮，苛捐杂税，日增一日，相约5月13日入城夺回已丈的土地大照，要求缓丈。绥中县斗争尤烈，抗丈群众千余人，夺取保卫团枪械，围攻县城，要求驱逐县知事，实行自治。阿城、盖平、岫岩、兴京(今新宾)等县农民也展开了规模大小不等的抗丈斗争。至5月间，反抗清丈风潮，几无县无之，三省当局被迫停止清丈。与此同时，河北易县爆发了山北社千余人为抗阻清丈地亩和反对苛捐杂税的武装起义，并蔓延冀中十数县，后以兵力不敌，被军警击散。

最后还要特别指出，在这次反袁爱国斗争中，国内各兄弟民族和海外华侨也是一支重要力量。在川南和湘西，各兄弟民族与汉族人民一道，一面积极欢迎和支持护国军北伐，一面自动组织武装抗击北军的进攻。李长泰不止一次向统率办事处报告说："赤水又来苗匪千余人，携明火枪，并有抬炮。"②这说明苗族人民不仅建立了讨袁武装，而且是一支人数不少的队伍，其武器装备虽不甚精良，但却给李长泰以莫大的威

---

① 《山东农民亦起》，《民国日报》，1916年4月6日。
② 《护国运动资料选编》，第416页。

胁。在四川宁远,"猓猓人(彝族)蜂起与官吏为难"①。在贵州铜仁、松桃等苗族聚居区,组成一支三千余人的苗民义勇队,准备"即行出师北讨"②。在黑龙江,鄂伦春青年学生阿兰布及拉札立等十余人,因对袁世凯"僭窃神器大抱不平,年假归家,对其父兄演说此事,全族中闻而大愤,遂约期起义"③。在吉林,爆发了赫哲族反对袁世凯盐务缉私马队的起义。活动于吉林宝清、密山、富锦、虎林等县的盐务缉私马队本是袁世凯的一支武装军警,由于它常假"缉私"之名,栽赃以倾良善,人民深受其害。赫哲族愤激而约齐全族,挑选精锐五百人,高树讨袁大旗,于1916年2月17日直扑该队驻地。该队方在梦中,衣不及着,即被"杀得落花流水,全营五百人,生逃者不过三十人"④。

海外广大华侨的爱国讨袁热情,也很令人钦佩。这主要表现在踊跃输财和组织敢死队直接回国参加讨袁斗争等两个方面。云南起义后,南洋华侨认捐巨款者,大不乏人,连留法学生爪哇华侨吴伟康也捐了四千元⑤。云南起义后,百余万的捐款很快汇到昆明。美洲、澳洲华侨认捐更多,"闻数在二百万左右"。直接回国参加武装讨袁斗争的华侨则以北美加拿大为多。1916年1月初,国民党加拿大支部颁布《加属华侨敢死先锋队规则及章程》,号召广大爱国华侨踊跃参加敢死先锋队回国效力,反对袁世凯称帝。没多久,报名参加者便达到五百人,经中华革命党东京总部正式命名为"中华革命党讨袁军美洲华侨敢死先锋队",并召它赴日候命。2月,三百多名加拿大敢死先锋队员分三批抵达日本横滨。接着,又加入一批侨居日本的新队员,队伍扩大到五百余人。5月初,在孙中山所派代表夏重民带领下,进入山东潍县,改编为中华革命军东北军华侨义勇团,受东北军总司令居正指挥,先后参加

---

① 《民军助义记》,《护国军纪事》第3期,1916年6月。
② 《苗族义勇队之组织》,《中华新报》,1916年5月16日。
③ 《鄂伦春也要讨袁》,《中华新报》,1916年2月7日。
④ 《赫哲族愤起讨袁》,《民国日报》,1916年3月1日。
⑤ 李烈钧致唐继尧电(1916年3月1日),《义声报》,1916年3月9日。

过袭击济南等一系列战斗。广大爱国华侨在推翻"洪宪"帝制中的业绩，诚如孙中山所说："此次推翻帝制，各埠华侨既捐巨资以为军费，而回国效命决死，以为党军模范者，复踵相接，其坚忍勇往之忱，诚不可多得者也。"①

以上事实说明，护国战争是符合全国人民的意志与愿望的。因此，它得到了包括广大爱国华侨在内的各阶层人民和各兄弟民族的积极拥护与支持，并在广度和深度方面达到了前所未有的程度。从这个意义上说，护国战争也是一次得人心的战争。而这正是滇黔护国军在"兵力本不甚厚，且子弹缺乏，粮饷不足"②的劣势下，得以战胜兵多械利饷足的北军的根本原因。对此，王文华在复贵州征兵抚恤会的信中曾明白说过："自维入湘以来，以直壮之众，当曲老之师，前后数月，大小十余战，攻城夺地，逐北追奔，近赖将士忠勇争先，远承各界激扬鼓励，幸不辱命，非华之力所能至此。"③戴戡也在致该会的复信中表示："特是胜之以武者，固贵军人之先声，持之以坚者，尤赖众心为后劲。倘非邦人君子，道合志同，必致良将劲卒，瞻前虑后，是则收今日之效，集异时之功，未始非诸先生之所赐，而戡则乘便多多矣。"④

三　袁世凯被迫取消帝制

护国战争爆发后，袁世凯表面气势汹汹，其实色厉内荏，深"疑帝制之难安"。早在云南宣布独立之时，他就在国务紧急会议上抱怨过："云南自称政府，照会英、法领事，脱离中央。此事（指"洪宪"帝制）余本不主张，尔等逼余为之。"⑤极力为自己的丑行开脱。12月31日，他虽硬

---

① 《孙中山全集》第3卷，第399页。
② 《护国运动资料选编》，第451页。
③ 《贵州公报》，1916年5月6日。
④ 《贵州公报》，1916年5月6日。
⑤ 刘成禺、张伯驹著：《洪宪纪事诗三种》，上海古籍出版社1983年版，第89页。

着头皮,申令改民国五年为"洪宪元年",但由于害怕引起更大的"变乱"和所谓"匪徒蠢动"①,毕竟没有勇气依原计划于 1916 年元旦举行登极大典。至 2 月 23 日,他更公开下达延缓登极令说:"予意已决,必须从缓办理,凡我爱国之官吏士庶当能相谅。此后凡有吁请早正大位各文电,均不许呈递。"②28 日,又申令早已被他遗弃的"立法院"提前于 5 月 1 日召集,以国民会议复选当选人为立法院复选当选人,企图以此缓和全国人民的反抗。

然而,时局的发展并不以袁世凯的意志为转移。不仅护国军、中华革命军和全国各阶层人民的讨袁斗争仍在猛烈发展,与此相联系,袁政府内外的各种矛盾和困难也急遽发展起来,从而更加速了他的失败。

首先是财政陷入破产。云南独立前,袁世凯为推行帝制,耗资约六千万元,财政本已极其困难。云南独立后,为了镇压护国军,各项费用更加浩繁。光张敬尧督队南下,曹锟布置司令部及设兵站、安粮台等种种开支,便用去五百余万元。结果,连大典筹备处呈领二十万元登极费,也未获"照数全支",仅领得"十二万元"③,可见其财政已拮据到何等程度。

为了渡过这一难关,袁世凯先令各省将中央直接收入之款认真整理,按月督解,不得有丝毫挪欠及截留情事;继则设立洪宪元年中央专款,按直隶、山东、江苏、浙江四省月各二十万元,河南、湖南、湖北、广东四省月各十五万元,四川、福建、安徽、江西四省月各十万元,山西、陕西、奉天、吉林四省月各五万元之数摊派筹解。他并一面于 2 月底命警厅暗禁商民前往中国、交通银行提款兑现,5 月 12 日更公开发布停兑令,以维持此两大纸币发行银行在金融界的信用;一面命发行洪宪元年

---

①　　杨善德、卢永祥致袁世凯电(1916 年 1 月 10 日),中国社会科学院近代史研究所藏原件。

②　　《政府公报》,1916 年 2 月 24 日。

③　　《登极费仅发十二万》,《中华新报》,1916 年 1 月 23 日。

六厘内国公债二千万元,胁迫全国官民认购。此外,他还不惜牺牲国家民族利益,不止一次地试图以各种税收和利权作抵,换取日、美等帝国主义国家的财政支持。

　　但是,这一切都不过是竹篮打水,完全落空。不管袁世凯怎样三令五申,催促各省速解"应解中央之款",甚至专门设立了一个解款综核处作为专办各省解款机关,然而事实却是:置诸不复者有之;答以"云贵事起,为保卫本省安宁,费用骤加,无款可解者"有之;借口地方危急,反向袁世凯请款者有之。财政总长周学熙束手无策,惟"转陈袁氏,徒唤奈何而已"①。对洪宪元年中央专款,除奉天段芝贵先后汇解三十万元,鲁、豫、苏、赣等省总计解交百万元外,"各省或解未足额,或因军务倥偬,呈请截留",实际解款者寥寥无几②。中国、交通银行"经袁下令维持,商会演说劝导,警厅暗中严禁后,商民提款兑现者"不但没有减少,反日有增加,"形势愈觉不稳"③。洪宪元年六厘内国公债也未给他带来什么转机。人民膏血早已榨干,加上灾荒频仍,哪有余力认购公债?何况他卖国称帝,久已失信于民,即有余力,也无人受骗。无怪乎不少地方官吏在电复袁世凯询问能应募公债若干时,或答以"现在情形与年前不同,前定募额能否足数,殊无把握,或以该处人心未定,募债实多困难等语"④搪塞。由于全国商民拒绝认购,原定二千万元的公债额实际仅得七百万元。至于对外借款,在护国军和全国人民的反对之下,更是一无所得。"初向日本某银行借款二百万,而某银行拒绝之。继以水电公司担保向美国借款四百万,而美国拒绝之"⑤。其他各国自1914年卷入世界大战后,自顾不暇,又怎能救袁之急? 所以,英国麦加利银行

---

①　《财政部急催欠款》,《中华新报》,1916年1月25日。

②　《北京财政之窘状》,《中华新报》,1916年2月23日。

③　梦公:《为维持中交两银行者进一言》,《中华新报》,1916年3月1日。

④　《各省对于发行公债之意见》,《中华新报》,1916年3月1日。

⑤　梦公:《敬告外国资本家》,《中华新报》,1916年3月2日。

董事一见梁士诒欲启齿借款,便"立刻拒绝"①。不仅如此,连袁政府赖以苟延残喘的盐税余款也为各国所扣留②。在此内部罗掘已尽,对外告贷无门的窘境中,袁世凯的财政不可避免地陷入了破产的深渊。

其次,北洋军阀集团的内部矛盾也更加公开化了。前陆军总长段祺瑞虽然迫不得已,于 9 月 21 日以管理将军府事务名义列名"劝进"③,但背地里却满腹牢骚,另有打算。护国战争爆发后,袁世凯请他出任征滇总司令,他拒不遵命。帝制派投寄匿名信恐吓他,他坦然表示:"武人不怕死。"④1916 年 2 月底,他甚至不顾袁世凯的面子,公然提倡南北停战,维持共和,另组新政府,以解决时局⑤。

与段祺瑞采取同一态度的还有江苏将军冯国璋。随着地位的提高和实力的增强,他已不满足于做一省之主,而野心勃勃地想要接袁世凯的班,过一过总统瘾了。这是他反袁称帝的根本原因⑥。1915 年 12 月 18 日,袁特任他为参谋总长,并表示可先依昔年黎元洪在武昌"遥领"先例,暂不遽卸南京军署责任。冯国璋懂得这是对他拥兵在外不放心,借口"政躬违和",一推了之,连南京军署事务也交其参谋长师景云和江宁镇守使王廷桢代拆代行。至于云南起义后,袁世凯屡次要他代替段祺瑞兼理征滇总司令一席,就更无意承担了。

事情还不止于此。袁世凯虽曾先后以"调查防务"等名义,派蒋雁行、阮忠枢等心腹干将前往南京对冯国璋阴加监视,又以"赐药"、"诊病"为名,派去大批所谓"医官",直接"驻署诊视"⑦,使他"半失自

---

① 《袁政府财政纷乱之实况》,《中华新报》,1916 年 3 月 26 日。

② 《梁启超年谱长编》,第 747 页。

③ 王士珍、段祺瑞等呈袁世凯文(1915 年 9 月 21 日),中国社会科学院近代史研究所藏原件。

④ 彬彬:《中央公园之起义纪念会》,《时报》,1916 年 12 月 29 日。

⑤ 《段氏意见之西讯》,《时报》,1916 年 3 月 7 日。

⑥ 《梁启超年谱长编》,第 755 页。

⑦ 《南京快信》,《时报》,1916 年 2 月 23 日。

由"①,但终究未能阻止他与上海各派反袁势力和西南护国军的暗中联系。1915 年 11 月中旬,冯国璋派人至沪,通过清朝遗老郑孝胥密约欧事研究会李根源等赴宁共商大计。只因临事发生变故,李未能成行。12 月 18 日,梁启超刚刚潜抵上海,就有冯国璋的代表登门求见,告知冯被袁世凯任为参谋总长后,"自危甚至",极盼云南"速举"。据梁启超事后回忆说,早在"滇师初起时",冯就曾与他"密布腹心",表示"已有迫袁退位之决心"②。此外,冯国璋还与中华革命党陈其美以及当时同在上海从事反袁联络活动的原进步党党务部副部长孙洪伊等,保持着密切的联系。对于云南唐继尧所派联络代表李宗黄,他不仅拒不执行袁世凯"严拿究办"之令,反于 1916 年二三月间待以连续两次接见的殊礼。头一次,他向李表示:"至低限度,我这边的队伍是决不会开去跟护国军打仗的。这一点,你请唐督【将】军尽管放心。"③第二次,他答应三事:1. 立即复电唐继尧,表示赞同推翻帝制,恢复共和;2. 由他负责维持长江中下游各部北军的绝对中立,尤将拒绝增援川、湘北军的命令;3. 必要时,他将联络长江各督发表通电,请袁取消帝制,并宣布调停时局办法④。果然,3 月 10 日,他宣布"政躬渐就平复,自即日起消假视事"。接着他乘广西宣布独立之机,与江西将军李纯、山东将军靳云鹏、浙江将军朱瑞、长江巡阅使张勋⑤等联名致电袁世凯,请速行取消帝制。这就是当时盛传一时的所谓"五将军密电"。冯等五人都是袁世凯亲手提拔的门生故旧,而且是拥兵自重的地方实力派,他们的挑战,对袁精神上的打击是不言而喻的。据当时报载,袁阅电后,惊恐得半晌也说不出话来⑥。

---

① 《梁启超年谱长编》,第 753 页。

② 《护国运动资料选编》,第 509 页。

③ 李宗黄:《云南首义身历记·中》,《传记文学》第 14 卷第 3 期,1969 年 3 月。

④ 李宗黄:《云南首义身历记·中》,《传记文学》第 14 卷第 3 期,1969 年 3 月。

⑤ 一说没有张勋,而是湖南将军汤芗铭。

⑥ 《专电》,《时报》,1916 年 3 月 24 日。

　　然而,冯国璋尚非北洋军阀集团中唯一与护国阵营暗通声气的人。据梁启超说,东南诸镇大多如此。孙洪伊也说,淞沪护军副使卢永祥曾通过他与上海商会秘密接洽过上海独立事宜。海军与革命党人张继、柏文蔚、耿毅、何成濬等也"颇有联络"①。至于像段祺瑞那样消极抵制帝制的,就更不乏其人了。1916 年 2 月,袁世凯以川、湘战事屡败,拟征调各省军队组织征滇第二军增援前线,但各省将军大多以防范本省为词,不肯受命。奉天将军张作霖初借口"防地紧要",表示"未便将得力军队分出",后又借口饷械问题,与袁讨价还价,最后在袁世凯满足其全部要求的条件下,才勉强答应以半师兵力开赴湘边②。山东将军靳云鹏以"鲁省近日民党举事风传甚急"为由,电请袁世凯许其募够新军十营后,"再拨第十旅南下"③。其实,即使奉命出发之师,也并不真愿为袁卖命。曹锟受命为征滇第一、二两路军总司令后,滞留岳州迟迟不发,甚至密电所亲,求代为打通关节,以免此行。张敬尧索饷要挟,节节观望。李长泰停驻合江,按兵不动。冯玉祥虽一度拼力攻占叙州,然而城下之后,却止戈不进。范国璋、唐天喜非留"后方",即保"路线",所驻均非前方战线重要部位④。连汤芗铭也从自身利益出发,拒不接济湘西镇守使田应诏。其内部矛盾之深,意见之分歧,由此可见一斑。

　　与此同时,以日本为首的帝国主义列强,对袁世凯的态度也发生了显著变化。前面说过,袁世凯酝酿帝制之初,无论是东方霸主日本,还是西方列强英国与德国,都曾从各自的利益出发,表示过不加干涉之意。这是袁世凯敢于无视全国人民的反对而决心称帝的根本原因。然而,他做梦也没想到,就在他命驻日公使陆宗舆将筹备帝制的"真实内容"密告日本政府,以示亲密之际,日本政府却在贪婪的侵华野心的驱

①　孙洪伊致冯国璋函(1916 年 6 月 1 日),《近代史资料》1982 年第 4 期。

②　《奉军调赴湘边》,《时报》,1916 年 3 月 1 日。

③　《山东兵调不动》,《中华新报》,1916 年 3 月 14 日。

④　《护国运动资料选编》,第 368 页。

使下,突然改变了主意。1915年10月11日,大隈重信致电驻华临时公使小幡酉吉说:"无论从那一方面言,日本与中国关系最为密切而特殊,由日本自身利害加以衡量,日本毕竟无法容忍事态(指袁世凯称帝)之自然发展。"①并命令他质问袁政府,能否保证不因称帝而酿成事端。15日,日本内阁会议通过决议,拟邀约英、俄、法、美等国共同向袁提出警告。当时除美国外,其余三国均忙于对德战争,无力兼顾远东,即有异议,也不能不顾及盟国之谊而力为迁就。于是,日、英、俄三国遂以变更国体或将"惹起意外之扰乱",直接间接影响日本及各国在华商务利益为由,命令他们的驻华公使于28日向袁政府提出了第一次劝告。小幡口述日政府训令说:帝国政府"以友谊劝告大总统善顾大局,延缓其变更国体之计划,以防祸未然"②。英、俄二使也作了同样劝告。法国虽因时值内阁更迭,未及参与,但仍于30日令其驻华公使康悌与日采取一致行动。只有美国觉得追随日本捞不到多少好处,而以"不干涉别国内政"为词,拒绝参加。

对这突如其来的警告,袁世凯因先有大隈和朱尔典"不加干涉"的暗中许诺,初本不在意,以为不过是日本为攫取更大权益所作的表面文章。因此,他在11月1日分别答复日、英、俄三国公使时,除了声明"实行改革,断不致发生事端"外,只字未提是否延缓帝制的问题③,实际上就是拒绝劝告。岂料这时的日本却是动真格的了。据陆宗舆3日自日本报告:日"海军已有二舰南行,外务省已预备第二警告,为借口出兵保护之准备";又说:他刚刚会晤过石井外相,石井对袁政府的答复"殊深遗憾",并表示日政府将"另作计议"。6日,石井再次接见陆,声称如中国数月内仍改帝制,将被认为是对日本的"欺侮",态度极为强硬④。至

---

①　日本外务省文书,大隈外相致小幡代理公使函(大正4年10月11日),转引自《中国现代史论集》第4辑,台北联经出版事业公司1980年版,第225页。

②　《六十年来中国与日本》第7卷,第7页。

③　《六十年来中国与日本》第7卷,第8—9页。

④　《六十年来中国与日本》第7卷,第11—12、14页。

此，袁世凯才感到事态严重，为缓和日本及其他各国的反对，不得不于9日非正式声明本年内不实行改制①。11日，又邀请日、英、俄、法四国公使至外交部面谈，密告"国民解决国体之后，应行各事，头绪纷繁，必须筹办，择一合宜时间，方可举行大典，同有不得不稍缓之势"②。他以为这样总可以堵住各国的悠悠之口了。可是第二天，意大利代理公使请缓办帝制的照会又送到外交部，三国劝告扩大为五国劝告，袁世凯这次答复，同样未能阻止各国对帝制的干涉。此后，日、英、俄、法虽曾一度为中国参加欧战问题发生严重分歧，英、俄、法三国为了拉拢袁世凯对德宣战，甚至打算以承认帝制为交换条件，但却遭到日本的强烈反对。在日本的活动下，12月15日，五国驻华公使向袁政府提出第二次警告，声称"五国政府对于将来形势如何转移，仍旧持其静观厥后之态度"③。

云南起义后，日本料定袁世凯迟早必败，将对帝制的外交干涉政策，开始转变为倒袁政策。最突出的表现就是1916年1月15日，它以俄国大使将至东京，不便迎接中国特使和避免两国间各种误解为借口，突然宣布不接待原来准备以亲王殊礼接待的袁政府贺礼赠勋特使周自齐。紧接着，参谋本部次长田中义一又命在袁政府充当军事顾问的坂西利八郎将日本将采取强硬态度之意转告袁世凯。19日，日内阁会议果然通过一项要袁政府不得忽视"南方"动乱而实行帝制的决议。21日，石井正式通知陆宗舆：日政府希望袁政府切实延缓帝制，否则它将认云南护国军为交战团体，并宣告袁政府妨害东亚和平，派兵"自由"进驻中国各要地④。与此同时，日本还采取制造混乱的策略，极力鼓动中国各派政治势力反袁。无论中华革命党，还是西南护国军，甚至以复辟

---

① 《日本外交文书》大正4年第2册，第127—8页。
② 《六十年来中国与日本》第7卷，第16页。
③ 《六十年来中国与日本》第7卷，第19页。
④ 《六十年来中国与日本》第7卷，第30页。

清朝统治为宗旨的宗社党,都或多或少得到过它的暗中支持。这已为各派政治势力的代表所承认。梁启超就坦率地承认他赴桂之行,曾得到日人"全力相助","殊为可感"①。袁政府也非一无所闻,其军事咨议吴金声即说过:云南起事"缘因庞杂,渺渺东瀛,实据主动地步"②。

　　3月而后,随着护国战争的胜利发展,日本政府的倒袁政策也进入一个以一定的实力支持各派反袁势力的新阶段。7日,日本内阁正式作出决议:1. 等待一适当的时机,承认"南军"为"交战团体";2.（日本）国内民间有志者对于为反袁目的从事各种活动之中国人寄以同情,并接济其资金者,（日）政府虽不公然予以奖励,但可予默认③。虽然承认"南军"为"交战团体"一事,由于没有得到英国的响应和时机尚不成熟而终未兑现,但在默认"民间有志者"资助各派反袁势力方面却不乏其例。自3月以来,先后与中国各派反袁势力达成借款协议的有大仓喜八郎、竹内维彦和久原房之助等人。大仓贷与前清肃亲王宗社党头目善耆一百万元;久原接济孙中山六十万元,黄兴、陈其美各十万元;而竹内则与云南军政府代表岑春煊、张耀曾签订了一百万元的借款契约④。对此,袁世凯政府也有所闻,淞沪镇守使杨善德就说过:"日政府确有愿以大宗军火及巨款接济党人之说,闻此语即出于日人青木之口。在沪各逆,欲借此接济为扰乱长江之用。"⑤此外,日本还不断派员对各派反袁势力进行具体协助。在西南,它加派崛之和太田分任驻滇、驻肇庆领事,嘉悦大佐和今井嘉幸分任护国军军事、法律顾问。在山东,它派萱野长知为中华革命军东北军顾问,并以驻鲁日军为其后盾。在东北,它派土井市之进为总指挥,策应川岛浪速和宗社党人的所谓"第二次满蒙独立运动"。总之,日本除未直接出兵外,其他倒袁手段,无所不用

①　《梁启超年谱长编》,第763页。
②　吴金声呈冯国璋文(1916年),《近代史资料》1982年第4期。
③　《日本外交文书》大正五年第2册,第46页。
④　《岑春煊借日款之契约书》,《近代史资料》1982年第4期。
⑤　《护国运动资料选编》,第206页。

其极。

　　袁世凯在这内外交困、走投无路的情势下，不得不采纳前述冯国璋等五将军和政治顾问莫理循的建议，"立刻取消帝制"①，以应危急。他先令天津造币厂所铸帝国纪念新币暂缓启用；接着批准停发大典筹备处经费，悄悄摘下了臭名远扬的大典筹备处招牌。与此同时，他一面召见因反对帝制而被他免去了机要局长的张一麔，要他参照现任机要局长王式通所草原稿，重新起草一份取消帝制令，说："予昏愦不能听汝之言，以至于此。今日之令，非汝作不可。""吾意宜径令取消，并将推戴书焚毁。"②一面召见老朋友徐世昌，因徐曾劝他取消帝制，特问他"变更宗旨，能否相助？"并恳求他务必敦促段祺瑞出而共任时艰③。为了统一思想，3月21日，袁世凯在怀仁堂召集各方联席会议，自国务卿陆徵祥以下至各部总长一律参加，徐世昌、段祺瑞以及新由安徽到京的倪嗣冲也应召出席，总计三十余人。首由袁世凯说明帝制无法坚持，决用明令取消，其态度虽似"从容、镇定，但声音颤震，显有内受激刺，外示镇静之象"。接着便将张一麔起草的命令文稿"交诸人传观"④。其间，虽有一个不识时务的倪嗣冲跳出来反对，但多数以为舍此已无他法。会议最后同意取消帝制，其手续是先由袁世凯将推戴书却还参政院，然后再由参政院议请袁世凯取消，借此表示与承认帝制一样，也是循"民意"所请。同日，袁世凯命开去陆徵祥国务卿，专任外交总长，"特任徐世昌为国务卿，即日视事"⑤。22日，正式发表由徐副署的申令："着将上年十二月十一日承认帝位之案即行撤消，由政事堂将各省区推戴书一律发

---

①　《莫里循致袁世凯便笺》(1916 年 3 月 21 日)，《莫理循通信集》(*The Corre-spondence of G. E. Morrison*)第 2 册，剑桥大学 1976 年版，第 496 页。

②　《洪宪纪事诗三种》，第 89 页。

③　《专电》，《时报》，1916 年 3 月 26 日。

④　《取消帝制与南方大局》，《申报》，1916 年 3 月 27 日。

⑤　《政府公报》，1916 年 3 月 23 日。

还参政院代行立法院转发销毁。所有筹备事宜,立即停止。"①次日,特任段祺瑞为参谋总长,并告令"洪宪年号应即废止,仍以本年为中华民国五年"②。稍后,又公开焚毁帝制公文八百四十余件,以期达到笼络人心和销赃灭迹双重目的。

至此,袁世凯的皇帝梦已宣告破灭。这是护国军、中华革命军和全国人民共同斗争的结果,是护国战争所取得的重大胜利。从袁世凯1916年元旦洪宪改元起,到3月23日颁令废止洪宪年号止,总共不过八十三天。即使从1915年12月11日承认帝制算起,至1916年3月22日明令取消帝制,也只有一百零三天。洪宪王朝垮得如此之迅速,这是袁世凯始料不及的,然而却是历史的必然,是任何人、任何力量也无法改变的。尽管袁世凯握有全国政权和优势兵力,处在镇压二次革命后的鼎盛时期,但是,当他一旦走上公开背叛共和,恢复帝制,开历史倒车的道路以后,这一切都如盛暑冰山,顷刻消融,到头来,不管他多么不愿意,仍不能不在严正的历史审判官面前低头认输。历史就是这样的无情。

袁世凯虽然取消了帝制,但并不意味着他已放下屠刀,取消帝制令本身就是证明。在这通颠倒是非的令文里,他先以很长的篇幅叙述癸丑以来所谓"忧国之士,怵于祸至之无日,多主恢复帝制",而他却"屡加呵斥,至为严峻"。自"上年时异势殊",又有多数人"文电纷陈,迫切呼吁",他又一再宣言以原有之地位维持国体。可是,参政院又议定由国民代表大会解决,结果,各省区"国民代表一致赞成君主立宪,并合词推戴",他还是"以骤跻大位,背弃誓词,道德信义,无以自解,掬诚辞让"。然而该院仍"坚谓元首誓词,根于地位,当随民意为从违"。在这般"责备弥严,已至无可诿避"的情况下,他"始以筹备为词,借塞众望",即便

---

①　《政府公报》,1916年3月23日。
②　《政府公报》,1916年3月24日。

如此，也"并未实行"①。这样说来，袁世凯对帝制是没有责任的，完全是代人受过。这说明他根本没有悔罪之意。他尽管曾私下对人说什么恢复帝制"是自己不好，不能咎人"②，其实也不过是自欺欺人的鬼话。更有甚者，他还在命令中杀气腾腾地警告反对帝制者："今承认之案业已撤消，如有扰乱地方，自贻口实，则祸福皆由自召，本大总统本有统治全国之责，亦不能坐视沦胥而不顾也。"③这表明袁世凯下令取消帝制，首先是为了缓和和限制全国人民的反袁斗争。在他看来，帝制既已取消，就不得再"扰乱地方"了。其次，也是他最重要的目的，是为了保全总统地位。正如蔡锷所指出："袁逆之撤消帝制，一因兵事挫衄，外交逼紧，财政困穷，人心鼎沸，乃迫而出此；一因独立省份逐渐加多，护国军势力继续增高，无力抗御，姑借此下台，以和缓国人之心理，孤我军之势力，仍盘踞现位，以为卷土重来之地。"④事实证明：和历史上一切反动派一样，袁世凯也是不甘心退出历史舞台的。

---

① 《政府公报》，1916年3月23日。
② 《洪宪纪事诗三种》，第89页。
③ 《政府公报》，1916年3月23日。
④ 《蔡松坡集》第1004页。

第十章　全国一致迫袁世凯退位和袁的败亡

第一节　全国一致迫袁退位

一　川南停战与广东浙江独立

　　袁世凯宣布取消帝制之日，蔡锷尚在川南发动猛攻，广西陆荣廷也正秣马厉兵，准备攻湘图粤。因此，他取消帝制后的头一件事就是企图利用全国人民和护国军将士的强烈爱国热情，借口"阋墙御侮"，胁迫护国军停战议和。起初，他以黎元洪、徐世昌、段祺瑞的名义致电蔡锷、唐继尧、刘显世、陆荣廷、陈炳焜、梁启超等人，提出"公等举兵，原系反对帝制，今目的已达。而国家大局危急，不宜同室操戈，应先行罢兵，然后商量善后之办法"①，并电令广东将军龙济光、巡按使张鸣岐负责与陆荣廷等进行具体"斡旋"②，以期达到滇黔桂三省取消独立的目的③。接着，又于 3 月 30 日以政事堂、统率办事处名义再次致电蔡、唐等人，说什么"在诸君目的已达，帝制永无复活之期。而外顾大势，内顾民生，渔利纷乘，哀鸿遍野，阋墙御侮，正在此时。若以爱国始，而以祸国终，诸君明达，当不其然。务望诸君罢兵息民，恢复元气"④。

---

　　①　《关于西南之纪载》，《时报》，1916 年 3 月 27 日，参见同日《申报》所载《取消帝制之应付与影响》。

　　②　《退位问题之北京消息》，《申报》，1916 年 3 月 31 日。

　　③　《专电》，《申报》，1916 年 3 月 25 日。

　　④　《伪政府请滇黔息兵之原电》，上海《民信日报》，1916 年 4 月 23 日。

　　然而,民国四年以来,袁世凯翻云覆雨,背誓食言,"专操权术以侮弄万众"的事实,毕竟太昭然了;他祸国殃民的罪恶行径所给人们的教训,也太惨痛而深刻了;因此,蔡、唐等人没听他这一套。4月2日,蔡锷复电黎元洪等三人说:"国是飘摇,人心罔定,祸源不清,乱终靡已。默察全国形势,人民心理尚未能为项城曲谅。"①表示不能继续承认袁世凯为总统。4日,唐继尧也复电指出:"今袁氏虽取消帝制,实已构成叛国之罪名",倘若"真诚悔祸",即应"毅然引退"②。至于梁启超,则早在3月28日赴桂途中便电告过陆荣廷:"龙(济光)、张(鸣岐)来使所商,不知何事? 但若以取消帝制为取消独立交换条件,务乞坚拒勿许。袁之无信而阴险,中外共知。若彼仍握政权,将来必解西南诸镇兵柄,再施伎俩行专制。如此非特义军诸将校遭其荼毒,且地方治安亦不克保。今日之事,除袁退位外,更无调停之余地。"③陆这时刚刚宣布独立,正垂涎湘粤,本无议和之意,接梁告诫后,当即拒绝了龙、张的调停,并于4月17日正式电请北京政府"依据约法转陈项城速行宣告退位"④。结果,袁世凯所企望的全国范围的停战议和终因其不允退位而未能实现;仅由四川将军陈宧和蔡锷单独达成了川南、湘西战场的停战协议。

　　陈宧在云南护国军和四川人民的打击下,实际上早已存心谋和,只是没有适当机会而已。现袁世凯宣布取消帝制,请求罢兵,机会终于到来了。3月27日,他致电蔡锷要求即日停战,妥筹善后⑤,同时又两次密遣信使晤蔡,面告他将与护国军"一致倒袁而取联邦之制,并推举段(祺瑞)、冯(国璋)、徐(世昌)为继任总统"⑥,"并谓已派人联络湘、鄂、

　①　《蔡松坡集》,第1017页。
　②　《护国文献》,第489页。
　③　梁启超:《盾鼻集·电报第三》,商务印书馆1917年版,第1页。
　④　《申报》,1916年4月22日。
　⑤　《蔡松坡集》,第1005页。
　⑥　《蔡松坡集》,第1006页。

赣三省,已得赞同等语"①。蔡锷见陈宧愿与护国军"一致倒袁",而自己的部队于激战后也急待休整,遂于 31 日复电陈,同意所率滇、黔护国军自即日起停战一星期。这明明是蔡锷满足了陈宧的请求,可是陈却于 4 月 1 日呈报黎、徐、段等,谎称:"蔡锷近有悔祸之意,顷来函提议停战七日,以便协商平和办法等语"②。袁世凯于绝望之中,忽闻蔡锷同意停战议和,自然大喜过望。他当即指示徐世昌照准停战,并立即举行国务会议,讨论议和具体条件。就这样,陈宧的求和活动得到了袁世凯的正式批准,只是议和条件由按袁的意旨修改为"须仍一致承认今大总统袁世凯"③了。

4 月 6 日,一星期停战限满,应陈宧之请,蔡锷同意自 7 日起继续展限一月,双方于川湘境内一律停战至 5 月 6 日下午 12 时止。9 日,陈宧所派议和代表刘一清、雷飙到达永宁,接受蔡锷所提停战规约三条:1. 两军暂守防线,无论大小部队不得进出步哨线外一步,如违约冒进,格杀勿论。2. 军使及信差出入,以两军高级军官所指定之道路为限。军使除特别许可外,以二人为限,且不得携带军器。军使以两尺见方之白旗为标记,如军使无故被伤害者,依刑律治罪。3. 凡有着便服,携带器具,徘徊于两军步哨线之间者,准予射击擒捕④。后来,由于袁世凯于停战期内借口"剿匪",疯狂镇压川湘各地起义民军,蔡又补充规定:"各地起义之民兵,其有指挥官而有一定标志者,亦应与护国军视同一律,在停战期内彼此均不得相犯。"⑤这样就有效地保护了各地的起义民军。对于议和条件,陈宧首先提出草案八条,其中最重要的一条是仍须一致承认袁世凯为总统。据陈供认,刘、雷二位议和代表出发时,

---

① 《蔡松坡集》,第 1008 页。

② 《申报》,1916 年 4 月 9 日。

③ 《护国运动资料选编》,第 494 页;参见《南方力主退位》,《申报》,1916 年 4 月 15 日。

④ 《护国运动资料选编》,第 494 页。

⑤ 《蔡松坡集》,第 1091 页。

他曾特地交待："此条如得赞同，其余不妨迁就。"①接着，蔡锷提出修正案十条，其中一至九条是：1. 仍暂以袁世凯为总统。2. 限两个月内召集已解散的民国元年参、众两院议员在上海解决总统问题。3. 务期实行民国元年约法。4. 起义各省将军以下各级官长，在袁世凯暂任总统期间不得更换。5. 大赦党人。6. 在袁世凯暂任总统期间，为维持国会起见，将起义各省军队编为二师，分驻于北京附近。7. 起义各省军队所用军费应由中央协济。8. 任段祺瑞为湖北将军驻武昌，仍任冯国璋为江苏将军驻南京。9. 护国战争爆发后开拔至各省的北军一律撤回原防②。但是，当他通告独立各省征求意见时，除桂、粤（龙济光已于4月6日宣布广东独立）两省因电线梗阻未复外，云贵两省，特别是贵州刘显世却对仍认袁世凯为总统一条极力反对，致使议和陷入僵局。

陈宧见协议难成，无法向袁交差，只好于19日撤回代表，并借口"望浅言轻，实难独膺艰巨"，请求黎、徐、段准其"联合宁、浙、赣、鄂、湘、鲁各省共同担任"③，实际上就是撂挑子不干了。此后，陈宧虽继续与蔡锷保持联系，并于5月6日第二次停战期满后，再次议定展限一月，自7日起至6月6日夜半止为第三次停战期限，但所商议的事已不是什么仍认袁世凯为大总统，而是联合各省迫袁退位了。

蔡锷独自同意与陈宧停战议和，遭到中华革命党乃至护国军阵营内部很多人的反对。4月2日，《民国日报》发表社论指出："议和二字，在今日不成名词，且亦绝无可以议和之余地。"④7日，李烈钧更直接致电蔡锷等人说："窃谓停战之约，于袁有大利，于我军则不利"；袁可乘此时机维持内部，缓和人心，"割让乞怜，谀媚求逞"；而我则因此"朝锐顿

---

① 《护国运动资料选编》，第494页。

② 《记者与刘杏村君之谈话》，成都《国民公报》，1916年5月2日。第十条内容待查，据宣布以上九条内容的刘一清说，此条"不便与诸君言也"。

③ 《申报》，1916年4月22日。

④ 《非议和》，《民国日报》，1916年4月2日。

挫,后难为继";北方准备积极反袁的良将劲卒,也必因此而复怀观望,反为袁世凯所"羁制"。他希望蔡锷等人能"奋志扫除妖孽,建立新猷,永奠邦基,以解时危,以餍民望"①。15 日,黄兴也自美国通电唐绍仪及全国各界,表示"不去袁逆,国难无已,望力阻调停,免贻后累"②。最后,连梁启超也以袁世凯"未有退位决心"而电嘱蔡锷:"蜀湘续停战之议,切勿许之。"③但是,如前所说,由于护国军屡经激战,极需切实整理,而各路敌军又"较我为优,势非得新援及将器械、人员、弹药补充完备,决难移转攻势"④。因此,蔡锷终究还是不顾各方的"责言"⑤,同意了陈宧的停战请求。

至于后来一再宣布停战延期,除有陈宧再次转向同意迫袁退位,决心宣布独立等客观情况外,也是唐继尧"增援计划迄未能见诸事实",和李烈钧"率所部违命入桂,致令全般计划为之牵动"的结果,而这些恰恰是蔡锷所深为"扼腕"的⑥。他虽同意过仍暂认袁世凯为总统,但正如他自己所说,不过是"交换意见,借以为探刺各方面情形及运动联络之地",是一种过渡性的策略措施⑦。就在他对陈宧所提议和条件提出修正案,"征请众意,以供研究"之时,他还曾"迭电二庵(陈宧),力辟首条之万不可行,促其联合各省迫袁退位"⑧。

其实,蔡锷对停战议和并不存在什么幻想。早在 3 月底,他就表示过:"吾侪既揭义旗,自须贯彻始终,方肯罢休。"⑨为此,他告诫唐继尧

---

① 《护国运动资料选编》,第 489 页。
② 《黄兴集》,第 425 页。
③ 《盾鼻集·电报第三》,第 19 页。
④ 《蔡松坡集》,第 1015 页。
⑤ 《蔡松坡集》,第 1081 页。
⑥ 《蔡松坡集》,第 1045 页。
⑦ 《蔡松坡集》,第 1056 页。
⑧ 《蔡松坡集》,第 1054 页。
⑨ 《蔡松坡集》,第 1004 页。

"不宜以一隅之小利害而易其喜戚,尤不可因小故而竟意气"①,力促他"赶派增援,分赴川湘,并补充弹药"②;同时催促他从速决行以下各事:1.派妥员分赴各省切实联络,促其速速举义,或守中立;2.对粤宜促桂积极进行,赶速攻下羊城;3.速向日本订购军火及制造弹药器械,火速运滇;4.派专员驻日,并请唐绍仪、伍廷芳等以半公半私资格赴欧、美各国接洽一切。候政府成立,即任为驻外代表;5.组织举义各省总代机关,以资提挈;6.赶行筹划军备,以图大举。至于他自己更未因停战议和而放松继续作战的准备。3月31日,他下达首次停战令,但同时又命令前线各将领:"停战期中,逆军难保不破约乘虚以袭,我所有前线各部队仍应固守现阵地,严密警戒,万不可稍有松懈。"③4月7日,他通令续行停战,同时命罗佩金等人:"饬所属前线各部队,于原有阵地扩张强固工事,严密防守,不得稍有疏虞","并加意教练新兵,整理一切"④。随后,又电告刘显世等:只要敌有机可乘,对我可操胜算,便"不妨借端开衅,痛予打击",绝不可一味"拘守停战规约之意"⑤。与此同时,他还积极展开了敦促陈宧宣布独立,以迫袁退位的活动。事实证明,蔡锷"护国倒袁"的立场并没有因停战议和而有所改变。

川南、湘西虽已停战,但从全国来说,反袁斗争却仍在向前发展,所不同的只是斗争形式有所改变而已。在此之前,主要表现为军事斗争,而此后即主要表现为政治斗争。广东、浙江等省的独立就是这一斗争形势的产物。

广东为广西近邻,广东不独立,广西独立即无保证。因此,广西独立后,陆荣廷所最关心的就是如何解决广东的问题。当时,护国军内部多主由陆直接派兵东下,攻克羊城,驱逐龙济光。连梁启超也说:舍龙、

① 《蔡松坡集》,第1054页。
② 《蔡松坡集》,第1023页。
③ 《蔡松坡集》,第1006页。
④ 《蔡松坡集》,第1038页。
⑤ 《蔡松坡集》,第1092页。

张(鸣岐)退职外,对广东无调停余地①。但陆荣廷却"别有规画"②。他既不愿损伤龙济光这个昔日同僚和儿女姻亲的情面,也不愿广东落入讨袁驱龙的民军之手,更不愿将自己的实力消耗于羊城一拚之中。他深信,凭他握有百色所俘龙觐光这张王牌,兼以利诱势迫之策,和平解决不是不可能的。因此,他主张以维持龙济光的都督地位为条件,促其自动宣布独立。梁启超开始不以为然,后来为避免地方"糜烂"和"专力规复中原"着想,随即也表示"首肯",并同意派汤觉顿以陆荣廷代表身份赴粤协商一切③。

为实现上述"规画",陆荣廷一面利用龙觐光以兄弟之情动员龙济光"赞同共和";一面频电龙、张速下决心,与滇黔一致行动。直至4月5日广东独立前夕,他还致电龙、张说:"至北京进军一层,原在意中。荣廷既勉从军民之要求,则成败利钝在所不计,其多寡强弱自亦无所容心,要在两公一转念耳。"④与此同时,他还派大批桂军集结梧州等地,扬言将以龙济光态度决进止。至3月底,他见龙仍无独立表示,遂于27日夜命朱超群为司令,率部斩木越界,向广东廉州灵山县进发,迫该县知事于次日宣布独立。在此形势下,钦廉镇守使隆世储也于同日辞去镇守使职,改就安边都护使,并致电陈炳焜,表示以后一切进行,"唯广西之命是遵",愿"整饬军旅,直捣黄龙"⑤。此外,龙济光的老上司岑春煊和唐继尧、刘显世等人,也纷纷致电龙济光,或责以护国大义,或相约以讨袁为唯一宗旨,造成一股强大的迫龙独立声势。

但是,对龙济光来说,更为可怕的还是广东内部各派讨袁驱龙民军的进攻。龙原本不是袁世凯的嫡系,自1913年二次革命期间被起用入主广东后,开始成为袁的忠实代理人。他不仅在政治上残酷镇压革命

---

① 《盾鼻集·电报第三》,第3—4页。
② 《盾鼻集·电报第三》,第8页。
③ 《盾鼻集·电报第三》,第8页。
④ 《广东独立续志》,《民国日报》,1916年4月15日。
⑤ 《广西护国军要讯》,《中华新报》,1916年4月9日。

党人和无辜群众，而且在经济上横征暴敛，肆意勒索。据《中华新报》徐傅霖揭露：他"一方面自行卖烟（指鸦片烟土），一方面纵令兵士搜烟；一方面得贿包赌，一方面纵令兵士捉赌，以致全粤九十四县无一人不受其祸，无一处不遭其灾"。其杀人之多，"比诸前清之'扬州十日'、'嘉定三屠'亦有过之而无不及"；其杀人之惨，"或者湖南之汤屠户（指汤芗铭）可及其十分之五六"。因此，广东"三千余万同胞，无老无幼，无男无女，无一人不痛恨龙氏者"，即使二次革命期间首先迎他入粤的广州总商会，也转而主张"非去龙不可"了①。这虽是护国军舆论机关的宣传，某些具体事实难免夸大，但它所揭示的人心向背却是无可争辩的。

广东讨袁驱龙民军可大别为中华革命军和护国军两部。中华革命军奉孙中山为大元帅，主要领导者除总司令官朱执信外，还有邓铿、叶夏声、古应芬等人。南海、新会、江门、新宁、高州等地是他们主要活动的地区。护国军又有自成系统的三大支：一支与朱执信中华革命军一样同奉孙中山为大元帅，实际上是打着护国军旗号的中华革命军。活动于香山等地的任鹤年部，即属这种性质。另外两支分别以前广东都督陈炯明和康门高足、原进步党重要成员徐勤为首领。陈炯明在林虎、何海鸣、唐蟒、文群等人的赞助下，自称广东大都督，并组成一支以林海山、陈国强、陈月侨、董伯群、叶匡等人为支队长、号称"十路十八支队"的庞大队伍，在惠州、博罗、增城、淡水、顺德等地积极展开讨袁驱龙斗争。徐勤自称广东全省护国军总司令，以著名会党领袖王和顺为副司令，吕仲明为南路司令，王伟为北路司令，关仁甫为东路司令，专力夺取省城广州。朱执信、陈炯明、徐勤等军虽因党派关系而各树旗帜，"向少提携"②，甚至明争暗斗，时有竞争，但在讨袁驱龙这一点上却是一致的。他们或联络绿林发动武装起义，或策动军队实行反正与独立，彼此都在为这个大目标奋力进击。

---

① 驻广州记者怡公：《桂省独立后之广东》，《中华新报》，1916 年 4 月 1 日。
② 秋声通讯：《广东伪独立之大披露》，《民国日报》，1916 年 4 月 23 日。

3月26日,驻潮州陆军团长莫擎宇在陈炯明、林虎、何海鸣和汕头少年再造党的运动下,首先命其军需科长莫序云在潮阳宣布独立。接着,又调饶平、澄海之军,迫潮安知事秦恩述与省城脱离关系。然后致电龙济光、张鸣岐说:"团长受全潮绅商重托,担任军饷,爰于二十七日率师占领潮城,宣布独立。地方秩序,安堵如常。务望顺从民意,克日宣布独立。"①30日,汕头警卫军也响应独立,各方一致推举莫擎宇为潮汕护国军总司令。4月3日,莫分兵两路向梅县进发,守军闻风逃窜。旬日之间,整个潮梅地区已非龙有。与此同时,徐勤在运动海军方面也大获成功。徐原定3月27日进攻省城,由于叛徒出卖,计划流产。随后,他一面"改易方针,从各属起事,以牵制省城",一面"运动水师,再图大举"。在谭学夔、魏邦平的"斡旋"下,"宝璧、江固等兵舰首先反正。徐乃以护国军正司令名义,任魏邦平君(为)攻城司令,统率舰队,进迫珠江",准备于4月7日拂晓,以水陆两军向广州发动总攻击②。至于各民军所发动的地方零散起义就更计不胜计了。据《中华新报》驻粤记者梅公说:除羊城一隅外,几遍地皆民军,广州"官僚眷属,富商大贾,迁徙一空,不独龙氏蜷伏观音山不敢越雷池一步,若张鸣岐、凌润台、蔡伯浩诸无赖亦靡不倚观音山为兔窟"③。

在外有桂军压境,内有民军突起的情况下,龙济光又因禁烟督办蔡乃煌告发他与陆荣廷密电频传,"要与独立有关",因而受到袁世凯的疑忌。袁一面"饬驻沪第十师长卢永祥率师赴粤",一面命他"亲督师旅出屯肇庆,进规梧州"④。龙被逼得走投无路,进退失据,终于在4月6日选择了陆荣廷等人为他设计的以独立"保全地位"的道路。这天下午7时,他答复请他宣布独立的警察厅长王广龄说:"时已入夜,出示恐不

---

① 《莫擎宇致粤当道电》,《民国日报》,1916年4月19日。
② 秋声通讯:《广东伪独立之大披露》,《民国日报》,1916年4月23日。
③ 梅:《珠江风雨》,《中华新报》,1916年4月10日。
④ 四月十五日香港通信:《广东独立之原因》,《中华新报》,1916年4月26日。

及,可先由警厅通知各界,然后出示宣布。"王当即"转知报界,并谓尚有都督告示登报,请留版稍待"①。于是,广东独立的消息即刻传遍了羊城的大街小巷。

龙济光的独立,当然不像他自己表白的那样是为了迫袁退位②。他发布的所谓《独立布告》,就是证明。《布告》说:"本都督身任地方,自以维持治安为前提,刻经通电各省各机关各团体及本省各属地方文武,即日宣布独立。所有各地方商民人等及各国旅粤官商,统由本都督率领所属文武担任保护,务须照常安居营业,毋庸惊疑。如有不逞之徒,假托民军,借端扰害治安,即为人民公敌,本都督定当严拿重办,以尽除莠安民之责。"③这表明他的"独立"主要是为了缓和人民的反抗。但在袁世凯的大厦将倾之际,龙济光宣布广东独立,对袁又是一次不小的打击。据袁的亲信团长索崇仁说:袁世凯"自粤浙相继独立后,大约即受肝疾,饭量亦减"④。可见,广东独立还在一定程度上加速了袁世凯的灭亡。当然,这是龙济光始料所不及的。

浙江独立几乎与广东独立同时发生,仅晚六天而已,但宣布方式却不同于广东,是通过浙军的武装起义来实现的。正如当时的《民国日报》所指出:"浙江独立,与他省不同,他省为将军独立,浙江则人民起义也。"⑤

浙江军队除警备队外,计有陆军一师一旅,多数官兵参加过辛亥革命时会攻南京的战斗,是一支富有革命民主精神的军队。对于袁世凯称帝,除兴武将军朱瑞、巡按使屈映光、参谋长金华林、警备队司令官徐乐尧等少数人甘于同流合污外,其他中下级军官如十二旅旅长童保暄、

---

①　《粤事之两大索隐》,《民国日报》,1916年4月23日。

②　龙济光、张鸣岐致各省通电(1916年4月7日),《民国日报》,1916年4月17日。

③　《护国运动资料选编》,第592页。

④　索崇仁致冯国璋函(1916年6月9日),《近代史资料》1982年第4期。

⑤　《浙江独立详志》,《民国日报》,1916年4月15日。

警察厅长夏超、水警厅长徐则徇等莫不持反对态度。因此,云南护国起义爆发后,他们很快就展开了响应滇黔独立的准备活动。童、夏两人不仅多次借机亲往上海与各派讨袁志士接洽,而且还在杭州暗中充当反袁志士的保护人。据朱瑞说,警察总厅就是他们秘密会商起义事宜的机关部①。

在策动浙江独立的过程中,革命党人投入的力量最多,所起作用也最大。孙中山说:"浙江独立,以吾党势力为多。"②袁世凯的军事咨议吴金声也证明:"查浙江方面独立,实由国民党人运动下级军官,成斯变局。"③具体说来,即是王文庆、莫永贞、阙麟书、郑康甫、陆翰文等人长期联络运动的结果,其中王文庆尤起了主要的组织和领导作用。王文庆又称王军、王钧、王文卿等,早期参加过广州"黄花岗起义",辛亥革命后任浙军营长,后退役闲居。袁世凯称帝后,他与莫永贞等人相约倒袁,因而"对于浙事,早有计画"④。他一面派阙麟书、项霨、汤榕甫、陆翰文、郑康甫等人赴杭"主持一切";一面嘱王赞尧运动军队,林柔远联络警界⑤。经过他多方努力,独立时机,渐趋成熟。袁世凯取消帝制后,仍继续抓住总统权力不放。广东独立后,他又准备移南下入粤受阻的卢永祥第十师和陈光远第十二师于浙江,以巩固他对江南的统治。消息传开,全浙人民,特别是浙军中下级军官无不愤慨异常。竞相要约:"如北军果入浙境一步,即以武力拒之。"⑥王文庆因势利导,决定于4月10日夜发动武装起义。后因准备不及,临时决定推迟至11日夜举行。

10日晨,阙麟书等率炸弹队三十余人自沪抵杭。次日,召集童保

①　《前附逆将军朱瑞致西医梅滕生[更]书》,《中华新报》,1916年5月3日。

②　《孙中山全集》第3卷,第280页。

③　吴金声呈冯国璋文(1916年),《近代史资料》1982年第4期。

④　《黄兴集》,第430页。

⑤　《浙省独立始末之补述》,《民国日报》,1916年4月20日。

⑥　《浙江独立》,《民国日报》,1916年4月13日。

暄、夏超和军警两界多数中下级军官举行军事会议,对起义事宜作最后抉择。与会者一致决定:起义于明晨 4 时举行,由倪遇开凤山、候潮等门,迎接二十四团;由吴骏开艮山门,迎接二十三团;并设临时司令部于报国寺。12 日晨,起义如期发动,二十四团以阙麟书、郑康甫等人组成的炸弹队为前导,迎着黎明的晨曦,直扑将军署。当时,将军署卫队大部因故他调,所剩仅朱瑞新招海盐家乡亲兵百余人。这些未经战阵的兵卒,一闻枪声,即缩作一团,毫无抵抗力。朱瑞见势不妙,偕金华林匆匆逃去,将军署迅即为起义军民所占。接着,起义诸要人在此举行了第一次善后会议。首由主席莫永贞提议先举都督,继由郑康甫提出推举都督的四个条件:1. 素有德望者,2. 有联络各民党能力者,3. 与北京无特别关系者,4. 对人民无恶感者。紧接着,阙麟书提议举王文庆为都督。这表明莫永贞等革命党人在力图争取独立后的领导权。但这一提议,遭到以童保暄为首的军界实力派的反对。童针锋相对地提出:"目下宜变通办理,都督以屈巡按使为宜。"①莫永贞等虽为此辩论多时,但由于军界坚持甚力,不管屈映光本人如何"誓死不从"②,最终还是通过了童的提议,王文庆仅被举为参议会会长。事实证明:革命党人没有自己直接掌握的武装,单靠运动军队反正,是难以掌握领导权的。

当日下午,在军绅各界头面人物的"合词恳吁"下,屈映光勉强同意以浙江巡按使兼浙军总司令名义维持全省秩序。他一面布告各方,声称:"本巡按使兼浙军总司令,一切军政民政照常办理","凡尔各色人等,务须各安生业,共遵法令。倘有私自招兵及假托独立名义,煽惑人心,扰乱秩序者","定以军法从事,决不姑宽"③;一面致电袁世凯,力陈其不得已而从"军绅各界之请"的苦衷。袁为了稳定人心,立即于 14 日全文公布了屈映光的呈文,并发布命令说:浙江巡按使屈映光"识略冠

---

① 《浙江独立后之要闻》,《民国日报》,1916 年 4 月 28 日。

② 《护国运动资料选编》,第 598 页。

③ 《浙江独立志(三)》,《民国日报》,1916 年 4 月 17 日。

时,才堪应变","功在国家,极堪嘉尚,着加将军衔兼署督理浙江军务"①。这就反映了浙江独立问题并没有真正解决。

革命党人和浙江人民是不会同意这种"只闻维持秩序,不闻有反袁声调"的状况长期存在下去的。王文庆得知屈映光仍以巡按使名义发号施令,"乃勃然大怒,宣言与屈氏誓不两立"②。一个不愿公布姓名的人也致函独立各要人说:"试问诸君,名为独立,而总司令乃由袁政府任命,且曰巡按使兼任云云,天下滑稽可笑之事,宁有甚于此者乎!"③原浙江省国会议员杜士珍等人除号召各界另推贤者维持治安外,还直接向屈映光提出:"非公退让,蔑以明志桑梓,恭敬墟墓财产。"④已于13日宣布独立的宁波独立旅旅长周凤岐,更派兵两营开进杭州,直接用刺刀逼屈交出政权。屈映光见此情状,只好赶紧宣布正名为都督,以缓和人民的反抗,但暗中却继续与人民为敌,残杀中华革命党人夏次岩就是突出的事例。人民忍无可忍,终于重新摘下他的都督桂冠,并"派兵一连送其回籍,阳为保护,阴实监察"⑤。5月6日,新举都督原嘉湖镇守使吕公望宣布正式就任,"浙事从此大定"⑥。

浙江独立虽经历了一个曲折的过程,但由于它地居"濒海要冲,形势颇胜,交通最便,又为财赋素著之区",因此,其影响和作用却是其他独立省份无可比拟的。一个袁世凯死党说:"查滇黔桂粤相继独立,时局艰难,已渐呈尾大不掉之象。第各该省远在西南,其势力仍限于一隅,譬犹手足之疾,而非腹心之患。自浙省有四月十二日之举,于是变生肘腋,迫在眉睫,而长江下游治安,遂为摇动。"⑦

---

①　《护国运动资料选编》,第598页。

②　《浙江独立后之要闻》,《民国日报》,1916年4月28日。

③　《某君致浙江独立诸要人书》,《民国日报》,1916年4月16日。

④　《浙江国会议员反对屈映光电》,《民国日报》,1916年4月17日。

⑤　《护国运动资料选编》,第604页。

⑥　《曲石文录》,第249—252页。

⑦　张宗昌折陈(1916年6月),《近代史资料》1982年第4期。

二　军务院的成立及其初期活动

继广东、浙江宣布独立之后，独立各省为统一军事和"对外取得战团承认"①，又进一步联合起来，在广东肇庆正式成立一军务院，与北京袁世凯政府相对抗。

军务院的成立，经历了一个曲折的过程。最初，唐继尧等云南首义领导人以为云南一动，各省必然响应，袁世凯很快就会垮台，本不打算在战争进行过程中建立政府，只待袁世凯推翻后，再举黎元洪为总统，行内阁制，以梁启超为总理，"届时发表，庶不失先后程序"②。可是，首义一月有余，除贵州刘显世外，"各省将军仍复拥兵观望，未即望风响应。虽有蒙古称兵，又闻其以拥护清室为帜者"③。加上驻滇外人又屡讽以"既与袁政府断绝关系，当然自树"④。于是，唐继尧于2月中旬致函上海梁启超，提议略变前计，"按照约法，将举黄陂为总统一层，及组织中央政府大概情形，先行发表"，并要他尽快撰一稿寄滇，同时"寄登上海、日本各报，一以引起各省之响应，一以消弭蒙古之异谋"⑤。但是不久，随着广西宣布独立和袁世凯取消帝制，形势开始发生新的变化，护国军不但渡过了它最困难的时期，而且似乎胜利也在望了。于是，唐继尧对先行组织政府一事又不那么以为然了，转而同意刘显世的意见，"我辈为收拾全局，巩固国基计，但使袁氏引咎退职，国家无恙，自宜与段（祺瑞）、冯（国璋）两公联络一气，速谋根本解决之法。似不必别设临时统一机关，蹈分立之嫌，成相逼之势，致段、冯两将军与各方镇各自为

---

①　两广都司令部参谋厅：《军务院考实·第四编》，商务印书馆1916年版，第71页。

②　《护国文献》，第425页。

③　《护国文献》，第425页。

④　前云南都督府秘书厅：《会泽首义文牍·书牍》，1917年版，第28页。

⑤　《护国文献》，第425页。

谋,转生种种障碍"①。

然而,梁启超却与此相反,他早在天津策划反袁起义时就怀有组织临时政府的主张,所以接唐继尧函后,立即开始了紧张的策划活动。他先与上海各有关方面协商,大家都赞成"早立"。3月8日,他应邀赴桂,到达香港时,又与李根源、杨永泰、林虎、文群等人进一步"商及元首问题,决定拥戴黎公"②。他们认为设立临时统一机关与联络段、冯并不矛盾:"吾辈即欲联络段、冯,共襄国事,亦须速谋发展实力,至少须以先达扬子江流域为第一步,俾南方位置日益巩固,然后居间转移之,段、冯始有所恃,以与袁氏周旋。"③随后,梁启超在密赴海防的日本运煤船妙义山丸上,起草了护国军军政府宣言、致黎元洪电、致各国公使团和领事团电及军务院布告与组织条例等文电。接着,他一面派遣随员黄群带着他的"手书及计划组织临时机关各稿",前往云南征求唐继尧的意见;一面致电陆荣廷,告以他在沪、港与各方面熟商,拟组一军务院,"执行军国重事"④。3月底,唐勉强复函表示:"组织军务院条例诚为过渡时代不二办法,均可照行;所尚待研究者,地与人之问题耳。现在成、渝未下,我之范围只滇黔桂三省,究以何者为合宜? 抚军长一职,究推何人为适当? 同人几经研究,均尚未得正确之解决。仍恳先生与干公(干卿,陆荣廷字)切商提出,再征求各方面意见,方能确定。"⑤

正当梁启超准备就人地两问题继续与各方面交换意见时,龙济光突于4月6日宣布广东独立。这固然使独立省份增加到四省,壮大了筹划中的军务院的力量,但由于乘海容舰南下的北军一旅将到,而广东独立后,城厢内外欲乘机蠢动者又颇多⑥,梁不得不暂时中止这一计

---

①　《护国运动资料选编》,第558页。

②　李根源口述、刘寿朋笔记:《护国军始末谈》,《中论》第2期,1917年4月。

③　《军务院考实·第四编》,第71页。

④　《盾鼻集·电报第三》,第1页。

⑤　《护国文献》,第426页。

⑥　《盾鼻集·电报第三》,第9页。

划,转而与陆荣廷先谋广东内部的调停和统一。4月8日,陆、梁应龙济光与讨袁民军各方之请,由南宁启程赴粤。出发前,他们一面劝谕广州各官署、团体和报馆"戮力同心,协助各官厅维持秩序";一面告诫陈炯明、徐勤、朱执信等讨袁民军要顾全大局,捐弃小忿,勿以"义愤太过,流于躁进",致"为人借口生事,陷粤境于糜烂"①。显然,他们幻想通过牺牲民军利益来求得广东局势的稳定。

可是,当他们13日行抵梧州时,忽闻广州发生海珠惨案,梁启超多年挚友,以他和陆荣廷代表身份先期抵粤的汤觉顿和陆军少将谭学夔、警察厅长王广龄、徐勤所部护国军中路司令吕仲铭②、广州商团团长岑伯著等人,在12日徐勤召集的海珠联席会议上竟遭到龙济光警卫军统领颜启汉等人的狙击,汤、谭当场殒命,王、吕也未及救治而亡。这是他们所始料不及的。但是,陆、梁并未从中吸取到什么教训。事后,他们仍向龙表示,如果他能答应下列几项条件,将仍维持他的广东都督地位:1. 交出蔡乃煌、颜启汉;2. 分调警卫军出省;3. 整顿济军军纪,解散侦探;4. 陆抵广州住所临时酌定,由龙来陆所会晤,陆不上观音山;5. 将来济军以一半自卫,一半出师征赣;6. 定东园为桂军屯所。虽然他们也曾致电广州总商会和报界公会,扬言将率桂军万人"星夜东下","为乡邦挽此浩劫"③,却不过是虚张声势。事实上,陆荣廷、梁启超到达广东肇庆后就驻足不前了,其前锋莫荣新也仅仅到达三水。

19日,岑春煊偕温宗尧、章士钊、李根源、周善培、杨永泰等由沪、港同至肇庆。他与梁、陆一样,认为"龙之独立,如出于伪,则与袁之关系必未绝。操之过激,将取消独立,回复奉袁之状态,江西、福建两省之北兵必乘机而入,吾将何以应之?"因此,"龙恶固所必去,惟俟大问题解

---

① 《盾鼻集·电报第三》,第10—11页。
② 《海珠惨杀案(二)》,《民国日报》,1916年4月21日。另有说吕系南路司令的。
③ 《盾鼻集·电报第三》,第12页。

决后,再作处置"①。但是,陈炯明、徐勤、朱执信等讨袁民军认为海珠惨案乃是龙济光"伪独立"的大暴露,力主"排而去之"。且还有别的反龙势力,"其驰电反对龙济光督粤者几于应接不暇,就中若魏邦平、李耀汉、陆兰清诸人为最力者"②。在这样的情况下,陆、梁无法,不得不续向龙提出如下三项条件,以调和民军的反抗:1. 让广东都督于岑春煊,限十日内交代清楚;2. 筹集军饷二百万元,由龙率师北伐;3. 所有退伍济军,由龙遣散回籍。龙济光在民军和桂军的压力下,只好稍示让步,于 20 日早复电陆、梁:"愿率济军赴赣,粤督敬烦西林担任。"③接着又同意陆、梁意见,划地而守,马口及西南以上归魏邦平、李耀汉、陆兰清防守;马口及西南以下由龙派兵防守,彼此不相逾越。龙既已表示让步,陆荣廷遂将善后交由岑春煊、梁启超等驻肇庆处理,自己回梧州布置征湘事宜去了④。

其实,龙济光并不准备兑现他许下的诺言。陆回桂之后,他"以肇庆兵力不足畏,遂谓辞职北伐之事,必二月后方能实行,此为龙氏第一次食言"。接着,他又表示"粤都督一席决不辞去",甚至要他"出一自将北伐之宣言"也办不到⑤。他一面利用自己控制的宣传工具,公开捏称"岑春煊以都督相让"的谎言,以蒙蔽舆论:一面于 4 月 18 日和 23 日派兵"进剿"新会江门和佛山石湾两地,镇压反对他窃据都督地位的朱执信中华革命军。稍后,他又拟定一个全面"进剿"各地民军的恶毒计划,企图彻底解除各地民军对其都督地位的威胁⑥。以上事实表明,陆、梁逼龙让位于岑的计划,由于内无实力保障,外不依靠民军助力,终于不

①　《护国军始末谈》,《中论》第 2 期。

②　《粤局一大结束》,《中华新报》,1916 年 4 月 29 日。

③　《粤局一大结束》,《中华新报》,1916 年 4 月 29 日。

④　梁启超、温宗尧致广州总商会电(1916 年 4 月 23 日),《民国日报》,1916 年 5 月 3 日;《时报》,1916 年 5 月 2 日。

⑤　《梁启超年谱长编》,第 780—781 页。

⑥　菊庄通信:《粤省民军龙军之消长观》,《时报》,1916 年 5 月 15 日。

可避免地破产了。

为了尽快结束广东内部的混乱局面和出师北伐,梁启超等人又煞费苦心地提出成立两广护国军都司令部的新方案,并拟推岑春煊为都司令。根据《都司令部组织令》的规定:两广护国军都司令统辖广东、广西两省军队,管理一切军务,兼筹政务、财政。显然,这主要是针对龙济光拒不肯让出都督一席而设的。《时报》菊庄通信指出:"明明都督之任(指广东都督)不能接收,故特设此都司令之名,使都督亦受其节制,此提高一级以图可以驾驭,特一委曲求全之术而已。"①据当时参预其事的吴贯因说:"首持此议者为广西军界,而广东各独立地之司令和之。龙氏见桂军及广东独立军皆推戴岑、梁,不敢立异,亦赞成此议。"②

4月27日,龙济光率段尔源、郑开文、李嘉品等人与陆荣廷联名电奉岑春煊为两广护国军都司令。5月1日,都司令部在广东肇庆正式宣告成立,岑宣誓就职。其下设有参谋部、秘书厅、参议厅、外交局、财政厅、盐务局、饷械局、副官处等机关。公推梁启超为都参谋,李根源为副都参谋,章士钊为秘书长,冷遹为参谋厅长,温宗尧为外交局长,杨永泰为财政厅长,曾彦为饷械局长,杨其礼为副官长③。盐务局本专为收广东财权而设,因龙济光不肯撒手,不特虚有其名,"且并职员也无之"④。本部之外,还"设有将校团,专以搜集各级军官。初以孔照度为之长,后孔赴汕头任第一师参谋长,以独立团长张习兼任之"⑤。两广都司令部直辖军队四师二混成旅一独立团,以莫擎宇、李耀汉、莫荣新、林虎为师长,程子楷、魏邦平为混成旅旅长,张习为独立团长。从此,龙济光虽仍牢牢把持着广东军财两权与西南护国军貌合神离,但名义上毕竟是在都司令部节制之下了。这就为军务院的成立创造了必要的

---

① 菊庄通信:《粤省大局糜烂之痛史》,《时报》,1916年5月6日。
② 《梁启超年谱长编》,第779页。
③ 《军务院考实》附《两广部司令部考实·第六编》,第1—17页。
④ 《梁启超年谱长编》,第783—784、779页。
⑤ 《梁启超年谱长编》,第779页。

条件。

龙济光宣布拥岑春煊为两广护国军都司令后，梁启超立即向各有关方面重新提出了军务院组织计划。首先讨论了抚军长人选和军务院所在地问题。在此之前，唐继尧曾通过黄群向梁表示："拟先定军务院设置地，即以所在地之抚军代表，暂不设抚军长名目，较觉圆融"①，实际是暗示他要当抚军长，因为他心里明白：云南作为首义省份，定为军务院所在地将是不成问题的。事实也正是这样，据李根源说："军务院所在地，初议云南。继以广东濒海，策应较易，金谓广东便。"②这是护国战争发生后，唐继尧野心家面目的首次暴露。李根源以乡土关系，附和唐意。上海陈叔通等人则认为"领袖何人不敢下一断语，然总不可使有总统嫌疑之人为之，以为袁氏利用，转坚他派忠于袁氏之心"；并指出：如以陆荣廷为领袖，"便无何等嫌疑"③。梁启超初主岑春煊，"意以年高望重，非此莫属"④；后根据各方意见折衷提出："抚军长一职，以滇省首义之勋劳，自非冀公（唐继尧）莫属，黔桂粤当无异辞。惟为交通计，其地点似不能不在粤。冀公既不能来粤，拟增设副长摄职，推西林（岑春煊）任之。"⑤这一折衷办法为军务院的实际组织奠定了基础。蔡锷起初以为设立军务院将与大总统问题"并为一谈"，本不赞成，后接阅梁启超所草各宣言及军务院组织条例，知是"将大总统之推举及军务院之设立移花接木，联为一贯"，才勉强采取支持态度。这固然说明他没有争权的欲望，但同时也反映出了他害怕因此引起北洋军阀反对的怯弱心理⑥。

5月7日，滇、黔、桂、粤四省都督以护国军军政府名义宣布：为统

①　《军务院考实·第四编》，第1页。

②　《护国军始末谈》，《中论》第2期。

③　《梁启超年谱长编》，第777页。

④　《李印泉致滇军政两界友人书》，《中华新报》，1916年5月25日。

⑤　《盾鼻集·电报第三》，第16页。

⑥　参见《护国运动资料选编》，第558页。

一对袁军事和筹画建国方策计,"今由继尧等往复电商,特暂设一军务院,直隶大总统,指挥全国军事,筹办善后庶政。院置抚军若干人,用合议制裁决庶政,其对外交涉,对内命令,皆以本院名义行之。俟国务院成立时,本院即当裁撤"①。《军务院组织条例》也同时公布,共十条,其中关于抚军的规定是:"军务院置抚军,无定员","以各省都督或护理都督,两省以上联合军都司令、都参谋及各独立省确已成军有二师以上之军总司令任之。凡新取得前项资格者,同时取得抚军资格"②。这是一个有意"避大元帅制,免贼借口",对所有尚未宣布所谓"独立"的军阀、官僚、政客均预留余地的八面讨好的方案。所以,"于与段、冯接洽,固毫无滞碍也"③。

8日,酝酿两月有余的军务院,在龙济光拒绝于广州提供办公地点之后,不得不在肇庆宣告正式成立,由唐继尧任抚军长,岑春煊任抚军副长,梁启超任政务委员长。因唐不能驻院,其职权由抚军副长岑春煊代摄。推唐绍仪为特任外交专使,温宗尧、王宠惠为副使,范源濂、谷钟秀为驻沪委员,钮永建为驻沪军事代表。抚军初由唐继尧、刘显世、陆荣廷、龙济光、岑春煊、梁启超、蔡锷、李烈钧、陈炳焜、吕公望十人组成。后蔡锷"为取得发言权,贯彻其主张计"④,又坚持补入罗佩金、戴戡二人。以后随着形势的发展,还不断增加,但直至军务院最后撤消,也没有增补一个中华革命党的代表。

军务院成立前后,曾发表一系列宣言和通电,对袁世凯展开政治攻势。早在4月18日,唐继尧等人便以护国军军政府名义发表了第一、二号宣言,严正声明:"袁世凯因犯谋叛大罪,自民国四年十二月十三日下令称帝以后,所有民国大总统之资格当然消灭"⑤;依法"恭承现任副

---

①　《军务院考实·第一编》,第3页。
②　《军务院考实·第一编》,第4页。
③　《曲石文录》,第249—252页。
④　《蔡松坡集》,第1110页。
⑤　《军务院考实·第一编》,第1—2页。

总统黎公元洪为中华民国大总统,领海陆军大元帅"①。军务院成立后,当即于5月9日通告各国公使、领使:"以后除地方商民交涉,照例仍由各该省军民长官与各国驻近该地各官厅就近办理外,其中央外交事务,一概改由军务院办理。"②这样就从内外两方面否定了袁世凯政府的合法地位。11日,军务院发布第二号布告,宣布"此次举义之真精神,一言蔽之曰:拥护国法而已";号召"各省国会议员迅速筹备集会程序及地点,俾一切问题得以解决,各种法定机关得以成立"③。它于云南首义后,第一次明确提出了拥护"约法"、保障国会的主张。次日,针对冯国璋否定"约法"的谬论,梁启超再次声明:"约法"者,民国之生命也。项城毁之,国人争之。国人以爱护"约法",故不惜糜顶踵以为之殉。项城虽自绝于"约法",而"约法"未尝因此而损其毫末也。项城所以失去总统资格,全因其犯"约法"上之谋叛罪,并非"约法"消灭,总统名义消灭,而彼之资格随而消灭也④。梁氏的这一声明,进一步表达了他捍卫"约法"的决心。

与此同时,军务院还督率大军,分湘、赣、闽三路,加紧对袁世凯进行军事"围捕"。5月7日,陆荣廷乘湖南零陵镇守使望云亭宣布独立之机,亲督陆裕光、马济、林俊廷、沈鸿英等部三十余营入湘北伐,由祁阳进迫衡州(今衡阳市)。为配合陆、望作战,岑春煊命龙济光饬原驻粤北连县、乐昌、阳山等处军队移扎出境,向郴阳、桂阳方面前进。而刚由昆明经贵阳抵达湘南靖县就任护国军湖南总司令的程潜则集重兵于武冈,压迫宝庆(今邵阳市)。在大军齐发的形势下,湖南北军倪毓棻、唐天喜、刘跃龙等部望风而逃,不战自退。据林俊廷等5月16日电称:"前派赴衡州委员回报倪毓棻确即退兵,现已陆续开发起程。"⑤24日,

---

① 《军务院考实·第一编》,第1—2页。
② 《军务院考实·第一编》,第6页。
③ 《盾鼻集·电报第三》,第20页。
④ 《盾鼻集·电报第三》,第26页。
⑤ 《军务院考实·第四编》,第78页。

望云亭也报告说：衡州"倪军全部退出。长沙、湘潭唐天喜之兵，日内亦完全出境。至宝庆刘旅长（指刘跃龙）迭次函称：'大局危急，力求和平'"，"日内决意全行退出"①。至此，湘南几已无北军踪迹。

赣闽两路，由直隶军务院的滇桂粤护国联合军直接担任。早在军务院正式成立之前，岑春煊即已开始筹组军务院直辖部队。他征得唐继尧同意，调李烈钧所率云南护国第二军至肇庆"拥护根本"②。李部自广西百色出发，经南宁、梧州，于5月12日到达广东肇庆，受到岑春煊、梁启超以下全体军务院成员的热烈欢迎。这月下旬，除龙济光济军一军尚暂未任定司令官外，其他各军皆已编组就绪，正式组成了直隶军务院的滇桂粤护国联合军。他们是：云南护国第二军总司令李烈钧部，两广新编第三、四、五、六军总司令莫荣新、李耀汉、谭浩明、林虎部，两广新编第一师师长莫擎宇、第一混成旅旅长程子楷部、独立团张习部和粤军一军，总计九军，经唐继尧同意，由岑春煊就近直接指挥。其作战计划分四期进行：第一期，扫除赣闽边界敌兵；第二期，驱逐福建、江西境内敌兵，占领福州、南昌；第三期，集中湖北，进驻武汉；第四期，直捣幽燕，绝敌根据。

5月27日，岑春煊命滇军李烈钧部和桂军莫荣新部两团于6月2日集中肇庆，15日前经三水、琶江口出韶关，向江西赣州前进，并以方声涛梯团向福建方面运动，协同广东潮军进行；林虎所部于6月10日集中肇庆附近，加入江西方面作战，务于20日前到达江西虔南（今全南县）。粤军于6月20日前由广州出发，取道惠阳，于和平集中，经江西安远、雩都（今于都）向南昌前进；潮军莫擎宇部待李烈钧所派方梯团进抵福建边界之后，以一部防诏安之敌，一部协同进逼福州。程子楷旅于6月20日以前由肇庆出发，向湖南方面前进，掩护入赣滇军作战。6月1日，岑春煊等人郑重宣布：1. 我军为讨袁而起，袁不退位，绝无调停可

---

① 《军务院考实·第四编》，第79页。
② 《护国运动资料选编》，第540页。

言；2. 袁氏退位，我军务院恭承继任黎大总统正式就职；3. 非至袁退位，黎大总统正式就职时，决不停止军事进行；4. 拥护约法，保障国会，俟前参众两院议员依法集合时，国家大计交其解决。5 日，滇桂军入赣先锋队张开儒、申葆藩、江永隆各率所部由肇庆出发。同日，岑春煊发表宣言，正式宣布出师北伐。

此外，广东局势长期纷乱不堪，对大局影响甚大。因此，收拾粤事就成为军务院的又一大任务。岑春煊、梁启超也明白，粤局不稳，纯属龙济光之流所为。梁就说过："吾为粤事亦吞声呕心，卒无善果。海珠之变，歼我之良，虽非龙主谋，而粤局内容可以想见，悍将蟠于上，私党哄于下，浩劫终无幸免，所争早暮耳。"但他们又认为："以围攻观音山双方相消之兵力，足举湘赣闽而有余，龙灭而桂亦疲，更何挟以御贼？况糜烂后之收拾，非期月可奏功，而独立省份内讧之丑声，徒令老贼匿笑，友邦藐侮"，因而决定仍以"饮泪言和"为收拾粤事方针①。他们应龙要求，责令各路讨袁民军司令剀切劝谕所部，"务轻权利与私心，并即列册报名，听候编师北伐"②，并拟定改编办法四条：1. 确有枪枝者方为合格；2. 合格民军首领或委为统领，或委为营、连、排、棚长；3. 不愿北伐者，准其归农，但枪枝须作价缴官；4. 自出示后，如有不报名请编，始终负隅抗拒，意图扰乱治安者，即以土匪论，当调集大军严加痛剿。对这名为改编、实则取缔的所谓改编办法，各讨袁民军当然不能接受。朱执信针锋相对地提出：1. 各路民军必俟龙济光离粤始允停战；2. 中华革命军编为北伐军，饷械由粤省供给；3. 仍用中华革命军旗帜。可是，这些正义的要求却为军务院主要负责人岑春煊所一一否定③。军务院对讨袁民军如此苛刻，而对龙济光的倒行逆施却一味迁就、隐忍和优容，"宁蒙养奸之讥而不辞"。连岑春煊自己都承认：李烈钧出师北伐，由粤

---

① 《盾鼻集·电报第三》，第 28 页。

② 《都司令之严禁骚扰》，《时报》，1916 年 5 月 15 日。

③ 秋声通讯：《粤局内幕之真相》，《民国日报》，1916 年 5 月 18 日。

出赣，龙济光一面假托各界名义电拒经过，一面调重兵于西南狮子窦一带以示威，"我当时力劝李协和委曲求全，改道琶江。龙初驻兵韶州不过两营，及知李将赴韶、北江方面，龙即加派六营以待李。至李军既到，龙阴令朱福全闭城绝道以困李军，并开炮轰击。我闻耗惶急，力为调停"①。这就是军务院收拾粤事的真相和内容。

以上事实说明：尽管军务院一再声明它"并非政府性质，且为临时机关"②，但其组织过程和成立后的活动已证明它是一个具有临时政府性质的机构。当然，它还只是一个不"完备"的政府雏形。李根源说它远逊于辛亥革命时期的南京临时政府，是符合实际的。就其组织成分来说，则是进步党人、国民党人和西南地方实力派的临时联合机构，而不是任何意义上的讨袁各派的联合机构，因为以孙中山为首的反袁最早且最坚决的中华革命党人，始终被排斥在外。梁启超、陆荣廷、唐继尧等人无论在成立过程中还是在成立后都具有举足轻重的作用，这表明其领导权实际上掌握在进步党人和西南地方实力派的手里。

然而，军务院的成立还是具有重大的积极意义和历史作用的。它在袁世凯宣布取消帝制，玩弄和谈阴谋，企图继续窃据总统位置之时宣告成立，这本身就是对袁世凯最沉重的打击，何况它成立后还从政治、军事、外交等方面对袁发动了一系列的攻势。上海《时报》记者彬彬为文指出："北京政府所惧者，南方军务院之组织已俨然一临时政府。从前南方势力虽大，尚无统一机关，北方尚有城社可凭。今如此，则所谓中央政府已无复奇货可居。又连接紧要报告，南方一面依约法戴黎，一面通告驻京各国公使废止北京政府，此等消息较之某省独立、某战失败之惊报，何啻十倍。"③李根源也说"此举于军事、外交上收效颇巨"④。

---

① 《军务院考实》附《两广都司令部考实·第四编》，第105—106页。
② 《军务院考实·第四编》，第72页。
③ 彬彬：《最近时局要闻》，《时报》，1916年5月18日。
④ 《曲石文录》，第251页。

特别是它屡以"拥护约法，保障国会昭示天下"，把反袁斗争由"护国"引向"护法"，其意义就更非一般可比了。这不仅为护国战争补充了新的纲领，树立了新的旗帜，而且为它赢得了更加广泛的同情和支持。孙中山为此郑重宣布："今独立诸省通电，皆已揭橥民国约法以为前提，而海内有志后援、研求国是者，亦皆以约法为衡量，文殊庆幸此尊重约法之表示，足证义军之举，为出于保卫民国之诚。""文与袁氏，无私人之怨，违反约法，则愿与国民共弃之。与独立诸省及反袁诸君子，无私人之惠，尊重约法，则愿与国民共助之。"①可见，军务院已将护国战争大大向前推进了一步，其功绩是不可磨灭的。

但是，军务院的局限性也是显而易见的。除其内部各方面为种种私利而相互竞争之外，最主要的就是对军阀、官僚、政客的信任与依靠，远在人民之上。虽然这在最大限度地孤立与打击袁世凯方面也曾起了一定的积极作用，但留下的后患是无穷的。以广东龙济光为例，由于军务院对他姑息，结果反使军务院处处遭到刁难与掣肘，以致出师北伐也难以顺利进行。当然，这并不是军务院任何个人的责任，而是中国整个资产阶级的软弱性和妥协性的表现。即如孙中山这样的革命党人，也曾一度认为"大敌当前，而内纷不息，事实无谓"，并电令广东中华革命军勿与济军相持，"俾泯猜疑，并力求事实上之一致"②。

三　北洋军阀集团内部矛盾的激化

随着护国战争的发展和袁世凯失败前景的明朗化，北洋军阀集团内部的矛盾和分裂也进一步加剧，袁政府最终陷入了众叛亲离、土崩瓦解的境地。首先是段祺瑞、冯国璋这两员北洋干将已不甘心作袁世凯的工具，转而野心勃勃地企图效法他辛亥年的老戏法，准备乘护国军和

---

① 《孙中山全集》第3卷，第284页。
② 菊庄：《粤滇桂会师北伐之表面观》，《时报》，1916年5月20日。

全国人民迫其退位之机，取而代之。

4月中旬，袁世凯眼看和谈阴谋破产，为巩固其总统地位，决定任命在北洋军阀集团内部享有一定威望，而又为护国军所注重的段祺瑞为国务卿，以代替3月21日上任以来在挽救危局方面迄无成效的徐世昌。他满以为段是他一手提拔的，这点面子总不至于不给。万没料到段会向他提出改政事堂制为责任内阁制的要求。袁意识到，这是四年前国民党人限制其权力的老法子，心里不免窝火。但一想自己所处的地位已今非昔比，也只好忍气吞声于21日公布政府组织令，宣称将"委任国务卿总理国务，组织政府"，"树责任内阁之先声"①。次日，他下令准徐世昌辞职，特任段祺瑞为国务卿。23日，任段兼陆军总长，陆徵祥为外交总长，王揖唐（原名王赓）为内务总长，孙宝琦为财政总长，刘冠雄为海军总长，章宗祥为司法总长，张国淦为教育总长，金邦平为农商总长，曹汝霖为交通总长，王士珍为参谋总长，以段祺瑞为首的新内阁宣告成立。5月8日，又公布《修正政府组织法》，正式宣布撤消政事堂，恢复国务院和总理名称。但是，段祺瑞所要求的是名副其实的责任内阁制，因此他接任后不久，即要求袁世凯"裁撤总统府机要局、统率办事处、军政执法处三机关"②，明目张胆地逼他交权。然而，袁的让步也是有限度的，不但"三机关之裁撤终未实行，且暗嘱梁士诒以掣其肘"③，从而更加深了段祺瑞的不满。

正当袁世凯为段的背主自立而大伤脑筋之时，4月18日，冯国璋突然会同新任督理安徽军务张勋、江苏巡按使齐耀琳通电各省，提出总统留任、大赦党人、惩办奸党等八项主张，请求同意④。袁世凯对此虽不尽满意，但总统留任一条却是他求之不得的。相比之下，他觉得还是

---

①　《政府公报》，1916年4月22日。

②　《护国运动资料选编》，第651页。

③　《护国运动资料选编》，第652页。

④　《冯上将态度之索隐》，《时报》，1916年5月15日。

冯国璋可用,因而"颇欲置段而倚冯"①。蒋雁行5月4日向冯透露:
"现在大总统及北方同人,均深信我叔决无他项意见,并相望甚殷。伫
看上边意思,颇欲我叔说强硬之话,力为维持,以救大局。"②

　　然而,冯国璋对袁世凯并不比段祺瑞更忠实。帝制取消后,他不但
继续与梁启超等护国人士保持联系,反对袁世凯"以武力为后援",甚至
要求他"敝屣尊荣,预作退计"③,而且一直在利用护国军和袁世凯双方
对他的依赖心理,积极联络、组织第三势力,以夺取国家最高权力。4
月25日,他致电未独立各省,提议"各省联络,结成团体","扩充实力,
责任同肩,对于四省(指南方独立各省)与中央,可以左右为轻重",并露
骨地表示:"若四省仍显违众论,自当视同公敌,经营力征;政府如有异
同,亦当一致争持,不少改易。"④5月1日,他又在先前与张勋、齐耀琳
联合所提八项主张的基础上,依据所谓"法律"与"国情",重拟关于总
统、国会、宪法、经济、军队、官吏、祸首、党人等八项主张,作为他们的共
同纲领。关于总统问题,他荒谬地提出:"民国四年以后,大总统固已失
其地位,副总统名义亦当同归消灭,中国目前实一无政府无法律之国。"
"今舍去大总统而以副总统行使职权,牵入约法条文,殊为【与】事实不
合。不如根据清室交付原案,承认袁大总统对于民国应暂负维持责任,
以顾大局;并回复副总统名义,强其出任国事,方可补济法律之穷。一
面迅筹国会锐进办法,提前召集,仍由袁大总统于事前宣布明令,一俟
国会开幕,即行辞职。是未来之大总统可以依法产出;而实行内阁制,
组织新政府,皆得次第建设。"⑤可见,冯国璋所以承认袁世凯暂负总统

---

① 《护国运动资料选编》,第652页。

② 蒋雁行致冯国璋函(1916年5月4日),《近代史资料》1982年第4期。

③ 《军务院考实·第四编》,第92页。

④ 冯国璋致未独立各省通电(1916年4月25日),《中华新报》,1916年5月15日。

⑤ 冯国璋致未独立各省通电(1916年5月1日),《民信日报》,1916年5月13日。

责任,不过是为了抵制黎元洪以副总统资格继任大总统;而他所以抵制黎继任,正是因为他自己要当总统。

为此,冯国璋于5月5日亲赴徐州疏通张勋;过蚌埠时,又邀新任长江巡阅副使兼署安徽巡按使倪嗣冲同行。6日晨,冯、倪抵徐,与张勋晤商,一致同意发起南京会议,以决国是。同日,他们一面急电袁世凯,请他"切勿轻听流言,灰心退位"①;一面电请未独立各省各派全权代表一人,于15日以前齐集南京,"开会协议,共图进止,庶免纷歧,而期实际"②。但是,他们对会议所抱的希望却各不相同。冯国璋意在借此确立其盟主地位,为提前召集国会,选举他为总统奠定基础。当时舆论指出:南京会议"表面上系为维持现总统袁氏,其实黑幕中实为冯华甫利用此会……笼络未独立各省结一大团体(各将军为自己地位起见,亦无〈不〉趋而拥戴冯氏),以为将来执牛耳,提出条件,效辛亥袁氏之故事"③。张勋则企图乘冯国璋承认袁世凯的总统地位为清室所委任之机,妄图复辟清朝废帝,而倪嗣冲却是"洪宪"王朝的孤臣孽子。这就注定了南京会议不会有什么结果。

袁世凯对冯国璋的这一阴谋早就看在眼里,他私下对王士珍说过:"此次南京会议,明为北方势力,实不啻由予手中攘夺大柄,其结果予早洞悉。"④因此,他表面装作对冯十分信任,许以特权三端:"1.和局之解决,准其有自由断决之权;2.政府关于和局提出之议案,准其有酌核之权;3.和局不成,倘出以决裂,准其有参预重要军政之权。"⑤他甚至假惺惺地电冯等说:"予自退隐田园,无心问世","近日唐继尧、刘显世、陆荣廷、龙济光等以退位为要求,陈宦亦相劝以休息,均之实获我心。

---

① 《护国运动资料选编》,第651页。

② 张勋冯国璋倪嗣冲致未独立各省通电(1916年5月6日),《时报》,1916年5月13日。

③ 《南京快信》,《民国日报》,1916年5月15日。

④ 《袁世凯与王士珍之谈话》,《中华新报》,1916年5月25日。

⑤ 《护国运动资料选编》,第655页。

予德薄能鲜,自感困苦,亟盼遂我初服之愿,决无贪恋权位之意。然苟不妥筹善后,而撒手即去,听国危亡,固非我救国之本愿,尤觉无以对国民。目下最要在研考善后之道,一有妥善办法,立可解决。该上将军等现约同各省代表,就近齐集讨论大计,无任欣慰。时局危迫,内外险恶相逼而来,望将善后办法切实研求,速定方针,随时与政府会商,妥定各员责任,使国家得以安全,不致立见倾覆,幸盼遏极。"①但他暗中却一面指派蒋雁行前往南京监视会议,一面派阮忠枢等人前往徐州搬弄是非,扩大冯、张矛盾,极尽操纵、破坏之能事。

南京会议本定5月15日召开,由于袁世凯的干预与破坏,张、倪日渐消极,各省代表,所到无多,延至18日才举行第一次会议,出席代表二十三人,公推冯国璋为主席。讨论的第一个议题就是袁世凯的去留问题。山东代表丁世峄首先发言说:"大局危迫,宜吁请总统暂弃尊荣,使天下早日息兵,以救危亡。"②接着,湖南、山西代表表示赞同,其他代表也相继附和,主张袁氏退位之说占了上风。袁世凯见势不好,急命倪嗣冲亲自出马,力挽危局。倪率卫队三营于当晚赶到南京,次日抢先发言,主张维持袁的总统地位,并力图变南京会议为"征剿"护国军的军事动员会议。在倪的讹诈与威胁下,原主张袁世凯退位的代表,大都噤若寒蝉,有的甚至改变初衷,反主袁留任了。为挽救败局,冯国璋借口退位问题本会无权表决,提议由国会解决。接着又接受丁世峄的建议,提出电邀南方独立各省派代表出席会议,以解决总统问题,幻想借助护国军之力打击倪嗣冲等人的嚣张气焰。岂料南方独立各省早已不满于他5月1日所提仍承认袁世凯为过渡总统的八项主张,断然拒绝派代表赴会。而张勋、倪嗣冲二人则有意散布他也是拥袁留任的主战派,大违冯的本心。冯以希望落空,遂于30日宣布保境安民,解散南京会议。

但是,北洋军阀集团的内部争夺,并没有随南京会议的解散而结

---

① 《护国运动资料选编》,第655—656页。

② 《护国运动资料选编》,第656页。

束。正如李大钊当时所指出:"南京会议虽无结果,冯之态度仍有希望,其部下尤为鲜明。看此情形,长江流域战云漫郁,倪、张与冯已隐成敌国。"①这种争夺极有利于护国事业的进行,而对袁世凯则十分不利。他沮丧地供认:"滇黔反侧,远在边地,尚非紧要。浙粤之变,余亦另有把握。冯乃我手下最有力量之人,彼竟公然宣布叛言,遂使各省皆为摇动,大事益为棘手,令予进退维谷。"②

与段、冯逼袁交权的同时,曾自命为袁世凯"屏藩"的陕西将军陆建章,为了自身的生命财产,竟也不顾袁的总统地位岌岌可危,而听任陕北镇守使陈树藩自任护国军总司令,宣布陕西独立。

陆建章入主陕西以来,"除奉迎袁政府及贩卖烟土外,殆无余事"③。他一面适应袁世凯的需要,大力撤换与裁遣受过辛亥革命战斗洗礼的陕西陆军官兵,扩充随他入陕镇压白朗起义的北洋军;一面仿效袁世凯,大搞特务统治,"以多数皖人为侦探,多方罗织,冤狱屡见","极力摧残民党"④。袁世凯称帝后,他是最早几个俯首称臣者之一。1916年1月5日,他与帮理陕西军务刘承恩、巡按使吕调元等联名上奏说:"唐继尧等怙恶不悛,断非口舌所可感化,伏恳速即登极,以定名分,而慰人心,并明降谕旨,声罪致讨。臣等谨当整饬劲旅,以为前驱。"⑤3月18日,他一次就残杀在西安密谋响应云南护国起义的王绍文、南南轩、陈德卿、郭子余、吴鹏、赵贞吉、姚南薰、李桂森、袁守礼、焦林、杜守信、南凤薰、胡德明、杨景震、章雨苍、张镇方、陈宗卿、齐子乾十八人,真不愧为"陆屠户"。

但是,4、5月以后,全国和陕西的形势都发生了对袁世凯更为不利

----

① 《护国运动资料选编》,第661页。

② 《袁世凯与王士珍之谈话》,《中华新报》,1916年5月25日。

③ 《陕西特别通信》,《民国日报》,1916年5月30日。

④ 《再志秦中独立之详情》,《时报》,1916年6月5日。

⑤ 陆建章等致政事堂电(1916年1月5日),中国社会科学院近代史研究所藏原件。

的变化。就全国而言,如上所述,独立省份已发展到滇、黔、桂、粤、浙等五省,并成立了与袁政府相对峙的临时统一机构军务院,坚持袁世凯不退位,即不罢兵。就陕西而言,广大人民群众非但没有被陆建章的屠杀政策所吓倒,而且在全国讨袁形势的鼓舞和陕西革命党人及其他进步人士的领导下,掀起了更大规模的反袁逐陆斗争,仅渭北一处就集结会党、"刀客"和退伍军士两万余人。他们分编为两个军,公推郭澐为第一军总司令,萧荣绶为参谋长,焦子静为第二军总司令,曹世英为参谋长,于 4 月 1 日传檄讨袁,布告四方,并先后占领了朝邑、郃阳、韩城和富平、蒲城、白水等县。不到两月,"自三原以北,东至黄河,西至陇境,北尽绥米,此数十县中,几无一为陆建章势力所能及"①。

1916 年 5 月初,陆建章派其子陆承武率混成一旅前往渭北镇压曹世英、郭坚、杨景娃等部讨袁民军,7 日,陆承武行至富平,与陕军陈树藩旅胡景翼营遇。陆部"行为素暴",陕人本恨之入骨。加上当时有人传言,"谓承武之行,名为拒敌,实欲收回胡之枪械"②。胡景翼愤恨之余,遂与开战,恶斗竟夕,"大获全胜,竟生擒陆承武,虏其全部炮械"③。接着,胡营所在旅长陈树藩也宣布独立。消息传到西安,陆建章惊惧万状,为给自己留条后路,只好弃袁自保,与陈"舍战言和"。

陈树藩,字伯生,陕西安康人,保定军官学堂毕业生,与段祺瑞有师生关系。辛亥革命时任陕西东路招讨使,民国成立后为陕军第一混成旅旅长,因镇压白朗起义有功,1915 年初升任为陕南镇守使。但是,北洋军阀对异己势力的信任毕竟有限。云南起义后不久,陆恐陈"不稳,由汉中捣四川,且渭北民军已将动,陆自知棘手,乃欲委之于陈",遂改调陈为陕北镇守使。陈"知己之遭忌,故自保之心,无时或忘"④。他表

---

① 记者何汉:《秦军宣布独立之快报》,《民信日报》,1916 年 5 月 7 日。

② 《再论秦中独立之详志》,《时报》,1916 年 6 月 5 日。

③ 《三秦豪杰起义之真相》,《民国日报》,1916 年 5 月 26 日。

④ 《陕西民军之大活动》,《民信日报》,1916 年 5 月 17 日。

面奉命唯谨,对陕北之任毫无异言,但暗中却利用渭北民军来巩固自己的地位。他到达陕北后,"阳奉政府,阴与民党联络,资给军械,补助军费"①,甚至对手下两名团长王飞虎和严锡龙加入民军也毫不介意。及至所部营长胡景翼活捉陆承武后,即于5月9日在蒲城自任护国军总司令,宣布陕西独立。并以陆承武为人质,一面会合郭坚、焦子静所部,分别由三河口、渭桥、草滩渡河,摆出三路围攻西安的架势;一面电请陆建章"俯顺舆情,改称都督,为地方保护治安,与中央脱离关系"②。陆感于袁世凯二十年豢养之恩,虽"不敢赞同",但摄于讨袁民军的威力,也不敢反对。在多次向袁"乞休未允"的情况下,陆遂派代表至三原与陈树藩达成如下协议:陕西全省治安,由陈树藩"以都督兼民政长名义,担负完全责任",陆建章"当遣返都门,束身待罪",而陕西护国军总司令一职即由"建章长子陆承武任之"③。16日,陈树藩率部进驻西安,18日"以陕西都督兼民政长名义布告大众"④。25日,陆建章雇车二百余辆,满载其入陕以来所搜刮的民脂民膏,在陈树藩所派军队的护送下离开西安,最终放弃了袁世凯对陕西的统治。

陈树藩的"独立",并不能与陕西人民的护国讨袁事业相提并论,只不过是地方小军阀利用人民群众的护国讨袁热情,在胜利可望的条件下所发动的一场个人权利之争。但是,陕西毕竟是云南起义后继起独立的第五个省,而且是袁世凯所恃为根据地的北五省之一。陈树藩虽怀个人野心,毕竟未另树旗帜,因此其影响同样是不可低估的。当时《时报》评论说:陈树藩"宣言陕西全省独立,其与云、贵、两广稍异其趣,固可勿论,而非为自树一帜,如世上所传,乃系加入于南方派者,则将开

---

①　《陕西独立详志》,《民国日报》,1916年5月24日。

②　陆建章、陈树藩致北京国务院等电(1916年5月18日),《民国日报》,1916年6月6日。

③　陆建章、陈树藩致北京国务院等电(1916年5月18日),《民国日报》,1916年6月6日。

④　《军务院考实·第四编》,第103页。

潼关，以临中原。以陕西之地势易守而利于进取，则进出河南当不甚难，一旦进出河南，则中断延长达八千里（实际是二千四百余里）之京汉铁路亦复易易"。"由此以观，则陕西之独立固与北京政府以莫大之打击已"①。正因为如此，所以黄兴、肇庆军务院和各有关方面对陕西的独立，都十分重视，不仅纷纷致电祝贺，且要求蔡锷就近"设法救济"②。

四　四川和湖南"独立"

陕西独立后不到半月，陈宧又于5月22日宣布与袁世凯个人断绝关系，四川成了脱离北京统治的第七个省。

陈宧（1870—1943），字二庵，湖北省安陆县人。湖北武备学堂毕业生，初任武卫前军管带，后经袁世凯推荐，随锡良辗转四川、云南、奉天等省训练新军，颇得锡良赏识，先后任过四川常备军统领、川滇两省新军协统、第二十镇统制等职。辛亥革命后，受袁世凯倚重，任参谋部次长，代理黎元洪统率办事处办事员事。1915年袁准备称帝，虑滇黔"反侧，乃以安陆陈二庵将军镇蜀"③。3月12日，陈以会办军务名义率伍祥桢、冯玉祥、李炳之三混成旅离京"西征"。关于这天离京情况，其军务处一等参谋季自求在日记中写道：凌晨2时，车站已"军警密布，送行者纷集，京中文武显要无弗至者，不独民国以来空前之盛举，即后亦无继美者"。"五时许，安陆将军至，万头攒动，簇拥登车，真有大丈夫当如是之感"④。由此可见袁世凯对他是何等的宠信。而陈宧的确也没有辜负袁的期望，5月31日，他到达成都第三日，即"拜成武将军兼巡按使之命"，积极充当袁氏万年基业的"开路先锋"。8月，帝制运动开始

---

① 《陕西独立之真相》，《时报》，1916年6月5日。
② 《军务院考实·第四编》，第105页。
③ 季自求：《入蜀日记》，《近代史资料》1963年第4期。
④ 季自求：《入蜀日记》，《近代史资料》1963年第4期。

后,他曾不止一次地恳袁世凯"迅择吉辰,举行大典"①。袁世凯做梦也没有想到,五个多月后,陈竟那么绝情,公然宣布和他"断绝关系"。

四川独立,几经周折,经历了一个漫长的酝酿过程。蔡锷早在入滇之日,就曾致电陈宦,促其"立揭义旗,共灭国贼"②。他内部的帝制反对派将军署顾问刘一清、副官长邓汉祥、巡按使署总参议杨穆生、旅长雷飚等也力劝他"同蔡切取联络,共策进行"③。但陈宦这时正追随袁世凯,昏昏然处在"帝制热"中,不仅未接受蔡锷的忠告,反"一面出示晓谕,详述利害,严禁造谣;一面于叙、泸、永宁、重庆、会理等处,拨驻可靠重兵,节节联络,接近滇边,分扼要塞"④,妄图阻挡云南护国军进入四川。直至接连在叙州、泸州附近吃了几个败仗之后,才不敢"十分表示反抗"⑤,转而通过刘、邓等帝制反对派与蔡锷暗通声息。但这也不过是一种投机取巧的两面政策。事实上,他同时又通过军署参谋长"张联棻与曹锟、张敬尧等取联络"⑥,长期"抱骑墙主义"。

陈宦搞独立,发端于帝制取消后与蔡锷谈判停战议和期间。当时,袁世凯的大厦将倾,摇摇欲坠,他自已在四川的统治也陷入四面楚歌之中。川南早已入护国军之手,川东涪陵、忠县、酆都、石砫各县到处是"党人队伍"。建昌属内大小相岭、宁远披沙等地,活跃着起义川军王先导、瞿豹岑部和当地彝族人民以及团总刘鸿章与都龙光土司相结合的武装。川西自2月27日起,哥老会大爷、前保路同志军首领吴庆熙、孙泽沛等人,即在温江县召集旧部,成立四川护国军司令部,郫县、温江、大邑、邛崃、崇庆、灌县等十余县尽失控制。整个四川,除省城和川北外,几无"净土"。为稳固统治,他不得不请求蔡锷停战议和。而蔡锷即

① 《四川军阀史料》第1辑,四川人民出版社1981年版,第198页。
② 《四川军阀史料》第1辑,四川人民出版社1981年版,第52页。
③ 《四川军阀史料》第1辑,四川人民出版社1981年版,第52页。
④ 《四川军阀史料》第1辑,四川人民出版社1981年版,第198页。
⑤ 《川省糜烂不堪之惨状》,《时报》,1916年5月15日。
⑥ 《四川军阀史料》第1辑,四川人民出版社1981年版,第54页。

乘机促其一致迫袁退位，一面电陈坚"主急进"，并"派代表陈光勋至省接洽"①，一面力促冯玉祥、伍祥祯迫其宣布独立。

在蔡锷的推动下，冯玉祥一边电劝陈宧俯顺独立舆情，一边派参谋长张之江与陈光勋同行赴省。伍祥祯也于4月25日由自流井回到成都，共同对陈施加压力。与此同时，四川各界人民一致行动起来，先是吴庆熙、谭创之等人上书请陈"从速宣布'独立。接着省议会议员郭湘等七十六人又函陈说："议员等为七千万同胞请命，为全蜀父老昆弟救危，势非请钧府明白宣布独立，与袁氏脱离关系，不足以镇人心而消疑畏，维现状而弭后灾。"②继而向称稳健派的前清状元骆成骧也函称："省议员前有郭湘等数十人上书，刻又有傅春萱等数人续上，皆请早定大计者，人心所希望如是，当道宁能反其前日所谓和平之计画乎？"③至于成都报纸所持论说，更是"一致讽当道从速解决此问题"④。结果，连陈宧的参谋长张联棻也"自以与项城亲近，虑一旦有变，祸及其身"，而日夜"欷歔，甚至泪下"，冀早日"脱武城之险"了⑤。在这种形势下，陈宧"独立之心萌矣"。

恰在这时，陈宧于2月间派往南京联络冯国璋的胡鄂公，也于4月24日回到成都，使他"得闻南中事甚悉"，因而"意志为之冲动不少"⑥。他一面"密令周骏所部于东大路一带防曹（锟）"⑦；一面要求蔡锷借给护国滇军四梯团，由刘一清、雷飙统带，以外拒北军，内安反侧。蔡锷明知陈宧请援，主要不在"防袁军"，而是为了"自卫"，因为"道路传言，谓

---

① 《入蜀日记》，《近代史资料》1963年第4期。

② 《四川军阀史料》第1辑，第205页。

③ 《独立声中之四川近况》，《时报》，1916年5月19日。

④ 《不可捉摸之四川独立》，《时报》，1916年5月23日。

⑤ 《入蜀日记》，《近代史资料》1963年第4期。

⑥ 《入蜀日记》，《近代史资料》1963年第4期。

⑦ 《蔡松坡集》，第1064页。

川人一般心理对陈感情甚恶,欲以对赵尔丰者对陈"①,他所统护国滇军也总共只有十三营,且兵不足额,其中持新械者只九营,但为了促成陈宧独立,仍毅然允拨十营,委雷充第一梯团长,刻日赴叙。陈见"大势所趋,皆不满于袁"②,"虽有大力者,不能逆天以挽之矣"③,又有蔡锷切实为其后盾,遂于5月3日致电袁世凯劝他退位,并表示"应如何优待条件,宧与各省疆吏亦必力争以报"④。

然而,陈毕竟与袁私交甚深,而当时曹锟又虎视眈眈,镇守渝江,威胁蓉城,因此,陈的行动也仅止劝袁退位,未有"进一步绝交之表示"。紧接着,他还唯袁命是从,将其巡按使兼职奉献给袁的心腹黄国暄,并于7日晚与黄会衔出示说:本将军"业已电恳大总统退位","自今日始,军民人等如有假托名义,倡言独立,扰害治安,以及造谣惑众,意图破坏者,实为地方之公敌。本将军、巡按身任地方,负有维持安宁之责,对于此等扰乱地方之人,当适用惩治盗匪之法,并准由各该地方军民长官查拿究办"⑤。由此可见,他劝袁退位不过是为了缓和人民的反抗。

但是,四川人民展开了更加激烈的斗争。4月30日,萧德明独立于大竹,自称中华护国军四川东路总司令,檄告全省,明令邻县。5月1日,某警备队长独立于广安、岳池,逐走知事,截收税款。5日,熊克武旧部龙少伯联络川军独立于隆昌,知事被拘。6日,川军连长王靖澄利用押解武器之机,起义于风洞子,自任讨袁军总司令。12日,川军混成旅长钟体道独立于南充,以罗纶为民政厅长,张澜为总参谋,自任川北护国军总司令,电告各独立省,劝陈宧迅即宣布独立。13日,吴庆熙所部护国军千余人出发围攻成都。15日夜,其前队进抵青羊宫,成都当局彻夜未眠。此外,荣昌、达县等地驻军也纷纷举义,风声所播,全省趋

① 《前督军蔡公致罗督军殷镇守使书》,成都《中论》第2期。
② 《入蜀日记》,《近代史资料》1963年第4期。
③ 《四川军阀史料》第1辑,第207页。
④ 《四川军阀史料》第1辑,第207页。
⑤ 《不可捉摸之四川独立》,《时报》,1916年5月23日。

向独立，谁也不能阻挡。

在四川人民的催促下，陈宧左右急进派杨穆生、邓汉祥等人奉刘一清为"盟主，愈怂恿川省独立"。他们悉心研究时局，屡以轻重利害向陈宧进言，并声称"苟有人更事阻挠，便当杀却"①。冯玉祥也于19日由自流井遄行返省，向陈宧表示："某此来，系向军宪陈情。曹锟小儿与某有素仇，军宪纵不校，某亦将自告奋勇。"②接着，冯又约同伍祥祯、丁鹏九在成都青年会发表演说，表示："此次奉调回省，只知维持秩序。浅识者对北人则言川人不相容，对川人则言北人有异志，致生恶感。不知同是中国，有何南北之分？尚望于此等谣言，力为解释。"③其间，冯国璋也再次来电，支持陈宧迫袁退位。蔡锷则以湘将独立，"在湘黔军不能拘守停战规约"④相要挟。

在此形势下，陈宧"非常之谋复动"⑤。18、19日，他先后两次通过刘一清等致电蔡锷，一面表示日内即宣布独立，一面要求除雷飙一梯团外，再借两梯团，且一须真正滇军，二须刘云峰亲率，速开赴叙府，以便雷部移扎自流井。19日，他召集军事官长会议，征求意见，"各军官皆称善"⑥。20日，他又收到蔡锷复电，告以"已飞饬晓岚（晓岚，刘云峰字）率领最朴勇善战之何（海清）支队先行来叙，后续部队俟抽选就绪，再行续派"⑦。这样，陈的安全有了保障。于是，四川独立，千回百转，终于告成。22日，陈宧致电北京袁世凯政府，宣布："自今日始，四川省与袁氏个人断绝关系。"⑧意思是说，他的独立仅对袁世凯个人而言，并

---

① 《入蜀日记》，《近代史资料》1963年第4期。
② 《入蜀日记》，《近代史资料》1963年第4期。
③ 《川省独立记》，《时报》，1916年6月7日。
④ 《蔡松坡集》，第1092页。
⑤ 《入蜀日记》，《近代史资料》1963年第4期。
⑥ 《四川独立记》，《护国军纪事》第5期。
⑦ 《蔡松坡集》，第1097页。
⑧ 《四川军阀史料》第1辑，第208页。

非和北洋派脱离关系,这在独立各省中是独一无二的。难怪蔡锷指斥他"此次独立,亦在四处讨好,面面俱到",纯系"取巧"①。

陈宧独立既属勉强,所起作用自然有限,要他以实力与护国军共同倒袁,那是不可能的。正如蔡锷所说:"观其致京两养电,殊有奉旨独立意味。以此种心理而独立,而欲迫袁退位,不其左耶(第二电竟谓以大独立而取消各处之小独立)?"②虽然如此,他毕竟为护国军增加了"一省独立之声势",加速了袁世凯的灭亡。据袁亲信索崇仁说:"陈二庵末次与元首断绝关系之电,(袁)阅后半日,未出一言。由是则发显病情两次。"③

继陈宧叛袁独立之后,湖南将军汤芗铭也于 5 月 29 日宣布独立,使湖南成了脱离袁世凯统治的第八个省。

汤芗铭(1880—1975),字铸新,湖北省蕲水(今浠水)县人,早年受学湖北文普通中学堂,1903 年秋中乡试,选送法兰西留学海军④。毕业归国后,历任镜清舰舰长、海军部参议等职,1912 年 4 月任袁世凯政府海军部次长,次年 10 月,改调湖南都督兼民政长,从此成了袁世凯在湖南的忠实代理人。他治湘三载,横征暴敛,疯狂屠杀革命党人和无辜群众,"据其呈报中央者已达一万一千余人"⑤。有"汤屠户"之称。在支持袁世凯称帝方面,各省地方长官,唯他出力"最早最勇"⑥,其机关报《大中报》自筹安会发生后,"日日排二号大字,鼓吹君宪不遗余力。'一人有庆'、'万寿无疆'、'皇气郁葱'、'圣德汪洋'等种种奴婢口吻,连篇累牍,触目皆是,而捏名劝进,制造民意,亦无所不用其极"⑦。正因

---

① 《前督军蔡公致罗督军殷镇守使书》,成都《中论》第 2 期。
② 《前督军蔡公致罗督军殷镇守使书》,成都《中论》第 2 期。
③ 索崇仁致冯国璋函(1916 年 6 月 9 日),《近代史资料》1982 年第 4 期。
④ 陈执中:《汤芗铭历略》,1916 年秋撰未刊稿。
⑤ 《覃振之湖南独立谭》,《民意报》,1916 年 6 月 21 日。
⑥ 彬彬:《湘省独立后中央要闻》,《时报》,1916 年 6 月 6 日。
⑦ 泪红:《呜乎,湘中御用服》,《民意报》,1916 年 6 月 21 日。

如此,所以时人又称他为袁世凯的"屠户干儿"。

但是,任何事物都不是一成不变的,随着袁世凯被迫取消帝制和独立省份的日益增加,汤芗铭的态度也发生了明显的变化。其《大中报》"昔之称皇帝、道圣上等尊严名字倏改为袁逆、袁贼,最可笑者孙中山、黄克强、岑云阶、钮永建等该报素称之曰乱党、乱党,至是忽尊之曰伟人,称之曰先生"①。他虽也曾为袁世凯的总统地位表示过要"誓当激励所部,以备前驱"②,那不过是一种姿态,连他自己也不相信究竟有什么实际意义。事实上,汤芗铭这时抱的是"旁观主义","其用意所在,直坐观成败而已"③。造成他这种不即刻抉择独立的主要原因有二:首先是由于他杀戮太多,害怕独立后革命党人不见信,以致进退失据;其次是,当时湖南衡州、湘潭、岳州、长沙等地,驻有北军不下三万余人,而他自己的兵力却不过万人,因而不敢"冒昧从事"。用他自己的话来说,就是:"湘省因袁军全力压境,遂致本省行动不能自由。"④

为此,汤芗铭一面要求袁退位,以讨好革命党人,一面派人前往上海,请跻身护国行列的长兄——进步党人汤化龙,代为疏通与湖南革命党人的关系。汤化龙一面通过蔡锷,"迭电湘中健者,务与铸新互相提携,力戒龃龉"⑤,一面请前湖南都督、原立宪派谭延闿为居间调人。谭先与欧阳振声、唐蟒、陈复初、曾继梧等国民党人达成谅解,接着又约中华革命党人覃振以及前湖南民政长龙璋等人会谈。覃初以公义私仇,表示与汤芗铭无调和余地。后经唐蟒、陈裕时往返斡旋,兼以龙璋"亦不欲重拂调停者好意",覃才"强制感情作用,忍痛苦以就妥协",与汤化龙等人在谭宅拟定如下"妥协独立条件:甲、民党承认汤将军为湘都督;乙、汤将军先拨枪械完备之军队三营以上至五营交民党接收;丙、设民

①　泪红:《鸣乎,湘中御用服》,《民意报》,1916年6月21日。
②　《护国运动资料选编》,第618页。
③　《湘省各属独立之面面观》,《时报》,1916年6月2日。
④　汤芗铭致陈裕时电(1916年5月10日),《民国日报》,1916年6月2日。
⑤　《蔡松坡集》,第1122页。

政府管理民政全权,民政长由民党公推;丁、组织北伐军时,总司令由民党推任;戊、军事厅长由民党推任"①。汤芗铭得知湖南独立后革命党人仍可承认他的都督地位,一颗久悬之心才算落了地。

为了取得个人行动自由,汤芗铭一方面精选老兵,筹备添募,扩充实力。据驻湘安武军司令倪毓棻调查,其募兵"数目在株洲招三营,衡山两营,湘潭三千人,湘阴二千人,湘乡五千人……大约共招一万八千人,均分驻株洲、湘阴、益阳、沅江等处"②。另一方面他又多方设法,请袁世凯将倪毓棻、唐天喜两军撤离湖南,以消除障碍。他向袁表示:如将倪、唐两军撤出湘境,他即全权布置,"使湘省属地不复有独立之事,并使南军亦不能侵入湘境,以中立的态度保全地方,卫护中央"③。接着,他又派代表陶德瑶前往南宁与陆荣廷协商和平,借陆之口迫袁撤军。最后甚至不惜实行"武力迫挟"。在汤芗铭软硬兼施和陆荣廷等人的压力下,袁世凯不得不于5月9日复电与汤:"允将倪军退回皖境,唐军亦一律撤退"④。次日,汤芗铭电告上海陈裕时:"日内正在布置,使其出境。此种绝人障碍幸得解除,嗣后操纵之权可由己出。"⑤并一面促其"来湘相助"⑥,一面要他"火速设法电致桂省,于倪、唐两军未撤尽以前,万不可进兵,使中央有所借口添增兵力"。他表示:"湘南北军退去湘境以后,湘省定可以与桂省一致进行。"⑦

其时,湖南各县独立纷起。4月26日,原陆荣廷部下游击、零陵镇守使望云亭在陆的督责和广西护国军的声援下宣布独立,自任湘南护国军总司令。5月10日,前湘南检查使张学济自署湘西护国军总司

① 《覃振之湖南独立谭》,《民意报》,1916年6月21日。
② 《护国运动资料选编》,第619页。
③ 彬彬:《湘省独立后中央要闻》,《时报》,1916年6月6日。
④ 汤芗铭致陈裕时电(1916年5月10日),《民国日报》,1916年6月2日。
⑤ 汤芗铭致陈裕时电(1916年5月10日),《民国日报》,1916年6月2日。
⑥ 汤芗铭致陈裕时电(1916年5月10日),《民国日报》,1916年6月2日。
⑦ 汤芗铭致陈裕时电(1916年5月17日),《民国日报》,1916年6月2日。

令,在乾城(今乾州镇)独立。12日,湖南郴县、宜章、资兴、汝城、桂东等县同时宣布独立。18日,湘西镇守使田应诏自任湘西护国军总司令,在凤凰宣言独立。19日,湘南镇守使汪学谦乘倪毓棻撤退之机,在衡阳宣布独立。至此,"湖南自表面上观之,尚未正式独立,其实内容实情已经正式独立者实有五十余县之多,归汤芗铭节制者只有二十余(县)"①,而且西有护国黔军,南有护国桂军,内有以程潜为总司令,以湘南靖县为根据地的护国湘军,与之互为声援。汤芗铭的统治,岌岌可危,自省以下各级官吏恐慌万状,纷纷潜逃。首开纪录的是湘江道尹张官劭,接着财政厅长严家炽效法而去,连赫赫大名的巡按使沈金鉴,也借故溜之大吉。随后,湖南银行监理官吴藩、长岳海关监督兼交涉员刘道仁及各属县知事也都纷纷卷款潜逃。各署虽复经汤芗铭派人接任,"而被派者均恐慌悚惧,借故推辞"。汤无奈,不得不随即下令"以后不论何人何职,均不准辞职"②。此外,湖南进步党首领施礼鉴、李海、陈光耀等,也一再催促汤芗铭独立。至巨绅刘人熙、陈树藩、殷怀安、汪颂年等则发起湖南共济会,专事筹备独立及独立后种种善后事宜,并得到谭人凤、唐蟒等国民党人的"襄赞擘画"。

在此形势下,汤芗铭自知大势所趋,倘不速定向背,急谋独立,恐湖南全省将不等他宣布独立,"而已慴伏于民军之势下"了。于是,他一面于5月27日致电张勋,痛责他和倪嗣冲无理驱逐在南京会议上主张袁世凯早日退位的湘、鄂、鲁、赣四省代表;一面于28日召开重要军事会议,并柬请刘人熙等人入会旁听。汤陈词说:"鄙人本亟主张独立,徒为种种所掣肘,致未实行。现在唐、倪两军悉已退去,望镇使业已与鄙人和衷共济,全省秩序得不梦乱。然近日蜀、鲁、秦、晋奋起独立,广西陆荣廷又有督师入湘之耗,鄙人始终以保全地方为宗旨,今鉴于袁氏无退

---

① 长沙特约通讯员泪红:《湖南各属独立统系表》,《民意报》,1916年5月31日。

② 长沙特约通讯员泪红:《湖南独立前之大恐慌》,《民意报》,1916年6月2日。

位之决心,若再不独立,其隐患何堪设想? 故鄙人拟明日宣布独立,诸君以为何如。"①全体军政要人暨绅界代表莫不赞成,当场推举汤芗铭为都督,并一致通过致袁世凯与未独立各省等通电。次日上午11时,汤芗铭正式宣布湖南独立,"与云贵粤浙陕川诸省,取一致之行动"②。

　　汤芗铭的"独立",与云、贵独立特别是云南首义,当然有本质的区别。当时舆论就指出:汤是在"各县纷纷独立,若不宣布与中央脱离关系,则将来之地位难以保全"的情况下宣布独立的③。"汤氏之所以急急乎图谋独立而固其禄位者也"④。他在宣布独立的同时又宣布:"本省各道县,凡已经宣布独立而未经本都督认可者,均须服从本都督命令,听候检查处分,不准自由行动,违者按军法治罪。"⑤这说明与四川陈宧一样,汤芗铭打的也是以"大独立取消各处小独立"的如意算盘,难望他在倒袁中贡献什么力量。但是,他毕竟长期受到袁世凯的"特别超擢"和"异常信用",因而对袁精神上的打击也就格外沉重。据索崇仁说:汤芗铭宣布湖南独立之电到达北京时,他恰进谒袁世凯,"仰望神气,大失常态,面带愁容矣"⑥。不几天,袁就病死。时人有"催命二陈汤"(陈宧、陈树藩、汤芗铭)之说,语虽尖刻,倒也符合实际情况。

第二节　护国战争的结局

一　袁世凯忧惧而死与新旧约法之争

　　袁世凯的身体向来不错,据其三女袁静雪后来回忆说:"我父亲很

---

① 长沙特约通讯员泪红:《湖南全省独立详记》,《民意报》,1916年6月6日。
② 汤芗铭致袁世凯电(1916年5月29日),《时事新报》,1916年6月5日。
③ 《湖南近况与川省将来之战事》,《民意报》,1916年6月1日。
④ 《湖南独立前之酝酿》,《民意报》,1916年6月1日。
⑤ 汤芗铭独立布告(1916年5月29日),《时事新报》,1916年6月5日。
⑥ 索崇仁致冯国璋函(1916年6月9日),《近代史资料》1982年第4期。

少患病,精神和体力一向很好。""府里虽有中西医生一共四个人,但是我父亲从来不相信西医,也从不请中医给他诊脉开方。所以这几个医生只是给府里的人看看病,在我父亲那里,可以说是'无处用武'的。"①

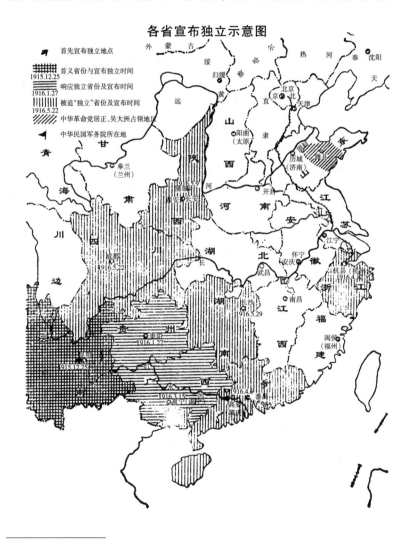

各省宣布独立示意图

---

①　《八十三天皇帝梦》,文史资料出版社 1983 年版,第 63 页。

可是，云南护国起义后不久，他却"政躬违和"，再也无法不请中医诊脉开方了。当时，袁住在居仁堂楼上，楼下即是公事房，虽常见他在此办公见客，却是依靠日拥药炉来维持的。不言而喻，帝业未稳，护国军兴，西南一动，举国响应，瞻前顾后，形影相吊，这种精神上的压力乃是他致病的主要原因。

此外，袁世凯所以致病，还与上述主要原因相联系的劳累过度和家庭纷争的刺激有关。据袁静雪说，云南起义前，袁世凯经常晚上9时即上楼休息。自云南起义后，由于各地告急，文电纷至沓来，他不得不"日夜紧张忙碌"，以致袁静雪虽与父亲同住一个楼上，也常常很晚"不见他上来"，至于逗她们姐妹们说笑玩耍就更是"很少有的了"①。关于家庭纷争，最突出的是"立太子"问题。袁克定作为嫡出长子，当然最有资格当选。正因如此，所以他协助袁世凯推行帝制也最力，甚至不惜编印假版《顺天时报》，隐瞒国人反对帝制的真相，欺骗乃父。可是，袁世凯却因他骑马致残，不便"君临万民"，而打算在老二、老五中择一而立。袁克定知道后，怒不可遏，扬言："大爷"（袁克定对乃父的称呼）立谁就杀谁。与此同时，袁世凯的姨太太们又为"妃"、"嫔"名义闹翻了天。1916年2月17日旧历元宵节这天，六、八、九三房未封上"妃"的姨太太当面要挟袁：如果不同时封她们为"妃"，她们就要带着孩子回河南彰德去住。袁世凯眼见帝制前途的劫数难逃，家庭间又为此纷争不已，不由得长叹了一口气说："你们别闹啦，你们都要回彰德，等着送我的灵柩一块儿回去吧！"②果然，不久就成了现实。

袁世凯之病，初起于2月下旬他下令缓办帝制后不久，先是日不思食，夜不能眠，精神困倦，萎靡不振。经4月粤浙独立一逼，病情有所发展。但是，纵然如此，他仍一边吃着中药，一边挣扎着下楼办公和见客，力撑危局。至5月中旬以后，由于陕西、四川等省先后宣布独立和南京

---

① 《八十三天皇帝梦》，文史资料出版社1983年版，第23页。
② 《八十三天皇帝梦》，文史资料出版社1983年版，第26页。

会议"未即如愿"①，其病势渐渐加重，这才不再下楼，而改在卧房里直接办公和见客了。及6月1日，袁看到汤芗铭发来的"词多不驯"的独立电报，"甚为动怒，至夜病遂转剧"②。次日为星期五，以其"病重"之故，"军官均未照例进谒"。然而，为安定人心，"府内仍传说元首事忙不得见"③。其实，袁世凯这时正患着"小便不通之症，苦闷焦燥殊常"④。其家族三十余口，情急失措，乱作一团，三儿媳谬思"割股"疗亲，袁克定则主张服西药，但却遭到全家的反对，袁世凯及其"幕友等也不赞同"，直到袁克定"捧西药长跪多时始服"。5日，由法国公使馆医生卜西尔行右肾注射并导尿，"由是胸满更甚，而热度过常矣"⑤。

在此之前，袁世凯虽然病势沉重，可他全然不信会立刻死去。5月29日，他还发布帝制议案始末告令，大言不惭地宣称他从无"帝位自居之心"，即使国民代表大会总代表等不谅其"诚"，迫切吁请，无可诿避之时，也"借词筹备，不即正位"，"始终于辞让初衷未尝稍变也"⑥。他极力把自己打扮成一个"不明不智"的受骗者，以博取社会舆论的同情，并声称他"无可讳饰"的过错，是未能料及"今之反对帝制者，当日亦多在赞成之列"⑦，公开警告那些为了各自的私利，不惜对他"落井下石"的门生故旧们，不要再闹什么"独立"了。6月1日，他一面召见蔡廷幹了解帝国主义各国对他固守总统地位的态度，一面召集王士珍、荫昌、周自齐、朱启钤等一班幸臣密议改组内阁、维持财政、筹画军备等等事宜，妄图对川湘发动一场新的军事进攻。不料，就在这时，其病情急剧恶

---

①　索崇仁致冯国璋函(1916年6月9日)，《近代史资料》1982年第4期。

②　《袁大总统病故之确闻》，天津《大公报》，1916年6月7日。

③　索崇仁致冯国璋函(1916年6月9日)，《近代史资料》1982年第4期。

④　《袁总统病革前后之详情》，《大公报》，1916年6月8日。

⑤　索崇仁致冯国璋函(1916年6月9日)，《近代史资料》1982年第4期。

⑥　孙曜编：《中华民国史料》中册，上海文明书局印行，第82页。

⑦　《中华民国史料》中册，第82页。

化,至 5 日"夜十时,即已气闭一次"①。袁世凯自知生命垂危,急传段祺瑞、王士珍、徐世昌等上楼,嘱其好心维持北京及周围地区的秩序。次日晨,袁已不能说话,仅在徐世昌的催问下,才对未来人事安排说了"约法"二字。袁克定野心不死,仍痴心妄想通过其父自造的约法,攫取国家最高权力,因而紧接着又追问了一句"金匮石室吗?"袁点头称是。延至上午 10 时 40 分,这个自以为不可一世的窃国大盗,便在护国军的进攻和全国人民的一致反对下,满怀恐惧和悲恨地死去了。

袁世凯"自遭诛灭",自然而然地解决了护国军和全国人民要求其退位的矛盾。但是,由于他临死前留下了按其 1914 年所造约法办的遗言,特别是继袁而起的段祺瑞,决心继承他的衣钵,不顾护国军依照《临时约法》,恭承黎元洪继任总统的宣言,公然于 6 日下午 3 时以国务院名义通电全国,宣布奉"袁大总统"遗命,依袁世凯自造的所谓"新约法"第二十九条,"以副总统黎元洪代行中华民国大总统之职权"②。这样,紧接着又展开了一场持续二十余天的新旧约法之争。

其实,段祺瑞何尝不想当总统,可是细察大势,刚刚推翻"洪宪"帝制而锐气未减的护国军各要人,屡以拥黎为言;而北洋军阀内部又各怀异志,一盘散沙,难为后盾;加上帝国主义各国又公开宣称将给黎以"道义上的支持"③。在这种局面下,他也只好将计就计,接受徐世昌建议,先奉黎元洪为总统,其他待以后再图了。为此,袁世凯尸骨未寒,他便携教育总长张国淦前往东厂胡同黎元洪住宅,以相视而坐半小时不出一言的特殊方式,履行了请黎元洪任总统的手续。当夜,黎元洪听说北洋军人对他有所不利,急派张国淦前往府学胡同段宅打听情况,段又没好气地回答说:"我既然请副总统出来,这就是我的事了,他不要管,如

---

① 索崇仁致冯国璋函(1916 年 6 月 9 日),《近代史资料》1982 年第 4 期。
② 《护国运动资料选编》,第 665 页。
③ 《日本外交文书》大正五年第 2 册,第 132 页,转引自《近代史资料》1978 年第 2 期,第 165 页。

果他怕的话,就请他来管吧!"①由此可见,他对请黎出任总统是很不情愿的。这也是他所以要冒天下之大不韪,宣言依袁世凯新约法,奉黎元洪代行总统,借此制造混乱,以便浑水摸鱼的根本原因。

段祺瑞的恶劣行径,遭到了护国军和全国人民的坚决抵制。护国军早就宣言过:"黎副总统继任乃根据民国二年十月四日宪法会议所宣布之《大总统选举法》第五条",事关信誓,自然反对袁世凯遗命和段祺瑞通电所称"代行职权"之说。6月8日,军务院抚军副长岑春煊致电独立各省说:"黎大总统出承大位,本国法程序之所当然,决非袁世凯一人之私法所得傅会。"且继承与代行职权大有区别,"继承"尚有二年任期,"代行"即止于三日。为此,他鼓动独立各省,速起抗争②。11日,最后一个宣布独立的汤芗铭首起响应。他复电岑说:"顷接北京国务院鱼电,援引伪法。正拟痛加辞辟,兹读尊示,准据法理,严正斥驳,名言至论,溥利国家,钦佩无量。"并表示同意联名电呈黎元洪,请其特颁明令,允从民意,声明"在宪法未定以前,民国元年约法及国会制定属于宪法一部之大总统选举法,均回复其效力,其袁氏擅改之约法暨所谓修正大总统选举法,一律废止"③。接着,陆荣廷也表示赞同,指出:临时约法,"效力犹在,凡属国民,皆当遵守,断不能因袁氏一死而改变主义。乃国务院鱼电通告,竟援据伪约法,显系包藏祸心"。他主张由岑春煊"主稿领衔,辟其谬妄"④。岑春煊虽无勇气公开批驳段祺瑞,但仍于13日联合陆荣廷、汤芗铭、陈炳焜等人致电黎元洪,请他明令宣布四事:1. 总统承位,乃继任,非代行职权;2. "南军政府迭次宣言拥护约法,乃指民国元年之民定约法,非民国三年项城改定之约法";3. 同时恢复国会;4. 依据约法,指定总理,组织新内阁,交由国会同意⑤。其

---

① 张国淦:《近代史片断的记录》,《近代史资料》1978 年第 2 期。
② 《护国运动资料选编》,第 671 页。
③ 《护国运动资料选编》,第 676—677 页。
④ 《军务院考实·第四编》,第 31 页。
⑤ 《军务院考实·第四编》,第 33—34 页。

实,黎元洪何尝不想依旧约法"继任"。早在就任之日,他就亲自向国会议员郭同表示过反对"新约法"之意①。怎奈他手无一兵一卒,泥菩萨过河,自身难保,不得不看段祺瑞脸色行事。所以,他虽认岑春煊等所举四事"实为目前当务之急"②,但却不能单独有何表示。

其间,梁启超、唐继尧也积极展开活动。8日,梁一面派黄群为代表,进京"上谒府院",陈述意见,一面致电黎元洪,请先行四事:1. 规复旧约法;2. 速集国会;3. 任段祺瑞组织新阁;4. 惩办帝制祸首,以新观听。他并电护国桂军"宜驻节现在所到之地,不必进而授他人以口实,亦不宜退而懈义师之志气"③。10日,唐继尧通电全国,要求恢复旧约法、召集国会、撤退北军,和在沪举行军事会议。为扩大声势,梁启超又电请南京籍忠寅、胡汇源力促冯国璋采取一致态度。

对恢复旧约法,孙中山的态度尤为坚决。5月初,他从日本回到上海,即提出"武力进行,为目前唯一方针"④,决心武力迫袁世凯退位。他为此致电岑春煊,愿与护国军同心协力,"取一致之行动",并函请尚在日本的黄兴"借购军械",以便将山东中华革命军扩充为两师。他严正表示:"袁氏未去,当与国民共任讨贼之事;袁氏既去,当与国民共荷监督之责,决不肯使谋危民国者复生于国内。"⑤因此,当袁世凯死去,段祺瑞拒绝恢复《临时约法》后,6月9日,孙中山发表《规复约法宣言》,强调指出今日求治无他,"规复约法,尊重民意机关,则唯一无二之方",揭露段祺瑞为"怙私怀伪、不顾大局之流",号召国人如对待袁氏一样,群起而攻之⑥。同日,黄兴也致电军务院与各省都督,愤怒斥责段政府"仍以伪法乱国法,适与护国军暨民意相背",要求黎元洪"以明令

---

① 殷汝骊等致黄兴电(1916年6月8日),《近代史资料》1982年第4期。
② 《军务院考实·第四编》,第35页。
③ 《盾鼻集·电报第三》,第33页。
④ 《孙中山全集》第3卷,第292页。
⑤ 《孙中山全集》第3卷,第285页。
⑥ 《孙中山全集》第3卷,第305页。

规复旧约法,除去袁氏一切伪造之法律与民国抵触者,从速召集旧国会,组织内阁,严惩祸首,昭大信于天下,以定民志而奠邦基"[1]。旅沪国会议员也发表声明:"袁世凯遗命及段祺瑞通告所称依约法第二十九条由副总统代理之说,系根据袁世凯三年私造之约法,万难承认","如有妄逞异议,破坏国宪者,即视为民国公敌,与国人共弃之"[2]。

　　此外,北洋军阀内部也为此发生分歧。早在6月8日,河南德武将军赵倜和巡按使田文烈就通电指出:"考之民国数年来法律之经过,与夫全国人心之趋向,黄陂现今代行大总统职权,亟应遵照原选举法第五条之规定正式继任,庶几全国景从,万难俱解。"[3]接着,12日,直隶巡按使朱家宝也通电表示:"元年约法不必从新另议。"[4]更有甚者,在梁启超等人的动员下,正与段祺瑞激烈争夺北洋军阀领袖地位的冯国璋,也于15日致电黎元洪、段祺瑞说:"现在舍《临时约法》外,别无根本之法;舍恢复临时约法外,即别无可以造法之道,此节似已无待再计。"[5]

　　由于全国一致反对,段祺瑞被迫表示同意"约法复旧",但又在恢复手续上大做文章,主张由各省推任本省旧国会议员三人,克期到京会议,"议决后据以发表"[6]。他并派林长民、冯耿光前往南京,争取冯国璋和进步党人梁启超、汤化龙的支持。这表明他的同意完全是假的,因为独立省份只有滇黔桂浙湘五省(陕川粤三省此时已取消独立),这样的会议是绝对作不出"约法复旧"决议的。段祺瑞的提议,理所当然地遭到护国各方的拒绝。16日,黄兴致电旅沪国会议员说:"北京召集各省代表议约法,意在破坏旧约法及国会,请沪同人择定安全地方早开国

　①　黄兴致黎元洪等电(1916年6月9日),《中华新报》,1916年6月12日。

　②　《国会议员宣言》,《中华新报》,1916年6月11日。

　③　《军务院考实·第四编》,第43页。

　④　《朱家宝主张恢复元年约法之通电》,《中华新报》,1916年6月17日。

　⑤　冯国璋致黎元洪段祺瑞电(1916年6月15日),《中华新报》,1916年6月18日。

　⑥　黄群致梁启超电(1916年6月12日),《中华新报》,1916年6月17日。

会,并速电请独立各省不派代表。"①梁启超、唐绍仪也认为:"各省派三议员代表解决,似可不必,且难办到。政府但当发一简单申令,称某年某月某日公布之约法,未经《临时约法》某条修改之程序,今废止之云云使得。此非以命令变更根本法,不过将已成事实依法宣言。"②这和孙中山意见不谋而合。19日,孙致电黎元洪说:"其实,约法停废,国会解散,俱系前人越法行为,今日宣言承认遵守,不过以适法之命令变更不法之命令,其间毫无疑义。"③18日,旅沪国会议员致电段祺瑞,痛斥其"未便以命令变更说"的错误,并声明:"此间并未公推代表入都,其或以个人资格有所陈说,与国会议员全体无干。"④

但是,段祺瑞却强词夺理,顽固地说什么由政府下令废止新约法,恢复旧约法,就是"蓄命令变法律",既为各派法理学说所不容,自然也为政府所"未敢附合也"。22日,他公然通电全国,一面极力为袁世凯新约法辩护,一面重申:"复行元年约法,政府初无成见,所审度者,复行之办法耳。"⑤直到25日原驻沪海军总司令李鼎新等联合发表宣言,脱离北京政府加入护国军后,才打破这一僵局。

李鼎新(1861—1930),字丞梅,福建省闽侯县人,福州马尾船政后学堂驾驶班第四届毕业生,1881年被派赴英国格林威治海军大学留学。1886年归国后历任北洋海军右翼中营游击、"定远"舰副管驾、海军部军法司司长等职。1912年任袁世凯政府海军部参事,后为驻沪海军总司令。1915年12月,肇和舰官兵反袁起义失败后,随着驻沪海军司令部的裁撤,李也被罢职。为防止肇和事件重演,袁世凯除撤换嫌疑官兵外,还同时命各舰队司令"各行独立职务,不相统一,全部海军统归

---

① 《黄兴集》,第442页。
② 梁启超复黄群电(1916年6月16日),《中华新报》,1916年6月17日。
③ 《孙中山全集》第3卷,第310页。
④ 《关于恢复约法问题之要电》,《中华新报》,1916年6月19日。
⑤ 《护国运动资料选编》,第685页。

海军部直辖"①,以便分而治之。从此以后,各舰分散驻防,严格隔离,煤斤食粮供给均有限制,行动十分不易。

但是,海军将士大多富于爱国思想,在上海护国讨袁人士张继、柏文蔚、孙洪伊等人的积极联络下,对护国讨袁早已跃跃欲试②。用李鼎新的话说:"自云贵起义,各舰之间,早有密约,对于凡足以赞助袁世凯之命令概不服从,不过未得机会齐集一地为之一致宣言耳。"③粤浙独立后,海军反袁态度日渐明显,甚至发展到拒不执行袁世凯轰击广东汕头海港和浙江镇海炮台的命令。为了便于控制,袁不得不放弃分而治之的策略,转而命令各舰集中福州、厦门。但这样一来,无形之中却给海军将士提供了一个"会面密议"的极好机会。不久,各舰一致决定加入独立各省反袁行列,并公举李鼎新为总司令。李随即与军务院驻沪代表唐绍仪、钮永建、谷钟秀等人取得联系,命各舰开赴上海吴淞待命。

正当海军准备宣布护国讨袁之际,北京突然传来袁世凯病死的消息。李鼎新当即取消前令,以静待大局和平解决。可是,半个多月过去了,如前所述,握着北京政府实权的段祺瑞,却丝毫没有恢复《临时约法》和国会的意思。"沪上政客激昂,议论日歧"④,一度有所缓和的南北形势,重又紧张起来。6月15日,部分旅沪国会议员致电黎元洪,强烈要求北京政府"当机立断,明白宣告自民国二年十一月四日以后,所有袁世凯自造新制,悉行废除,遵守民国元年《临时约法》及二年《大总统选举法》","否则,从前讨逆战争将一变而为约法战争"⑤。谭人凤则致电岑春煊,提出复约法,开国会,不过是政客议员的事,"公总任师干,所谋似宜更进"。"今首恶虽殂,群凶尚在,政府形同傀儡,余孽盘踞要津,不将若辈荡除,执政者仍属蔑法犯法之人,约法安有效力? 务望本

---

①　《海军李总司令最近之宣言》,《中华新报》,1916年7月9日。

②　孙洪伊致冯国璋函(1916年4月12日),《近代史资料》1982年第4期。

③　《海军李总司令最近之宣言》,《中华新报》,1916年7月9日。

④　《护国运动资料选编》,第707页。

⑤　旅沪国会议员致黎元洪电,《中华新报》,1916年6月16日。

其初志,持以决心,击楫渡江,申防风氏复【后】至之诛,问莽大夫助逆之罪"①。在此形势下,海军独立也重新提上了日程。李鼎新商承唐、钮、谷等人后,再次向各舰发出了集中吴淞的命令。

24 日,经第一舰队司令林葆怿与各舰长的精心布置,原驻福州的海容、海筹、海琛、肇和四艘巡洋舰和豫章、建章、同安三艘驱逐舰,冲破福建将军李厚基的重重拦阻,驶抵上海吴淞口外。次日,李鼎新亲率海圻、通济两巡洋舰和飞鹰、永丰两水雷炮舰自黄浦江来会,并于当天下午与林葆怿、练习舰队司令曾兆麟暨各舰长联名通电全国:"今率海军将士于 6 月 25 日加入护国军,以拥护今大总统,保障共和为目的。非俟恪遵元年约法,国会开会,正式内阁成立后,北京海军部之命令概不承受。"②

当时,中国海军仅有三个舰队。第一舰队为其"中心势力",拥有四千三百吨巡洋舰一艘,二千至二千九百五十吨巡洋舰四艘,其他吨位不等的巡洋舰、驱逐舰、炮舰十艘。第二舰队概系小型炮舰,分泊长江一带,威力不大。因此,第一舰队与练习舰队的独立,实际上就是整个海军的独立,使北京政府完全失去了制海权,万一再诉诸武力,得到海军支持的护国军,"纵可以驶至津沽闽粤,横可以驶入长江","不数日间,即可直捣燕京"③。倘若引起连锁反应,又发生其他"独立"的话,后果就更不堪设想了。形势迫使段祺瑞不得不重新考虑对恢复旧约法和国会的态度,尽管他仍企图通过辞职来要挟黎元洪。

29 日,北京政府以大总统名义发表申令说:"宪法未定以前,仍遵行中华民国元年三月十一日公布之《临时约法》,至宪法成立为止。其二年十月五日宣布之《大总统选举法》,系宪法之一部,应仍有效。"④并

---

①　谭人凤致岑春煊电,《中华新报》,1916 年 6 月 20 日。

②　《中华民国海军举义记》,《中华新报》,1916 年 6 月 26 日。

③　梦公:《海军独立之关系》,《中华新报》,1916 年 6 月 28 日。

④　《护国运动资料选编》,第 689 页。

同时宣布定于本年8月1日续行召开国会。至此,历时近一月的新旧约法之争,最终以《临时约法》和国会的恢复而结束。这是南方护国军继袁世凯取消帝制后在维护共和制方面所取得的又一胜利。

二　护国阵营的分裂和军务院撤销

袁世凯死后,护国阵营各方虽尚能在新旧约法之争中保持一致,但其内部的矛盾和分裂也是显而易见的。6月7日,陕西都督兼民政长陈树藩首先宣布举陕西全境奉还中央。8日,四川都督陈宧通告全国:"遵照独立时宣布,即日取消独立,嗣后川省一切事宜,谨服从中央命令。"①9日,广东都督龙济光率属开会庆祝段祺瑞"总秉国钧"时,也宣布"即日取消独立,服从中央命令"。不过,他与陕川二陈不同,由于广东内部存在着朱执信、陈炯明、徐勤各派讨龙武装,众怒难犯,用他自己的话来说,就是"粤省党派分歧,诸多困难",因而尚暂时不敢公开通告各地②。

陈树藩等人脱离护国阵营,取消独立,并非偶然。首先,如前所述,他们的独立本来就很勉强。陈树藩是纯粹为了个人私利;陈宧、龙济光则是在内外压力下被迫宣布的;特别是陈宧,宣布独立时就公开声明,他仅"与袁世凯个人断绝关系",现在袁世凯死了,岂有不取消独立之理? 其次,这也是段祺瑞控制下的北京政府多方运动的结果。为了统一南北,段祺瑞一面要求南方裁撤军务院,一面鼓励独立各省自行取消独立③。陈树藩宣布陕西取消独立后的第三天,北京政府即特任他为汉武将军督理陕西军务兼署巡按使。对于宣布取消广东独立的龙济

---

①　《陈宧致北京国务院和黎元洪电》(1916年6月8日),天津《大公报》,1916年6月11日。

②　龙济光致段祺瑞电(1916年6月13日),《大公报》,1916年6月18日。

③　《护国运动资料选编》,第706页。

光,北京政府称扬他"具世界之眼光,急谋统一,热忱爱国,良深嘉慰",并命令"该省善后事宜,即由该上将军悉心筹画,妥为办理,以维地方"①。由此可见,陈宧、龙济光这类本属北洋军阀和极力依附北洋军阀的地方军阀,相继取消独立是不足为奇的。

　　滇、黔、桂、浙、湘五省,虽然暂未取消独立,直接参预发动和领导护国战争的进步党、国民党人和西南地方实力派,也仍然打着护国旗号,但在对待北京政府方面,却表现了截然不同的立场。6 月 7 日,梁启超致电独立各省说:"收拾北方,惟段是赖,南省似宜力予援助,毋令势孤,更不可怀彼我成见,致生恶感。"②9 日,蔡锷也通电全国说:"廓清积困,恢复故状,为事大难。欲进而恢张国运,百废俱兴,更属不易。非赖中央提挈于前,各省翼赞于后,群策群力,共趋一的不为功。""伏望内而中枢诸贤,外而已独立未独立各省长官,蠲除成见,以福国利民为前提,以拥护中央为要义。"③14 日,他又致电张敬尧说:"独立各省亟应宣布取消独立,自是正办,日前曾以此意电致滇黔等省矣。"④这表明以梁启超为首的进步党人,在思想上已经率先"蠲除成见",回到一年前的老立场,转而与北洋军阀握手言和了。

　　事实也是这样。在新旧约法之争中,梁启超从防止所谓"野心家之利用,贻多数人以口实,更起纷扰,为外所乘"的立场出发⑤,虽然赞成和坚持恢复旧约法和国会,但却力戒独立各省勿露所谓"意气",以避"捣乱"之嫌。如前所述,6 月 12 日,陆荣廷曾致独立各省一电,指斥段祺瑞拒绝恢复旧约法是"包藏祸心",但梁却认为这样用词"太激烈"了,有必要"再电劝之"⑥。25 日海军为维护旧约法和国会宣布独立后,袁

---

① 《政府公报》,1916 年 6 月 22 日。
② 梁启超致独立各省电(1916 年 6 月 7 日),《中华新报》,1916 年 6 月 9 日。
③ 《蔡松坡集》,第 1144 页。
④ 《蔡松坡集》,第 1152 页。
⑤ 《护国运动资料选编》,第 694 页。
⑥ 《护国运动资料选编》,第 680 页。

世凯未死以前曾一度盼望"海军归附"①并"稍有间接交涉"②的梁启超,却一反常态,生怕因此而激怒了段祺瑞。他赶紧声明:"事前既未有闻,骤听不禁失色"③;同时致电刘显世等人,嘱"以军院行将解散","严拒"李鼎新加入抚军④。为了维持和提高北京政府的威信,他极力规劝段祺瑞以"精心巨眼,细察全国心理所趋,逆料某事某事为政府所不能不办者,即自动以办之,无俟国人之要求;逆料某事某事为政府所不宜坚执者,再思而后行,勿惹国人之反对"。如"约法复旧"、召集国会、惩办祸首等"舆论所请求之数事,本非强政府以甚难,何苦作无谓之迁延,徒以致无穷之口实","广东取消独立所发之明令,于解决时局有何裨益,徒挑众庶之恶感,增意气之激昂"⑤。他一面推动冯国璋"力助"段祺瑞,以加强北洋军阀内部各派的团结;一面百计为段开脱,说先前国务院通电所称黎元洪依新约法代行总统,"实非有意",而是秘书起草电稿时"案头只有新约法,随手征引,顷已知误"⑥。他且不止一次地向独立各省保证"段绝无野心"⑦,说段"宅心公正,持躬清直,维持危局,非彼莫属","现有数派人专以排彼为事,无非欲达个人权利目的"⑧。

梁启超这里说的专以排段为事的数派人,实际指的是以孙中山为首的中华革命党人,以黄兴为首的国民党人和以孙洪伊为首的倾向孙、黄的另一部分进步党人。的确,他们在对袁世凯死后的国内形势与北京政府的估计和认识方面,与以梁启超为首的进步党人是不一致的,因而所采取的态度与方针也不同。6月7日,中华革命党国内机关报《民

①　《盾鼻集·电报第三》,第29页。
②　《盾鼻集·电报第三》,第50页。
③　《盾鼻集·电报第三》,第48页。
④　《护国运动资料选编》,第710页。
⑤　《盾鼻集·电报第三》,第48—49页。
⑥　《盾鼻集·电报第三》,第38页。
⑦　《护国运动资料选编》,第704页。
⑧　《盾鼻集·电报第三》,第53页。

国日报》发表社论指出："贼未尽,国未安","不以迅雷疾风之手段解决之,旁枝侧叶,杂出不已,他日之患,有不忍言者"①。14 日,孙中山在答上海《民意报》记者徐朗西问时也说:"目下时局,尚未敢骤言容易解决,因袁党依然盘踞要津,国会议员尚未正式集会,完全责任内阁又未成立。斯时之民军,正未能从此息肩而即云国是已大定也。"他并说明在此之前,他虽曾连电山东居正、广东朱执信、福建中华革命军按兵勿动,"不过请其暂时停止进行,息肩一层尚未易语及"②。黄兴意见与孙中山相同,6 月 7 日致函中华革命党本部负责人谢持说:"大憝虽去,余孽犹存,吾人不于此时并智竭力,为根本上之扫除,贻患将无已时。"③他 7 月由日本回国后,针对梁启超一派的妥协调和言论,明确地指出"斯乃大谬","北京当局之是否与吾民相见以诚,尚属疑问","武力准备,实为不可缺少者"④。与此同时,胡汉民、张继、章炳麟、李烈钧等人,也纷纷发表谈话和宣言,指出"今日尚在革命状态中","万不可主张软弱",更"不应袭政客之浮谈,作和平之甘语",主张驻护国军于北京,以保护国会⑤。谭人凤甚至不满于军务院"斤斤以复约法、开国会为词"。他大声疾呼:"约法乃一纸空文,必有武力盾其后,方能维持。况今之秉政者,仍是蔑法犯法之人,约法安有效力? 国会可用武力胁迫,前事具在,讵得一之已甚,遂不至再乎?"⑥原进步党党务副部长孙洪伊也主张"军事仍积极进行,必俟实行约法、国会、内阁完全成立始行停止"⑦。正因如此,所以当海军为反对段祺瑞顽固拒绝恢复旧约法和国

① 《袁世凯死后之时局》,《民国日报》,1916 年 6 月 7 日。

② 《孙中山全集》第 3 卷,第 308—309 页。

③ 《黄兴集》,第 440 页。

④ 徐朗西:《黄克强先生与记者之谈话》,《民意报》,1916 年 7 月 8 日。

⑤ 《胡汉民先生之时局观》,《民国日报》,1916 年 6 月 8 日;《张溥泉先生之政谈》,《民国日报》,1916 年 6 月 14 日;《章太炎致岑春煊电》(1916 年 7 月 3 日),《民国日报》,1916 年 7 月 4 日;《袁氏死后之护国军表示》,《民国日报》,1916 年 6 月 24 日。

⑥ 《谭人凤先生演说词》,《民意报》,1916 年 7 月 25 日。

⑦ 孙洪伊致唐继尧等电(1916 年 6 月 10 日),《民国日报》,1916 年 6 月 15 日。

会而宣布独立时,既有黄兴致电李鼎新表示祝贺于前,又有岑春煊宣布接受其为抚军于后,与梁启超等人的反对态度形成鲜明对照。

与此相联系,护国阵营内部各派之间,因讨袁战争而一度有所克制和缓和的矛盾和斗争,也重又发展起来。梁启超对此是早有思想准备的。还在 1 月 27 日,他就致函四川前线的蔡锷说:"此时忧在亡秦,虽云艰瘁,然有公共之向心,尚可力图搏控。""过此以往,则为演水帘洞、演恶虎村之时,决无我辈插足之地。惟有与吾弟共甘苦于邛蜀滇粵间,冀庄严此土为国人觅一遗种地耳。"①因此,袁世凯一死,他便提出了一个全面控制西南六省的计划。当时的西南六省,贵州已完全是进步党人的天下,广西唯梁启超马首是瞻,云南唐继尧虽别有野心,但进步党人任可澄仍有相当潜势力,需倾力相谋的实际上只是川、湘、粤三省。对于这三省,梁启超的设想是以蔡锷督蜀,戴戡督湘,两广陆荣廷、龙济光对调。在他看来,"龙部悍将,惟陆能驭。龙虽颠顸,在桂则必就范";而"蔡、戴稳健,顾大局","中央既不能弃置不用,莫如以(之)安抚蜀湘,则四省问题皆解决矣"②。为此,他一面建议段祺瑞举行一次不包括国民党人岑春煊、李烈钧和地方实力派唐继尧,而由他和冯国璋、王士珍、蔡锷、戴戡、陆荣廷诸要人择地直接会晤的善后会议,解决时局;一面指示他派往北京的私人代表黄群、范源濂力劝当局"垂采"其计,"告以罗致人才,真人才不能求诸好出风头之辈","若亮俦(籍忠寅)、印昆(周大烈)、孝怀(周善培)、佛苏(徐佛苏)、幼苏(陈廷策)等皆巡按妙选,得间不妨切实推毂。最好令黎、段访才于我西南数省。军民长官之调动,事前先与我商"③。由此可见,梁启超在千方百计排挤国民党人。

当然,国民党人也不示弱。他们联合以孙洪伊为首的另一部分进步党人,在与以段祺瑞为代表的北洋军阀对立的同时,也与以梁启超为

---

①　《盾鼻集·函牍第二》,第 10—11 页。

②　《护国运动资料选编》,第 700 页。

③　《护国运动资料选编》,第 717 页。

首的拥段进步党人展开了激烈的争夺。在西南,他们积极活动岑春煊督粤,谭延闿督湘。在中央,他们以曾任"袁家参政"为由,极力否定原众议院副议长陈国祥和参议院议长王家襄的议员资格。甚至刘显世、梁启超先后于 7 月 11、15 两日发表通电证明陈国祥确曾参预云南首义,"其贤劳坚卓,视从军者未遑多让",王家襄也"与蓂(念益)、陈(国祥)及梁君善济共事,同历艰苦"后①,仍坚持认为"彼等以国会议长之尊而甘为违法机关供效奔走,是今日不受国会议员之信任乃一当然之事,将来即令不作附逆惩办,而议员之不再信任亦陈、王当然应受之结果,不必代为辩护者也"②。这使梁启超十分恼火,他愤愤不平地说:"沪上党人有专以排吾辈为事者,孙洪伊一派尤可恶。"③派别斗争使双方都陷入了是非敌友不分的地步。

至于地方实力派唐继尧的注意力,则主要集中在四川。在袁世凯未死以前,唐对在四川前线与北军浴血奋战的蔡锷是支持不够的。增援之师,表面虽不能不答应,实际却拖延不发,弹药补给,蔡虽"迭电衷恳,究未照办"④。然而,当陈宧宣告独立,护国战争胜利在望时,他的态度就迥然不同了。首先,他迅速在原先护国三军的基础上增编了四个军:改挺进军为第四军,以黄毓成为总司令;将叶荃所率警卫团、步骑团及新由云、顺、缅招集的五千志愿兵编为第五军,以叶为总司令;扩充张子贞、刘祖武第一、二师为第六、七军,以张、刘为总司令。接着,他又命川边滇军二千人由披沙开抵普格,直逼四川宁远。及"袁氏倒毙之后,于刚出发之军,不惟不予撤回,反饬仍行前进,未出发者亦令克期出发",并"与川军启冲突于宁远矣"⑤。这表明唐继尧已成"独立自割"的地方新军阀,梁启超的谋川计划遭到他的抵制是必然的。

---

① 《盾鼻集·电报第三》,第 69 页。
② 《梁任公为陈、王表功之反响》,《民信日报》,1916 年 7 月 17 日。
③ 《护国运动资料选编》,第 731 页。
④ 《蔡松坡集》,第 1139 页。
⑤ 《蔡松坡集》,第 1199 页。

此外，护国阵营内部的矛盾和分裂，还明显地表现在对待裁撤军务院的态度上。关于军务院裁撤时限，如前所述，早在其成立时就曾明确宣布过：俟正式国务院成立即行撤消。袁世凯暴毙后，抚军长唐继尧于6月10日又再次公电声明，"现仍照此办理"，并于同日致电梁启超说，即使让步，也需待旧约法恢复，段祺瑞重新组织经军务院同意的临时内阁后，方可先行撤消①。但是，段却借口"统一"，切盼早撤。据天津《大公报》报道，陕川等三省取消独立后，他就"要求撤消军务院"②。梁启超起初是赞成唐继尧意见的。14日，他曾致电天津塞念益，对唐电所言表示同意③。后因段祺瑞催撤日紧，特别是孙中山、黄兴等人和集结在上海的国民党议员"以国会为唯一武器，以军院为唯一后援"，日益激烈地鼓吹排段，甚至继续运动海军宣布独立，大有"不尽灭北洋势力不止"之势④，梁的态度才迅速发生了变化。28日，他通电独立各省说："军务院宜亟图撤废"，"若此机关久存，非惟我辈倡义本心不能自白，且恐有人假借名号，生事怙乱，将来反动之结果，转助复辟派张目"，"鄙意宜各省联名将舟公（刘显世）巧电所主张径电中央，请以明令改组国务院，任员署理，军院即行宣告撤废"⑤。7月1日，北京政府宣布恢复《临时约法》和国会的第二天，他又致电独立各省，表示"我辈要求已达，军院宜立即宣言撤废"，并拟撤废电文一通，要求"即日由滇拍发，用抚军全体署名"⑥。

在梁启超的鼓动下，7月2日，浙江都督吕公望首先通电响应，"请即由唐抚军长用军务院全体抚军署名，宣告撤消军务院"⑦。6日，蔡

① 唐继尧致梁启超电（1916年6月10日），《中华新报》，1916年6月15日。
② 《四省独立同时取消之时期》，天津《大公报》，1916年6月16日。
③ 《盾鼻集·电报第三》，第37页。
④ 《护国运动资料选编》，第748页。
⑤ 《盾鼻集·电报第三》，第52页。
⑥ 《盾鼻集·电报第三》，第53—54页。
⑦ 吕公望致独立各省电（1916年7月2日），《中华新报》，1916年7月4日。

锷复电梁启超,同意在撤消军务院通电上"附署贱名"。8 日,陆荣廷也回电说:"任公先生所拟宣言电稿,最为妥协,廷极赞同。即请由唐督拍发,附列贱名为盼。"①并于 11 日与陈炳焜联电唐继尧,请"领衔联名通电京省,将军务院刻日撤消,使国权统一,恢复和平。庶外系友邦之观听,内息异己之衅隙,俾吾辈光明正大之行动,昭示天下"②。至于刘显世,他本来就是主张速撤军务院的。于是,在军务院内部很快就形成了一个以梁启超为首的颇为强大的"速撤"派。

但是,唐继尧、岑春煊等却不接受梁启超的旨意。7 日,唐复电梁,表示"拟正式阁成始撤军院"③。12 日又致电岑春煊、陆荣廷说:"顷得梁新会电促即取消军务院,现在约法、国会但已恢复,〈既〉内阁亦经改组,本拟照办。惟阁员尚未就职,因未经国会同意,尚非正式成立,若即取消,恐不免发生困难问题,转有异词。"岑当即复电赞成仍"自守条例,不必取消"④。其间,唐继尧还以"军务院尚未取消,则名义所存,自未可一日而没"为由,公然致电岑、梁各抚军,推荐四川护国军总司令刘存厚为抚军⑤。唐、岑反对速撤军务院,并非如梁启超所说,是"受人运动"。除段祺瑞独断独行,重组临时新阁阁员未如唐继尧所要求的那样,预求军务院同意,损伤了他们的体面外,更主要的原因是和他们"个人之权利加减"有关。唐继尧自恃有"首义勋劳",理应在新政府中占有相应位置。岑春煊身居抚军副长,代摄抚军长职务,年高望重,正作着"副总统"的美梦。军务院乃是他们加减个人权利的砝码,当然不能撤消。

同时反对速撤军务院的还有黄兴、谭人凤、章炳麟等人,也就是

---

① 《护国运动资料选编》,第 744 页。

② 陆荣廷陈炳焜致唐继尧等电(1916 年 7 月 11 日),《中华新报》,1916 年 7 月 18 日。

③ 《护国运动资料选编》,第 743 页。

④ 岑春煊致唐绍仪等电(1916 年 7 月 15 日),《中华新报》,1916 年 7 月 20 日。

⑤ 《会泽首义文牍·电报》,第 35 页。

梁启超说的所谓海上政客。7月3日，被袁世凯软禁多年刚刚由北京回到上海的章炳麟致电岑春煊说："近闻道路传言，有取消军务院计画，斯事若行，则民气挫折，而奸回得志，元首等于赘旒，国会受其蹂藉。公瞻言百里，当为全国生民请命。"①后他又急匆匆地赶往肇庆，面责李根源："余孽犹存，段氏专恣，大难未已，何其轻于收束如是？"②黄兴也再三呼吁："凡属于正义派之人，宜结合为一，进而推之于前，以为国内势力之中坚，不致使非正义派仍有恢复旧势力之一日。"③不指名地批评了梁启超一派的分裂行为。谭人凤更痛心地指出："此次又成一不痛不痒之收场，敢决其长治久安无事杞忧乎？窃以为未必也。"④他们从辛亥革命的惨痛失败中得出了正确的结论，但由于不握有任何实际力量，终究还是未能阻止梁启超等人谋求裁撤军务院的活动。

梁启超为达到速撤军务院目的，首先是否认他先前倡导的由"独立省份会派专员与北协商"的善后会议，以使军务院失去存在必要。6月27日，他致电独立各省说："鄙意前议似可作罢，别由各省、前敌各军各自与中央交涉，反为有益实际。"⑤并单独电请刘显世倡议否认此举。关于否认此举的目的，他在同日给陆荣廷、陈炳焜的电报中说得十分清楚："此议既罢，则军院宜谋速撤。"⑥刘显世接电后，当即通电独立各省，倡言"总代表之议，似可作罢"⑦。其次，梁启超还一面敦请段祺瑞恢复约法，召集国会，组织新阁，对南方速作适当让步，以造成他向南方促撤军务院的口实；一面极力散布段深以未统一为忧，对外颇有难处，

---

①　《章太炎年谱长编》，第532页。

②　《护国运动资料选编》，第753页。

③　《黄兴集》，第448页。

④　《谭人凤先生演说词》，《民意报》，1916年7月25日。

⑤　《盾鼻集·电报第三》，第51页。

⑥　《护国运动资料选编》，第734页。

⑦　刘显世致岑春煊等电，《中华新报》，1916年7月15日。

如日、俄新约及银团劝美加入等事，任命督长等令，"不先求军院及本人同意，诚可议，然实缘手忙脚乱，非有恶意，即前次任阁员亦然。且各事非尽出自段，若有咎，黎亦当分任"，"其举措间有失当处，乃识力不足……安可以待袁者待之"①？等等，企图借此骗取唐继尧等人同意速撤军务院。最后，梁启超亲电岑春煊、唐继尧，说什么"窘毙中央需一月者，未半月而我先已自窘毙"，今若不毅然撤消军务院，即将"生反动、续战祸、召外寇"，等等②。除这些危言耸听之词外，他还发动陆荣廷、陈炳焜、刘显世等人同时向岑、唐施加压力。6 月 27 日他首次提出速撤军务院后，随即致电陆、陈，请"联各抚军一致主张"，并"劝西林（岑春煊）认真急流勇退"③。7 月 13 日，他又电陆、陈："中央举措虽多不满人意处，然各方面利用军院名义行种种罪恶者，实大有人在。望两公更以己意警告冀公（唐继尧）勿代人受过。"④并于同日电示刘显世"联桂蜀警告冀"⑤，以造成岑、唐独力难抗的局面。

　　与梁启超等人软硬兼施，压迫唐、岑裁撤军务院的同时，北京政府也部分地接受梁启超的要求，对南方采取了有限的调和、折中和分化瓦解政策。7 月 6 日，黎元洪申令各省理理军务长官改称督军，民政长官改称省长，废除将军、巡按使名称，但也不规复"都督"名义，并同时公布了各省督军、省长任命名单，唐继尧、陆荣廷、陈炳焜、刘显世分别任为云南、广东、广西、贵州督军。数日后，消息传到云南，唐继尧见个人地位有了保证，而梁启超、陆荣廷等又纷纷催促他领衔撤消军务院，于是便顺水推舟，不经岑春煊等人同意，径领衔暨岑春煊、梁启超、刘显世、陆荣廷、陈炳焜、吕公望、蔡锷、李烈钧、戴戡、李鼎新、罗佩金、刘存厚十三人名义，于 14 日发表军务院第六号布告，宣布"今约法、国会次第恢

----

① 《护国运动资料选编》，第 741、742、748 页。
② 《护国运动资料选编》，第 740、748 页。
③ 《护国运动资料选编》，第 734 页。
④ 《护国运动资料选编》，第 745 页。
⑤ 《护国运动资料选编》，第 746 页。

复,大总统依法继任,与独立各省最初之宣言适相符合。虽国务员之任命尚未经国会同意,然当此闭会时,元首先任命以俟追认,实为约法所不禁。本军务院为力求统一起见,谨于本日宣告撤废,其抚军及政务委员长、外交专使、军事代表均一并解除"①。但是,他后来解释提前撤消军务院的原因时,却只说"政府切盼统一,梁任公再四敦请,而浙桂黔均先表同意,西林亦有请将李总司令鼎新加入取消之电。此间素顾大局,毫无成见,遂毅然从权于寒日通电撤消"②。这里显然只说了事实的一半,而隐瞒了更为重要的另一半。同日,段祺瑞下令惩治帝制祸首,以敷衍南方各省。

岑春煊本不自由,在此形势下就更加独木难支了③。25日,他复电段祺瑞说:"军务院建置之初,本一时权宜之计。方兹约法恢复,国会重开,我公巩固共和,天下宗仰,况于组织新阁,延揽名贤,物望咸归,国命有托,倾诚拥护,固天下之公心,国赖老成,尤鄙衷所私幸。"④表明他已默认唐继尧领衔宣布的既成事实。同日,中华革命党也奉孙中山谕通告各支分部:"破坏既终,建设方始,革命名义,已不复存,即一切党务,亦应停止。"⑤到此为止,无论从哪方面说,护国战争都以护国军的妥协而最终结束了。而在促成这种妥协中,以梁启超为首的进步党人是起了决定性作用的。

三　护国战争的历史地位及其教训

以云南起义为标志的护国战争,是以梁启超为首的进步党人,在孙中山中华革命党和全国各阶层人民日益高涨的反袁反帝制斗争的推动

①　军务院撤销通电(1916年7月14日),《中华新报》,1916年7月17日。
②　唐继尧致李宗黄电(1916年7月),《中华新报》,1916年7月17日。
③　《护国运动资料选编》,第747页。
④　《军务院考实·第四编》,第121页。
⑤　《中华革命党本部通告》,《中华新报》,1916年7月28日。

下,联合以黄兴为旗帜的国民党人和西南地方实力派唐继尧等共同发动的,其中尤以梁启超、蔡锷起了主要的组织和领导作用。他们和唐继尧等人均曾比较长期地担任过袁世凯政府的各级官吏,且一度是拥袁派,因此,参加云南首义的云南籍中华革命党员马幼伯致函上海陈其美说:"此次滇南举义,首领多系官僚派。"①其实,岂止"滇南举义",整个战争的始末又何尝不如此。孙中山和中华革命党虽属反袁反帝制斗争的急先锋,然而由于没有广泛地发动群众,而且又一无根据地,二未掌握军事实力,因此始终也未能取得斗争的实际领导权,仅处于被排挤的配角地位。

但是,这并不影响护国战争作为中国近代历史,特别是中华民国史上一次重要革命战争的历史地位。首先,它宣誓"与全国民戮力拥护共和国体,使帝制永不发生",要求恢复孙中山公布的《临时约法》和据此而成立的国会,并誓灭国贼袁世凯,说明它在政治上与孙中山领导和发动的辛亥革命,及其以后的二次革命,宗旨是一致的。从这个意义上说,它的确继承了孙中山开辟的资产阶级旧民主主义革命事业。其次,它的参加者不但有深受孙中山革命教育和思想熏陶与影响的革命党人和广大人民群众,即孙中山本人也于南方军务院把反袁斗争由"护国"引向"护法"新阶段之后公开声明过"愿与国民共助之"。第三,它还认真地履行宣言,组织了切实有效的战斗,不仅实实在在地推翻了"洪宪"帝制,埋葬了袁世凯,而且最终迫使段祺瑞宣布恢复《临时约法》和旧国会,基本达到了预期目的。因此,也可以说,这是一次胜利的革命战争。

护国战争之所以能取得胜利,首先是因为它顺应了历史发展的要求,反对复辟封建帝制,维护资产阶级民主共和制的正义性质。正义的战争赢得了人民的拥护和支持,人民的拥护和支持保证了它的胜利和成功。其次,它得力于以"护国"相号召和策动西南各省宣布独立的正

---

① 马幼伯致陈其美函(1916 年),《革命文献》第 48 辑,第 162 页。

确决策。根据袁世凯卖国称帝的新的历史条件，它提出了"护国"这个战斗口号，宣布"一方面是不容皇帝出现，一方面是要保全中国的土地，保全中国的人民，保全中国的主权"①，有机地把反对封建帝制和挽救民族危亡结合起来，与孙中山那种不管客观形势如何发展变化，只知照搬由二次革命到"三次革命"之类的老口号相比，自然对国民更富于吸引力。而且它集中经营为袁世凯鞭长莫及的西南诸省，特别是注重于策动足以震动全国的云、贵两省的联合起义，而不像孙中山那样，一味采取"聚集散兵，结合土匪，以思一逞"②的策略，当然也为其胜利铺平了道路。第三，要归功于中国资产阶级各派直接间接的团结合作。护国战争时期的资产阶级各派虽因其固有的特性，不可避免地仍然存在着矛盾和斗争，而且中华革命党自树中华革命军旗号，护国军内部进步党人、国民党人和西南地方实力派之间也并非毫无芥蒂，但由于大目标一致，毕竟没有爆发公开的武装对立。中华革命军虽与护国军各自为战，没有统一的指挥与联络，但客观上却仍起了互相配合、协同作战的作用。至于护国军内部各派的统一性当然就更多了。早在云南起义之初，唐继尧、蔡锷、李烈钧等三人就联合声明过："所有从前党派意见，当然消融，绝无偏倚。"③这说明他们为了"倒袁救国"，是有合作诚意的。正如梁启超所说："盖此次各派……皆饱受数年来苦痛之教训，客气悉除，误解一扫，人人各自忏悔其前此之所为，温和派有然，激烈派亦有然。"④正因中国资产阶级各派在主客观上都有团结合作的愿望与行动，这就为反袁反帝制斗争开创了新的局面，从而取得了护国战争的最后胜利。

但是，对护国战争的胜利也不宜估价过高。诚然，袁世凯是打倒

---

①　经唐继尧亲自审定的护国演说社演说稿：《护国军之责任与声价》，云南省档案馆藏原件。

②　《护国运动资料选编》，第 178 页。

③　《蔡松坡集》，第 894 页。

④　《饮冰室合集·专集》之三十三，第 124 页。

了,民国也算恢复了,可是胜利者却重蹈辛亥覆辙,把胜利的果实又拱手奉给了北洋军阀段祺瑞,国家政权并没有发生革命性的转移,人民还是毫无所得。所不同的只是辛亥时期的袁世凯以总统名义接管了政权,而段祺瑞这次是以内阁总理名义接管政权罢了。此其一。其次,它不但未打倒北洋旧军阀,反而实际上造就和扶植了以唐继尧为代表的一批大大小小的地方新军阀。这是护国战争的组织者和领导者们所始料不及的。其三,它在声讨袁世凯"以国家为牺牲,引虎狼以自卫"的同时,却又照会各国,宣布"帝制问题发生前,民国政府及前清政府以前与各国所定结之条约均继续有效,赔款及借债均仍旧担认",也就是说,连袁世凯在日本"二十一条"基础上与日本签订的卖国《民四条约》也在"担认"之列。这表明它在帝国主义列强面前,同样表现得十分软弱无力,所谓"保全国权",不过是一句空话。事实上,它时刻都在幻想得到日本帝国主义的支持,而且同样不计利害。唐继尧就表示过:为了获得日本的军事"器械","必不获已,以相当抵押品抵借数十万暂付械价,亦必尽力为之"[1]。梁启超也曾动员蔡锷,查一查蜀中有何抵押品,以便举借外债[2]。尽管其性质与袁世凯借款不尽相同,个别领导人如蔡锷还能一再警惕日本的"野心"[3],但若照此下去,前门拒虎、后门引狼的后果将仍是不可避免的。由此可见,护国战争所争得的不过是一块"民国"的空招牌,如同当年辛亥革命一样,没有解决民族民主革命的任务。从这个意义上说,它最终还是失败了。

在中国资产阶级争取旧民主主义革命胜利的过程中,护国战争时期的客观条件是较为有利的。一方面,经过辛亥革命,共和观念已深入人心,人民群众的民主思想觉悟有了更大程度的提高。另一方面,随着袁世凯卖国称帝面目的彻底暴露,孙中山所说的那种"还视国中,则犹

---

① 《护国运动资料选编》,第181页。
② 《护国运动资料选编》,第729页。
③ 《蔡松坡集》,第1004页。

有信赖袁氏而策其后效者;有以为其锋不可犯,势惟与之委蛇而徐图补救者;有但偎目前之和平,而不欲有决裂之举者"①的情况,已经改变,整个中国除极少数帝制死党外,"莫不以反袁为是"。袁世凯成了真正的孤家寡人。此外,由于当时正值第一次世界大战,国际环境也是比较好的。日本帝国主义乘西方列强无暇东顾,加强了对中国的侵略,固然是不利的因素。但总的说来,列强可施加于中国的蛮横力量,不是增强而是相对地减弱了。所有这些,都是争取旧民主主义革命胜利的有利条件。可是,护国战争却未取得与此相应的结果。归根结底是由于这次战争的领导权主要落入了以梁启超为首的进步党人及其追随者西南地方实力派的手中,而革命党人却无力扭转乾坤。

固然,中国资产阶级所固有的软弱、妥协特性,即使革命派也在所不免,但是相对而言,在护国战争期间,以孙中山为首的中华革命党人和谭人凤等革命派人士毕竟还是坚定得多。他们不仅主张打倒袁世凯,而且坚决认为"袁世凯一人,并不难于推翻,而我们的目标尚在于同时清除其属下之全部官僚,以保证中国不再蒙受此辈邪恶影响"②。用谭人凤的话说,就是:"若农夫之务去草然,芟夷蕴崇,毋使潜滋焉。"③为此,他们极力反对荐举黎元洪、徐世昌、段祺瑞、冯国璋继任总统。谭人凤听说蔡锷也有"推荐黎、徐、段、冯继任总统之事",就赶紧致函蔡说:"黎氏者,乘风云以博偎位而肇祸共和者也;徐氏者,亡国之大夫也;段与冯者,袁氏之爪牙也,以宠禄生心者也。麾下荐而重之,执谦之德,诚足多矣,仆窃为麾下耻之。"④直到袁世凯忧郁自毙,黎元洪继任总统之后,他们仍坚持"护国诸军必须将背叛民国之逆贼及北京之龌龊政府灭而廓清之",反对"轻率取消独立"⑤。此外,他们还反对把胜利的希望

① 《孙中山全集》第 3 卷,第 283—284 页
② 《孙中山全集》第 3 卷,第 299 页。
③ 《谭人凤致蔡松坡书》,《民国日报》,1916 年 4 月 26 日。
④ 《谭人凤致蔡松坡书》,《民国日报》,1916 年 4 月 26 日。
⑤ 《湖南军务与大局》,《民意报》,1916 年 6 月 20 日。

寄托在各省官僚宣言独立和在野名流的口舌文字之争上，主张直接依靠人民，进行武力征讨。5月2日，上海《民国日报》发表社论指出："官僚有转移时局之地位，而无转移时局之真意。""名流有转移时局之苦心，而无转移时局之实力。"因此，"转移时局之主力，还须问之于国民本身，而无待乎他求耳"①。不过究应如何问之于国民，它也没有说出办法来。以上事实说明，以孙中山为首的中华革命党人和谭人凤等革命派人士对护国战争的指导，比梁启超等进步党人，还是要高明一些。可惜的是他们不掌握领导权，缺少推行贯彻的力量。

具备这种实力的，是以梁启超为首的进步党人及其追随者西南地方实力派。然而，他们的指导方针却与此截然相反。首先，他们所要打倒的只是袁世凯个人，并不是北洋军阀。梁启超说："今日之事，惟袁氏一人实为戎首，袁氏一日在位，中国一日不宁，袁氏朝退，兵祸夕解。"②岑春煊也声明："义军之起，职在讨袁，袁苟朝去，兵即夕解。"③他们虽然早在京津密谋时，就提出了打倒袁世凯后拥护黎元洪继任大总统的主张，但却丝毫不意味着要杜绝北洋军阀觊觎大位。蔡锷就说过："至于继任之人，以段芝老（段祺瑞）之资望、勋业、道德、经验，人无间言。惟移花接木，苦无善法。"并主动献计献策，允"与滇黔桂粤诸当道力为斡旋"，"务使芝老当选"④。至于梁启超，更是在袁世凯死后就一头扎进了段祺瑞的怀抱。其次，他们非但不依靠人民，反而对人民多所限制。云南首义后不久，蔡锷即传檄四川人民："但有一层，凡举事须有个系统，有个秩序，才不致紊乱。即如云贵此次举义，是由两省长官决定，一纸风行，民间毫无扰乱。四川的长官，若能顾全大局，顾全地方，即由长官决定，也不过一纸风行，就算完事，民间不致丝毫受害，岂不甚

①　《转移时局之主力》，《民国日报》，1916年5月2日。
②　《盾鼻集·公文第一》，第27页。
③　岑春煊等致唐继尧等电(1916年6月1日)，《中华新报》，1916年6月9日。
④　《蔡松坡集》，第1083页。

善。"①这表明他们所赞成的仅仅是各省军阀、官僚、政客自上而下的所谓"独立"。正因如此，所以只见他们今日动员冯国璋"响应"，明日劝说陈宦"独立"，独不见其鼓励自下而上的人民起义。岂止不鼓励，甚至还有被他们诬为"匪徒"，惨遭武力镇压的。5月中旬，入湘护国桂军就曾应地方绅商之请，分兵新宁，与湘南护国军总司令望云亭所部合力"弹压"过宝庆各属的所谓"土匪"②。第三，他们虽然倡议和坚持过恢复《临时约法》和旧国会，但纯属不得已的应付，并非出于对资产阶级民主共和国象征的《临时约法》和旧国会的真正重视。这是梁启超自己也坦率地承认过的。6月27日，他致电刘显世等人说："约法复旧之议，导源于四省推黄陂（黎元洪）继任之宣言，元首地位既从旧法来，旧法安得不复？法复而国会自随之，此舆论所由共趋于此也。"③蔡锷提议由议员推五人以上十人以下，行国会职权议宪法，实际上就是不同意恢复旧国会。梁启超于6月29日致电蔡说："约法、国会复旧，已成舆论，不宜撄其锋。"④并促其迅电各处取消前议，以免引起国人不满。第四，他们虽然在护国倒袁的大目标下，表现了一定的团结合作精神，但对中华革命党却始终心怀敌意，连李根源都承认："数月以来，力持稳健，不敢窃附于轻躁一派者所为。"⑤所谓"轻躁一派"，指的就是以孙中山为首的中华革命党。他们宣言拥护黎元洪继任大总统，为的是"杀国人非分之心，而杜将来无穷之祸"⑥。用梁启超的话说，就是防止他人觊觎总统之位⑦。前面说过，对于北洋军阀，他们并无防备之心，那么，究竟要防备谁呢？其实就是防备孙中山。因为当时有总统声望而最为他们所不

---

①　《蔡松坡集》，第939页。

②　《军务院考实·第四编》，第79页。

③　《护国运动资料选编》，第709页。

④　《护国运动资料选编》，第711页。

⑤　《粤省宣布独立后之民军（二）》，《民国日报》，1916年4月20日。

⑥　《军务院考实·第四编》，第21页。

⑦　《盾鼻集·公文第一》，第26页。

喜欢的，正是孙中山。他们还一个个地安排各省军阀、官僚为军务院抚军，却不给中华革命党一个席位。这就清楚地表明，即使在袁世凯未死以前，他们的派别成见也是很深的，以致袁世凯一死，终于导致了护国阵营的大分裂。以上事实说明，护国战争尽管客观上具备一定的胜利条件，但由于它的主观领导者是本来就很软弱的中国资产阶级中最富于保守性和妥协性的进步党人及其追随者，因而它的失败就是不可避免的了。

护国战争的历史证明：中国资产阶级改良派不是一成不变的。它不仅可以参加革命，而且可以在一定的条件下领导革命；不仅可以发动不流血的和平改革，而且还可以发动流血的革命战争。这是中国资产阶级改良派独有的特点。但同时也证明：即使在发动和领导革命战争期间，它也还是"改良派"，而不是"革命派"。因为它所推行的，仍然是一向与革命相对立的、自上而下的、反对"破坏"的所谓"文明革命"的方针，其改良派的基本品格并没有丝毫改变。

护国战争的历史又证明：在争取资产阶级旧民主主义革命胜利的过程中，资产阶级各派在一定原则基础上的团结合作，是至关紧要的。护国战争所以取得一定的胜利，可以说，这是最重要的一个原因。护国战争之所以未能推翻北洋军阀的统治，直接的原因也是由于资产阶级各派的分裂。而这种分裂的结果，是改良派占了上风，革命派无能为力。革命派为什么没有取得这次战争的领导权呢？那就不能不归结到孙中山的中华革命党犯了宗派主义性质的错误。它不仅重复了辛亥革命时期不敢发动群众的错误，而且把国民党中的相当重要的一部分也排斥出去。要在一次大的革命运动中充当领导，不能单靠革命口号喊得多么高，也不能靠单纯的军事冒险多么勇敢，更重要的是要坚决地发动群众，正确地组成统一战线。中华革命党没有这样做，因而未能成为护国战争的领导者。护国战争的领导权既然主要地落到了梁启超等进步党人的手里，它的结果就只能是那样。这些都是由当时中国的具体条件所决定的。

　　但是,护国战争的历史也证明了:中国的封建帝制自辛亥革命后,已经是进入历史博物馆的东西了,谁要想再把它抬出来招摇过市,都只能是搬起石头砸自己的脚,落个身败名裂的可耻下场,即使如袁世凯这样具有相当强大的军事实力,又有帝国主义作后台的人物,也不能免。历史潮流不可抗拒,人民意志不能违背,护国战争为人们提供了极其深刻的经验教训。

参考文献 *

中文档案文献

北洋政府各部院档,中国第二历史档案馆藏,南京

《程德全致袁世凯漾电》(抄件),江苏都督府秘书处密电密件室藏,南京

《筹议广东善后意见书》,中国社会科学院近代史研究所藏,北京

《大树堂来鸿集》,北京大学图书馆藏,北京

《护国军之责任与声价》,唐继尧护国演说社演说稿,云南省档案馆藏,昆明

《近代史料藏札》(稿本),北京图书馆藏,北京

《梁士诒函稿》(稿本),中国社会科学院近代史研究所藏,北京

《梁启超致梁思顺函》(抄件),中华书局藏,北京

《梁启超致袁世凯函》(抄件),中华书局藏,北京

《民国元年南北政府来往电稿抄录》(稿本),北京大学图书馆藏,北京

《汤觉顿致梁启超书》(稿本),北京大学图书馆藏,北京

《汤芗铭历略》(稿本),陈执中著,1916,藏地不详

《唐继尧致蔡锷电》(稿本),云南省档案馆藏,昆明

《熊克武十年军政工作回忆录》(稿本),熊达成著,藏地不详

《张镇芳存札》(稿本),中国社会科学院近代史研究所藏,北京

《中俄协约案件·总长会晤俄使问答》,中国社会科学院近代史研究所藏,北京

《中华民国自由党湖南支部白话报》,中国共产党湖南临澧县委党史办公室藏,

---

　　* 本书目所收为本卷所引的主要参考文献。中文和日文书目以书名汉字的音序排列,西文书目以作者姓氏字母顺序排列。

临澧

中文著作

《八十三天皇帝梦》，北京，文史资料出版社，1983

《北京兵变始末记》，北京，国事新闻社编，1912

《北洋军阀史料选辑》上册，杜春和等编，北京，中国社会科学出版社，1981

《北洋军阀统治时期的兵变》，中国第二历史档案馆编，南京，江苏人民出版社，1982

《补过斋文牍·戊集一》，杨增新著，台北，文海出版社，1965

《蔡孑民先生言行录》，北京，新潮社编，1920

《蔡松坡集》，曾业英编，上海人民出版社，1984

《蔡松坡先生遗集·祭词》，刘达武编，出版地不详，1943

《参议院议决案汇编》乙部第 4 册，南京参议院编，1912

《澄庐文集》第 3 卷，邹鲁著，出版地、时间不详

《程雪楼先生书牍》上卷，程德全著，出版地、时间不详

《德国外交文件有关中国交涉史料选译》第 3 卷，上海，商务印书馆，1960

《大理院判例要旨汇览》，大理院编辑处编，北京，1926

《帝国主义与中国铁路》，宓汝成著，上海人民出版社，1980

《帝国主义在旧中国的投资》，吴承明著，北京，人民出版社，1955

《盾鼻集·电报第三》，梁启超著，上海，商务印书馆，1917

《第二次矿业纪要》，农商部地质调查所编，北京，1926

《俄蒙协约审勘录》，吴成章著，北京，顺天时报馆，1915

《鄂州血史》，蔡寄鸥著，上海，龙门联合书局，1958

《二十一条交涉经过》，王正廷著，出版地不详，1923

《福建辛亥光复史料》，郑祖荫编，福州，出版时间不详

《宫崎滔天全集》第 5 卷，出版地、时间不详

《光绪条约·英约（三十年丙午）》，北京，外交部印刷所，1916

《国父年谱》（增订本），罗家伦编，中国国民党中央委员会党史史料编纂委员会，台北，1969

《国民党之回顾录》第 5 卷,萃文社,出版地不详,1915

《汉冶萍公司史略》,全汉升著,九龙文海出版社,1971

《洪水集》,江亢虎著,出版地不详,1913

《洪宪惨史》,王建中著,出版地不详,1925

《洪宪纪事诗三种》,刘成禺、张伯驹著,上海古籍出版社,1983

《红档杂志有关中国交涉史料选译》,北京,三联书店,1957

《湖南省志》第 1 卷,湖南人民出版社,1979

《胡汉民先生年谱》,蒋永敬编,台北,1978

《护国军始末谈》,李印泉著,北京,京华书局,1917

《护国文献》,云南、贵州两省社会科学院历史研究所编,贵州人民出版社,1985

《护国运动资料选编》上,李希泌等编,北京,中华书局,1984

《会泽首义文牍·书牍》,云南都督府秘书厅编,昆明,1917

《黄兴集》,湖南省社会科学院编,北京,中华书局,1981

《黄兴与中国革命》,薛君度著,长沙,湖南人民出版社,1980

《黄膺白先生故旧感忆录》,台北,文星书店,1962

《回顾录》,邹鲁著,独立出版社,1947

《近代中国资产阶级研究》,复旦大学历史系编,上海,复旦大学出版社,1983

《军务院考实·第四编》,两广都司令部参谋厅编,上海,商务印书馆,1916

《库伦条约之始末》,王光祈译,上海,中华书局,1930

《李烈钧自传》,三户图书社,出版地不详,1944

《黎大总统政书》,上海,晋益书局,1916

《黎副总统书牍汇编》卷 1,上海,广益书局,1914

《联豫驻藏奏稿》,拉萨,西藏人民出版社,1979

《梁启超年谱长编》,丁文江、赵丰田编,上海人民出版社,1983

《梁启超选集》,李华兴等编,上海人民出版社,1984

《刘鸿生企业史料》上册,上海社会科学院经济研究所编,上海人民出版社,1981

《六十年来中国与日本》第 6 卷,王芸生著,北京,三联书店,1980

《旅藏二十年》,麦克唐纳著,孙梅生、黄次书译,上海,商务印书馆,1935

《梅川日记》,居觉生(正)著,上海,大东书局,1947

《南北恶感新文牍》卷 3,锋镝余生著,出版地不详,1913

《民国财政纪要》,北洋政府财政部编,北京,1915

《民国政党史》,谢彬著,出版地不详,1928

《民元藏事电稿》,拉萨,西藏人民出版社,1983

《蒙古风云录》,唐在礼著,出版地不详,1912

《蒙古鉴》第5卷,卓宏谋著,北平,普善印刷局,1935

《蒙事随笔》,陈箓著,上海,商务印书馆,1918

《平赣要事记》,李廷玉著,北京,财政部印刷局,1915

《日本外交文书选译——关于辛亥革命》,邹念之编译,北京,中国社会科学出版社,1980

《荣家企业史料》,上海人民出版社,1980

《三水梁燕孙先生年谱》上册,凤冈及门弟子编,上海,联合书局,1946

《世载堂杂忆》,刘禺生著,北京,中华书局,1960

《四川军阀史料》第1辑,成都,四川人民出版社,1981

《松坡军中遗墨》,松坡学会重印版,出版地不详,1926

《松寿老人自叙》,张勋著,出版地不详,1922

《宋教仁集》下册,陈旭麓主编,北京,中华书局,1981

《孙中山全集》第2、3卷,孙中山著,北京,中华书局,1982

《谭人凤集》,石芳勤编,长沙,湖南人民出版社,1985

《田赋案牍汇编》,北洋财政部编,北京,1914

《外蒙古撤治问题》,李毓澍著,台北,1961

《外蒙古现代史》第1册,张大军著,台北,1983

《五十年来之中国工业》,杨铨著,上海,申报馆,1923

《五四爱国运动档案资料》,北京,中国社会科学出版社,1980

《西藏大事记》,杨德麟著,台北,1955

《西藏地方历史资料选辑》,北京,三联书店,1963

《西藏六十年大事记》,朱锦屏著,出版地不详,1925

《西藏问题》,王勤堉著,上海,商务印书馆,1929

《西藏之过去与现在》,柏尔著,宫廷璋译,上海,商务印书馆,1930

《现代中国实业志》上册,杨大金著,长沙,商务印书馆,1940

《辛亥革命前后》,《盛宣怀档案资料选辑》之一,陈旭麓等主编,上海人民出版社,

　　　1979

《辛亥革命在河南》,王天奖、邓亦兵著,郑州,河南人民出版社,1981

《辛亥革命在上海史料选辑》,上海社会科学院历史研究所编,上海人民出版社,
　　　1981

《辛壬春秋·山西第六》,尚秉和著,历史编辑社,出版地不详,1924

《熊希龄集》上,林增平、周秋光编,长沙,湖南人民出版社,1985

《徐世昌》,沃丘仲子著,出版地不详,1918

《叙永县志》卷5,岑炯昌主修,宋曙总纂,重庆肇明铅石印刷公司,1933

《玄玄遗著》,田桐著,出版地不详,1937

《雪生年录》卷2,李根源著,曲石精庐,出版地不详,1934

《验契及契税案牍汇编》,北洋政府财政部编,北京,1914

《一个美国外交官使华记》,芮恩施著,北京,商务印书馆,1982

《英国蓝皮书有关辛亥革命资料选译》下册,胡滨译,北京,中华书局,1984

《有清一代之中俄关系》,陈复光著,昆明,云南崇文印书馆,1947

《袁大总统书牍汇编》,徐有朋编,上海,广益书局,1926

《袁氏当国史》,马震东著,出版地不详,1930

《袁氏盗国记》,黄毅编,上海国民书社,1916

《远生遗著》卷1、2,北京,商务印书馆,1984

《永顺县志》卷26,张孔修总纂,长沙,吟章纸局,1930

《张謇传记》,刘厚生著,上海,龙门联合书局,1958

《章太炎年谱长编》,汤志钧编,北京,中华书局,1979

《章太炎政论选集》,北京,中华书局,1977

《政府大政方针宣言》,熊希龄著,出版地不详,1913

《整理广东纸币始末记》,北洋政府财政部编,北京,1915

《中俄蒙古交涉节略》,外交部吉林交涉署编,北京,1913

《中俄外交史》,陈博文著,上海,商务印书馆,1928

《中俄外交史》,何汉文著,上海,中华书局,1935

《中俄外蒙交涉始末》,吕秋文著,台北,1976

《中俄中英关于蒙古西藏约章合编》,国民政府蒙藏委员会编,南京,1929

《中国存亡问题》,朱执信著,日本东京会文社,1917

《中国近代经济史统计资料选辑》,严中平等编,北京,科学出版社,1955

《中国近代农业史资料》,李文治编,北京,三联书店,1957

《中国领土内帝国主义资本战》,长野朗著,丁振一译,上海联合书局,1928

《中国棉业之发展》,严中平著,上海,商务印书馆,1944

《中国民族火柴工业》,青岛市工商行政管理局史料组编,北京,中华书局,1963

《中国铁道建设》,张嘉璈著,上海,商务印书馆,1946

《中国现代史论集》第4辑,台北,联经出版事业公司,1980

《中国政府善后借款合同案据汇编》,周学熙编,出版地不详,1913

《中国之棉纺织业》,方显廷著,上海,商务印书馆,1934

《中华革命党之研究》,王玮琦著,台北,正中书局,1979

《中日二十一条交涉》,李毓澍著,台北中研院近代史研究所,1966

《中日贸易统计》,蔡正雅、陈善林等编,上海,中华书局,1933

《中印边境》,[英]兰姆著,北京,世界知识出版社,1966

《最近十年之中俄交涉》,远东外交研究会编,国际协报社,出版地不详,1923

中文报纸

《爱国白话报》,北京

《长沙日报》,长沙

《大公报》,重庆、上海、天津

《大共和日报》,上海

《滇南公报》,昆明

《铎报》,贵阳

《广西公报》,贵州

《国民公报》,成都

《国闻周报》,上海

《河南近讯》,郑州

《华南新报》,昆明

《觉报》,昆明

《临时公报》,北京

《民国新闻》,上海

《民立报》,湖州

《民权报》,上海

《民声日报》,广州

《民视报》,北京

《民信日报》,上海

《民谊》,广州

《民意报》,上海

《民约报》,天津

《民主报》,上海

《南洋总汇新报》,新加坡

《平民日报》,上海

《前锋》,广州

《强国公报》,武汉

《秦风日报》,西安

《群强报》,北京

《申报》,上海

《神州日报》,上海

《时报》,上海

《时事新报》,上海

《顺天时报》,北京

《太平洋报》,上海

《天津益世报》,天津

《天南日报》,昆明

《天铎报》,上海

《香港时报》,香港

《新纪元报》,北京

《新青年》,北京

《亚细亚日报》,北京

《义声报》,昆明

《正宗爱国报》,北京

《中华民报》,上海

《中华新报》,上海

《中论》,成都

中文期刊

《东方杂志》,上海

《国民杂志》,北京

《汗血月刊》,上海

《甲寅》,北京

《近代史资料》,北京

《历史研究》,北京

《社会星》,上海

《天津社会科学》,天津

《云南实业杂志》,昆明

《国外中国近代史研究》,北京

《宪法新闻》,北京

《正谊》,上海

《中央党务月刊》,南京

《传记文学》,台北

日文档案文献

《各国内政关系杂集·中国部分·革命党关系》,日本外务省档案

日文著作

《蒙古地志》上卷,柏原孝久、滨田纯一编,东京,1919

英文著作

Bland，J. O. P. *Recent Events and Present Policies in China*，London，1912

Croly，H. *Willard Straight*. New York，1925

Foreign Relations of the United States，Washington

Friters. *Outer Mongolia and Its International Position*，The Johns Hopkins Press，1949

J. MacMurray. *Treaties and Agreements with and concerning China*，*1894 - 1919*. New York，1921

Lamb. *The McMahon Line*，*A Study in the Relations Between India*，*China and Tibet*，London，1966

Li，Tish - tseng. *Tibet*，*Today and Yesterday*，New York，1960

Mehra. *The North - Eastern Frontier*，*A Documentary Study of the Internecine Rivalry Between India*，*Tibet and China*. Vol. 1，Delhi，1979

Snum，K. K. *Japan's Attitude Towards the* 1911 *Revolution in China*，*Paper on Far Eastern History*，Series 21，1980，3

U. S. Military Intelligence Reports，*China*

Woodman. *Himalayan Frontiers*，New York，1969

英文报刊

Peking and Tientsin Times，Beijing

俄文著作

Международные отншения в эпоху империалиэма，Серия П(1903 - 1913)，20，2，1034，1938 - 1940

人名索引 *

＊ 本索引收入本卷中出现的人名，中国、日本、朝鲜、越南人名以其汉字的音序排列，其他国家的人名以其译音汉字的音序排列，并附其原文，少数不知原文者暂付阙如。

克里斯浦（Crisp）　226—229、395

孔繁蔚　91

孔令贻　484、544

孔祥柯　484

孔祥霖　484

孔　子　483、486

库朋斯基（Крупенский）　193—194、
　　232

奎　芳　186

L

廓索维慈（Кокович）　184、186、191

莱西曼（Leishman）　227

兰　逊（Lanson）　189

蓝公武　43

蓝建枢　132

劳乃宣　465、489、492、494—495

雷　飙　646

雷　英　574—575

雷　瀛　574—575

雷克司　181

雷铁生　547

雷震春　242—243、316—317、324、
　　475、539

冷　遹　114、301—302、559、285、305、
　　476、608、613、622、724

黎　澍　72

黎　渊　455

黎本唐　72、　115、269

黎元洪　5、10、11、16、38、41—42、45、

47、49、56、63、71—73、102、
104—110、115、118、121—123、
145—147、149、173、239—240、
248—250、262、267—271、
278、280、291、294、309、319、
357、432—434、446、448、477、
485、494、511、525—526、543—
544、548、698、707、708、720—
722、727、734、752—754、757、
773、775

黎宗干　164

李　彬　521

李　纯　83—84、243、281—282、284、
　　295—301、358、378、575、699

李　海　521

李　浚　314

李　穆　296

李　准　308

李葆林　67

李炳之　662、739

李长泰　681、700

李大钊　61

李鼎新　303、595、596、756—758

李定魁　296、299

李福全　363

李根源　308、558、600—601、603、610、
　　612、619—621、637、648、699、
　　721、724—725、730、775

李国铺　72

李国珍　18、47、70、236、463

X

Y